Ludwig Prautzsch

Die verborgene Symbolsprache Johann Sebastian Bachs

Band 1

Zeichen und Zahlenalphabet
auf den Titelseiten der kirchenmusikalischen Werke

Edition Merseburger 1580

Die Deutsche Bibliothek verzeichnet diese Publikation in der Deutschen Nationalbibliografie; detaillierte bibliografische Daten sind im Internet unter http://dnb.ddb.de abrufbar.

Druck: Bräuning + Rudert, Espenau
Titelgestaltung: Erdmute Prautzsch, Thomas Klockmann

Edition Merseburger 1580
ISBN 3-87537-298-0

Inhaltsverzeichnis

Vorwort

Was ich gesehen habe, schrieb ich nieder. Zeichen, Bilder, Worte. Sie begannen zu reden, doch in einer geheimen Sprache, Sprache der Bilder, Sprache der Symbole, Symbole der Sprachen, der Buchstaben, der Zahlen, der Formen. Ich mußte versuchen, die unbekannte, versunkene Sprache einer vergangenen Zeit zu ergründen. Oft stand ich vor unerwarteten Erkenntnissen, doch sie mußten sich als untrüglich beweisen lassen. Das erforderte gründliche Prüfung an allen, wirklich an allen geistlichen Werken Bachs, des immer noch unergründlichen Meisters.

So ist es ein Buch geworden, voller überraschender Einsichten in die Botschaft der Bibel und in die Gedanken Bachs; staunend erfuhr ich, wie sich die Zeichen zu großen Formen verbinden, wie sich aus niedrigen Zahlen ein kunstvoller Kosmos aufbaut als Gleichnis für Gottes Schöpfung und Wirken.

So ist es aber auch ein Buch geworden voller Wiederholungen, weil alle Zeichen, Bilder und Zahlen immer nur von einem reden, von dem Gott, der für uns Mensch wurde.

Man wird das Buch nicht in einem Zug lesen, man kann sich einzelnen Kapiteln zuwenden, man kann nachschlagen, wenn man hörend, betrachtend, singend oder spielend sich einer Kantate widmet.

Danken möchte ich allen, die mir für meine Arbeit Anregung und Hilfe gegeben haben, vorab Johann Sebastian Bach selber, der mir durch seine vielfältigen Zeichen einen tiefen Einblick in die Deutung des Evangeliums verschafft hat, dann den Bibliotheken und Archiven und ihren Mitarbeiterinnen und Mitarbeitern, die mir ihre Bestände zugänglich machten, mir Kopien und Ablichtungen der Titelseiten Bachscher Werke zur Verfügung stellten und die Genehmigung zur Veröffentlichung erteilten:
der Staatsbibliothek zu Berlin, Preußischer Kulturbesitz, Musikabteilung mit Mendelssohn-Archiv,
der Biblioteka Jagiellońska in Kraków,
der Bibliothek der Gesellschaft der Musikfreunde in Wien,
der Sächsischen Landesbibliothek Dresden,
der Bibliotheque Nationale de France in Paris,
The British Library in London,
dem Fitzwilliam Museum in Cambridge,
der Metropolitan Opera Guild in New York,
der Scheide Library in Princeton,
dem Bach-Archiv Leipzig,
dem Johann-Sebastian-Bach-Institut Göttingen,
der Bibliothek der Internationalen Bachakademie Stuttgart,
dem Archiv des Bärenreiter-Verlages in Kassel,

ferner meinem Sohn Dr. Tilmann Prautzsch und meinem Schwiegersohn Dr. Heinrich Spiecker für ihren Rat bei der Durchsicht des Manuskriptes, für Anleitung und Hilfe bei der Niederschrift mit zeitgemäßen technischen Mitteln neben meinem Sohn besonders Wiebke Lange, für die Gestaltung des Umschlags meiner Tochter Erdmute Prautzsch und Dr. Thomas Klockmann, und endlich meinem Gott, der meine Arbeit „bekräftigte durch mitfolgende Zeichen“, wie es am Schluß des Markusevangeliums vom Wirken der Jünger berichtet wird.

Kassel, ein Vierteljahrtausend nach dem Tode von Johann Sebastian Bach, der sich ein Leben lang darauf vorbereitet und gefreut hat,

Ludwig Prautzsch

Einleitung

In den Forschungen über die Aussage der Bachschen Kirchenmusik spielt die Symbolik und besonders die Zahlensymbolik eine zwiespältige Rolle. Auf der einen Seite wird sie seit den aufsehenerregenden Erkenntnissen Martin Jansens und Friedrich Smends[1] als geheimes Mittel formaler Gestaltung und theologischer Interpretation bewundert[2], andrerseits als Spekulation verdächtigt und schweigend übergangen oder nur in einem möglichst geringen Umfang für möglich gehalten[3]. Es gibt zwar aus der Zeit Bachs Schriften über die Symbolik der Zahlen[4], doch hat Bach selber sich nie über die Gestaltungsprinzipien seiner Kompositionen geäußert.

Besonders umstritten ist die Frage, ob Bach ein Zahlenalphabet benutzt hat, um bestimmte Worte oder Texte in Zahlen umzusetzen, die dann in Themen und Formen seiner Musik wiederkehren. Für das Spiel mit Alphabetzahlen gibt es Zeugnisse aus dem Umkreis Bachs von Johann Kuhnau, seinem Leipziger Amtsvorgänger und von seinem Textdichter Picander[5], doch keines von Bach selber.

In jüngster Zeit stellte Ruth Tatlow eine Reihe von Zahlenalphabeten vor, die im 18. Jahrhundert bekannt waren, und weist nach, daß damals in theologischen Schriften nur die kabbalistisch-milesischen Zahlenalphabete Anwendung fanden. „Hätte Bach in seiner Musik ein Zahlenalphabet mit theologischer Zielsetzung verwendet, so hätte er mit größter Wahrscheinlichkeit nicht die natürliche Zahlenfolge, sondern das kabbalistisch-milesische Alphabet benutzt“[6] (s. Anhang S. 269). Allerdings bemerkt sie, daß ihre historischen Darlegungen die Forschungsergebnisse Smends, der das Zahlenalphabet mit natürlicher Zahlenfolge benutzt hat, nicht widerlegen können, weil die notwendigen analytischen Untersuchungen am Werk Bachs noch erfolgen müssen.

Allen Veröffentlichungen über Bachs Zahlensymbolik mangelt es in doppelter Hinsicht: Sie gehen nicht von einer Betrachtung der Bachschen Autographe aus, und sie lassen das Gespür vermissen für das innerste Bestreben eines Künstlers vom Range eines Johann Sebastian Bach. Er war kein Schriftsteller, der sich in Erörterungen erging, sondern Komponist, der seine Gedanken in Formen komponierte, zusammenfügte. Eine bildende Künstlerin unserer Tage gab ihren Gedanken in folgenden Worten Ausdruck: „Formen zu geben, etwas in eine Form zu bringen, Formen zu finden, ist für mich ein zentrales Thema... Die Motive, die ich auf meiner Suche finde, verwandeln sich in meiner Bilderwelt in Formen. Ich denke in Formen“[7]. Bach dürfte ähnlich empfunden haben.

Meine eigenen Veröffentlichungen[8] versuchten, dem Mangel, der den theologisch-symbolischen Deutungen der Werke Bachs bis heute anhaftet, abzuhelfen und ihr den Geruch bloßer Spekulation zu nehmen. Durch die Entdeckung der Zeichen, der Psalmhinweise (s. S. 16) und der großen symbolischen Zahlenstrukturen konnte ich Anhaltspunkte finden, die die umfassende symbolische Gestaltung in den Werken Bachs belegen.

---

1 Martin Jansen, Bachs Zahlensymbolik, an seinen Passionen untersucht, in: Bach-Jahrbuch 1937, S. 96ff.; Friedrich Smend, J. S. Bach, Kirchenkantaten, Berlin 1947, Heft IV, S. 10ff.; ders., Bach-Studien, Kassel 1969, S. 159ff., 176ff.

2 Harry Hahn, Symbol und Glaube im I. Teil des Wohltemperierten Klaviers von J. S. Bach, Wiesbaden 1973; Arthur Hirsch, Die Zahl im Kantatenwerk Johann Sebastian Bachs, Neuhausen 1986; Ulrich Siegele, Bachs theologischer Formbegriff und Duett F-Dur, Neuhausen 1978; u. a. m.

3 Ulrich Meyer, Zum Problem der Zahlen in Johann Sebastian Bachs Werk, in: Musik und Kirche, Jg. 49, Kassel 1979, S. 58-71.

4 Johann Jacob Schmidt, Der Biblische Mathematicus, Züllichau 1736; Andreas Werckmeister, Musicalische Paradoxal-Discourse, Quedlinburg 1707.

5 Johann Kuhnau, Vorwort zu: Musicalische Vorstellung einiger Biblischer Historien, Leipzig 1700, S. B 2; Picander, Ernst-, Schertzhaffte und Satyrische Gedichte, Teil 3, Leipzig 1732.

6 Ruth Tatlow, Der literarische Gebrauch der Alphabetzahlen zur Zeit Bachs, in: Sinnbildlichkeit in Text und Musik bei Johann Sebastian Bach, Bulletin des Symposiums der Internationalen Arbeitsgemeinschaft für theologische Bachforschung, Heidelberg 1988, S. 157ff.

7 Erdmute Prautzsch, Formen des Werdens – formendes Werden, Diplomarbeit 1999 in der Bibliothek der Hochschule für Gestaltung Hamburg.

8 Bibliographie in: Theologische Bachforschung heute, Glienicke 1998, S. 401ff.

Heute möchte ich meine Forschungen ergänzen durch eine Betrachtung der autographen Titelseiten Bachscher Kirchenmusik; denn was könnte geeigneter sein, die Frage des Zahlenalphabets zu klären? In übersichtlicher Anordnung, oft kalligraphisch gestaltet, sind die Titelseiten gleichsam festliche Eingangspforten zu den Werken und enthalten zugleich kurz gefaßte Angaben über Charakter und Aussage der folgenden Kompositionen, die in Partitur oder Stimmen niedergeschrieben sind. Bach hat offenbar Wert gelegt auf die Gestaltung der Titelseiten. Wenn er überhaupt eine theologische Symbolik unter Verwendung eines Zahlenalphabets beabsichtigt hatte, dann dürfte er sie auf den Titelseiten verwirklicht haben.

Für den Betrachter aber haben die Titelseiten den Vorteil, daß er auf ihnen als in sich abgerundeten Schriftstücken verhältnismäßig leicht die Symbolik mit Hilfe der Alphabetzahlen erkennen und überprüfen kann.

Schließlich bieten die Titelseiten auch eine Einführung in die „Bilderwelt" Bachs. Er liebte es, neben den Symbolen auch ganz bildhafte Zeichen zu verwenden, die auf die Gedanken der Texte hinweisen, ähnlich den Hypotyposis-Figuren, bildhaften Motiven, in seiner Musik.

Erhalten sind etwa 80 autographe Titelseiten zu Partituren oder auf Stimmumschlägen der kirchenmusikalischen Werke Bachs. Doppelt soviele stammen von seinen Schreibern, viele davon hat sein Sohn Carl Philipp Emanuel angelegt. Ich möchte meine Untersuchungen im Wesentlichen auf die Titelseiten von der Hand Johann Sebastian Bachs konzentrieren. Außerdem sollen einige besonders aufschlußreiche betrachtet werden, die seine Mitarbeiter geschrieben haben. Wenn Bach auf die symbolische Form seiner Titelseiten Wert gelegt hat, muß er auch seinen Schreibern entsprechende Anweisungen gegeben oder sie in seine Symbolkunst eingeführt haben.

Außer Betracht bleiben die meisten von Carl Philipp Emanuel Bach geschriebenen Titel. Da dieser etwa die Hälfte der Kantatenpartituren und -stimmen des Vaters geerbt hatte, kann man nicht immer entscheiden, welche Titel er unter der Anleitung seines Vaters angefertigt und welche er später hinzugefügt hat. Lediglich einige Titelseiten, die er nach den symbolischen Gesichtspunkten seines Vaters gestaltet haben könnte, sollen daraufhin untersucht werden.

Bevor alle in Frage kommenden Titelseiten in ihrer zahlensymbolischen Gestaltung dargestellt werden können, sollen einige Beispiele dazu helfen, die vielfältigen Zeichen auf den Titelseiten zu erkennen und ihre Bedeutung zu verstehen, in Verbindung damit müssen auch die Folgerungen untersucht werden, die sich aus der Verwendung verschiedener Sprachen ergeben.

Bilder und Zeichen

Ein besonders auffallendes und zugleich aufschlußreiches Zeichen findet sich an einer Stelle, die eigentlich außerhalb des Themas liegt, nicht auf einer Titelseite, sondern auf dem Kopftitel der Epiphanias-Kantate „Sie werden aus Saba alle kommen" (BWV 65).

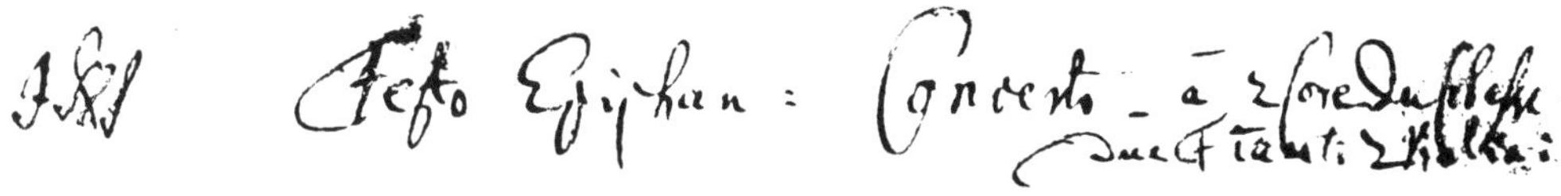

Kopftitel schrieb Bach über die meisten seiner Partituren, sie beginnen in der Regel in der linken oberen Ecke mit den beiden Buchstaben *J. J.*, Abkürzung für: Jesu juva!, Jesus, hilf! Der Kritische Bericht in der neuen Bach-Ausgabe vermerkt zum Kopftitel dieser Kantate:

„Zwischen den Buchstaben J J ein unklares Zeichen (nachgetragen?), vielleicht zwei ineinander verschlungene Buchstaben?"[9]

Wer sich das Zeichen genau betrachtet und dabei den Text der Kantate bedenkt, wird freilich sehr schnell die Bedeutung des Zeichens erkennen: Bach hat hier die Buchstaben *C* und *M* so miteinander verschränkt, daß man auch ein *B* herauslesen kann. Das sind die Initialen der drei Könige oder Weisen, die heute noch in katholischen Gegenden am Epiphaniastag an die Türen geschrieben werden: Caspar, Melchior und Balthasar. Wenn man will, kann man auch die beiden Kreuze erkennen, die jeweils zwischen die Buchstaben geschrieben werden; denn das *C* wird zweimal von den langen Strichen des *M* durchkreuzt.

Der Kantatentext erwähnt die Könige im zweiten Satz, dem Choral:

BWV 65, 2 Die König' aus Saba kamen dar,
Gold, Weihrauch, Myrrhe brachten sie dar.

Doch damit ist die Deutung dieses Zeichens keineswegs erschöpft. Was wir als *B* erkannt haben, kann durch die schräge Anordnung der Buchstaben auch als Bild eines Herzens gesehen werden. Damit wird das Zeichen Symbol für das eigentliche Anliegen der Kantate, wie es in allen folgenden Sätzen zum Ausdruck kommt, besonders eindringlich in der Arie

BWV 65, 4 Gold aus Ophir ist zu schlecht,
weg, nur weg mit eitlen Gaben,
die ihr aus der Erde brecht,
Jesus will das Herze haben.

Auffallend ist noch, daß das zweite *J* in diesem mit aller Sorgfalt geschriebenen Zeichen deutlich vom ersten unterschieden ist. Man kann es auch als *S* lesen. Damit sind die drei Initialen *J. S. B.* zu erkennen: Bach hat sich selbst in dieses Zeichen eingebracht. Auch dafür finden wir entsprechende Gedanken im Text der Kantate:

BWV 65, 3 Mein Jesu, wenn ich itzt an meine Pflicht gedenke,
muß ich mich auch zu deiner Krippe kehren...
Ist dir mein Herze nicht zu wenig,
so nimm es gnädig an!

Schließlich kann mit dem *C* auch der Name des Heilands vollständig gelesen werden: Jesu Christe, juva!

Die enge Verknüpfung der Buchstaben in der Mitte des Zeichens und die doppelte Deutung der Buchstaben *J, C* und *J = S* in Beziehung zu Jesus Christus, zu den Weisen und zu Bach können als Symbol gemeint sein für die innige Verbindung mit Gott und dem Heiland, wie sie die letzten Sätze erbitten:

---

9 Johann Sebastian Bach, Neue Ausgabe sämtlicher Werke, Serie I, Bd. 5, Kritischer Bericht von Marianne Helms, Kassel 1976.

BWV 65, 5 Gib aber dich auch selber mir,
so machst du mich zum Reichsten auf der Erden.
6 Nimm mich dir zu eigen hin,
nimm mein Herze zum Geschenke!
7 Ei nun, mein Gott, so fall ich dir
getrost in deine Hände.

Das kleine Zeichen ist ein eindrucksvolles Beispiel für die Kunst Bachs, mit wenigen Strichen ein Symbol zu schaffen für die Aussage einer ganzen Kantate. Ein Titelblatt existiert nicht. Vielleicht hat es Bach nie schreiben wollen, weil ihm hier ein Zeichen gelungen war, das so umfassend und aussagekräftig war, daß es nicht übertroffen werden konnte und darum den Anfang der Kantate bilden sollte.

Zugleich läßt das kleine Zeichen erkennen, daß Bach mit den Titeln seiner kirchenmusikalischen Werke mehr geben wollte als nur Informationen über Anlaß, Textanfang und Besetzung. Betrachten wir daraufhin noch die anderen Angaben des Kopftitels, so fallen die merkwürdigen Bezeichnungen der Hörner und Oboen auf: *2 Core du Cchasse, 2 Hautb. da Caccia.* Bach verbindet hier unbedenklich italienische Worte – *Core, da Caccia* – mit französischen – *du Chasse, Hautbois.*

Die Verwendung verschiedener Sprachen und ihre Bedeutung soll erst in einem späteren Kapitel behandelt werden. Eigenartig ist aber vor allem die Wortbildung *Core.* Italienisch hätte es heißen müssen: *Corni*, französisch *Cors.* Core ist aber eine Nebenform des italienischen Cuore, Herz, und damit wird die symbolische Bedeutung dieser Bezeichnung deutlich. Die Hörner als Symbole für Gott auf seinem Gnadenthron[10] versinnbildlichen das gnädige Handeln Gottes: In seinem Sohn gibt er uns sein Herz (*Core*), um unser Herz zu gewinnen. Als Jagdinstrumente (*du chasse, da caccia*), sind Hörner und Oboen Symbole dafür, daß Christus gekommen ist, die Seelen für das Reich Gottes einzufangen[11].

Bach erlaubte sich aber auch beim Wort *Chasse* eine Abweichung: Er hat es mit doppeltem *Cc* geschrieben. Wir werden noch viele Beispiele entdecken für das symbolische Spiel, das Bach mit dem Buchstaben c treibt als Hinweis auf den Namen Christus. Nicht eine gewöhnliche Jagd ist hier gemeint, sondern Christus ist ausgezogen, die Menschen zu gewinnen.

Das nächste Beispiel zur Einführung in die symbolischen Zeichen sind die vier Titelseiten der h-Moll-Messe. Bach hat sie am Ende seines Lebens bei der Zusammenstellung der Sätze aus verschiedenen Schaffensperioden wohl in einem Arbeitsgang geschrieben. Gerade darum sind die Abweichungen der vier Titelseiten voneinander sehr aufschlußreich.

Zunächst sollten wir uns die Bedeutung des Werkes und die theologische Sinngebung ihrer vier Teile deutlich machen. Walter Blankenburg sagt: „Sicherlich hat es im Bestreben des reifen Bach gelegen, bestimmte traditionelle Aufgaben und Formen in einer Art einmaliger Idealgestaltung zu besonderer Gültigkeit zu erheben“[12] . Das gilt in besonderer Weise für die h-Moll-Messe, die Bach am Ende seines Schaffens aus bereits vorliegenden Kompositionen zusammengestellt, aber nie in einem Gottesdienst als ganzes Werk aufgeführt hat.

Die Zusammenfassung des *Kyrie* und *Gloria* zur *Missa* ergab sich aus ihrer Entstehung als einer abgeschlossenen Komposition für den königlichen Hof in Dresden, aber auch aus ihrer gottesdienstlichen Funktion: Wir stehen vor Gott zugleich als Sünder und Gerechte – simul peccator, simul justus nach den Worten Luthers. Wir flehen um Erbarmen und danken für die erfahrene Gnade.

Im Glaubensbekenntnis, dem *Symbolum Nicenum*, wird an die gesamte Geschichte Gottes mit der Menschheit erinnert, angefangen bei der Schöpfung über das Heilswerk Christi bis hin zur Erwartung des ewigen Lebens.

Darauf folgt das *Sanctus*, das zum Abendmahl erklingt. Helmuth Rilling schreibt zur Beziehung des *Sanctus* zum voraufgehenden *Symbolum Nicenum:* „So ... ist nach der Hoffnung und Erwartung des ‚vitam venturi saeculi‘ das Sanctus dessen Vision“[13]. Doch es ist mehr: Es gründet wohl auf der Vision des

10 Ludwig Prautzsch, Die symbolische Bedeutung der Blechblasinstrumente in den Kantaten Johann Sebastian Bachs, in: Bibel und Symbol in den Werken Bachs. Schriftenreihe des Thomas-Morus-Bildungswerkes, Bd. 4, Schwerin 2000, S. 106.

11 Ludwig Prautzsch, a. a. O., S. 111.

12 Walter Blankenburg, Einführung in Bachs H-Moll-Messe, Kassel 1950, S. 3.

13 Helmuth Rilling, Johann Sebastian Bachs H-Moll-Messe, Neuhausen-Stuttgart 1979, S. 135.

Propheten Jesaja, bezeichnet aber im Gottesdienst den Ort, wo für den Glaubenden mit dem Kommen Jesu in Brot und Wein schon das neue Leben beginnt.

Das *Osanna in excelsis* ist dann – wieder nach den Worten Helmuth Rillings – „das Einstimmen des menschlichen in den himmlischen Lobgesang“. Das ist aber noch nicht Wirklichkeit – im Gegensatz zum Sanctus -, es wird erhofft und erbeten und kann hier auf Erden nur im Glauben geschaut werden. Dem entspricht die doppelchörige Komposition als Symbol der Chöre der Engel und der erlösten Menschen, Die Übersetzung der Worte *Osanna in excelsis* ist ja ein Gebet: Gib Heil dort in der Höhe! Das kann aber nur geschehen, wenn Christus vor dem Richterstuhl Gottes für uns eintritt. Darum hat es einen tiefen Sinn, wenn Bach die Sätze *Osanna* und *Benedictus* mit dem *Agnus Dei* verbindet: Jesus kommt im Namen Gottes – *Benedictus, qui venit in nomine Domini* – um uns durch seinen Tod – *Agnus Dei* – den ewigen Frieden zu schenken – *Dona nobis pacem*.

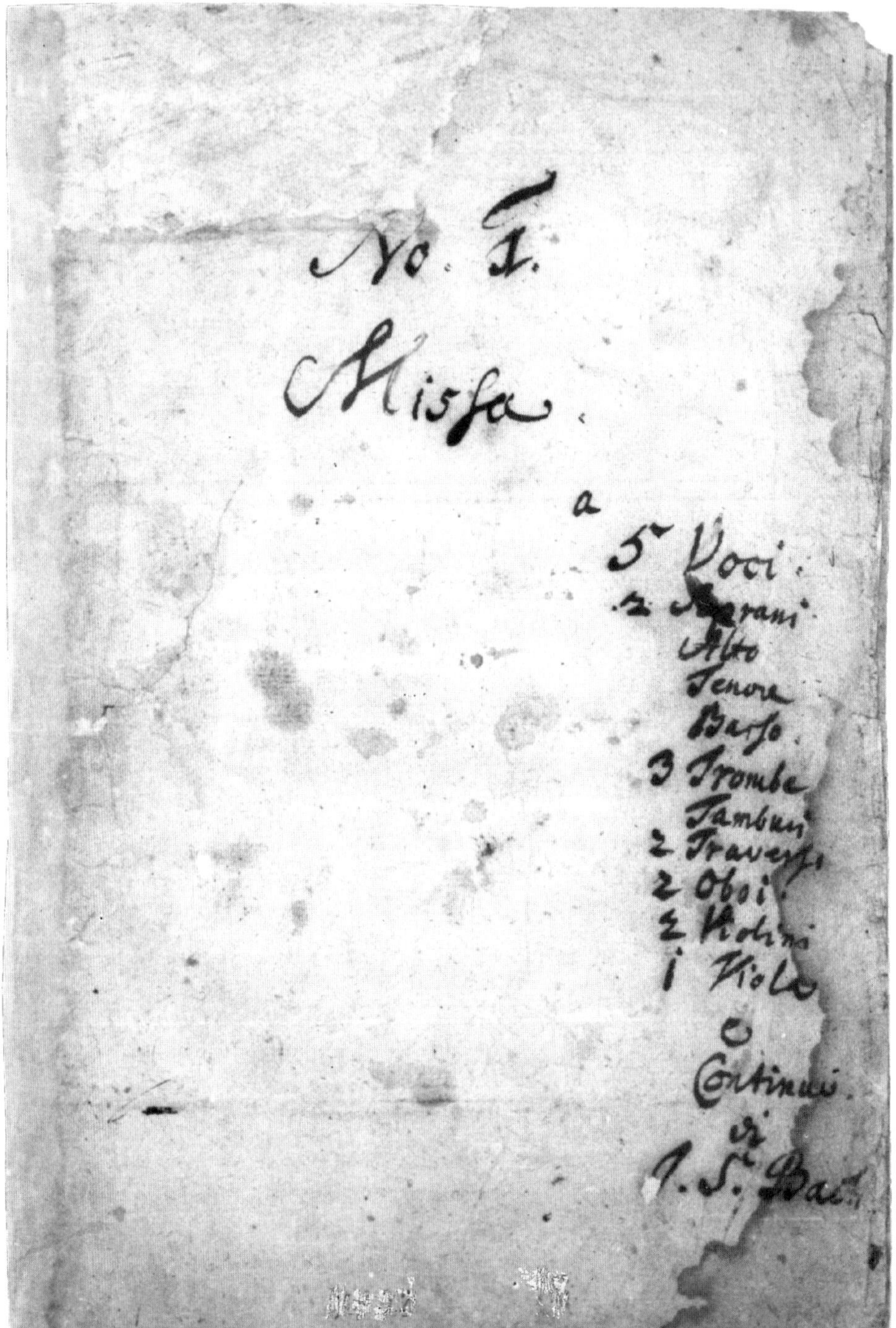

Titelseite der Partitur des ersten Teils der h-Moll-Messe, BWV 232, I

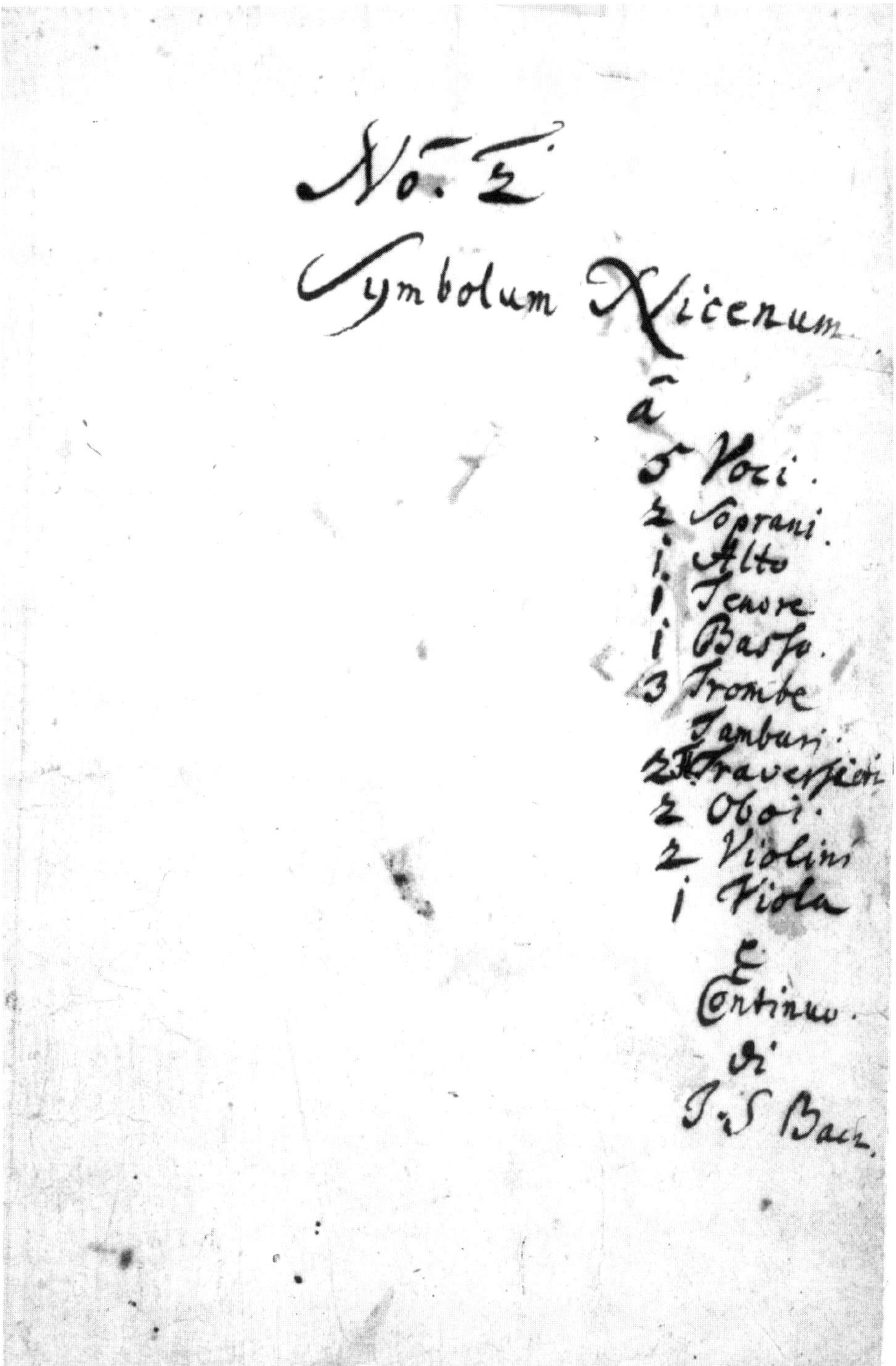

Titelseite der Partitur des zweiten Teils der h-Moll-Messe, BWV 232, II

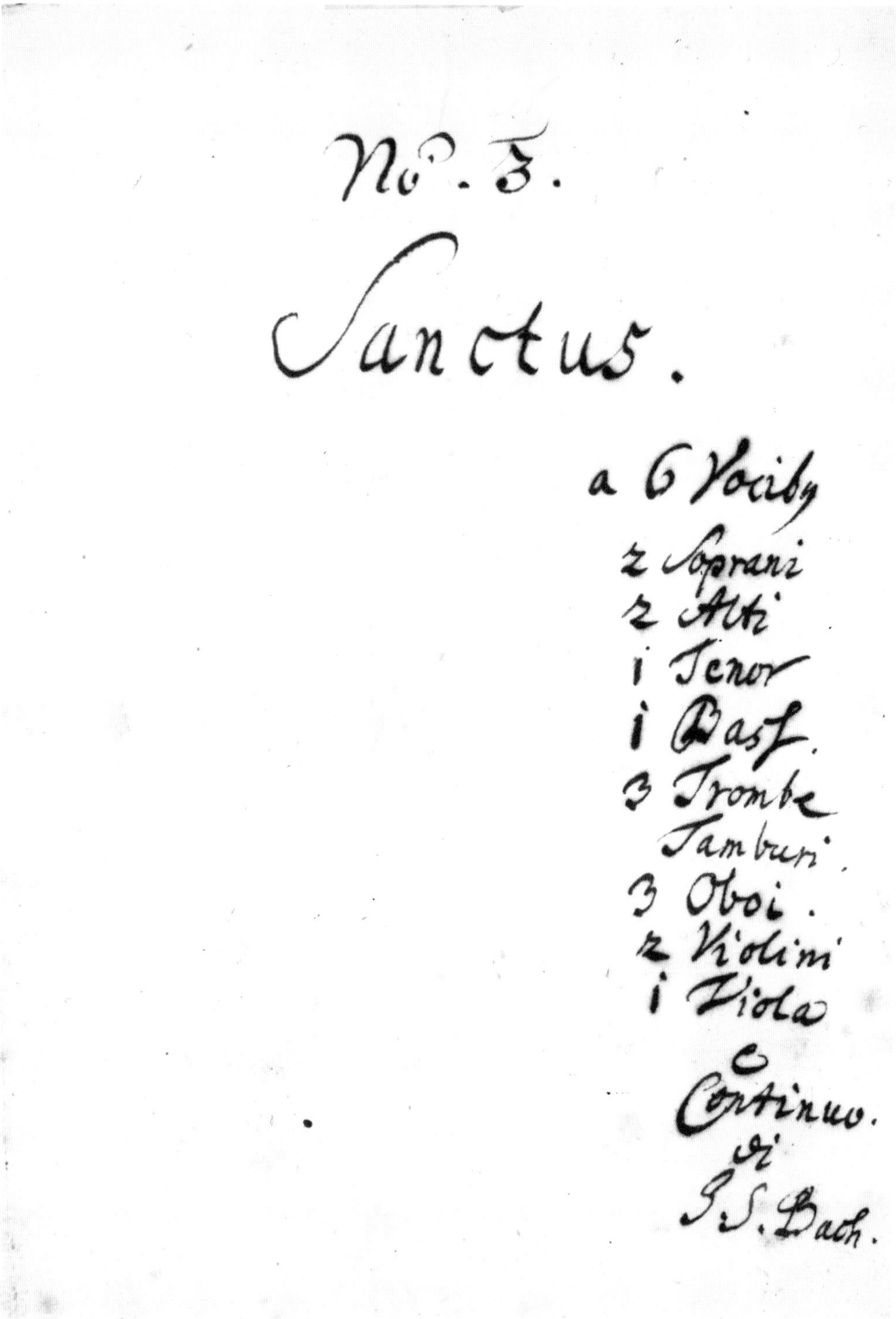
No. 3.
Sanctus.
a 6 Vocibus
2 Soprani
2 Alti
1 Tenor
1 Bass.
3 Trombe
Tamburi.
3 Oboi.
2 Violini
1 Viola
e
Continuo.
di
J. S. Bach.

Titelseite der Partitur des dritten Teils der h-Moll-Messe, BWV 232, III

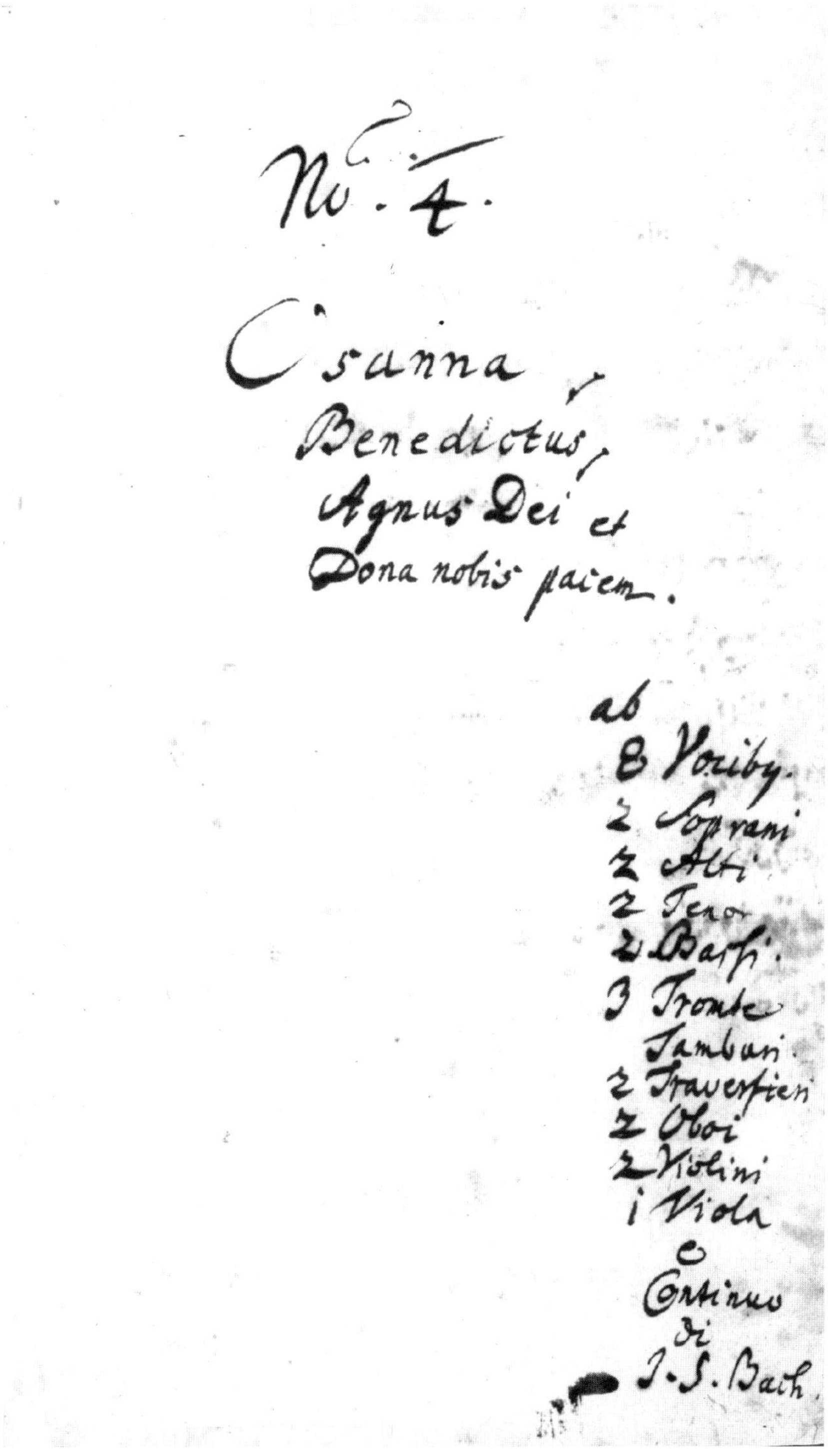

No. 4.

Osanna, Benedictus, Agnus Dei et Dona nobis pacem.

a 8 Vocib.
2 Soprani
2 Alti
2 Tenor
2 Bassi.
3 Trombe
Tamburi.
2 Traversieri
2 Oboi
2 Violini
1 Viola
e
Continuo
di
J. S. Bach.

Titelseite der Partitur des vierten Teils der h-Moll-Messe, BWV 232, IV

Auf den Titelseiten fällt ein Zeichen auf, dessen Gestalt sich zweimal deutlich verändert. Bach hat über jede Nummer der vier Teile eine schlangenförmige Linie geschrieben, desgleichen auch als Abkürzungszeichen auf der 2., 3. und 4. Titelseite über das *o* in der Abbreviatur *No.* Das gleiche Zeichen habe ich bei der Darstellung der Symbolik in der Originalausgabe der Kunst der Fuge[14] als Sinnbild für den Teufel gedeutet. Damals ist mir noch nicht bewußt geworden, daß Bach etwas sehr Ungewöhnliches tat, indem er Zeichen, die nur handschriftlich üblich waren, wie der Punkt über der 1 oder die geschwungene Linie über Zahlen, auch in die gedruckte Ausgabe aufnahm. Es beweist, wie wichtig ihm diese Zeichen als Symbole für theologische Gedanken auch in der Kunst der Fuge gewesen sind.

Die sieben Schlangensymbole der h-Moll-Messe sind auf jeder der Titelseiten anders angeordnet oder gestaltet. Auf der ersten erscheint ein Schlangenzeichen nur über der *1*, nicht aber über *No.*, auf der zweiten steht ein Zeichen über *No.* sowie eines über der *2* mit einem Punkt unter seinem rechten Ende; auf der dritten Titelseite trägt die Zahl *3* ein Schlangensymbol, über *No.* ist es zu einem Halbkreis gebogen und umgibt einen Punkt. Es gleicht einer Fermate; da aber das *o* hier zum ersten Mal nach oben geöffnet ist, kann man darin in der Verbindung mit der Fermate auch das Zeichen erkennen, das Bach oft für das Wort *nicht* einsetzt. Daß ihn dazu nicht etwa Platzmangel veranlaßt hat, beweisen in der Partitur der Matthäuspassion die drei Einwürfe des zweiten Chors in der Arie Nr.27a: „Laßt ihn, haltet, bindet nicht!", wo Bach in jeweils drei Chorstimmen das Zeichen verwendet und die Stimmen danach für mehrere Takte pausieren läßt.

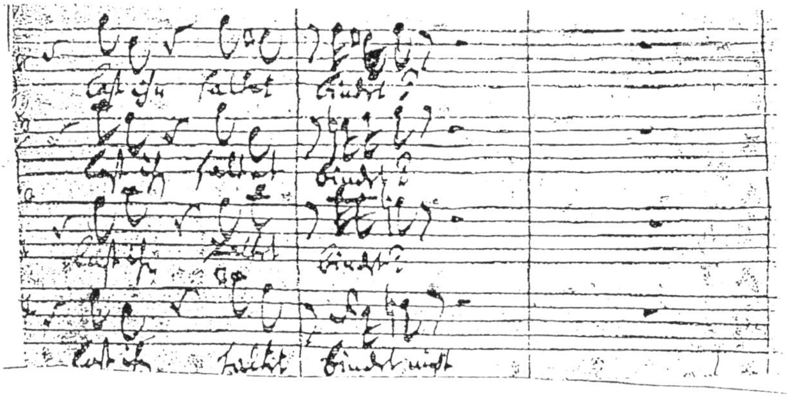

Auf dem vierten Titelblatt der h-Moll-Messe windet sich die Schlange über dem wiederum offenen o besonders schwungvoll, während das Zeichen über der *4* nur ein gerader Strich ist, über dessen Anfang ein Punkt gesetzt ist.

Die Umformungen des Schlangenzeichens auf der dritten und vierten Titelseite sind ein deutlicher Hinweis darauf, daß Bach mit diesen Zeichen eine theologische Symbolik im Sinn hatte. Wenn ich eine Deutung versuche, habe ich dabei einige ähnliche Zeichen in Bachs Handschriften im Blick, besonders ein offenes *o* mit einem Punkt über der Öffnung und darüber das Zeichen der kriechenden Schlange in der Überschrift des Orgelchorals „Schmücke dich, o liebe Seele" in der Leipziger Choralsammlung[15]. Das offene o deutete ich dort als die „Sündenhöhle", die in der Liedstrophe genannt wird. Das ist die Hölle, in die Christus – durch den Punkt symbolisiert – eingehen will, um die „liebe Seele" daraus zu befreien.

In den sieben Schlangenzeichen der h-Moll-Messe spiegelt sich offenbar die Geschichte des Satans. Das erste Wort *Numero* ist noch frei von einem Zeichen. Als Begriff der Ordnungszahl ist es Sinnbild der von Gott nach Maß und Zahl geordneten Schöpfung. Doch schon zur *1* als Zahl Gottes tritt die Schlange als Sinnbild des Widerparts: Der Teufel als Fürst dieser Welt.

---

14 Ludwig Prautzsch, Vor deinen Thron tret ich hiermit, Neuhausen 1980, S. 236.

15 a. a. O., S. 274f.

Über dem *Symbolum Nicenum* erscheint das Schlangenzeichen sowohl über *No.* als auch über der *2,* der Zahl des Gottessohnes (s. S. 11). Das Abkürzungszeichen über *No.* symbolisiert, daß der Satan das Leben der Schöpfung abbrechen und vernichten wird, er bedroht auch – wie es die Schlange über dem Punkt zeigt – Christus, in seiner Niedrigkeit als kleiner Punkt dargestellt. Diese Symbole begleiten das Glaubensbekenntnis, in dem die Heilstaten Christi im Mittelpunkt stehen.

Mit dem dritten Teil, Sanctus, feiern wir die Gegenwart des Herrn im Abendmahl und hören die Vision der Anbetung vor dem Thron Gottes. Paulus aber erinnert uns: „Sooft ihr von diesem Brot esset und von diesem Kelch trinket, sollt ihr des Herren Tod verkündigen" (1. Kor. 11, 26). Bachs Symbole auf dem Titelblatt tun das in eindrucksvoller Weise: Die von Gott geschaffene Welt ist unter der Macht des Satans zur Hölle geworden. Sie öffnet ihren Rachen, um Christus zu verschlingen, der auch hier in seiner Niedrigkeit als kleiner Punkt dargestellt ist. Wir können nun als Überschrift des Titelblattes lesen: *Nicht 3.* Die Zahl des dreieinigen Gottes wird durch den Satan zunichte gemacht, ja, Gott selber gibt seine Gottheit auf und geht in Tod und Hölle.

Dadurch ist den Gläubigen der Himmel geöffnet. Der Tod Jesu ist die Voraussetzung, daß sie den großen Lobpreis vor Gottes Thron, das Sanctus, nicht nur als Vision erleben, sondern selber im Chor der Engel stehen. Das macht Bach durch eine auffallende Textänderung in der Partitur des *Sanctus* deutlich. Mitten im ersten Teil, in Takt 24, schreibt er in der Stimme des 1. Altes nicht *Dominus Deus Sabaoth* wie in den anderen Stimmen, sondern *Dominus Deus Israel*!

24

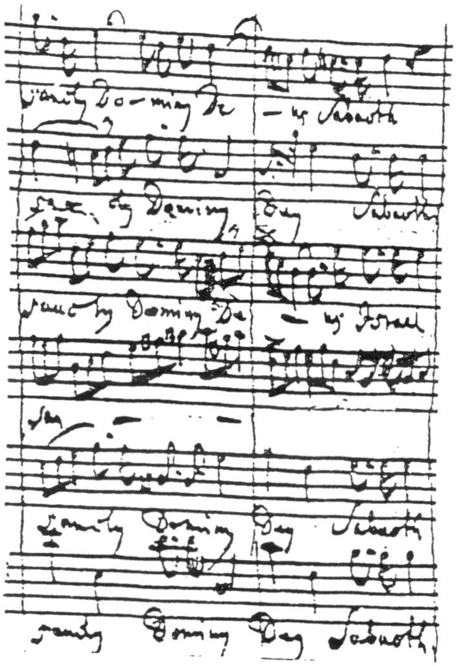

Israel ist nach der Erläuterung Luthers, die Bach in seiner von Johann Olearius herausgegebenen und erläuterten Bibel[16] lesen konnte, der Name der Menschen, denen sich Gott ergeben hat, „das heißt, aller Christen". An der gleichen Stelle sind im System des 2. Altes die Worte *Dominus Deus* durchgestrichen. Das ist nicht nur eine fehlerhafte Eintragung, sondern ist in Verbindung mit dem Namen *Israel* ein Symbol für Gott, der seine Macht als Herr und Gott aufgegeben hat. Das durch Takt- und Notenzahl bezeich-

16 Johann Olearius, Biblische Erklärung, Leipzig 1678, Bd. I, S. 252.

nete Psalmwort, das wir nach Bachs präziser Methode[17] heranziehen können, gibt eine Bestätigung für diese Deutung:

Ps. 24, 6 Das ist das Geschlecht das nach dir fragt, das da sucht dein Antlitz, Gott Jakob.

Auf der vierten Titelseite bäumt sich die Schlange über dem Schlund der Hölle gewaltig auf, als Symbol für den Satan, der die Menschen vor dem Thron Gottes verklagt. Doch das zweite Zeichen zeigt, daß seine Macht gebrochen ist: Als gerader, lebloser Strich liegt das Zeichen des Teufels jetzt unter dem Punkt, der Christus symbolisiert. „Er muß herrschen, bis daß er alle seine Feinde unter seine Füße lege" (1. Kor. 15, 25).

Die Veränderungen des Schlangenzeichens in ihrer Beziehung zur Aussage der einzelnen Teile lassen nicht nur erkennen, daß Bach dieses Zeichen als ein theologisches Symbol eingesetzt hat, sondern daß ihm daran gelegen war, eine Symbolreihe zu schaffen, die die Aussage des ganzen Werkes umfaßt. Er erweist sich darin als der schöpferisch-kombinierende Meister, der sich nicht damit begnügt, hier und da einzelne Symbole einzusetzen, sondern auch in der Symbolik große Zusammenhänge schafft, so wie er als Komponist vollkommene Formen baut.

Die Titelseiten der h-Moll-Messe enthalten noch andere Symbole. So sind die Abkürzungen *No.* auf der ersten und zweiten mit einem großen *N*, auf der dritten und vierten mit einem kleinen, aber vergrößerten *n* geschrieben, wohl als Sinnbild, daß mit dem *Sanctus* die Darstellung der neuen Schöpfung beginnt, die auf die Erniedrigung und Erhöhung des Gottessohnes gegründet ist.

Wir erkennen auch zwei kleine Bögen, wie sie Bach gelegentlich an den Kopf bestimmter Großbuchstaben setzt. Sie haben die Form eines kleinen c und könnten als Symbol für Christus gedeutet werden. Eines ist auf der ersten Titelseite verbunden mit dem *S* des Namens *J. S. Bach*: Christus steht dem Menschen Bach zur Seite.

Auf der zweiten Titelseite ist der kleine Bogen an das große *C* des Wortes *Continuo* angefügt, doch so, daß er sich mit dem darüberstehenden *e* verbindet. Man könnte bei dem Zeichen, das dadurch entstanden ist, an eine umgekehrte 3 denken, wie sie Bach an verschiedenen Stellen als Sinnbild des Sterbens einsetzt (s. S. 130 f.). Es kann erst später erläutert werden (s. S. 247), daß das Zeichen an dieser Stelle wohl auch anders zu deuten ist.

Das gleiche gilt von einigen anderen Symbolen auf den Titelseiten der h-Moll-Messe, die darum hier nur erwähnt sein sollen. So ist es sicher von symbolischer Bedeutung, daß auf der ersten Titelseite die ersten drei Buchstaben des Wortes *Soprani* durch eine Tintenverwischung durchgestrichen sind und daß Feuchtigkeitsflecke am Rand das Wort *Bach* und einige Buchstaben der Instrumentenangabe erreicht haben (s. S. 246f.).

Die Besetzungsangaben weisen eine Reihe bemerkenswerter Abweichungen auf. Die Querflöten werden auf der ersten Titelseite in der verkürzten italienischen Form *Traversi* genannt, auf der zweiten zunächst auch. Doch nachträglich zwängt Bach mit Mühe zwischen die Zahl und die Bezeichnung die Abkürzung *Fl.* ein und ergänzt am Schluß *ieri*. Das ergibt ein sprachlich unkorrektes Wort, französisch hätte es heißen müssen *traversières*.

Warum hat Bach mit aller Gewalt die Bezeichnung in eine Form gebracht, die in jedem Fall fehlerhaft ist, ganz gleich, ob wir sie *Flauti* oder *Flutes traversieri* lesen? Das kann nur symbolische Gründe haben, und wenn man bedenkt, daß die Traversflöten Symbol für den leiblichen Menschen Jesus sind, der die Sünde der Welt auf sich genommen hat[18], liegt die Deutung nahe: Die drangvolle Enge, in die Bach die Buchstaben *Fl.* gezwungen hat, ist ein Sinnbild für die Angst und Bedrängnis des leidenden Christus.

Folgerichtig ist es, daß Bach auf der ersten Titelseite noch fehlerfrei *Traversi* schreibt und daß im dritten Teil zur Vision des *Sanctus* die Flöten schweigen. Doch auf der vierten Titelseite werden sie wieder fehlerhaft *Traversieri* genannt. Vor dem Richterstuhl Gottes ist es von entscheidender Bedeutung, daß Christus erscheint, beladen mit der Sünde der Welt. Im folgenden Kapitel wird diese Deutung weiterge-

---

17 Diese Methode Bachs, bei der die Taktzahl einer auffallenden Stelle in der Komposition den Psalm, die Stellung der betreffenden Note innerhalb des Taktes den Psalmvers bezeichnet, habe ich ausführlich dargelegt in: Ludwig Prautzsch, Vor deinen Thron tret ich hiermit, Neuhausen 1980, S. 55, 129, 132ff. u. a. m. , sowie im zweiten Band des vorliegenden Buches. Auftakte sind dabei als volle Takte zu zählen.

18 Ludwig Prautzsch, Symbolik der Instrumente in den Werken Bachs, in: Bibel und Symbol in den Werken Bachs, Schriftenreihe des Thomas-Morus-Bildungswerkes, Bd. 4, Schwerin, 2000, S. 72f.

führt werden. Dort sollen auch die anderen Varianten in den Besetzungsangaben behandelt werden: *a 5 Voci, á 5 Voci, ab 6 Vocibus, ab 8 Vocibus;* auf dem dritten Titelblatt: *1 Tenor, 1 Bass,* auf dem vierten: *2 Tenor* (!).

Die Symbolik der Sprachen

Lateinisch

Auf den beiden letzten Titelseiten der h-Moll-Messe schreibt Bach die Bezeichnung der Singstimmen in lateinischer Sprache: *Vocibus.* Offenbar hat der Inhalt der beiden Teile als Visionen des ewigen Lebens Bach bewogen, die lateinische Form zu wählen.

Singstimmen sind kein Symbol, in ihnen kommt die menschliche Stimme selber zu Wort und bringt das Denken und Fühlen der Menschen zum Ausdruck. In der Ewigkeit aber werden die Menschen mit andern Stimmen singen, das neue Lied, „und niemand konnte das Lied lernen denn die hundertvierundvierzigtausend, die erkauft sind von der Erde" (Offb. 14, 3). Im lateinischen *Vocibus* auf den letzten Titelseiten am Ende seines Lebens bekundet Bach seine gläubige Erwartung, zu den Erwählten zu gehören.

In sechs Kantaten früherer Jahre hat Bach durch seine Schreiber das Wort *Vocibus* auf die Titelseiten setzen lassen. Auch in diesen Kantaten kommt die Hoffnung auf das ewige Leben zum Ausdruck:

BWV 74, 7	Dein Leiden, dein Sterben macht mich ja zum Erben.
BWV 113, 8	Und nimm mich einst, wenn dir's gefällt, in wahrem Glauben von der Welt zu deinen Auserwählten.
BWV 175, 1	Er rufet seine Schafe mit Namen und führet sie hinaus.
7	Hilf, daß ich suche für und für nach einem andern Leben, das du mir willst aus Gnade geben.
BWV 176, 6	Auf daß wir alle allzu gleich zur Himmelspforte dringen und dermaleinst in deinem Reich ohn alles Ende singen.

In den andern beiden Kantaten ist die Erwartung des ewigen Lebens nicht ausgesprochen, doch hat Bach wohl die Worte vom Licht und vom frischen Wasser interpretiert als ewiges Licht und Wasser des Lebens, das abschließende Amen aber als das Amen der vier Tiere im großen Lobgesang vor Gottes Thron (Offb. 5, 14), die ja nach der Erläuterung von Johann Olearius Sinnbilder der erlösten Menschen sind[19]:

BWV 85, 3	Zum frischen Wasser leit er mich.
BWV 137, 5	Er ist dein Licht, Seele, vergiß es ja nicht, lobende, schließe mit Amen!

Das Lateinische als heilige Sprache der Kirche kann demnach als Sinnbild für das Reich Gottes gedeutet werden, in das die Erlösten eingehen[20]. Die seltenen lateinischen Bezeichnungen für Instrumente sollen bei der Betrachtung der Instrumentenfamilien erwähnt werden.

---

19 Johann Olearius, Biblische Erklärung, Leipzig 1678, S. 1925.

20 Daß Bach in der Huldigungskantate „Tönet, ihr Pauken" (BWV 214) gelegentlich das Wort *Sachsen* durch die Angleichung an das lateinische Saxonia *Saxen* schreibt und dazu die lateinische Schrift einsetzt, ist ein weiterer Beleg. Vgl. Ludwig Prautzsch, Bibel und Symbol in der Kirchenmusik Johann Sebastian Bachs, Schwerin 2000. S. 19.

Deutsch

Die letzten beiden Titelseiten der h-Moll-Messe enthalten noch andere sprachliche Überraschungen. In der Bezeichnung der tiefen Singstimmen weicht Bach von der italienischen Sprache ab und schreibt auf der dritten Titelseite: *1 Tenor, 1 Bass,* auf der vierten gar: *2 Tenor.*

Daß zum *Sanctus* die deutschen Worte auftauchen, kann wohl nur bedeuten: Auch wir Deutschen, auch ich, Bach selber, dürfen im Chor der Engel erscheinen.

Die eigenartige, nicht ganz korrekte Bezeichnung auf der vierten Titelseite läßt sich nur erklären, wenn man berücksichtigt, daß die beiden letzten Buchstaben des Wortes *Tenor* mit sehr blasser Tinte geschrieben sind. Das Wort vergeht, so wie der Mensch stirbt, und damit meint Bach wohl vor allem sich selber. Es bleibt offen, was hier zu ergänzen ist, ob es heißen soll *Tenori, Tenöre* oder *Tenores.* Das Jüngste Gericht wird entscheiden, ob hier aus den irdischen Sängern solche werden, wie sie die Offenbarung beschreibt: Sie kamen „aus allen Völkern und Sprachen, angetan mit weißen Kleidern" stehen sie vor dem Stuhl und dem Lamm (Offb. 7, 9). Ihre Kleider haben sie gewaschen im Blut des Lammes (Offb. 7, 14). Das heißt in der Symbolsprache Bachs: Aus den *Tenören* und *Tenori* sind *Tenores* geworden.

Die Unbestimmtheit des Wortes *Tenor* hat eine Entsprechung in der Partitur des vierten Teils. Auch hier betrifft es den Tenor. Er begrüßt in einer Arie den kommenden Herrn:

BWV 232, 22 Benedictus, qui venit in nomine Domini.
(Gelobt sei, der da kommt im Namen des Herrn!)

Das Soloinstrument dieser Arie hat Bach nicht näher bestimmt; soll es von einer Trompete, einer Violine, Oboe oder Traversflöte gespielt werden? Ist es Symbol für den Herrn als Richter (Trompete), als Gottessohn (Violine), als Mensch, der sich ihm in Liebe zuwendet und die Schuld abnimmt (Oboe d'amore, Traversflöte) ?

In den Bezeichnungen der Instrumente kommen deutsche Worte nicht vor. Nachdenklich stimmt ein Kantatentext:

BWV 24, 1 Ein ungefärbt Gemüte
von deutscher Treu und Güte
macht uns vor Gott und Menschen schön.

Was ist der Grund für den Nationalstolz des Dichters Erdmann Neumeister? Welche Gedanken bewegten Bach bei der Komposition dieser Worte? Daß den Deutschen Treu und Güte nicht etwa angeborne Eigenschaften sind, sagt freilich das folgende Rezitativ:

BWV 24, 2 Die Redlichkeit
ist eine von den Gottesgaben.
Daß sie bei unsrer Zeit
so wenig Menschen haben,
das macht, sie bitten Gott nicht drum.

Wahrscheinlich wird das Idealbild deutscher Art, das Neumeister hier entwirft, bestimmt durch das Bewußtsein, daß den Deutschen durch die Reformation Luthers ein tieferes Verständnis christlichen Glaubens und Lebens geschenkt worden ist, als es in der verweltlichten römischen Kirche vorherrschte.

Italienisch und Französisch

Italienisch sind zumeist die Instrumente und Singstimmen angegeben. Diese stehen für die Menschen, jene sind Symbole für den Sohn Gottes und sein Wirken in der Welt. Als gleichsam weltliche Variante der Kirchensprache Latein kann das Italienische wohl gedeutet werden als Symbol der Kirche auf Erden, in der zwar das Wort Gottes noch zu hören ist, die aber an vielen irdischen und menschlichen Schwächen leidet.

Die italienisch bezeichneten Instrumente sind dann Symbol dafür, daß Christus sich zunächst an die Kirche und ihre Glieder wendete, so wie nach den Berichten der Evangelisten sein Wirken auf Erden zuerst dem auserwählten Volk Israel galt.

Das Französische hat sich beträchtlich weiter von der Kirchensprache Latein entfernt als das Italienische. Viele Beobachtungen auf den Titelseiten, aber auch in den musikalischen Formen der kirchenmusikalischen Werke Bachs lassen darauf schließen, daß er die französische Sprache und den französischen Stil als Symbol für weltliches Wesen und Gottferne eingesetzt hat. Diese gewiß überraschende Vermutung soll zunächst durch einige Beobachtungen in den Kompositionen und Handschriften Bachs unterstützt werden.

Im französischen Violinschlüssel sind im allgemeinen die Stimmen der Blockflöten notiert. Das kann als Zeichen verstanden werden: Gottes Sohn ist Mensch geworden, hat Fleisch und Blut angenommen und ist auf die Welt gekommen und zwar bis in die gottfernsten Bereiche.

In der Kantate „Herr Christ, der einge Gottessohn" (BWV 96) ist diese Symbolik deutlich zu erkennen. Im Eingangschor wirkt eine konzertierende Blockflöte mit, die nirgends genannt wird und nur durch den französischen Violinschlüssel in der Partitur identifiziert werden kann. Sie ist Symbol für die Worte des Eingangschors:

BWV 96, 1 Er ist der Morgensterne,
sein Glanz streckt er so ferne.

Das folgende Rezitativ beschreibt und interpretiert dieses Geschehen:

BWV 96, 2 O Wunderkraft der Liebe,
wenn sich die Herrlichkeit
im letzten Teil der Zeit
zur Erde senket.

Nur im ersten Satz erklingt die Blockflöte, dann wird sie durch eine Traversflöte ersetzt; denn in den folgenden Sätzen wird Jesus gebeten, die Seele mit „Seilen der Liebe" zu ziehen und kräftig in ihr zu wirken. Daß dabei das weltliche Wesen überwunden werden muß, sagt das Rezitativ:

BWV 96, 4 Ach, führe mich, o Gott, zum rechten Wege,
mich, der ich unerleuchtet bin,
der ich nach meines Fleisches Sinn
so oft zu irren pflege.

In der Kantate „Christus, der ist mein Leben" (BWV 95) sind ausnahmsweise die Stimmen der beiden *Hautbois d'Amour* im französischen Violinschlüssel notiert. Das hat seinen Grund offenbar nur darin, daß Bach das Wesen dieser Welt gegenüber dem Leben im Himmel symbolisch darstellen will. Im Eingangssatz sind die *Hautbois d'Amour* Symbol dafür, daß Christus in unsere Welt gekommen ist, um uns mit seiner Liebe zu begegnen. Beim Übergang in den zweiten Choral dieses Satzes, „Mit Fried und Freud ich fahr dahin" wendet sich der Blick von der Welt ab in das neue Leben; dementsprechend ändert Bach seine Symbole: Jetzt spielen zwei *Hautbois l'ordinaire*, ihre Stimmen sind im normalen Violinschlüssel notiert. Die Bezeichnung der Oboen ist freilich noch französisch; denn die Sänger dieser Strophe befinden sich noch in der Welt, doch Christus hat sie in seine Gemeinschaft, in die neue Ordnung, aufgenommen.

Im folgenden Seccorezitativ schreibt Bach wieder den französischen Violinschlüssel vor. Das entspricht dem Text, der in bilderreicher Sprache die lasterhafte Welt schildert. Doch die Oboen schweigen; denn das Rezitativ beginnt:

BWV 95, 2 Nun, falsche Welt!
Nun hab ich weiter nichts mit dir zu tun.

Im anschließenden Choral pausieren die *Hautbois d'Amour* nur zu den beiden ersten Zeilen, eine Instrumentierung, die in den Choralsätzen Bachs wohl einmalig ist:

BWV 95, 3 Valet will ich dir geben,
du arge, falsche Welt.

Sie setzen wieder ein zu den Worten:

Dein sündlich böses Leben
durchaus mir nicht gefällt.

Die Sünde der Welt – das ist der Sinn dieses Symbols – hat Christus auf sich genommen, durch seine Liebe bin ich davon befreit. Es ist immer wieder erstaunlich, wieviel Mühe Bach darauf verwandt hat, seine Symbole in jeder Phase genau dem Text entsprechend einzusetzen!

Den pompösen Stil der französischen Ouverture verwendet Bach nur in sieben Kantaten, in allen ist er Symbol für weltliches Wesen oder Heidentum.

In der Kantate „O Ewigkeit, du Donnerwort" (BWV 20) zum Evangelium vom reichen Mann und armen Lazarus (Luk. 16, 19–31) symbolisiert Bach durch diesen Stil „die Wollust dieser Welt, Pracht, Hoffart, Reichtum, Ehr und Geld" (Nr. 9).

In der Kantate „Nun komm, der Heiden Heiland" (BWV 61) sind die Heiden schon im Titelsatz erwähnt. Jesus kommt aber auch zu den Juden, die ihn nach dem Evangelium vom Einzug in Jerusalem (Matth. 21, 1-9) festlich begrüßen, weil sie ihn mißverstehen als einen weltlichen Herrscher.

Den Text der Kantate „In allen meinen Taten" (BWV 97) schrieb Paul Fleming vor einer langen Reise an die Fürstenhöfe Rußlands und Persiens. Er war sich der Gefährdung durch weltliches Wesen am Hofe, zumal einem islamischen, wohl bewußt und spricht sogar von „seinem „Verhängnis".

In der Kantate „Tritt auf die Glaubensbahn" (BWV 152) symbolisiert die Sinfonia die „böse Welt", die sich an dem Stein stößt, den Gott in Christus gelegt hat..

In den Kantaten „Preise, Jerusalem, den Herrn" (BWV 119) und „Höchst erwünschtes Freudenfest" (BWV 194) macht der Einschub der Chorabschnitte in die Grave-Teile im französischen Stil deutlich, daß Gott die Seinen, die von der feindlichen Welt umgeben sind, schützt.

BWV 119, 1 Er machet fest die Riegel deiner Tore,
er schaffet deinen Grenzen Frieden;

BWV 194, 4 Es schleicht sich Eitelkeit allhie
an allen Enden ein.
6 Vergehe, Welt, mit deiner Pracht,
in Gott ist, was uns glücklich macht.

Auch in der prächtigen Weihnachtskantate „Unser Mund sei voll Lachens" (BWV 110) ist der Eingangschor mit den langsamen Abschnitten des Orchesters im französischen Stil nicht einfach als Symbol des mächtigen Herrn zu verstehen, sondern er steht für den Gott, der zu den Menschen kommt, die von der bösen Welt umgeben sind, wie es die zweite Arie sagt:

BWV 110, 4 Ach Herr, was ist ein Menschenkind,
daß du sein Heil so schmerzlich suchest?
Ein Wurm, den du verfluchest,
wenn Höll und Satan um ihn sind.

Die Form des Satzes, den Bach der Orchestersuite in D-Dur (BWV 1069) entlehnt hat, gibt diesen Gedanken getreu wieder: Die fugierten Chorabschnitte, die Menschenstimmen, werden von den Orchestersätzen im französischen Stil umrahmt. Zum Orchester aber sind in der Kantate zwei Traversflöten hinzugekommen, Symbole für Christus, der die Sünde der Welt auf sich genommen hat (s. S. 16).

Schließlich ist der *Contrapunctus VI* in der *Kunst der Fuge* zu nennen, komponiert im französischen Ouverturenstil und überschrieben *in Stylo francese*. Bach hat diesen Contrapunctus dem 6. Psalm zugeordnet, einem Bußpsalm:

Ps. 6, 2 Ach Herr, strafe mich nicht in deinem Zorn, und züchtige mich nicht in deinem Grimm!

Auch hier setzt Bach den französischen Stil als Symbol für sündhaftes Wesen ein[21].

Warum aber wählt Bach in seiner bekannten Randbemerkung zur Bibelstelle 2. Chron. 5, 13 ein französisches Wort: „NB Bey einer andächtigen Musique ist Gott allezeit mit seiner Gnaden Gegenwart"[22]? Ist der Begriff *andächtige Musique* nicht ein Widerspruch in sich, wenn die Symbolik der französischen Sprache zutrifft? Im Gegenteil! Bach will gerade darin deutlich machen, daß unser Musizieren auch beim besten Willen, bei aller Andacht, die wir selber hineinlegen, ein weltliches Ding, eben eine *Musique* bleibt. Gottes Gnade allein bewirkt, daß es in Andacht geschieht.

Die Symbolik der italienischen und französischen Sprache soll nun an den Bezeichnungen der Instrumente nachgeprüft werden, und zwar für Hörner, Oboen und Flöten; denn bei den anderen Instrumenten kommen nur italienische Bezeichnungen vor, abgesehen von den Pauken, denen ein besonderer Abschnitt gewidmet ist.

---

21 Ludwig Prautzsch, Vor deinen Thron tret ich hiermit, Neuhausen 1980, S. 65.

22 Christoph Trautmann, „Calovii Schrifften. 3. Bände", in: Musik und Kirche, 39. Jg. 1969, S. 152. Er liest „Musig", was sicher nicht zutrifft.

Um eine verläßliche Grundlage für den Nachweis der Sprachensymbolik zu gewinnen, müssen außer den Titelseiten auch Kopftitel, Besetzungsangaben und Stimmen herangezogen werden. Grundsätzlich muß die Symbolik der einzelnen Instrumente, wie ich sie aufgrund eingehender Untersuchungen dargestellt habe[23], beachtet werden.

Bezeichnung der Hörner

Hörner als Symbole für Gott auf seinem Gnadenthron werden überwiegend italienisch als *Corno, Corno da Caccia, Corno da tirarsi* bezeichnet. Aufschlußreich sind die Stellen, in denen Bach in eine andere Sprache ausweicht:

Ganz selten läßt er seine Schreiber die lateinische Form *Cornu* verwenden. Sie findet sich auf den Stimmen zum vierten Teil des Weihnachtsoratoriums als Symbol dafür, daß wir wirklich vor „des *Höchsten* Gnadenthron" stehen, auch wenn er sich nur in der Gestalt des kleinen Säuglings zeigt. Die Bezeichnung erscheint in den Stimmen, die ja das Wirken des Heilands symbolisieren.

Außerdem gibt es nur noch eine Stelle mit der lateinischen Form *Cornu*, dort ist sie aber nachträglich in Corno verändert worden: in den Hornstimmen zur Kantate „Siehe, ich will viel Fischer aussenden" (BWV 88). Das entspricht den Gedanken des Kantatentextes:

BWV 88, 2 Wie leichtlich könnte doch der Höchste uns entbehren
und seine Gnade von uns kehren!
3 Ja, wenn wir verirret sein,
will er uns gar suchen lassen.

Der Höchste verläßt sein Reich – wie es die Änderung des lateinischen *Cornu* symbolisiert, um uns nachzugehen.

Französische Bezeichnungen für die Hörner kommen öfter vor. In den betreffenden Werken, im Kantatentext oder im Evangelium des Sonntags wird davon berichtet, wie Jesus den Menschen in ihren weltlichen Verstrickungen, im Unglauben oder im Heidentum nachgeht:

In der Kantate BWV 68 zum Evangelium vom Gespräch Jesu mit dem ungläubig zweifelnden Nikodemus (Joh. 3, 16–21) mit der Bezeichnung *Corne* auf der Hornstimme erwähnt bereits der Titel die Welt als Inbegriff des Unglaubens:

BWV 68, 1 Also hat Gott die Welt geliebt.

Auch in der Kantate BWV 99 zu den Warnungen Christi vor kleingläubigem Sorgen (Matth. 6, 23–34) trägt die Hornstimme die Bezeichnung *Corne;* im Duett kommt das menschliche Denken zum Ausdruck, das Christus überwinden will:

BWV 99, 5 Wenn des Kreuzes Bitterkeiten
mit des Fleisches Schwachheit streiten,
ist es dennoch wohlgetan.
Wer das Kreuz durch falschen Wahn
sich vor unerträglich schätzet,
wird auch künftig nicht ergötzet.

In der Kantate BWV 89 zum Evangelium vom Schalksknecht (Matth. 18, 23–35) ist die Hornstimme *Corne du Chasse* bezeichnet; sie erklingt im Eingangschor:

BWV 89, 1 Was soll ich aus dir machen, Ephraim?
Soll ich nicht billig ein Adama aus dir machen
und dich wie Zeboim zurichten?
Aber mein Herz ist anders Sinnes, meine Barmherzigkeit ist zu brünstig.

In der Kantate BWV 109 zum Evangelium von der Heilung des Sohnes eines heidnischen Hauptmanns (Joh. 4, 47–54), dem Jesus seinen Unglauben vorhält, steht auf der Titelseite des Stimmumschlags und auf der Stimme *Corne du Chasse.*

BWV 109, 1 Ich glaube, lieber Herr, hilf meinem Unglauben!

---

23 Ludwig Prautzsch, Symbolik der Instrumente in der Kirchenmusik Johann Sebastian Bachs, in: Bibel und Symbol in den Werken Bachs, Schriftenreihe des Thomas-Morus-Bildungswerkes, Bd. 4, Schwerin 2000, S. 69.

In der Kantate BWV 14 zum Evangelium von der Stillung des Sturms (Matth. 8, 23–27) trägt die Hornstimme die Bezeichnung *Corne par force*: Mit aller Kraft – force – bedrängt Jesus die wilden Wellen, ein Sinnbild der Macht des Satans. Die Titelseiten der Partitur und des Stimmumschlags enthalten die französisch-italienische Mischbezeichnung *Corne da Caccia* als Sinnbild für die Jünger, die zwar noch in menschlicher, kleingläubiger Angst gefangen sind, sich aber an Jesus wenden.

In ähnlicher Weise verbindet Bach in zwei anderen Kantaten französische und italienische Worte. Hier ist von Menschen die Rede, die zwar aus dem Heidentum kommen, sich aber schon auf dem Wege zu Jesus befinden: In der Kantate BWV 65, nach dem Kopftitel mit zwei *Core du Chasse* besetzt (s. S. 7f.), sind es die Weisen aus dem Morgenland, in der Kantate BWV 107 symbolisiert die Bezeichnung *Corne da Caccia* auf der Hornstimme die Menschen, die nach dem Evangelienbericht von der Speisung der Viertausend (Mark. 8, 1–9) „von ferne gekommen" sind.

In der Trauungskantate BWV 195 tragen die für *Clarino 1* und *Clarino 2* ausgeschriebenen Stimmen über dem letzten Satz die Bezeichnungen *Corne 1* und *Corne 2*. Überraschend ist dabei nicht nur, daß die französische Bezeichnung erscheint in einer Trauungskantate für ein Paar, an dem man „so Gerechtigkeit als Tugend ehrt" (BWV 195, 2), sondern vielmehr, daß die Trompeten, mit denen der Eingangschor besetzt ist, in der zweiten Fassung der Kantate – nur diese ist erhalten – im letzten Satz durch Hörner ersetzt werden, zumal dieser als Schlußchoral das Lob Gottes singt:

BWV 195, 6 Nun danket all und bringet Ehr,
ihr Menschen in der Welt,
dem, dessen Lob der Engel Heer
im Himmel stets vermeldt.

Wenn Alfred Dürr vermutet, daß die ursprüngliche Fassung der Kantate für die Trauung eines Juristen bestimmt sein könnte und daß das „Hoch edle Paar" (BWV 195, 7) vielleicht dem Adelsstand angehörte[24], so könnte ähnliches auch für die zweite Fassung gelten. Bach wollte wohl durch seine Symbole, das Zurücknehmen des strahlenden Trompetenklangs und die französischen Bezeichnungen deutlich machen, daß irdische Gerechtigkeit und weltlicher Ruhm vor Gott nicht gilt. Menschen in solchem Ansehen und hoher Stellung stehen in besonderer Anfechtung durch die Mächte dieser Welt. Die französisch bezeichneten Hörner symbolisieren, daß Gott gerade ihnen begegnen will in der Erniedrigung seines Sohnes.

Man könnte sogar noch weiter gehen in der Vermutung daß die ursprüngliche Fassung, die nur aus einem handschriftlichen Textbogen mit drei Stücken eines zweiten Teils zu ersehen ist, der der Partitur beiliegt, nie zustande kommen sollte. Der Textbogen könnte im Sinne Bachs als Sinnbild gemeint sein für den weiteren Weg des hohen Paares in Ruhm und Wohlstand. Gottes Weg aber ist ein anderer, und diesen symbolisiert die verkürzte Fassung mit der geänderten Instrumentierung und den letzten Zeilen des Liedes:

BWV 195, 6 Der seine Wunder überall
und große Dinge tut.

Die „großen Dinge" – das eben ist sein Verzicht auf Macht und Ehre!

Französische Bezeichnungen für das Horn finden sich schließlich in den Handschriften zur *Missa* der h-Moll-Messe (BWV 232). *Corne du Chasse* steht auf dem Stimmumschlag, den Bach mit einer Widmung an den Kurfürsten von Sachsen und König von Polen Friedrich August III. nach Dresden sandte. Dieser war zum katholischen Glauben übergetreten und, was noch schwerer wog und Bach wohl zur Wahl der französischen Bezeichnung für das Horn veranlaßt haben dürfte, er hatte es aus rein weltlichen, machtpolitischen Erwägungen getan.

In der späteren Niederschrift der Partitur der h-Moll-Messe steht am Beginn der Arie mit dem solistischen Horn „Quoniam tu solus sanctus" (Nr. 10) die Bezeichnung *Core da Caccia,* kurz vor dem Ende am Anfang der letzten Akkolade *Corne.*

In der Anordnung der beiden unterschiedlichen Bezeichnungen spiegelt sich der große Bogen des Heilsweges Christi. Die Sätze Nr. 8 – 12 hat Bach zu einer Einheit zusammengefaßt, indem er entweder den jeweils folgenden Satz schon in der letzten Akkolade des vorhergehenden beginnen läßt oder durch einen

---

24 Alfred Dürr, Die Kantaten von Johann Sebastian Bach, Kassel, 1971, S. 609.

Hinweis *sequitur* auf eine enge Verbindung hinweist. Diese Sätze enthalten die Anbetung des erhöhten Christus, der alle Sünde getragen hat:

BWV 232,	8	Domine Deus	- Übergang auf letzter Akkolade
	9	Qui tollis peccata mundi	- Qui sedes sequitur
	10	Qui sedes ad dextram	- Quoniam tu solus sanctus sequitur
	11	Quoniam tu solus sanctus	- Übergang auf letzter Akkolade
	12	Cum sancto spiritu in gloria Dei Patris	

Dort, wo das Lob Christi auf den Höhepunkt geführt wird:

BWV 232, 11 Tu solus altissimus
(Du bist allein der Höchste)

erklingt das Horn zum Zeichen, daß sein Thron ein Thron der Gnade ist, weil er sich erniedrigt hat. Im Anschluß an die letzte Bitte des vorhergehenden Satzes:

BWV 232, 10 Miserere nobis!
(Erbarme dich unser!)

wird es als *Core,* Herz (s. S. 8), bezeichnet, als Sinnbild für Gottes Barmherzigkeit. Am Anfang der letzten Akkolade dieser Arie steht dann die französische Bezeichnung *Corne* als Symbol seiner größten Erniedrigung. Diese Akkolade führt unmittelbar in den Beginn des Chores Nr. 12 hinein, in dem Trompeten die Herrlichkeit Gottes symbolisieren. Dadurch ergibt sich der in Bachs Partituren wohl einmalige Fall, daß Trompeten und Horn in derselben Akkolade erscheinen: Der erniedrigte Jesus – in der französischen Bezeichnung *Corne* symbolisiert – ist zugleich der erhöhte Herr auf dem Thron Gottes, dessen Sinnbild die italienische Angabe *Trombe* darstellt.

Bezeichnung der Oboen

In meinen Aufsätzen über die Bedeutung der Instrumente in den Bachschen Passionen habe ich die Oboen als Symbole gedeutet für Geist und Willen der Menschen, die Oboe d'amore als Symbol für die Liebe und das Herz der Menschen. Aufgrund eingehender Forschungen auf diesem Gebiet erkannte ich, daß sich die Symbolik der Oboen nicht nur allgemein auf menschliches Denken und Fühlen bezieht, sondern vor allem auf Jesus, der auch darin ein Mensch wurde wie wir, in seiner Liebe – d'amore – und in seinem Wirken, um die Menschen für das Reich Gottes zu gewinnen – da caccia[25].

Auf den Titelseiten werden die Oboen fast durchgehend mit französischen Namen angegeben: *Hautbois, Hautbois d'Amour*. Das bedeutet in der Bachschen Symbolsprache: Das Denken und Trachten der Menschen, denen Jesus nachgeht, die er liebt – *d'Amour* – ist der Welt verhaftet, „ist böse von Jugend auf" (1. Mose 8, 21). Auch darin ist Jesus ganz Mensch geworden: „Denn wir haben nicht einen Hohenpriester, der nicht könnte Mitleiden haben mit unsern Schwachheiten, sondern der versucht ist allenthalben gleichwie wir" (Hebr. 4, 15).

Doch gibt es Ausnahmen und Varianten, und gerade dadurch wird meine These bestätigt werden. Bei der Betrachtung sollen besonders die Sätze berücksichtigt werden, in denen die Oboe als Soloinstrument hervortritt.

In den frühen Kantaten, die in Mühlhausen und Weimar bis zum Jahr 1714 entstanden sind, werden die Oboen auf den Titelseiten nur mit italienischen Bezeichnungen angeführt. Daneben erscheint aber das französische *Hautbois* auf dem Kopftitel oder in den Stimmen. Man könnte meinen, daß Bach damals seine Symbolik noch nicht bis zur letzten sprachlichen Konsequenz entwickelt hatte. Ich nehme aber aufgrund genauer Beobachtungen an, daß er schon in diesen frühen Werken die Bezeichnungen sehr bewußt nach symbolischen Gesichtspunkten gesetzt hat.

In den beiden Mühlhäuser Kantaten schreibt Bach nicht ganz korrekt: *Obboe*, in der Kantate „Aus der Tiefen rufe ich" (BWV 131) im Kopftitel, in der Ratswechselkantate „Gott ist mein König" (BWV 71) auf dem Titelblatt. Ist das ein Zeichen orthographischer Unbefangenheit des jungen Bach oder steht mehr dahinter?

25 Diese Aufsätze habe ich jetzt überarbeitet und zusammengefaßt in dem oben angeführten Band, s. Anm. 22.

Im Vorwort zur Facsimileausgabe der Ratswahlkantate sagt der Herausgeber Werner Neumann: „Mit besonderer Liebe hat Bach das Titelblatt in jener symmetrisch-ornamentalen Weise ausgestaltet“[26]. Umsomehr muß es überraschen, daß sowohl die Oboen und die Flöten fehlerhaft angegeben sind. Statt *Oboi* und *Flauti* schreibt Bach *Obboe* und *Flutti*! Auf der folgenden Seite steht dann völlig korrekt sowohl im Kopftitel als auch in der Besetzungsangabe *Hautbois* und *Flauti*.

Die inkorrekte Form *Obboe* kommt gelegentlich auch später vor: im Sanctus C-Dur (BWV 237) – Besetzungsangabe, Stimmen und Stimmumschlag – und in zwei Kantaten – Stimmen zu BWV 24, Stimmumschlag von BWV 167, dort *Obboe da caccia* –, alles geschrieben von Bachs Kopisten Johann Andreas Kuhnau, ferner – autograph – in der Kantate „Schwingt freudig euch empor“ (BWV 36c) als Besetzungsangabe *Obboe d'Amour*. Diese Kantate ist zwar keine Kirchenmusik, hat aber als Glückwunsch zum Geburtstag eines Lehrers deutliche geistliche Bezüge.

Wenn Bach ausnahmsweise die italienische Bezeichnung benutzt, will er wohl symbolisieren: Hier steht Christus Menschen gegenüber, die zu seiner Gemeinde gehören. Das fehlerhafte Wort *Obboe* zeigt aber an: Christus trägt ihre Schuld; denn auch die Gläubigen sind nicht frei von Sünden. So erklingt die *Obboe* zum Arioso mit Choral:

BWV 131, 2 So du willst, Herr, Sünde zurechnen, Herr, wer wird bestehen?
Nimm sie aus meinem Herzen,
dieweil du sie gebüßet hast
am Holz mit Kreuzesschmerzen.

Nur durch die Hilfe Christi kann der Mensch zur Güte und zu einen reinen Gewissen gelangen, das symbolisieren die *Obboe* in der Kantate zum 4. Sonntag nach Trinitatis, dessen Epistel von den Kindern Gottes spricht, die vom Geist Gottes getrieben werden (Röm. 8, 18–25).

BWV 24, 5 Gütig sein und tugendreich
macht uns Gott und Engeln gleich.
6 O Gott, du frommer Gott,...
von dem wir alles haben,
gesunden Leib gib mir,
und daß in solchem Leib
ein unverletzte Seel
und rein Gewissen bleib.

In der Kantate zum Johannisfest „Ihr Menschen, rühmet Gottes Liebe“ (BWV 167) schildert der Dichter zunächst das Ziel des Heilswerkes, das mit dem Kommen Johannes des Täufers und des Heilands begonnen hat:

BWV 167, 2 Die armen Menschenkinder
und die verlornen Sünder...
zum Himmelreich in wahrer Buß zu leiten.

Aus dem folgenden Arientext spricht die Gewißheit der Gläubigen:

BWV 167, 3 Was er in dem Paradies
und vor soviel hundert Jahren
denen Vätern schon verhieß,
haben wir gottlob erfahren.

Dazu erklingt die *Oboe da caccia* als Symbol dafür, daß Christus sie gewonnen hat.

Auch die Liebe zwischen Menschen gründet sich auf die Liebe Christi, das soll wohl die *Obboe d'Amour* deutlich machen, die als italienisch-französische Mischbezeichnung zugleich die Verstrickungen in sinnlich-weltliches Denken andeutet, wie es auch der Text der betreffenden Arie tut:

---

26 Johann Sebastian Bach, Gott ist mein König, Faksimilereihe Bachscher Werke und Schriftstücke, Band 3, Leipzig 1970.

BWV 36c, 3	Die Liebe führt mit sanften Schritten ein Herz, das seinen Lehrer liebt. wo andre auszuschweifen pflegen, wird dies behutsam sich bewegen, weil ihm die Ehrfurcht Grenzen gibt.

Die Funktion der Oboen in der Ratswechselkantate BWV 71 soll im Zusammenhang mit der Betrachtung der Flöten dargestellt werden.

Drei Kantaten aus dem Jahr 1714 tragen auf den Titelseiten oder im Kopftitel die italienische Bezeichnung *Oboe*. In den Texten dieser Kantaten geht es um Menschen, die sich mit Christus verbunden wissen.

BWV 12, 2	Weinen, Klagen, Sorgen, Zagen, Angst und Not sind der Christen Tränenbrot, die das Zeichen Jesu tragen.
BWV 21, 2	Ich hatte viel Bekümmernis in meinem Herzen, aber deine Tröstungen erquicken meine Seele.
4	Ach, hörst du nicht das Klagen von denen, die dir sind mit Bund und Treu verwandt?

In diesen beiden Kantaten wird die Sünde nicht erwähnt, die fehlerhafte Bezeichnung der Oboe wäre hier nicht am Platze gewesen. In der dritten, der Bußkantate „Mein Herze schwimmt im Blut" (BWV 199) ist die Sünde zwar der Ausgangspunkt des Textes, doch der Sänger weiß, daß er durch Christi Blut erlöst ist, und so schließt die Kantate mit einer Arie im fröhlichen Glauben, begleitet von der Oboe und den Streichern:

BWV 199, 8	Wie freudig ist mein Herz, da Gott versöhnet ist.

Bach verwendet aber die französische Bezeichnung *Hautbois* in einer Stimme, die er selber geschrieben hat. Dies ist ein Hinweis darauf, daß Christus ihm persönlich nachgeht bis hinein in die weltlichen Verstrickungen, in die „verhaßte Lasternacht" (BWV 199. 1).

Besonderes Gewicht haben die Bezeichnungen auf der Titelseite, sie sollen darum noch eingehender betrachtet werden. In seinen Leipziger Schaffensjahren verwendet Bach die italienische Bezeichnung der Oboen nur auf den Titelseiten von sieben Werken, in denen es nicht mehr um den Auftrag Jesu geht, Menschen für den Glauben zu gewinnen, sondern um die Jünger, den Propheten, die Gläubigen, die auf die Erfüllung ihres Glaubens warten.

Insgesamt sind es zwölf Titelseiten zu neun Werken, sie verteilen sich auf die ganze Schaffenszeit Bachs.

1708	BWV 71	Mühlhäuser Ratswechselkantate	*Obboe*
1714	BWV 21	Kantate zum Gleichnis vom verlorenen Schaf	*Oboe*
1723	BWV 22	Kantate „Jesus nahm zu sich die Zwölfe"	*Oboe*
1723	BWV 237	Sanctus	*Obboe*
1723	BWV 167	Kantate zum Fest Johannis des Täufers	*Obboe da Caccia*
1732	BWV 100	Kantate „Was Gott tut, das ist wohlgetan"	*Oboe d'Amore*
1735	BWV 11	Himmelfahrtsoratorium	*Oboi*
um 1740	BWV 34	Pfingstkantate	*Oboi*
um 1748	BWV 232	H-Moll-Messe – vier Titelseiten	*Oboi*

Beim Betrachten dieser Reihe gewinnt man den Eindruck, daß darin Elemente einer großen Werkordnung sichtbar werden, die das ganze Schaffen Johann Sebastian Bachs umfassen.

In der Mühlhäuser Ratswechselkantate am Beginn dieser Reihe erscheint die Bezeichnung der Oboen noch entstellt als Symbol der Sünde. In der Kantate wird Gott gepriesen, „der alle Hilfe tut, so auf Erden geschieht".

In der Folge dieser neun Werke wird diese Hilfe geschildert. Jesus sucht Menschen, die in ihrer Sünde verloren waren (BWV 21), er macht sie zu Jüngern (BWV 22). Auf diesen Titelseiten ist das Wort *Oboe* richtig geschrieben: Jesus hat ihre Sünde überwunden.

Doch auf den folgenden beiden Titelseiten heißt es wieder fehlerhaft *Obboe*: Die Jünger bleiben Sünder und müssen für ihren Dienst gereinigt werden wie der Prophet Jesaja, als er vor dem Thron Gottes das *Sanctus* vernahm und zum Boten Gottes berufen wurde (BWV 237). Ihnen gilt der Bußruf und die Taufe des Johannes (BWV 167).

Auf den folgenden Titelblättern wird nur noch die korrekte Oboenbezeichnung verwendet. Die Jünger und Gläubigen sind getragen von der Gewißheit, daß das Reich Gottes immer näher kommt:

BWV 100, 4 — Es kommt die Zeit,
da öffentlich erscheinet
wie treulich er es meinet.

BWV 11, 10 — Jesu, deine Gnadenblicke
kann ich doch beständig sehn,
daß ich mich hier in der Zeit
an der künftgen Herrlichkeit
schon voraus im Geist erquicke.

Die Verheißung des Geistes am Himmelfahrtstag findet zu Pfingsten in der Ausgießung des Heiligen Geistes ihre erste Erfüllung. Die Gemeinde der Christen trägt nun den Namen der Auserwählten, Israel:

BWV 34, 5 — Friede über Israel!
Dankt den höchsten Wunderhänden,
dankt, Gott hat an euch gedacht!

Der Name Israel wird dann der Mittelpunkt im Sanctus der h-Moll-Messe, auf deren vier Titelseiten Bach wieder *Oboi* schreibt in der Erwartung, bald vor dem Thron Gottes zu stehen.

Wer sich so intensiv um die Gestaltung und Interpretation des Wortes Gottes bemüht hat wie Johann Sebastian Bach, konnte an dem Bibelvers kaum unberührt vorbeigegangen sein, den die erste dieser Kantaten enthält:

BWV 71, 3 — Dein Alter sei wie deine Jugend.

Welch eine große Anregung und Inspiration konnte dieser Gedanke dem Schöpfer vieler großer Werkstrukturen geben!

Auch die Kopftitel, Besetzungsangaben und Stimmen mit der Bezeichnung *Oboe* bestätigen alle meine Deutung ihrer symbolischen Sinngebung. Dies betrifft zunächst einige Kantaten, darin werden erwähnt die „erlöste Schar" (BWV 30, 1 und 12), die Menschen, die nach dem Herrn fragen (BWV 75, 1), die Brüder, denen sich Jesus verbunden hat (BWV 76, 12) und „die kleine Herd, so hält dein göttlich Wort in Wert" (BWV 130, 6).

Aufschlußreich sind dann die drei großen Werke, Matthäuspassion, Johannespassion und Weihnachtsoratorium, weil Bach darin meistens die französische Bezeichnung *Hautbois* verwendet und nur an wenigen Stellen die italienische *Oboe*.

In der Matthäuspassion (BWV 244) schreibt Bach nur ein einziges Mal rein italienisch: *due Oboe di Caccia* als Besetzungsangabe, und zwar in dem Rezitativ, in dem auch die Blockflöten ihren einmaligen Einsatz haben: „O Schmerz, hier zittert das gequälte Herz" (Nr.19). Der vorangegangene Evangelienbericht schildert das Gebetsringen Jesu an Ölberg. Im betrachtenden Rezitativ sind die Blockflöten Symbol des unschuldigen Menschen Jesus, und die Jünger, die er hierher mitgenommen hat, sind seine engsten Vertrauten Petrus, Johannes und Jakobus. Daß er auch die Schuld dieser Freunde auf sich genommen hat, symbolisiert das fehlerhafte Wort *Oboe* statt *Oboi*. Die drei Jünger brachten es ja nicht einmal in dieser Stunde fertig, mit ihrem Herrn zu wachen, und so gibt Bach bereits der folgenden Arie „Ich will bei meinem Jesu wachen" wieder die französische Bezeichnung *Hautbois*.

Gleiches gilt auch für die Johannespassion (BWV 245). Dort steht im Kopftitel *2 Oboe,* danach in den Besetzungsangaben *Hautbois 1, Hautbois 2.* Gleich auf der ersten Seite der Partitur erscheinen beide Bezeichnungen, die italienische fälschlich im Singular statt im Plural. Die Deutung fällt nicht schwer: Christus trägt die Sünden seiner Jünger – dieser Gedanke bestimmt den ersten Teil der Passion[27] – er will aber auch durch sein Leiden alle anderen erlösen, die ihm noch fernstehen „in allen Landen" und „zu aller Zeit!", wie es im Eingangschor heißt.

Italienische Bezeichnungen finden sich dann in den Oboenstimmen, die zwar von verschiedenen Schreibern angefertigt worden sind, aber von Bach selber mit dem französischen *Hautbois* bezeichnet sind. Er hat auch die rein italienischen Namen *Oboe d'Amore, Oboe da Caccia* und das gemischtsprachige *Hautbois da Caccia* zu den Sätzen 34 und 35 eingetragen. Dort hören wir Worte der gläubigen Seele, die Anteil nimmt am Tod ihres Herrn, sie betreffen aber auch die ganze Welt:

BWV 245, 34 Mein Herz, indem die ganze Welt
bei Jesu Leiden gleichfalls leidet...
35 Zerfließe mein Herze, in Fluten der Zähren!

Zum Choral setzt Bach dann eine andere, aber ebenfalls zweisprachige Bezeichnung: *Oboe l'ordinaire.*

BWV 245, 37 O hilf, Christe, Gottes Sohn,
durch dein bitter Leiden,
daß wir, dir stets untertan,
all Untugend meiden,
deinen Tod und sein Ursach
fruchtbarlich bedenken,
dafür, wiewohl arm und schwach
dir Dankopfer schenken.

Das ist ein Gebet der Christen, die durch Christi Tod in einer neuen Ordnung – *l'ordinaire*[28] – nach dem Gesetz Christi leben dürfen, darin aber noch arm und schwach sind, bedroht von den Anfechtungen dieser Welt. Dem entspricht auch hier die Symbolik der französischen Bezeichnung.

Im Weihnachtsoratorium (BWV 248) erscheint die italienische Bezeichnung viermal, zuerst als Besetzungsangabe *tutti gli Oboe* zum Rezitativ:

BWV 248, 14 Was Gott dem Abraham verheißen,
das läßt er nun dem Hirtenchor
erfüllt erweisen.

Die Bezeichnung der Oboen ist nicht korrekt – es müßte *Oboi* heißen -; denn die Hirten sind nicht frei von Schuld. Aber sie sind nicht nur die ersten, die die Botschaft hören, sondern die dem Ruf auch Folge leisten. Dem entspricht die italienische Bezeichnung. Ob die pleonastische Form *tutti gli Oboe,* alle die Oboen, nicht einen tieferen Sinn hat? Sind hier nicht alle Gläubigen gemeint?

Hirten sind es auch, die im Duett „Herr, dein Mitleid, dein Erbarmen" (Nr. 29), besetzt mit *due Oboe d'Amore* – wiederum inkorrekt bezeichnet -, ihre Verehrung und ihren Dank zum Ausdruck bringen[29].

An den beiden anderen Stellen schreibt Bach korrekt *Oboe 1 solo.* Hier kommen Menschen zu Worte, die vom Licht Christi erfüllt sind:

BWV 248, 38 Flößt, mein Heiland, flößt dein Namen
auch den allerkleinsten Samen
jenes strengen Schreckens ein?
Nein, du sagst ja selber: Nein.
47 Dein Wort soll mir die hellste Kerze
in allen meinen Werken sein;
dies lässet die Seele nichts Böses beginnen.

---

27 Ludwig Prautzsch, Die formale Ordnung der Johannespassion von Johann Sebastian Bach, im Programmheft der Aufführung 1980 in der Johanneskirche Heidelberg-Neuenheim, S. 39ff.

28 Ludwig Prautzsch, Bibel und Symbol in den Werken Bachs, Schriftenreihe des Thomas-Morus-Bildungswerkes, Bd. 4, Schwerin 2000, S. 93.

29 Ludwig Prautzsch, Die Echo-Arie, in: Musik und Kirche, 38. Jg., Kassel 1968, S. 226.

Noch in Weimar schreibt Bach zum ersten Mal die französische Bezeichnung *Hautbois* auf ein Titelblatt: im Jahr 1715 in der Kantate „Barmherziges Herze der ewigen Liebe" (BWV 185). Vergleicht man die Texte dieser und der vorangegangenen Kantaten, in denen die italienische Bezeichnung auf den Titelseiten steht, so kann man vermuten, warum Bach hier die französische Bezeichnung gewählt hat. In jenen Kantaten bitten Christen in ihrer Not (BWV 12 und BWV 21) oder als bußfertige Sünder (BWV 199) den Herrn um Hilfe, jetzt aber sollen die Herzen, die sich in Stein und Fels verkehren und sich in Eigenliebe schmeicheln, zur Erkenntnis ihrer Fehler und zur Barmherzigkeit geführt werden. Das kann nur durch das barmherzige Herz Christi geschehen, das sich selbst in diese Welt hineingegeben hat. Darum erklingt zur Bitte des Eingangsduetts: „O Flamme der Liebe, zerschmelze du mich" ein *Hautbois* mit dem cantus firmus „Ich ruf zu dir, Herr Jesu Christ".

Um in der Kantate BWV 186 ein Symbol zu setzen für die Worte des Eingangschors:

BWV 186, 1 Ärgre dich, o Seele, nicht,
daß das allerhöchste Licht,
Gottes Glanz und Ebenbild
sich in Knechtsgestalt verhüllt.

scheut sich Bach nicht, die Namen beider (!) Oboen zu verunstalten und schreibt in der Besetzungsangabe: *Haubois 1, Haubois 2.*

Wir sahen bereits, daß in Kantaten mit der gemischten Bezeichnung *Hautbois da caccia* von Menschen die Rede ist, die sich schon auf dem Wege zu Jesus befinden. Zu dieser Rubrik gehören noch einige Kantaten und andere Werke.

In der Osterkantate „Bleib bei uns, Herr, denn es will Abend werden" (BWV 6) sind es die beiden Jünger auf dem Weg nach Emmaus, denen sich Jesus offenbart.

In der Kantate „Meine Seufzer, meine Tränen" (BWV 13) ist es eine gläubige Seele, die in ihrer Not Trost sucht in der Hilfe Gottes.

In der Kantate „Schauet doch und sehet" (BWV 46) erklingen die beiden *Hautbois da caccia* zur Arie

BWV 46, 5 Doch Jesus will auch bei der Strafe
der Frommen Schild und Beistand sein.
Er sammelt sie als seine Schafe,
als seine Küchlein liebreich ein.

In der Epiphaniaskantate „Sie werden aus Saba alle kommen" (BWV 65) sind es die Weisen aus dem Morgenland, in der Kantate „Sie werden euch in den Bann tun" (BWV 183) die Jünger, im zweiten Teil des Weihnachtsoratoriums (BWV 248) die Hirten.

In der Matthäuspassion (BWV 244) schreibt Bach in der Partitur *Hautbois da caccia* vor, wenn zuvor im Evangelienbericht von Menschen die Rede ist, die ihm zugetan sind: von den Frauen am Kreuz und Joseph von Arimathia (Nr. 65), oder von Pilatus, als er sich ihm gegenüber aufgeschlossen zeigt in der Frage: „Was hat er denn Übels getan?" (Nr. 48/49); das gilt sogar von den Mördern an den Kreuzen neben ihm, von denen er doch einen gewinnen konnte (Nr. 59/60).

Das entspricht der Symbolik der Jagdhörner mit zweisprachiger Bezeichnung, wie wir sie in der Epiphaniaskantate BWV 65 bereits gesehen haben (s. S. 8).

Wir kehren zurück zu den Oben. Der *Obboe d'Amour* (BWV 36c, s. S. 24) stehen die umgekehrt zweisprachigen Besetzungsangaben *Hautbois d'Amor 1, Hautbois d'Amore 2* in der Kantate „Halt im Gedächtnis Jesus Christ" (BWV 67) gegenüber. Ging es dort um die Fragwürdigkeit der Liebesbeziehungen, so steht hier der Zweifel des ungläubigen Thomas an der Person des Auferstandenen (Joh. 20, 19–31 als Evangelium des Sonntags Quasimodogeniti) im Mittelpunkt. Davon spricht besonders eindrücklich die Arie:

BWV 67, 2 Mein Jesus ist erstanden,
allein, was schreckt mich noch?
Mein Glaube kennt des Heilands Sieg,
doch fühlt mein Herze Streit und Krieg,
mein Heil, erscheine doch!

Daß durch den Zweifel auch die Beziehung zum Heiland gestört ist, symbolisiert Bach dadurch, daß er in der Bezeichnung der 1. Oboe, die in dieser Arie Soloinstrument ist, das Wort *Amor* unvollendet läßt.

Die Bezeichnung Taille

Für die Oboe da caccia benutzt Bach öfter den Namen *Taille*. Im ursprünglichen Wortsinn bedeutet er die Körpermitte und wird daher für das mittlere Instrument der Doppelrohrbläser benutzt in der Lage zwischen der hohen Oboe und dem Fagott. Man könnte darum die *Taille* als Symbol für den Mittler verstehen, Christus, der die Kluft zwischen Gott und den Menschen überbrückt. Wahrscheinlich gibt eine andere unter den vielen Bedeutungen, die das Wort Taille haben kann[30], nämlich *Kerbholz*, noch genauer die Gedanken Bachs wieder, weil sie der Symbolik, die er der französischen Sprache gibt, gemäß ist.

Das Kerbholz war in der mittelalterlichen Rechtsprechung ein Stab, auf dem Schuldforderungen eingeschnitten wurden. Er war längs geteilt, so daß Gläubiger und Schuldner, die je eine Hälfte bekamen, die Richtigkeit durch Aneinanderfügen der Hälften überprüfen konnten. So wie die beiden Teile des Kerbholzes übereinstimmen, so deckt das Kreuz Christi alles ab, was wir auf unserem Kerbholz haben. Bei der Betrachtung der Kantaten mit einer *Taille* gewinnt man den Eindruck, daß das Symbol der *Taille* bei Bach eine ähnliche Bedeutung hat wie das biblische Bild vom Bräutigam Jesus und der Seele als seiner Braut. Auch der Bräutigam wird seiner Braut gleich, er wird ein Sünder wie sie, sie passen zueinander wie die Hälften des Kerbholzes[31]. Er will sich mit ihr im ewigen Leben verbinden. Daß diese Zuwendung Jesu auch denen gilt, die tief in die Sünden dieser Welt verstrickt sind, wird dadurch angezeigt, daß Bach für dieses Symbol ein französisches Wort gewählt hat. Aus allen Texten der mit einer *Taille* besetzten Kantaten spricht die Sehnsucht, mit Christus im ewigen Leben vereinigt zu sein, zumeist verbunden mit der Berufung auf den Tod Christi als Begleichung unserer Schuld.

BWV 68, 1 Also hat Gott die Welt geliebt,
daß er uns seinen Sohn gegeben.
Wer sich im Glauben ihm ergibt,
der soll dort ewig bei ihm leben.
4 Du bist geboren mir zugute...
weil du vor mich genung getan.

BWV 101, 6 Gedenk an Jesu bittern Tod!
Nimm, Vater, deines Sohnes Schmerzen
und seiner Wunden Pein zu Herzen,
die sind ja für die ganze Welt
die Zahlung und das Lösegeld.
7 Verleih ein seligs Stündelein,
auf daß wir ewig bei dir sein!

BWV 169, 7 Du süße Lieb, schenk uns deine Gunst,
laß uns empfinden der Liebe Brunst!

In den vorausgegangenen Sätzen dieser Kantate, in denen die *Taille* nicht beteiligt war, wird die gegenseitige Liebe zwischen Gott und den Menschenherzen geschildert sowie die Fülle der Sünden, die getilgt werden müssen:

BWV 169, 3 Gott soll allein mein Herze haben...
Er liebt mich in der bösen Zeit
5 Stirb in mir,
Welt und alle deine Liebe...
Hoffart, Reichtum, Augenlust,
ihr verworfnen Fleischestriebe!

---

30 Langenscheidts Großwörterbuch Französisch, Berlin 1972, Teil I, S. 866.

31 In Bachs Weihnachtsoratorium hat das Rezitativ des Altes „Nun wird mein liebster Bräutigam" (Nr. 3) die gleiche Anzahl von Tönen wie das vorausgehende Evangelistenrezitativ, das vom Nahen des Jesuskindes spricht: „Und als sie daselbst waren, kam die Zeit, daß sie gebären sollte". Beide Rezitative sind durch einen übergehaltenen Continuoton verbunden.

BWV 174, 5 Herzlich lieb hab ich dich, o Herr,...
Und wenn mir gleich mein Herz zerbricht,
so bist du doch mein Zuversicht,
mein Heil und meines Herzens Trost,
der mich durch sein Blut hat erlöst.

In folgenden Kantaten führt die Betrachtung der Bachschen Symbolik zum Erkennen des theologischen Hintergrunds und damit zu einer Vertiefung, die der Text vermissen läßt.

In der Michaeliskantate „Es erhub sich ein Streit" (BWV 19) setzt Bach das Symbol der *Taille* ein, obwohl das Kreuz Christi nicht ausdrücklich erwähnt wird. Der Sieg Michaels und seiner Engel. über den Satan ist jedoch nicht denkbar, ohne daß Christus am Kreuz die Macht des Bösen gebrochen hat.

BWV 19, 1 Aber Michael bezwingt
und die Schar, die ihn umringt,
stürzt des Satans Grausamkeit..
7 Laß dein Engel mit mir fahren...,
und mein Seele wohl bewahren
wie Laz'rum nach seinem Tod.
Laß sie ruhn in deinem Schoß,
erfüll sie mit Freud und Trost!

Der Dichter der Kreuzstabkantate (BWV 56) versteht unter dem Kreuzstab lediglich die Not und Plage des Christenlebens auf Erden. Daß Bach aber darin zugleich einen Hinweis auf das Kreuz Christi sieht, das uns von dem „wütenvollen Schäumen" (Rezitativ Nr. 2) befreit und uns dadurch erst den Weg ins ewige Leben öffnet, wird nur aus der Fülle symbolischer Zeichen in der Partitur erkennbar.[32]

Durch die Erwähnung der *Taille* auf dem von Bachs Schreiber Christian Gottlob Meißner angelegten Titelblatt soll wohl der Kreuzstab im Sinn des Kerbholzes verstanden werden; denn nur Christi Kreuzstab kann uns in das gelobte Land führen. Auf der Titelseite ist er darum auch mit dem *X* als Zeichen des Namens und Kreuzes Christi gekennzeichnet (Facsimile s. S. 90).

BWV 56, 1 Ich will den Kreuzstab gerne tragen,
er kömmt von Gottes lieber Hand,
der führet mich nach meinen Plagen
zu Gott, in das gelobte Land.

In der Kantate „Was Gott tut, das ist wohlgetan" (BWV 98) ist die Erwähnung der *Taille* im Sinne der Bachschen Symbolik nur zu verstehen, wenn man den Text – er ruft dazu auf, in Leidensqualen auf Gottes Hilfe zu vertrauen – in Beziehung setzt zum Evangelium des 21. Sonntags nach Trinitatis, der Heilung des Sohnes eines königlichen Hauptmanns (Joh. 4, 47–54). Auch hier geht es um mehr als nur die Heilung der Krankheit; vielmehr will Jesus den Vater von seinem Unglauben befreien[33].

Von einem ängstlich zweifelnden Menschen spricht die Kantate „Es ist ein trotzig und verzagt Ding um aller Menschen Herze" (BWV 176) zum Evangelium vom Gespräch Jesu mit Nikodemus (Joh. 3, 1–15). Dieser aber ist, wie Johannes berichtet, zum Anhänger Jesu geworden (Joh. 7, 50 und 19, 39). Bach lag daran, in dieser Kantate die Wendung zum Glauben deutlicher hervortreten zu lassen, als es der vorliegende Text der Mariane von Ziegler tut. Darum ändert er den Text des Rezitativs Nr. 4:

Ziegler: So wundre dich, o Meister nicht,
warum ich nur nach dir bei Nachtzeit frage.
Ich fürchte, daß bei Tage
mein Ohnmacht nicht bestehen kann.
Jedoch du nimmst mein zages Herz und Geist
zum Leben auf und an.

Bach: So wundre dich, o Meister, nicht,
warum ich dich bei Nacht ausfrage.

---

32 Ludwig Prautzsch, Sinnbildlichkeit im Autograph der Kreuzstabkantate von J. S. Bach, in: Sinnbildlichkeit in Text und Musik bei Johann Sebastian Bach, Heidelberg 1988, S. 68ff.

33 Heinrich Müller, Evangelische Schlußkette, Frankfurt am Main, 3. Aufl. 1701, S. 863, 865, 870. Diese Predigtsammlung befand sich in Bachs Bibliothek.

Ich fürchte daß bei Tag
mein Ohnmacht nicht bestehen kann.
Doch tröst ich mich, du nimmst mein Herz und Geist
zum Leben auf und an,
weil alle, die nur an dich glauben,
nicht verloren werden.

In den Worten, die Bach hinzugesetzt hat, zeigt er viel deutlicher als der ursprüngliche Text die Wendung zum Glauben, daß Jesus für unsere Rechtfertigung genug getan hat. Jetzt passen die beiden Hälften des Kerbholzes zusammen, dem Angebot Christi entspricht der Glaube. Darum hat die *Taille* in den folgenden Sätzen ihre volle Berechtigung:

BWV 176, 5 Ermuntert euch, furchtsam und schüchterne Sinne
erholet euch, höret, was Jesus verspricht;
daß ich durch den Glauben den Himmel gewinne.
6 Auf daß wir also allzu gleich
zur Himmelspforten dringen
und dermaleinst in deinem Reich
ohn alles Ende singen.

Aufschlußreich ist schließlich der Vergleich der beiden im Dialog angelegten Kantaten „Wachet auf, ruft uns die Stimme" (BWV 140) und „Ich geh und suche mit Verlangen" (BWV 49). In beiden steht die Hochzeit des Bräutigams Jesus mit seiner Braut, der Seele, im Mittelpunkt. In der unterschiedlichen Besetzung aber will Bach doch wohl einen feinen Unterschied andeuten. Die erstere über das Gleichnis von den zehn Jungfrauen (Matth. 25, 1–13) beginnt als Aufruf, wach und bereit zu sein, den Bräutigam zu empfangen; dieser muß die Seele zunächst noch trösten:

BWV 140, 5 Vergiß, o Seele, nun die Angst,
den Schmerz, den du erdulden müssen.

So schildert diese Kantate den Weg zur Hochzeit, dem entspricht die Besetzung mit der *Taille*.

In der anderen Kantate ist nur noch von der Liebe des Bräutigams und der Seligkeit der Braut die Rede, die das Hochzeitsmahl genießen darf. Darum setzt Bach hier ein *Hautbois d'Amour* ein. Die französische Bezeichnung ist mit Bedacht gewählt, denn es geht ja um „das gefallene Geschlechte" (Rezitativ Nr.5). Nach dem Evangelium des Sonntags, dem Gleichnis vom königlichen Hochzeitsmahl (Matth. 22, 1–14) sind es die Menschen von der Straße, die beim „Erlösungsmahl zu Gaste" sein dürfen.

In einer Reihe von Kantaten ist die *Taille* nur im Kopftitel (BWV 186) oder in den Stimmen genannt (BWV 8, 31, 58 und 104). Sie werden hier nur zusammenfassend genannt, in allen Texten geht es um die Erlösung durch Christus zum ewigen Leben.

Schließlich muß noch die Motette „Der Geist hilft unser Schwachheit auf" (BWV 226) genannt werden, deren Stimmensatz eine Stimme für die *Taille* enthält. Die Aussage dieser Begräbnismotette bezieht sich auf das Jüngste Gericht. Der Geist, der uns „mit unaussprechlichem Seufzen" vertritt, ist der Geist des gekreuzigten Christus, er wird uns helfen, daß wir „durch Tod und Leben zu dir dringen".

Bezeichnung der Flöten

Für die Blockflöten als Symbol für Jesus als leiblichen Menschen wählt Bach fast durchgehend die italienischen Bezeichnungen *Flauti* oder *Fiauti*. Doch gibt es eine Ausnahme: Bei ihrer ersten Erwähnung in der Mühlhäuser Ratswechselkantate „Gott ist mein König" (BWV 71) schreibt Bach auf das Titelblatt der Partitur das eigenartige Wort *Flutti*. Was auf den ersten Blick wie eine mundartliche Form wirkt, ist doch wohl eine Mischung aus *Flutes* und *Flauti* – ein in jeder Weise fehlerhaftes Wort, ähnlich der Bezeichnung *Obboe* auf derselben Titelseite. Es beginnt wie das französische Wort *Flutes*, hat aber die italienische Pluralendung *-i*. Das kann gedeutet werden als Sinnbild für Christus, „der versucht war gleichwie wir, doch ohne Sünde" (Hebr. 4., 15). Er erfuhr das irdische, leibliche Leben wie ein Mensch, doch er verfiel der Welt nicht – das dürfte der italienische Schluß bedeuten.

Bezeichnend ist die Stelle, an der Flöten und Oboen in auffallender Weise hervortreten. Der überaus prächtige Eingangschor mit vollem Orchester, der den Herrn als König preist, schließt im zarten Klang der beiden Flöten ohne jede Begleitung.

BWV 71, 1

Ein kurzes Motiv aus vier Dreiklangstönen wird von den Trompeten vorgetragen, begleitet von Pauken und Streichern, und zunächst von den Oboen. dann von den Flöten wiederholt. Durch die Symbolik der Instrumente gestaltet Bach in den Schlußtakten eine Figur für das Herabkommen Jesu aus dem Himmel – dem entsprechen Trompeten und Streicher – auf die Erde, wo er Mensch wird in seinem Denken und Fühlen – Oboen – und in seiner Gestalt – Flöten. Der Generalbaß, als Sinnbild des allmächtigen Gottes, schweigt an dieser Stelle: Jesus hat seine göttliche Macht aufgegeben.

BWV 71, 1 Gott ist mein König von altersher, der alle Hilfe tut, so auf Erden geschicht.

Die Hilfe Gottes auf Erden ist die Menschwerdung Christi; darum ist er m e i n König.

Eine ähnliche Figur mit einem zweitönigen Motiv beschließt den letzten Chor und damit die ganze Kantate.

BWV 71, 7

In wenigen Takten kann man hier die Grundzüge der ganzen Instrumentalsymbolik erkennen. Den höchsten Platz nimmt der Chor der Trompeten ein mit den Pauken als Baßstimme, sie symbolisieren Gott als König und Schöpfer. Dann folgt der Chor der Violen als Sinnbild für den Gottessohn, ihre Fundamentstimme ist der Violone, der Kontrabaß, den man als Sinnbild für Gottvater deuten kann. Der dritte Chor sind die Oboen mit dem Fagott als Baß, Sinnbild für den Menschen Jesus, seinen Geist und seine Seele. Als tiefster Instrumentalchor folgen schließlich die Blockflöten, die den leiblichen Menschen Jesus symbolisieren, begleitet vom Violoncello, das dann als Sinnbild des Heiligen Geistes zu verstehen ist. Er ist es ja, der Jesus auf seinem Erdenweg beisteht, der aber auch uns Menschen nahe ist. Dafür steht dann in den nächsten Systemen der Sängerchor, der aber in den letzten Takten schweigt und darum hier fortgelassen ist. Er wird gestützt von der Orgel, die als Continuobaß Symbol des allumfassenden Gottes ist.

Angedeutet ist auf der letzten Note der Orgelstimme eine Generalbaßaussetzung im vierstimmigen Akkord, der so tief liegt, wie es irgend möglich ist. Wenn man sich in Bachs symbolisches Denken hineinversetzt, wird man so weit gehen können, daß man in der Aussetzung des Generalbasses, die ja dem Spieler überlassen bleibt, ein Sinnbild erblickt für die Versuche der Menschen, Gottes Wort und Handeln zu interpretieren.

Die letzte Figur aller Baßinstrumente ist eine Katabasis, ein Abstieg bis in die letzte Tiefe: Gott hat sich in Christus erniedrigt, er ging in die Hölle und in den Tod, wofür dann auch die folgenden Pausentakte als Figura muta, als stumme Figur, ein Zeichen sind. Menschen können das nicht begreifen, sie verspotten ihn und erkennen den sterbenden Heiland nicht als Gott an; dem entspricht der letzte Generalbaßakkord im finsteren Abgrund: So und nicht anders sollte man ihn ausführen! Denn er ist von Bach selbst niedergeschrieben, und die Psalmworte dieser Stelle bestätigen diese Deutung:

Ps. 102, 9 Täglich schmähen mich meine Feinde, und die mich spotten, schwören bei mir.

Die letzten Generalbaßfiguren unterstreichen das eindrucksvolle Symbol für die Erniedrigung Gottes in den anderen Instrumenten. Wir sehen, daß Bach schon als junger Komponist bestrebt war, den Text in seiner ganzen theologischen Tiefe auszuloten. Die Betrachtung des Textes läßt noch mehr erkennen. Die letzten Worte wünschen dem Landesherren der freien Reichsstadt Mühlhausen, dem Kaiser Joseph, „Glück, Heil und großen Sieg". Dazu stehen die letzten Takt im schroffen Gegensatz, das zarte Schlußmotiv der beiden Blockflöten klingt wahrlich nicht wie ein großer Sieg! Dem mächtigen Fürsten stellt Bach damit das Sinnbild des Königs gegenüber, der sich selbst erniedrigt. Das hält er allen Regierenden vor; denn im Kantatentext stehen auch die Worte aus dem 74. Psalm:

BWV 71, 4 Tag und Nacht sind dein...Du setzest einem jeglichen Lande seine Grenze.

Von einem 23-Jährigen solche Gedanken zu erfahren, ist nicht verwunderlich. Zu allen Zeiten wollen junge Idealisten die Welt verbessern. Bachs Denken aber gründet sich auf das Evangelium und darum weiß und bekennt er: Nicht irgend ein weltlicher Fürst, „Gott ist mein König!" Die Erinnerung an die Aussage dieser Mühlhäuser Kantate wird ihn wohl sein ganzes Leben begleitet haben, sie wird im Schaffen Bachs in den Leipziger Jahren noch einmal eine wichtige Rolle spielen (s. S. 240, 253ff.). Heißt es doch im dritten Satz der Kantate:

BWV 71, 3 Dein Alter sei wie deine Jugend, und Gott ist mit dir in allem, was du tust.

Der Name *Flutti,* der in der Kantate BWV 71 auch in den Stimmen auftaucht, blieb die einzige französisch bestimmte Bezeichnung der Blockflöten in den Werken Bachs. Später setzt Bach Blockflöten stets ein als Symbol für den Gottessohn ohne Sünde, der den Gläubigen seine Unschuld schenkt. Als Beispiel sei eine Arie mit zwei solistischen *Flauti* aus der Kantate „Schauet doch und sehet" angeführt:

BWV 46, 5 Doch Jesus will auch bei der Strafe
der Frommen Schild und Beistand sein.
Er sammelt sie als seine Schafe,
als seine Küchlein liebreich ein.
Wenn Wetter der Rache die Sünder belohnen,
hilft er, daß Fromme sicher wohnen.

Will Bach den mit unserer Sünde beladenen Christus symbolisieren, wählt er Traversflöten – die bereits durch ihren Namen auf das „verkehrte" – traversus – Wesen, die Sünde – hinweisen, die er aber wohl in Mühlhausen noch nicht zur Verfügung hatte.

Die rein italienische Bezeichnung *Traverso* oder *Traversi* konnte ich bisher nur an drei Stellen in den Handschriften Bachscher Kirchenmusik entdecken: auf einer Stimme der Messe in A-Dur (BWV 234) und auf der ersten Titelseite der h-Moll-Messe (s. S. 10). Sicher ist es kein Zufall, daß Bach die gleichsam normale Bezeichnung der Traversflöten zwei Kompositionen zugedacht hat, die das Ordinarum Missae zum Inhalt haben, die Hauptstücke des Gottesdienstes, den Christus eingesetzt hat als Feier seiner Gegenwart in seiner Kirche. Hier erscheint das Symbol für Christus und seinen Auftrag, die Sünden der Welt zu tragen, in der Sprache, die Bach als Zeichen dieser Kirche gebraucht. Außerdem findet sich in der Kantate „Unser Mund sei voll Lachens" (BWV 110, vgl. S. 20) die Angabe *Traversi* über der Arie Nr. 2, die von den Menschen spricht, die „Gottes Kinder sein".

An allen anderen Stellen werden die Traversflöten in französischen, sprachlich gemischten oder abgekürzten Bezeichnungen angegeben.

Die rein französische Bezeichnung *Traversiere* findet sich auf fünf Titelseiten als Symbol, daß Jesus den Menschen nachgeht, die tief in weltlichen Trieben gefangen sind. In der Kantate „Herr Christ, der einge Gottessohn" (BWV 96) wird die *Traversiere* auf den beiden Titelseiten der Partitur und des Stimmumschlags genannt. Das Symbol bezieht sich offenbar auf das Sonntagsevangelium, das Gespräch Jesu mit den Pharisäern (Matth. 22, 34–46) in ihrem verstockten Sinn. Davon befreit zu werden, bittet der Kantatentext:

BWV 96, 4 Ach führe mich, o Gott, zum rechten Wege
mich, der ich unerleuchtet bin,
der ich nach meines Fleisches Sinn
so oft zu irren pflege.

Die *Traversiere* setzt Bach ein zu den Worten vom Wirken des Heilands:

BWV 96, 3 Ach, ziehe die Seele mit Seilen der Liebe,
o Jesu, ach, zeige dich kräftig in mir!

Auch die Kantate „Was Gott tut, das ist wohlgetan" (BWV 99) muß im Zusammenhang mit dem Sonntagsevangelium gesehen werden, das vor kleingläubigem Sorgen warnt (Matth. 6, 24–34). Die *Traversiere* erklingt zur Arie

BWV 99, 3 Erschüttre dich nur nicht, verzagte Seele,
wenn dir der Kreuzeskelch so bitter schmeckt.
Gott ist dein weiser Arzt und Wundermann,
so dir kein tödlich Gift einschenken kann,
obgleich die Süßigkeit verborgen steckt.

Jesus will der schwachen Seele helfen, auch wenn sie das in ihrem Kleinglauben nicht erkennt.

Die Trinitatiskantate „Gelobet sei der Herr" (BWV 129) bezieht sich auf das Evangelium vom Gespräch Jesu mit Nikodemus; auch er ist ein kleingläubiger Zweifler (Joh. 3, 1–15).

BWV 129, 3 Gelobet sei der Herr, ...
der mir in aller Not
Rat, Trost und Hilfe schafft.

Traversières steht auf dem Stimmumschlag zur *Missa* (BWV 232), die Bach dem Kurfürsten und König in Dresden gewidmet hat. Wie bereits in der französischen Bezeichnung *Corne du Chasse* auf diesem Stimmumschlag deutlich wurde (s. S. 22), hat Bach darin Symbole setzen wollen, daß Christus dem Fürsten als einem Menschen begegnet, der weltlichem Machtstreben verfallen ist. Der Accent grave über dem Wort *Traversières,* den Bach selten schreibt oder schreiben läßt, verstärkt als typisch französisches Zeichen die Symbolik dieser Sprache und ist wohl auch ein Hinweis, daß der Fürst, der seinen Glauben verraten hat, ein besonders schwerer – grave – Fall ist!

Zu einer bedeutsamen Vertiefung des Kantatentextes führt die Besetzungsangabe *Traversière* in der Partitur der Kantate „Herr Gott, dich loben alle wir" (BWV 130) zum Michaelisfest über der Arie Nr. 5 mit der Traversflöte als Soloinstrument:

BWV 130, 5 Laß, o Fürst der Cherubinen,
dieser Helden hohe Schar
immerdar
deine Gläubigen bedienen,
daß sie auf Elias Wagen
sie zu dir gen Himmel tragen.

Der Grund für den Einsatz der Traversflöte kann nur aus dem vorhergehenden Rezitativ erschlossen werden:

BWV 130, 4 Wohl aber uns, daß Tag und Nacht
die Schar der Engel wacht,
des Satans Anschlag zu zerstören!
Ein Daniel, so unter Löwen sitzt,
erfährt, wie ihn die Hand des Engels schützt.

Bach gibt durch das Symbol der Traversflöte zu verstehen, daß uns nur Christus selbst aus der Hand Satans erlösen und in den Himmel bringen kann, indem er sich zutiefst erniedrigt und selber in die Löwengrube begibt, die zum Sinnbild der Hölle mit ihren Teufeln wird. Dem entspricht die französische Bezeichnung, die auch hier den Accent grave trägt zum Zeichen dafür, daß es im Episteltext des Michaelisfestes um den schwersten Kampf geht gegen den alten Drachen, den Satan selber (Offb. 12, 7–12).

In drei Fällen sind nur die Stimmen mit dem französischen Namen bezeichnet: in der Johannespassion, der Kantate zum Johannisfest (BWV 30) und der Kantate „Vergnügte Ruh, beliebte Seelenlust" (BWV

170). Die letztere soll eingehender dargestellt werden, da sie besonders aufschlußreich ist. Die Kantate beschreibt die Welt als ein Sündenhaus, darum wünscht die Seele, bei Gott zu leben. Den Beschluß bildet die bewegende Arie:

BWV 170, 5 Mir ekelt, mehr zu leben.
Drum nimm mich, Jesu, hin!
Mir graut vor allen Sünden,
laß mich dies Wohnhaus finden,
woselbst ich ruhig bin.

Die Altstimme wird begleitet von der obligaten Orgel als Symbol dafür, daß Jesus sich Johann Sebastian Bach persönlich zuwendet[34], um ihn mit sich in den Himmel zu führen. Nachträglich aber schreibt Bach die Oberstimme der obligaten Orgel neu aus und bestimmt sie für eine *Traversiere*. Er weiß, daß er nur dann die ewige Wohnung bei Gott finden kann, wenn Christus ihn vor dem Richter vertritt, und zwar beladen mit allen Sünden dieser Welt; denn auch er selber, Johann Sebastian Bach, ist darin verstrickt. Zum Zeichen dafür ersetzt er die Organo-Oberstimme durch die französisch bezeichnete Traversflöte.

Traversieri, die französische Form mit italienischer Endung, lernten wir bereits auf den Titelseiten des zweiten und vierten Teils der h-Moll-Messe kennen (s. S. 16). Die Deutung dieses Symbols gleicht der des Wortes *Flutti:* Christus hat die Sünde der Welt auf sich genommen, doch er bleibt ohne Sünde. Darum kann er unser Hoherpriester sein, der sich selbst für uns geopfert hat und uns vertritt vor dem Richterstuhl Gottes. Überall, wo Bach *Traversieri* geschrieben hat, finden wir diese Deutung bestätigt.

Im Himmelfahrtsoratorium ist es die Arie

BWV 11, 10 Jesu, deine Gnadenblicke
kann ich doch beständig sehn.

In der Kantate „Es ist dir gesagt, Mensch, was gut ist, und was der Herr von dir fordert" (BWV 45) steht das Jüngste Gericht im Mittelpunkt. *Traversieri* erklingen als Soloinstrumente in der Arie

BWV 45, 5 Wer Gott bekennt
aus wahrem Herzensgrund,
den will er auch bekennen.

Schon der Titel der Pfingstkantate „Erhöhtes Fleisch und Blut" (BWV 173) weist auf den symbolischen Sinn der *Traversieri* hin: Menschliches Fleisch und Blut wird durch Christus zum ewigen Heil erhoben. Das Duett mit dem Einsatz der *Traversieri* schließt sich an das bekannte Wort Jesu an Nikodemus (Joh. 3, 15) an:

BWV 173, 4 So hat Gott die Welt geliebt, daß er seinen Sohn uns gibt,
Gnadengaben zu genießen.

Im Weihnachtsoratorium (BWV 248) sind *Traversieri* erwähnt als Besetzungsangaben in der Partitur zu den Sätzen 26 und 27, außerdem auf dem Stimmumschlag zum dritten Teil. Hier sind die Hirten auf dem Weg nach Bethlehem, um dort ihr Heil zu sehen.

BWV 248,27 Er hat sein Volk getröst,
er hat sein Israel erlöst.

Auf zwei Titelseiten findet sich noch eine andere Variante der Flötenbezeichnungen: *Traversa*. Als weibliches Adjektiv ließe sie sich nicht verbinden mit dem italienischen Flauto, wohl aber mit der lateinischen Bezeichnung für Flöte, *Tibia*. Wie auf den Titelseiten der h-Moll-Messe könnte auch hier die lateinische Form Symbol dafür sein, daß Jesus, indem er alle Sünden – entsprechend der Bedeutung des Wortes traversus – auf sich genommen hat, uns in das ewige Leben führen wird. Die Kantatentexte bestätigen diese Deutung.

---

34 Ludwig Prautzsch, Die konzertierende Orgel – ein Bach-Symbol, in: Bibel und Symbol in den Werken Bachs, Schriftenreihe des Thomas-Morus-Bildungswerkes, Bd. 4, Schwerin 2000, S. 128.

Vom Glauben an Jesu Sühnetod als den einzigen Weg zur Erlösung spricht die Kantate „Es ist das Heil uns kommen her“:

BWV 9, 1 Der Glaub sieht Jesum Christum an,
der hat gnug für uns all getan,
er ist der Mittler worden.
4 Der Himmel ist für den erkoren,
der wahren Glauben mit sich bringt
und fest um Jesu Arme schlingt.

Das stellt Bach dar in den musikalischen Figuren der folgenden Arie, in der die beiden Singstimmen zunächst mit den Instrumenten *Hautbois d'Amour* und *Traversa* einen vierstimmigen Kanon ausführen, um sich im Mittelteil mit ihnen colla parte zu einem nun zweistimmigen Kanon zu verbinden, ein kunstvolles und tiefsinniges Gleichnis für den Glauben, der „fest um Jesu Arme schlingt“:

BWV 9, 5 Nur den Glauben nimmst du an.
Nur der Glaube macht gerecht.

Dieselben Gedanken stehen in der Kantate „Jesu, der du meine Seele“ (BWV 78) im Mittelpunkt, die *Traversa* erklingt in einer Arie und im Schlußchoral:

BWV 78, 4 Das Blut, so meine Schuld durchstreicht,
macht mir das Herze wieder leicht
und spricht mich frei.
7 Deiner Güte will ich trauen,
bis ich fröhlich werde schauen
dich, Herr Jesu, nach dem Streit
in der süßen Ewigkeit.

Auch die beiden Kantaten, in denen nur die Flötenstimme mit *Traversa* bezeichnet ist, sind von diesen Gedanken bestimmt:

BWV 8, 4 Mich rufet mein Jesus, wer sollte nicht gehn?...
Erscheine mir, seliger, fröhlicher Morgen,
verkläret und herrlich vor Jesu zu stehn!

BWV 101, 6 Nimm, Vater, deines Sohnes Schmerzen...,
die sind ja für die ganze Welt
die Zahlung und das Lösegeld.
7 Verleih ein selges Stündelein,
auf daß wir ewig bei dir sein.

Abgekürzte Bezeichnungen der Flöten

Nicht selten bleibt die Frage offen, in welcher Sprache Bach die Flöten bezeichnen wollte, da er und seine Schreiber gern die Abkürzungen *Travers.* oder – noch kürzer – *Trav.* benutzen. Wenn wir annehmen, daß Bach die verschiedenen Sprachen nach symbolischen Gesichtspunkten eingesetzt hat, müssen wir folgerichtig auch fragen, welche Bedeutung die abgekürzten Formen haben könnten. In Bachs Kompositionen sind verkürzte Themen oder abbrechende Sätze stets Sinnbilder für das Sterben. Es wird sich zeigen, daß diese Deutung auch für die Abkürzungen der Flötennamen gilt. Dabei bezieht sich offenbar die knappe Form *Trav.* nur allgemein auf den Tod Jesu als eines Menschen, während in der längeren das zugrunde liegende Wort traversus bereits erkennbar ist als Hinweis auf das verkehrte Wesen, die Sünde, die Jesus auf sich genommen hat.

Es bleibt aber offen, in welcher sprachlichen Form sie ergänzt werden soll. Das wird bei den zahlenalphabetischen Berechnungen der Titelseiten, auf denen diese Abkürzung oft vorkommt, eine Rolle spielen. Die Möglichkeit, die französische, italienische, französisch-italienische oder lateinische Bezeichnung zu wählen, deutet auf die verschiedenen Weisen hin, in der sich Menschen Jesus gegenüber verhalten. Gehören wir noch zu denen, die tief in die Sünden dieser Welt verstrickt sind, oder befinden wir uns bereits auf dem Weg zu ihm? Oder haben wir im Glauben schon die Gewißheit des ewigen Heils?

Die verschiedenen Möglichkeiten, die Abkürzung zu ergänzen, sind ein Sinnbild dafür, daß Jesus in seiner schwachen Gestalt uns zu einer Glaubensentscheidung aufruft.

Luk. 2, 34–35 Dieser wird gesetzt zu einem Fall und Auferstehung vieler in Israel..., auf daß vieler Herzen Gedanken offenbar werden.

Diese Entscheidung fällt schwer angesichts des erniedrigten, leidenden und sterbenden Heilands, aber auch im Blick auf die Anfechtungen unseres Lebens.

In der Partitur der Matthäuspassion schreibt Bach als Besetzungsangabe *Trav.* immer dann, wenn dem Heiland Menschen gegenüber stehen, die an seinem Weg in den Tod beteiligt sind: das Weib, das in Bethanien köstliches Wasser auf sein Haupt gießt, um ihn „zum Grabe zu bereiten" (Nr. 5/6), die Kriegsknechte, die Hohenpriester und das ganze Volk, die seinen Tod erreichen wollen (Nr. 36b, 36d, 38b, 41b, 45b, 50b, 50d, 58b, 66b), und Simon von Kyrene, der gezwungen wird, sein Kreuz zu tragen (Nr. 56). Dazu gehört auch die Angabe *Trav. solo,* die Bach innerhalb des Duetts nach der Gefangennahme bei den Worten einträgt:

BWV 244, 27a Mond und Licht ist vor Schmerzen untergangen.

Keiner von diesen Menschen ahnt etwas davon, daß hier Gottes Sohn sterben muß um ihrer Erlösung willen; auch das Weib in Bethanien, selbst Mond und Licht, das heißt: die Schöpfung, beklagen nur den Tod eines edlen Menschen. Wollte Bach gerade diese Ahnungslosigkeit der Welt symbolisieren durch das Abschneiden der entscheidenden Silben des Wortes *Traversi(eri),* in denen die Heilsbedeutung zum Ausdruck kommt?

Die lange Reihe dieser knappen Abkürzungen unterbricht Bach nur zweimal und schreibt *Travers.* vor, zuerst vor der Arie, die von der Bedeutung des Todes Jesu spricht:

BWV 244, 49 Aus Liebe will mein Heiland sterben... daß das ewige Verderben und die Strafe des Gerichts nicht auf meiner Seele bliebe.

Die fehlende Ergänzung läßt die Frage unentschieden, wie die Menschen den Tod Jesu aufnehmen. Er will sie alle retten, doch sie sind zur Glaubensentscheidung aufgerufen. Dieselbe Abkürzung verwendet Bach dann in den aufeinanderfolgenden Einwürfen des Chors.

BWV 244, 61b *Travers. tacent*
Der rufet den Elias.
61d *Travers.*
Halt, laß sehen, ob Elias komme und ihm helfe!
63b *Travers. tacent*
Wahrlich, dieser ist Gottes Sohn gewesen.

Im ersten und dritten Einwurf äußern sich Menschen, die erkannt haben: Jesus ist mehr als ein Mensch, er beruft sich auf den Elias, der unmittelbar in den Himmel auffahren durfte, er ist wirklich der Sohn Gottes. Angesichts dieser Erkenntnis des Glaubens können die Traversflöten in ihrer abgekürzten Fassung, die zur Entscheidung mahnt, entfallen. Nicht so im zweiten Choreinwurf, hier kommen die Zweifler zu Worte, dementsprechend schreibt Bach *Travers.* vor.

Im Weihnachtsoratorium verhält es sich umgekehrt: *Travers.* erscheint öfter, *Trav.* aber nur dreimal. Die bemerkenswerteste Stelle ist ein Fragment vor der Arie „Schließe, mein Herze, dies selige Wunder fest in deinem Glauben ein" (Nr. 31). Es scheint ein erster Entwurf dieser Arie zu sein, überschrieben: *Aria. Una Trav. 2 Violini Viola e Alto.* Im zweiten Notensystem steht nach drei Takten: *Trav. 2.*

Wie andere Fragmente in den Werken Bachs dürfte auch dieses ein Sinnbild für das Sterben sein. Die Arie spricht die Gedanken der Maria aus im Anschluß an das Rezitativ:

BWV 248, 30 Maria aber behielt alle diese Worte und bewegte sie in ihrem Herzen.

In diesem Fragment nun will Bach wohl die dunklen Ahnungen symbolisieren, die das Herz der Maria durchziehen. Bei der Darstellung Jesu im Tempel wird der greise Simeon ihr prophezeien:

Luk. 2, 35 Und es wird ein Schwert durch deine Seele dringen.

Hier setzt Bach zweimal die abbrechende Linie der Traversflöten und dazu jeweils die Abkürzung *Trav.* als Symbole für den Tod Jesu.

Die anderen beiden Eintragungen der knappen Abkürzung im Kopftitel und in einer Flötenstimme des ersten Teils sollen wohl gleich zu Beginn des Weihnachtsoratoriums ein Zeichen sein für die tiefe Bedeutung der Menschwerdung Christi: Hinter der Krippe erscheint das Kreuz, ein Gedanke, den Bach ja auch auf andere Weise wiedergegeben wollte, etwa durch die Melodie „O Haupt voll Blut und Wunden", die im ersten und im letzten Choral erklingt und so das ganze Werk umschließt.

In den Kantaten findet sich die Abkürzung *Trav.* nur in den Handschriften zweier Werke, zunächst in der Weihnachtskantate „Gloria in excelsis Deo" (BWV 191), wie im Weihnachtsoratorium am Beginn der Partitur, im Kopftitel und in der Besetzungsangabe. Das unterstreicht die dort gegebene Deutung.

In der Kantate „Was willst du dich betrüben" (BWV 107) steht auf dem Stimmumschlag eines unbekannten Schreibers: *Flauto trav.* Diese Kantate ist wohl weniger auf das Evangelium des 7. Sonntags nach Trinitatis ausgerichtet, wie Alfred Dürr meint[35], sondern auf die Epistel Röm. 6, 19-23 mit der Mahnung:

Röm. 6, 19 Begebet eure Glieder zum Dienst der Gerechtigkeit, daß sie heilig werden.
23 Der Tod ist der Sünde Sold.

Darauf bezieht sich die Kantate besonders in der Arie mit solistischer Traversflöte:

BWV 107, 6 Drum ich mich ihm ergebe...Nach nichts ich sonst mehr strebe, denn nur, was ihm gefällt.

Daß dieses Bemühen nicht zur Seligkeit führt, sagt der Text an keiner Stelle. Durch die knappe, sicher von Bach veranlaßte Abkürzung *trav.* soll wohl ein Zeichen gesetzt werden, daß solche Haltung als Werkgerechtigkeit Sünde ist, die nur den Tod zur Folge haben kann, wie es Paulus in der Epistel sagt.

Symbol des Todes ist auch die Besetzungsangabe *Trav.* für die zweite Traversflöte im Satz „Qui tollis peccata mundi" in der h-Moll-Messe (BWV 232, 9). Darüber steht aber für die erste Traversflöte die Bezeichnung *Travers.*, sie läßt erkennen, daß Jesu Tod unsre Sünden tilgt.

Aus der Reihe der Kantaten, die auf der Titelseite die Angabe *Travers.* enthalten, sollen drei Beispiele gezeigt werden:

BWV 94, 4 Betörte Welt, du magst den eitlen Mammon zählen, ich will mir dafür Jesum wählen.

BWV 101, 5 (ohne Traversflöte)
Die Welt, auch unser Fleisch und Blut,
uns allezeit verführen tut.
Solch Elend kennst du. Herr, allein.
6 (mit Traversflöte)
Ich seufze stets in meiner Not:
Gedenk an Jesu bittern Tod!

BWV 102, 1 (ohne Traversflöte)
Herr, deine Augen sehen nach dem Glauben.
5 (mit Traversflöte)
Erschrecke doch, du allzeit sichre Seele!
7 (mit Traversflöte)
Heut lebst du, heut bekehre dich!

In gleicher Weise läßt sich die Abkürzung *Travers.* in allen anderen Kantaten, in denen sie auf der Titelseite, im Kopftitel oder in der Besetzungsangabe steht, in Beziehung setzen zum Text. Das gilt für folgende Kantaten (angegeben sind Sätze mit Beteiligung der Traversflöten, in einigen Fällen auch andere Sätze zur Erläuterung des Zusammenhangs): BWV 8, 4; 9, 1 und 3; 26, 2 und 6; 30, 5; 99, 3 und 6; 113, 1 und 5; 115, 1 und 4; 125, 4; 151, 1 und 2.

Im Magnificat D-Dur (BWV 243) schreibt Bach sowohl auf der Titelseite als auch im Kopftitel *Travers.* Solistische Funktion haben die Flöten in den Sätzen:

BWV 243, 6 Et misericordia sui a progenie in progenies timentibus eum.
(Und seine Barmherzigkeit währet immer für und für bei denen, die ihn fürchten.)
9 Esurientes implevit bonis, et divites dimisit inanes.
(Die Hungrigen füllt er mit Gütern und lässet die Reichen leer.)

---

35 Alfred Dürr, Die Kantaten von Johann Sebastian Bach, Kassel 1971, S.373.

Auch im Magnificat werden zwei Wege aufgezeigt: Gehören wir zu den Reichen und Satten, oder denen, die nach Gottes Gütern hungern und ihn fürchten? Diese Frage steht hinter der Bezeichnung *Travers.*

In den Messen in h-Moll (BWV 232) und A-Dur (BWV 234) steht die Besetzungsangabe *Travers.* über den Sätzen, die das Lamm Gottes anrufen; nur sein Erbarmen kann uns in der Sündennot helfen.

BWV 232, 8 Domine Deus, agnus Dei.
(Herr, Gott, Lamm Gottes.)
9 Qui tollis peccata mundi, miserere nobis!
(Der du trägst die Sünden der Welt, erbarm dich unser!)

BWV 234, 4 Qui tollis peccata mundi, miserere nobis!

Im Weihnachtsoratorium verwendet Bach meistens diese Abkürzung; denn hier geht es ja gerade um die Frage, ob wir den kleinen Säugling in seiner schwachen Gestalt im Glauben als den Herrn und Heiland anerkennen. Nur ein Beispiel sei genannt: *due Travers.* steht über dem Rezitativ Nr. 32:

BWV 248, 32 Ja, ja, mein Herz soll es bewahren,
was es an dieser Freudenzeit
zu seiner Seligkeit
für sicheren Beweis erfahren.

Umso bemerkenswerter sind die Stellen, in denen eine andere Form erscheint: *Trav.* (s. S. 38) oder *Traversieri* (s. S. 36).

Andere Abkürzungen in den Besetzungsangaben

Häufig ist die Bezeichnung der Singstimmen verkürzt als *Voc:* eingetragen worden, und zwar ausschließlich von Bachs Schreibern. Zeitmangel kann es nicht gewesen sein, der sie dazu veranlaßt hat; denn was hätten sie dabei gewonnen, wenn sie statt des Buchstabens *i* einen Doppelpunkt schrieben? Auch sahen wir bereits, daß sie wie Bach selber gelegentlich das lateinische *Vocibus* gewählt haben. Die Abkürzungen *Voc:* haben daher wohl symbolische Bedeutung als Hinweis auf die Vergänglichkeit der Menschen. Da dieser Gedanke in vielen Kantatentexten wiederkehrt, erübrigt es sich, sie im einzelnen darzustellen.

Voc: kann darum wohl nicht nur zur üblichen Bezeichnung *Voci* ergänzt werden, sondern auch zu *Vocibus.* Das gilt auch, wenn die Angabe *Voci.* einen oder zwei Punkte besitzt, und ist dann Symbol für die Auferstehung der Menschen, um vor Gottes Thron zu erscheinen zum Gericht oder zum ewigen Leben.

Oboen sind oft mit der französischen Abkürzung *Hautb:* angegeben: Jesus geht als Mensch für uns in den Tod. Gelegentlich kann dabei auch noch der Zusatz *d'Amour* oder *d'Amore* ergänzt werden, wie sich später zeigen wird.

Die Singstimmen werden manchmal einzeln aufgeführt. In einem Fall ist nur eine von ihnen verkürzt angegeben: *Sopr: Alto Tenore è Basso* steht auf dem Titel der Adventskantate „Nun komm der Heiden Heiland" (BWV 61). Der Text, den der Sopran in seiner Soloarie singt, verrät, warum Bach die Abkürzung gewählt hat:

BWV 61, 5 Bin ich gleich nur Staub und Erde,
will er mich doch nicht verschmähn.

Drei Singstimmen sind abgekürzt auf dem Titelblatt der Kantate „Barmherziges Herze der ewigen Liebe" (BWV 185), nur der Baß ist ausgeschrieben (s. S. 49). Allen Menschen wird der Tod als Strafe angedroht:

BWV 185, 2 Sonst wird sein Eifer euch zernichten.

Doch dem Baß fällt die Aufgabe zu, in seiner Soloarie den Menschen den rechten Weg zu verkünden:

BWV 185, 5 Das ist der Christen Kunst:
Nur Gott und sich erkennen,
von wahrer Liebe brennen.

Als Sinnbild des Sterbens werden auf den Titelseiten dreier Kantaten alle Singstimmen abgekürzt:

BWV 132, 6 Ertöt uns durch dein Güte!

BWV 56, 5 Komm, o Tod, des Schlafes Bruder!

Die dritte, die Titelseite der Pfingstkantate „Wer mich liebet, der wird mein Wort hatten" (BWV 59), muß genauer betrachtet werden. Der Schreiber verwendet für den Continuo die Bezeichnung *Fondamento*, die sonst nirgends auf den Titeln aus der Zeit Bachs erscheint, und kürzt auch diese ab: *Fond.* Damit wird nicht nur für die Menschen, sondern auch für den Allmächtigen das Symbol des Sterbens gesetzt. Das entspricht der Aussage der Kantate: Gott verläßt den Himmel, um in sterblichen Menschen zu wohnen.

BWV 59, 2 Der Mensch ist Staub...
Wie nun? Der Allerhöchste spricht,
er will in unsern Seelen
die Wohnung sich erwählen.
4 Daß er in unsern Herzen wohnet
und wie in einem Himmel thronet.

Nun können die Menschen in den Himmel gelangen, und als Figur dafür läßt Bach den Schluß der Kantate offen, der Choral fehlt, obwohl er in Erdmann Neumeisters Kirchenandachten gedruckt vorliegt[36]. Die Komposition schließt mit den letzten Worten der Baßarie

BWV 59, 4 Wie selig werden wir erst noch,
wenn wir nach dieser Zeit der Erden
bei dir im Himmel wohnen werden.

Darunter steht in der Baßstimme der Vermerk: *Chorale segue,* dieser Choral wird aber erst „nach dieser Zeit der Erden" folgen. Nur einmal erscheint auf einer Titelseite Bachs die Abkürzung *Cont.* In der Kantate „Barmherziges Herze der ewigen Liebe" (BWV 185) werden die Menschen ermahnt, nicht zu richten, sondern es Gott gleich zu tun, der sich selbst hingegeben hat:

BWV 185, 2 Erwägt, was euch der Heiland lehret,
übt, übt Barmherzigkeit
und sucht noch auf der Erden
dem Vater gleich zu werden!

Auf drei Kantatentiteln geht Bach noch weiter und erwähnt den Continuo überhaupt nicht:

BWV 47, 3 Ach, Jesus, Gottes Sohn,
der Schöpfer aller Dinge,
wird unsertwegen niedrig und geringe.

In den andern beiden Kantaten unterstreicht das Symbol die Reaktion der Menschen auf die Erniedrigung Gottes, die ihn nicht als ihren Herrn anerkennen:

BWV 102, 1 Du schlägest sie, aber sie fühlen's nicht;
du plagest sie, aber sie bessern sich nicht.

BWV 136, 2 Ach, daß der Fluch, so dort die Erde schlägt,
auch derer Menschen Herz getroffen.
Doch wollen sich oftmals die Kinder der Höllen
in Engel des Lichtes verstellen.

Das Symbol beinhaltet aber auch, daß die Antwort Gottes in seiner Hingabe bis in den Tod besteht:

BWV 102, 4 Verachtest du den Reichtum seiner Gnade?

BWV 136, 6 Dein Blut, der edle Saft,
hat solche Stärk und Kraft,
daß auch ein Tröpflein kleine
die ganze Welt kann reine,
ja gar aus Teufels Rachen
frei, los und ledig machen.

Daß Christus auf seine königliche Macht verzichtet, wird in vier Kantatentiteln durch die verkürzte Bezeichnung der Trompeten *Tromb:* angedeutet (BWV 41, 74, 137 und 175). Als Beispiel möge die bekannte Kantate „Lobe den Herren, den mächtigen König der Ehren" (BWV 137) dienen mit der Trompetenarie:

36 Facsimile in: Werner Neumann, Sämtliche von Johann Sebastian Bach vertonte Texte, Leipzig 1974, S. 296.

BWV 137, 4 Denke daran,
was der Allmächtige kann,
der dir mit Liebe begegnet!

Wer hätte beim Singen der Strophe schon einmal an diese tiefgreifende Deutung gedacht?

Mit derselben Abkürzung sind in der Kantate „Ach Gott vom Himmel, sieh darein“ (BWV 2) auf dem Titel die *Tromboni* bezeichnet. Die Kurzfassung ließe auch eine Ergänzung zur Bezeichnung *Trombae* zu als Symbol für die Hoffnung, Gott möge sich in seiner Herrschermacht zeigen, um die Feinde zu bekämpfen, wie es eine Arie zum Ausdruck bringt:

BWV 2, 3 Tilg. o Gott, die Lehren,
die dein Wort verkehren!
Wehre doch der Ketzerei
und allen Rottengeistern!

Doch in Wahrheit sind eben Posaunen gemeint, die auf drei anderen Titeln *Trombon.* geschrieben werden (BWV 4, 25 und 101). Gottes Eingreifen geschieht nur durch seinen Sohn Jesus, der uns zur Seite geht und unsere Not auf Erden trägt[37]. So erscheinen die Posaunen in diesen Kantaten ausschließlich als colla-parte-Verstärkung des Chors. In den Texten kommt das nicht zum Ausdruck; denn Jesus geht unerkannt mit uns. Aber in den anschließenden Sätzen folgt die Erläuterung:

BWV 2, 1 Ach Gott vom Himmel, sieh darein
und laß dich des erbarmen,
wie wenig sind der Heilgen dein,
verlassen sind wir Armen
4 Ich will mich ihrer Not erbarmen,
mein heilsam Wort soll sein die Kraft der Armen.

BWV 25, 1 Es ist nichts Gesundes an meinen Leibe vor deinem Dräuen, und ist kein Friede in meinen Gebeinen vor meiner Sünde,
3 Du, mein Arzt, Herr Jesu, nur,
weißt die beste Seelenkur,

BWV 101, 1 Nimm von uns, Herr, du treuer Gott,
die schwere Straf und große Not!
6 Gedenk an Jesu bittern Tod!

Daß die Hilfe Gottes durch den Tod Jesu geschieht, wie es die Abkürzung *Trombon.* symbolisiert, wird besonders deutlich im Text der Osterkantate

BWV 4, 3 Davon kam der Tod sobald
und nahm über uns Gewalt,
hielt uns in seim Reich gefangen.
4 Jesus Christus, Gottes Sohn
an unser Statt ist kommen.

Eine gegensätzliche Bedeutung hat wohl die Abkürzung *oblig.* Die Bezeichnung weist auf eine selbständige, meist solistische Aufgabe hin, die das betreffende Instrument auszuführen hat. Für die Symbolik ist aber die Bedeutung des Wortes in seinem ursprünglichen Sinn maßgebend: gebunden. Die Verkürzung dieses Begriffs symbolisiert also die Auflösung der Gebundenheit, die Befreiung von den Banden des Todes.

Nur im Titel der Osterkantate „Erfreut euch, ihr Herzen“ (BWV 66) steht die Bezeichnung *Bassono oblig.* Nachdem im ersten Rezitativ das Zerbrechen des Grabes verkündet wurde, kommt der *Bassono* als Generalbaßinstrument in der folgenden Arie zum Einsatz als Symbol des Herrn, der im Grabe lag:

BWV 66, 3 Jesus erscheinet, uns Friede zu geben.

---

37 Ludwig Prautzsch, Die Bedeutung der Blechblasinstrumente in Bachs kirchenmusikalischen Werken, in: Bibel und Symbol in den Werken Bachs, Schriftenreihe des Thomas-Morus-Bildungswerkes, Bd. 4, Schwerin 2000, S. 115.

Auch die Abkürzung *Organo oblig.* kommt nur einmal vor. Daß Bach in der solistischen Orgel ein Symbol geschaffen hat, das die Hinwendung Jesu zu ihm, dem Orgelspieler, bedeutet, diese Deutung[38] findet in der Kantate „Wer weiß, wie nahe mir mein Ende" (BWV 27) eine eindrucksvolle Bestätigung. Im Rezitativ beschreibt der Dichter die Bereitung zum Sterben, die Bach auf sich selbst beziehen konnte:

BWV 27, 2 Mein Leben hat kein ander Ziel,
als daß ich möge selig sterben
und meines Glaubens Anteil erben;
drum leb ich allezeit
zum Grabe fertig und bereit,
und was das Werk der Hände tut,
ist gleichsam ob ich sicher wüßte,
daß ich noch heute sterben müßte;
denn Ende gut, macht alles gut!

Nun folgt „das Werk der Hände", der Einsatz der solistischen Orgel in der anschließenden Arie. Die Abkürzung *oblig.*, gebunden, symbolisiert im Abbrechen des Wortes, daß der Tod nicht ewige Gebundenheit bedeutet. Jesus führt ihn hindurch zur Seligkeit; darum kann er das Sterben mit Freuden erwarten:

BWV 27, 3 Willkommen! will ich sagen,
wenn der Tod ans Bette tritt.

Nach dieser ganz auf sein Wirken ausgerichteten Kantate legt er dann mit dem Schlußchoral auch sein Komponieren aus der Hand und setzt als Sinnbild dafür das Werk eines andern ein, den Choralsatz Johann Rosenmüllers:

BWV 27, 6 Welt ade! Ich bin dein müde,
ich will nach dem Himmel zu.

Griechisch in der Bezeichnung der Pauken

Pauken sind Symbole für Gott, den Schöpfer und Herrn der Welt[39]. Bach und seine Schreiber bezeichnen sie meistens mit dem italienischen Namen *Tamburi.*

Nur zweimal erscheint die griechische Bezeichnung *Tympana*, in den Stimmen zur Kantate „Dem Gerechten muß das Licht immer wieder aufgehen" (BWV 195) und zur *Missa* (BWV 232), die er dem Kurfürsten und König in Dresden übersandte. Griechisch ist die Sprache des Neuen Testaments, sie wird uns wieder begegnen als seltene, kaum erkennbare Andeutung auf vier Titelblättern (s. S. 198, 219, 222, 247).

Tympana ist abgeleitet von τυπτω [typto], schlagen. Die griechische Bezeichnung soll wohl darauf hinweisen, daß der Gottessohn und Herr der Welt zugleich der Mensch Jesus ist, der sich schlagen läßt, wie es der griechische Urtext der Evangelien berichtet.

Matth. 26, 67 Da spieen sie aus in sein Angesicht und schlugen ihn mit Fäusten.

Bach hat wohl in voller Absicht in den beiden genannten Werken die griechische Bezeichnung gewählt; denn sie waren beide für hochgestellte Personen bestimmt, die Trauungskantate für ein „hoch edles Paar", die *Missa* für den Landesherren. Er setzt ein Symbol, daß Jesus über allen Mächtigen dieser Welt steht und doch den Weg der Erniedrigung geht.

Die Bezeichnung wandelt er in verschiedener Weise ab. *Tympalles* erscheint nur auf der Titelseite der Kantate „Was Gott tut, das ist wohlgetan" (BWV 100) und ist ein Beispiel für eines der Sprachspiele, die in Bachs Autographen gar nicht selten sind. Hier verbindet er vermutlich τυπτω mit dem ebenfalls griechischen Verb παλλω [pallo], schütteln, zittern. Vielleicht hatte er auch das lateinische pallesco, erblassen, im Sinn. Alle diese Worte lassen sich mit dem Leiden und Sterben Jesu in Verbindung bringen. Daß Gott gerade in Not und Tod uns zur Seite steht, sagt der Schlußchoral:

---

38 Ludwig Prautzsch, Die konzertierende Orgel – ein Bach-Symbol, in: Bibel und Symbol in den Werken Bachs, Schriftenreihe des Thomas-Morus-Bildungswerkes, Bd. 4, Schwerin 2000, S. 128.

39 Ludwig Prautzsch, Symbolik der Instrumente in der Kirchenmusik Johann Sebastian Bachs, in: Bibel und Symbol in den Werken Bachs, Schriftenreihe des Thomas-Morus-Bildungswerkes, Bd. 4, Schwerin 2000, S. 123.

BWV 100, 6 Es mag mich auf die rauhe Bahn
Not, Tod und Elend treiben,
so wird Gott mich
ganz väterlich
in seinen Armen halten.

Daß dabei Jesu Tod am Kreuz eine entscheidende Rolle spielt, wird bei der Betrachtung der Titelseiten dieser Kantate deutlich werden (s. S. 200ff.).

Eine ähnliche Bezeichnung mit italienischer Endung ist *Tympali*. So steht es im Magnificat (BWV 243) auf der Titelseite und im Kopftitel, sowie in der Missa (BWV 232) auf dem Stimmumschlag. Demnach erklingen die *Tympali* in zwei weihnachtlichen Lobgesängen, im Magnificat der Maria nach der Ankündigung der Geburt Jesu, in der Missa erstmalig im Gloria der Engel auf dem Feld von Bethlehem. Daraus ergibt sich die Deutung: Der allmächtige Gott – durch die Pauken symbolisiert – ist in seinem Sohn Jesus, auf den die griechischen Silben hinweisen, herabgekommen zu den Gläubigen, die den beiden Lobgesängen einen festen Platz in ihren Gottesdiensten gegeben haben. Dies wird angedeutet durch den Übergang in die italienische Endung.

Drei Besetzungsangaben in der Partitur der h-Moll-Messe (BWV 232) führen diese Symbolik weiter aus: Am Beginn des Gloria (BWV 232, 4) sind die Pauken zunächst als *Tympali* bezeichnet, dann hat Bach das Wort in *Tymbali* verändert und damit noch einen Schritt weiter dem italienischen Timballi angeglichen.

Tymbali erscheint dann wieder im Chor „Et resurrexit", kurz bevor die Baßstimme einsetzt:

BWV 232, 18 Et iterum venturus est cum gloria, iudicare vivos et mortuos.
(Und er wird wiederkommen in Herrlichkeit, zu richten die Lebenden und die Toten).

Dabei ist die Stimme der Pauken heruntergesetzt auf das 11. Notensystem und steht nun unter allen Instrumenten unmittelbar über den Systemen für die Singstimmen. Die Angabe *Tymbali* war eigentlich unnötig, sie steht über einem vollkommen leeren Notensystem, die Pauken schweigen auf dieser Seite.

Auf der folgenden Seite steht die dritte Angabe, aber jetzt zu lesen als *Cymbali*, die lateinische Bezeichnung – allerdings mit italienischer Endung – für die hellen wohlklingenden Zimbeln als Instrumente für das Lob Gottes, wie sie der 150. Psalm erwähnt.

Das alles sind Sinnbilder für das Herabkommen Christi zu den Menschen: die zunehmende Umwandlung des griechischen Wortes in ein italienisches, erst zum Lobgesang bei seiner Geburt, dann zur Ankündigung seiner Wiederkunft, verbunden mit dem Absteigen der Pauken bis zu den Stimmen der Menschen, die in diesem Satz ihren Glauben an den auferstandenen Herrn bekennen.

Die Änderung der Paukenbezeichnung, die schon im Gloria begonnen hat, läßt wieder ein Sprachspiel Bachs erkennen: Statt des Wortes παλλω, das noch in *Tympali* anklingt, bezieht er jetzt das griechische βαλλω [ballo], werfen, ein. Christus erscheint als der Gottessohn, „der auch Macht hat, zu werfen in die Hölle" (Luk. 12, 5). Schon bei seiner Geburt wird von ihm prophezeit:

Luk. 1, 34 Siehe, dieser wird gesetzt zu einem Fall und Aufstehen vieler in Israel.
52 Er stößt die Gewaltigen vom Stuhl

Daß *Tymbali* auf dem 11. Notensystem erscheint, ist zugleich ein Zahlensymbol (s. S. 103), das auf die Sünde hinweist, die der wiederkommende Herr auf sich genommen hat. Abstieg und Schweigen der Pauken sind zudem Zeichen seiner Erniedrigung und seines Verstummens im Tod: So richtet Gott die Menschen!

Doch sitzt er wieder als Richter auf dem Thron, dem entspricht die Rückkehr der Pauken an ihren ursprünglichen Platz zu den Worten vom Gericht. Dazu kommt die Umwandlung der Bezeichnung in die lateinisch bestimmte Form *Cymbali* als Sprachsymbol für das Reich Gottes und Hinweis auf den Lobgesang des 150. Psalms.

Ps. 150, 5 Lobet ihn mit hellen Zimbeln,
lobet ihn mit wohlklingenden Zimbeln!

In den Psalmworten, auf die Beginn und Ende dieses Abschnitts hinweisen, kommt zuerst die Angst vor dem Richter, dann der Dank zum Ausdruck. Dabei muß ein gestrichener Halbtakt in der Partitur als Takt 35 mitgezählt werden.

Ps. 74, 1 Eine Unterweisung Asaphs. Gott warum verstößest du uns sogar und bist so grimmig zornig über die Schafe deiner Weide?
Ps. 81, 2 Singet fröhlich Gott, der unsre Stärke ist!

In diese Gedanken bezieht sich Bach selbst ein: Asaph war Sänger am Tempel, ein Kantor wie Bach.

Doch Bachs Kunst, durch neue Kombinationen die Symbolik noch zu vertiefen, führt noch weiter: Wenn man den gestrichenen Halbtakt, der – wie wir sehen werden – durch seine Taktzahl und das Zeichen der Streichung auf Christi Leiden hinweist (s. S. 104), nicht mitzählt, wird das zum Gleichnis, daß Gott dadurch die Gläubigen vor dem Tod behütet. Das bestätigen auch die Psalmworte, die sich nun ergeben:

Ps. 73, 1 Ein Psalm Asaph. Israel hat dennoch Gott zum Trost, wer nur reinen Herzens ist.
Ps. 80, 2 Du Hirte Israel, höre, der du Joseph hütest wie der Schafe, erscheine, der du sitzest über Cherubim!

Bach, auch hier unter dem Namen Asaph, hat die Gewißheit, daß Gott sein Trost ist, weil er nun den Namen der Erlösten, Israel, tragen darf, der in beiden Psalmworten vorkommt. Wir sahen bereits, daß er in diesem letzten kirchenmusikalischen Werk Bachs eine zentrale Stelle einnimmt (s. S. 15).

Tympani als griechische Bezeichnung, in der nur die Endung italienisch ist, erscheint als Besetzungsangabe in der Kantate „Gott, der Herr, ist Sonn und Schild“ (BWV 79) zum Reformationsfest. Im lutherischen Sachsen war die Frage nach dem rechten Glauben durch den Übertritt Augusts des Starken so von Spannungen erfüllt, daß 1726 – ein Jahr nach der Entstehung dieser Kantate – die Ermordung eines lutherischen Geistlichen in Dresden zu Tumulten führte, die durch den Einsatz von vier Infanterieregimentern kaum gestillt werden konnten. Auch die Kantate stellt diese Frage in den Mittelpunkt:

BWV 79, 4 Gottlob, wir wissen den rechten Weg zur Seligkeit,
denn, Jesu, du hast ihn uns durch dein Wort gewiesen.
Weil aber viele noch
zu dieser Zeit an fremdem Joch
aus Blindheit ziehen müssen,
ach, so erbarme dich
auch ihrer gnädiglich,
daß sie den rechten Weg erkennen
und dich bloß ihren Mittler nennen.

Das überwiegend griechische *Tympani* betont die Bedeutung des Wortes Jesu, so wie es in den Evangelien steht; die italienische Endung zeigt an, daß sich Jesus an seine Kirche hier auf Erden wendet.

Die Pauken sind Symbole für das Vertrauen in die Macht und Hilfe Gottes:

BWV 79, 1 Er wird kein Gutes mangeln lassen den Frommen.
2 Denn er will uns ferner schützen,
ob die Feinde Pfeile schnitzen.

Doch er hilft als der Mittler, der sich für uns schlagen läßt, dafür ist Sinnbild der Wortstamm *Tymp.*
Es gibt schließlich noch eine Paukenangabe, die sich als Abkürzung auf diesen Wortstamm beschränkt: *Tymp.* steht im Kopftitel der Kantate „Gloria in excelsis“ (BWV 191), die als Entlehnung aus der Missa (BWV 232) für das Weihnachtsfest bestimmt ist. Die Deutung ergibt sich ohne weiteres aus den Erkenntnissen, die wir über die Symbolik der Pauken und der Abkürzungen gewonnen haben.

Symbolische Zeichen auf den Titelseiten

Die Titelseiten der Kantaten sind versehen mit symbolischen Zeichen, wie wir sie in der h-Moll-Messe kennen lernten, und vielen anderen mehr. Einige sollen hier vorgestellt werden, weil sie von grundlegender Bedeutung sind oder häufiger auftreten; andere können wegen ihrer zahlensymbolischen Funktion erst später erläutert werden.

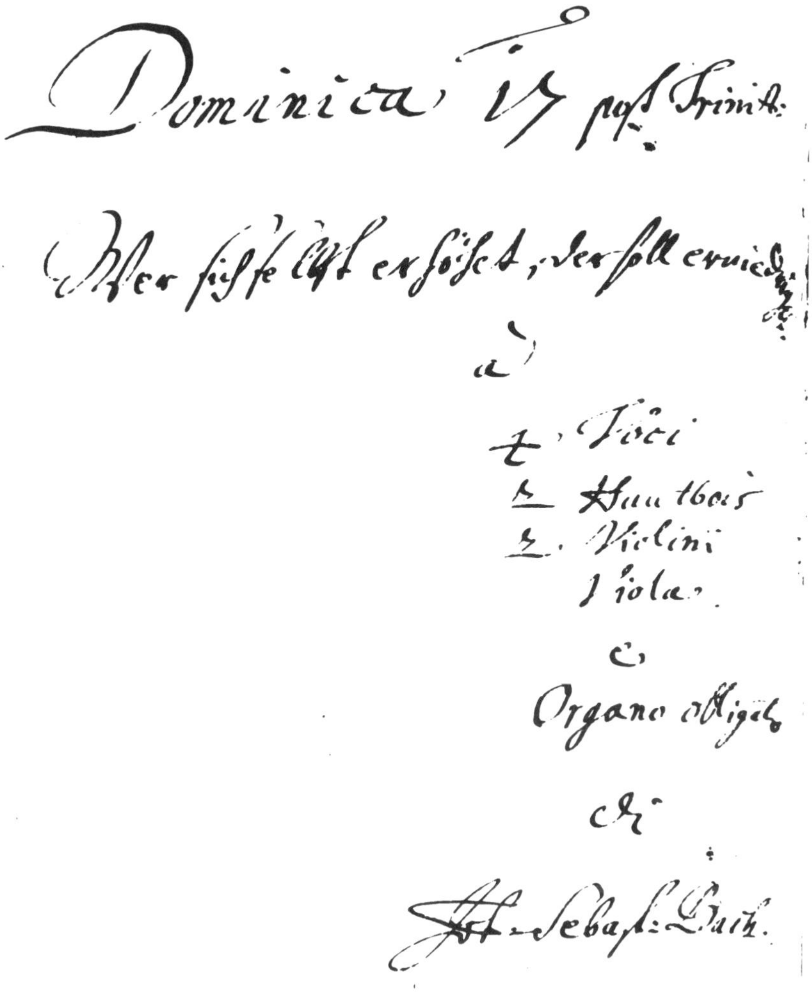

Dominica 17 post Trinit:

Wer sich selbst erhöhet, der soll erniedriget etc.

à

4 Voci
2 Hautbois
2 Violini
Viola
e
Organo obligato

di

Joh: Sebast: Bach.

Titelseite der Partitur der Kantate BWV 47

BWV 47

Auf dem Titelblatt der Kantate „Wer sich selbst erhöhet, der soll erniedriget werden" fällt sofort auf, wie Bach die Erniedrigung bildhaft darstellt durch die nach unten fallenden letzten Silben des Wortes *erniedriget*. Wer Bachs Vorliebe für solche sinnfälligen Bilder kennt, weiß, daß er nicht etwa durch den Platzmangel am Rand der Seite gezwungen war, das Wort abbiegen zu lassen, sondern daß er absichtlich seinen Text soweit nach rechts gesetzt hat, damit das Umbiegen notwendig wurde.

Auch der letzte Buchstabe des Wortes *obligato* ist tiefer gerutscht, obwohl dort noch genügend Platz gewesen wäre. Das tiefe *o* läßt sich als Symbol deuten: Christus läßt sich binden – *obligato* – und erniedrigen für Johann Sebastian Bach, den Orgelspieler; er nimmt die Demütigung auf sich, die wir Menschen verdient hätten.

Auch die Erhöhung hat Bach in Bild und Zeichen dargestellt: Der Satzteil „Wer sich selbst erhöhet" ist deutlich aufsteigend geschrieben, außerdem schwebt über der Zahl 17 als höchstes Zeichen des Titels die Schlange, das Symbol des Teufels. Am oberen Ende krümmt sie sich zu einem Kreis, der vielleicht ein Sinnbild der Erde ist, die der Fürst dieser Welt fest umschlungen hält.

Dem Zeichen des Teufels steht am unteren Rand der Seite die Umkehrung gegenüber: Statt des hellen Kreises sieht man einen dunklen Fleck, er strebt nicht empor, sondern zeigt durch eine Tintenverwischung sein Absinken an. Das ist wohl ein Bild des Blutes Jesu, ähnliche Zeichen konnte ich in der Partitur der Kantate „Mein Herze schwimmt im Blut" (BWV 199) feststellen[40]. Jesus, das ist der Sinn dieses Symbols, erniedrigt sich bis zum Tod.

Alle diese Zeichen und Bilder hat Bach aus dem Text der Kantate gewonnen. Auch dort stehen sich Oben und Unten gegenüber:

BWV 47, 2 Demut stammt aus Jesu Reich,
Hoffart ist dem Teufel gleich.
3 Ach Jesus, Gottes Sohn,
der Schöpfer aller Dinge,
ward unsertwegen niedrig und geringe,
und du, du armer Wurm, suchst dich zu brüsten?

Unsertwegen – dieser Begriff ist aufgenommen im Symbol des *Organo obligato*, das für die Zuwendung zu Bach selber, dem Orgelspieler, steht. Das Schlangenzeichen ist wohl zugleich das Bild des armen Wurmes, der sich brüstet, die Erde zu besitzen, während doch Jesus als ihr Schöpfer genannt wird. Die Kantate mündet in die Bitte des Schlußchorals, die durch den Blutstropfen symbolisiert wird:

BWV 47, 5 Du wollst mir nur das Ewge gewähren,
das du erworben hast
durch deinen herben, bittern Tod.

40 Ludwig Prautzsch, Die verborgene Symbolsprache Johann Sebastian Bachs, Bd. 2.

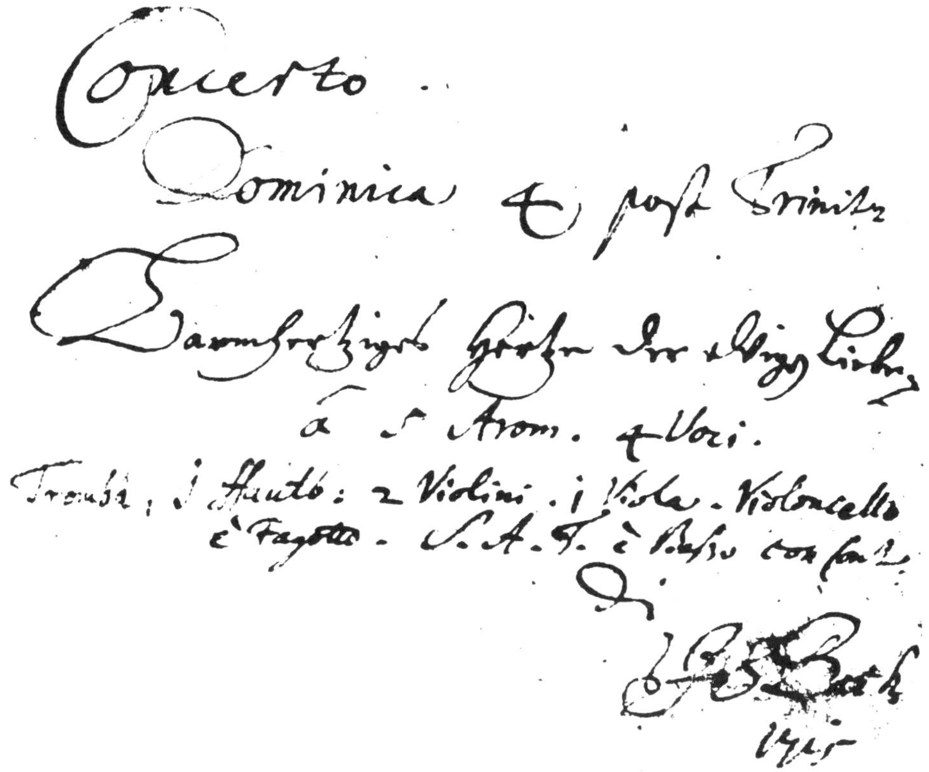

Titelseite der Partitur der Kantate BWV 185

BWV 185

Auf diesem Titelblatt hat Bach deutlich erkennbare Zeichen anscheinend nur an den Initialen seiner Vornamen angebracht. Das entspricht dem Anliegen des Textes: Mein eigenes Herz soll durch Christus umgestaltet werden. Das Duett am Beginn sagt es mit eindringlichen Worten:

BWV 185, 1 Barmherziges Herze der ewigen Liebe,
errege, bewege mein Herze durch dich,
damit ich Erbarmen und Gütigkeit übe,
o Flamme der Liebe, zerschmelze du mich!

Wie im Titelblatt der Kantate BWV 47 stehen sich zwei Kreise gegenüber, ein heller und ein dunkler, hier aber nahe beieinander. Der eine gebildet durch eine Schlinge des Buchstabens *J*, die sich fortsetzt in einen schlangenförmigen Bogen, der andere befindet sich am unteren Ende des Buchstabens S. Auffallend ist der gerade Querstrich des *J*, darüber entdeckt man bei genauem Zusehen einen kleinen runden Fleck mit einer winzigen hellen Öffnung, anscheinend kreuzt darunter ein C-förmiger Bogen das *J*.

Diese Zeichen beziehen sich offenbar auf die Vergleiche, die Jesus im Sonntagsevangelium (Luk. 6, 36–42) verwendet, und die das zweite Rezitativ anführt:

BWV 185, 4 Bestrebe dich,
erst deinen Balken auszuziehen,
dann magst du dich um Splitter auch bemühen,
die in des Nächsten Augen sein.
Ist auch dein Nächster nicht vollkommen rein,
so wisse, daß du auch kein Engel...
Wie kann ein Blinder mit dem andern
doch recht und richtig wandern?

Die beiden Kreise sind die Augen, eines ist rein, das andere dunkel und blind; denn es vermag den eigenen Fehler nicht zu sehen, weil ein Balken in ihm steckt. Am Buchstaben *J* ist der Weg der Heilung dargestellt: oben im kleinen Fleck das Auge, aus dem der Balken entfernt ist; der Querstrich ist der Balken, und das Ergebnis ist das helle, klare Auge. Dieses ist in der Lage, die Kunst der Christen auszuführen, die die folgende Arie beschreibt:

BWV 185, 5 Das ist der Christen Kunst:
nur Gott und sich erkennen,
von wahrer Liebe brennen.

Gott erkennen – diesen Gedanken stellt Bach dar, indem sich an das Bild des lichten Auges das Schlangenzeichen anschließt. Hier ist es nicht mehr die kriechende Schlange, das Symbol des Satans, sondern die aufgerichtete als Sinnbild des Gekreuzigten nach dem Wort Jesu:

Joh. 3, 14–15 Wie Mose in der Wüste eine Schlange erhöht hat, also muß des Menschen Sohn erhöht werden, auf daß alle, die an ihn glauben, nicht verloren werden, sondern das ewige Leben haben.

Jesus bezieht sich auf die Erzählung von der Wüstenwanderung des Volkes Israel (4. Mose 21, 8–9). Jeder, der damals von einer der todbringenden Schlangen gebissen war, brauchte nur die von Mose errichtete eherne Schlange anzusehen und blieb am Leben.

Doch ist die Schlange nicht das einzige Zeichen des Heils in diesem, wiederum sehr konzentrierten Sinnbild, das Bach hier geschaffen hat. Wie Mose auf Geheiß Gottes die tödliche Schlange in ein Symbol des Lebens verwandelt hat, so werden aus Bildern der Sünde Zeichen der Errettung: Der Balken kann als Bild des Weges gesehen werden, der von der Blindheit der Sünde zum Licht des Lebens führt, um den der Schlußchoral bittet:

BWV 185, 6 Den rechten Weg, o Herr, ich mein,
den wollest du mir geben,
dir zu leben.

Das Bild des blinden Auges aber wird zum Symbol des Blutes Jesu; denn nur durch ihn, durch das barmherzige Herze der ewigen Liebe, geschieht die Wandlung.

Auf Christus könnte auch das kaum erkennbare *C*, das den unteren Bogen des *J* kreuzt, hinweisen, falls es als symbolisches Zeichen gemeint ist.

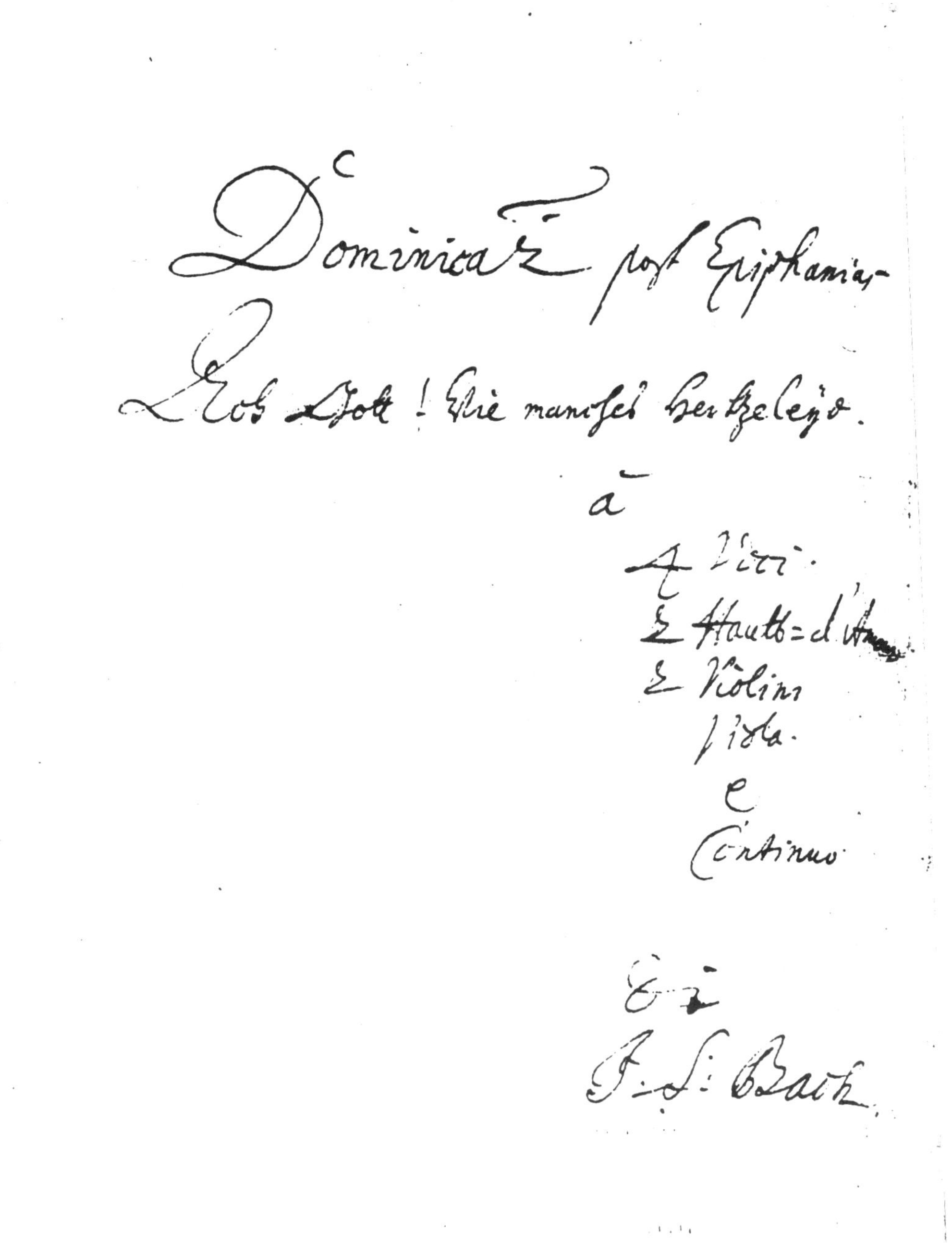

Dominica 2. post Epiphanias.
Ach Gott! wie manches Hertzeleid.
à
4 Voci.
2 Hautb: d'Amour
2 Violini
Viola
e
Continuo
di
J. S. Bach.

Titelseite der Partitur der Kantate BWV 3

BWV 3

Dieses Titelblatt enthält nur wenige, aber deutliche Zeichen: Das Schlangensymbol über der 2, das an den ersten Buchstaben *D* angesetzte *c*, und unten am *S* des Namenszuges *J. S. Bach* eine Schlinge, die einen Kreis bildet, mit einem schräg nach unten führenden geraden Strich.

Dieser Strich ist wohl ein Bild des Weges, der im Eingangschor genannt und in den folgenden Sätzen näher beschrieben wird. Er führt abwärts; denn es ist ein Leidensweg:

BWV 3, 1 Der schmale Weg ist trübsalsvoll,
den ich zum Himmel wandern soll.

Der Kreis ist hier wohl ein Bild der Erde, dort beginnt der Weg:

BWV 3, 2 Wie schwerlich läßt sich Fleisch und Blut,
so nur nach Irdischem und Eitlen trachtet,
zwingen zu dem ewigen Gut!

Über uns steht die Macht des Satans, aber auch der Name des Heilands, angedeutet im Schlangenzeichen und im Buchstaben *c*:

BWV 3, 3 Empfind ich Höllenangst und Pein,
doch muß beständig in dem Herzen
ein rechter Freudenhimmel sein.
Ich darf nur Jesu Namen nennen.

Den Grund für die Freude hat bereits das vorangegangene Rezitativ genannt:

BWV 3, 2 Da du der ganzen Welt zum Trost gekommen
und unser Fleisch an dich genommen,
so rettet uns dein Sterben
vom endlichen Verderben.
Drum schmecke doch ein gläubiges Gemüte
des Heilands Freundlichkeit und Güte.

Bach setzt für diese Gedanken ein winziges Zeichen: den Punkt unter dem Schlangenzeichen, dem wir oft in Bachs Autographen begegnen. Es besagt: Christus hat sich unter die Macht des Teufels gegeben.

BWV 43

Kannst du, lieber Leser, liebe Leserin, dieses Gebilde

als einen Buchstaben erkennen? Aus dem Zusammenhang des Textes herausgenommen – der folgt erst auf der nächste Seite -, ist es wohl nicht zu bestimmen. Bach hat es aber mit aller Sorgfalt geschrieben, und so ist es wieder ein eindeutiger Beweis, daß Bach seine Titelblätter als symbolische Schauseiten gestaltet hat. Er verändert Buchstaben, manchmal – wie hier – bis zur Unkenntlichkeit, um daraus symbolische Zeichen zu machen.

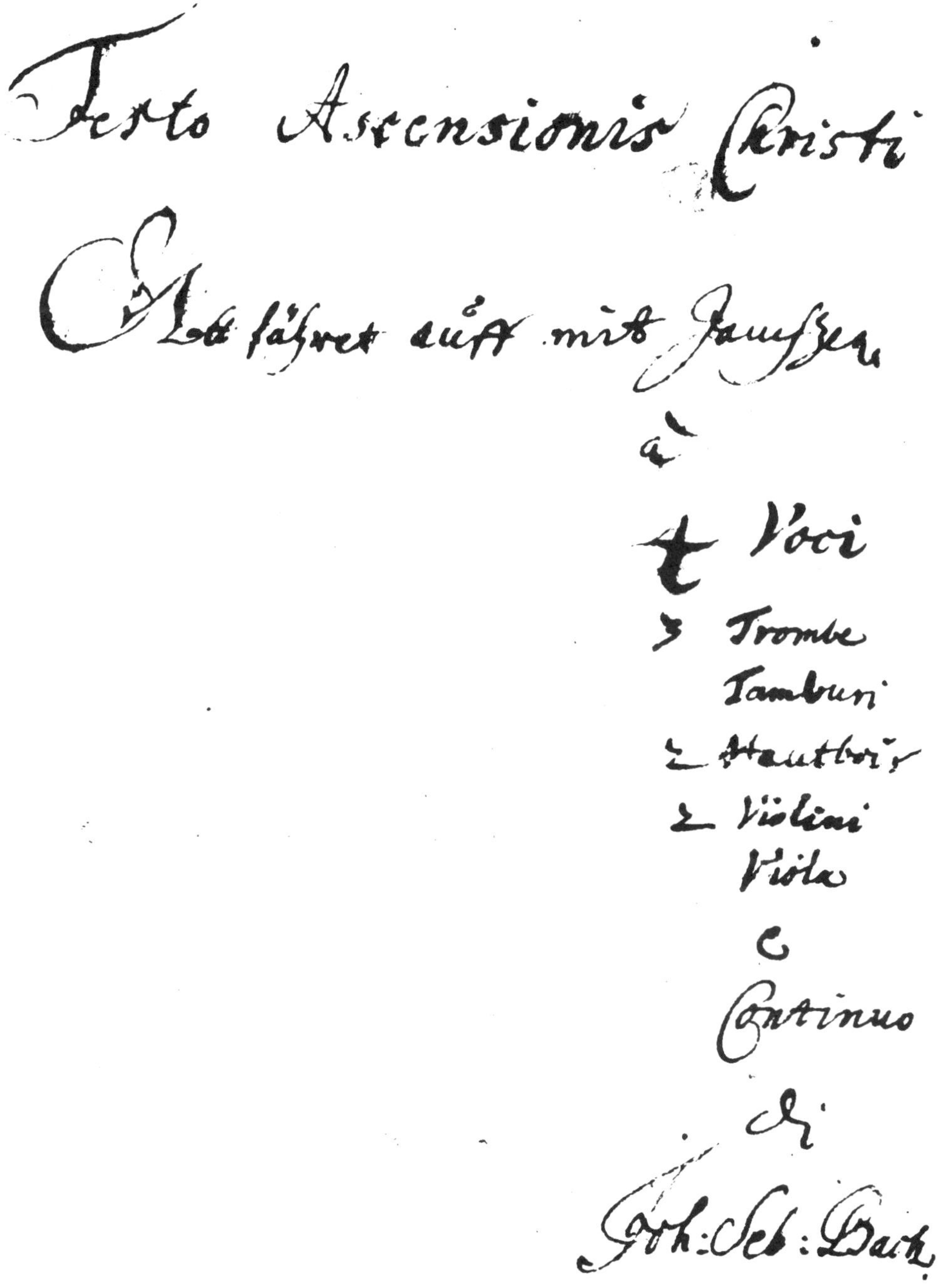

Festo Ascensionis Christi

Gott fähret auff mit Jauchzen

à

4 Voci

3 Trombe

Tamburi

2 Hautbois

2 Violini

Viola

e

Continuo

di

Joh: Seb: Bach.

Titelseite der Partitur der Kantate BWV 43

Hier sind es die beiden ersten Buchstaben des Wortes *Gott*. An das merkwürdig gezeichnete *G* ist – ebenso eigenartig – das *o* angehängt; auch dieses ist, für sich betrachtet, nicht als *o* zu erkennen. Eine Deutung dieses in jeder Hinsicht einmaligen Symbols kann nur versucht werden.

Mit dem Zeichen beginnt der Titelsatz dieser Kantate, ein Wort aus dem 47. Psalm.

BWV 43, 1 Gott fähret auf mit Jauchzen.

Im Zentrum der Kantate steht ein sechsstrophiges Gedicht, in dem das Wirken des Heilands geschildert wird; seine Aussagen lassen sich in fünf Hauptgedanken zusammenfassen:

1. Jesus hat seinen Erdenweg vollendet und kehrt in den Himmel zurück.

BWV 43, 5 Er schließt der Erde Lauf,
ihr Himmel, öffnet euch
und nehmt ihn wieder auf!

2. Er kommt als Sieger über Tod und Teufel.

BWV 43, 6 Es kommt der Helden Held,
des Satans Fürst und Schrecken,
der selbst den Tod gefällt.

3. Er hat die Sünde abgetan.

BWV 43, 6 Getilgt der Sünden Flecken.
7 Voll Schmerzen, Qual und Pein,
Verlorne zu erretten
durch einen teuren Kauf.

4. Er befreit seine Gläubigen.

BWV 43, 9 Zu helfen seinen Knechten
aus Jammer, Not und Schmach.

5. Er will mich zu sich holen.

BWV 43, 10 Er will mir neben sich
die Wohnung zubereiten.

Der letzte Gedanke ist ohne Zweifel in der Anbindung des Buchstabens *o* an das *G* dargestellt. Da das o im Zahlenalphabet die 14. Stelle einnimmt und der Name BACH die Zahl 14 als Summe seiner Buchstaben ergibt, ist dies wohl ein Sinnbild, daß Bach diese Aussage auf sich selbst bezieht.

Der eigenwillige Schnörkel des *o* endet in einem dicken Punkt, dem Zeichen des Blutstropfens. Nur durch das Blut Jesu kann der Mensch an der Seite Jesu in der Ewigkeit seinen Platz finden, wenn er – wie es die Offenbarung beschreibt – seine Kleider gewaschen hat im Blut des Lammes (Offb. 7, 14).

In den übrigen Linien des Zeichens kann man ohne Mühe Buchstaben erkennen: ein *S* – unter Einbeziehung des Kreises –, ein *V* und ein *L;* könnten das nicht Initialen von Begriffen sein für den 2., 3. und 4. Hauptgedanken der Kantate?

Da sie zusammen den Anfang des Namens Gottes bilden, dürften es Ehrentitel sein, die Christus auf dem Thron des Vaters zukommen, dem Heiland, dem Sieger, dem Befreier. Passende Worte fand ich nur in der lateinischen Sprache, doch das entspricht durchaus der Bachschen Sprachensymbolik, die das Lateinische als Symbol des himmlischen Reiches einsetzt: *Salvator* – der Heiland, *Victor* – der Sieger, *Liberator* – der Befreier.

Diese Deutung bleibt eine Vermutung, da sich bisher kein vergleichbares Zeichen finden ließ, doch besitzt sie wegen ihrer Übereinstimmung mit der Aussage des Textes eine sehr große Wahrscheinlichkeit.

Dagegen ist der u-Bogen in der Gestalt der aufgerichteten Schlange ein sehr häufiges Symbol auf Bachs Titelseiten. Man beachte, daß es nur über dem Wort *auff* steht, nicht aber über *Jauchzen*. So ist das Zeichen mit der Auffahrt Christi verbunden; denn Jesus selbst hat seine Kreuzigung als Erhöhung bezeichnet und mit der Aufrichtung der Schlange durch Mose verglichen (Joh. 3, 14).

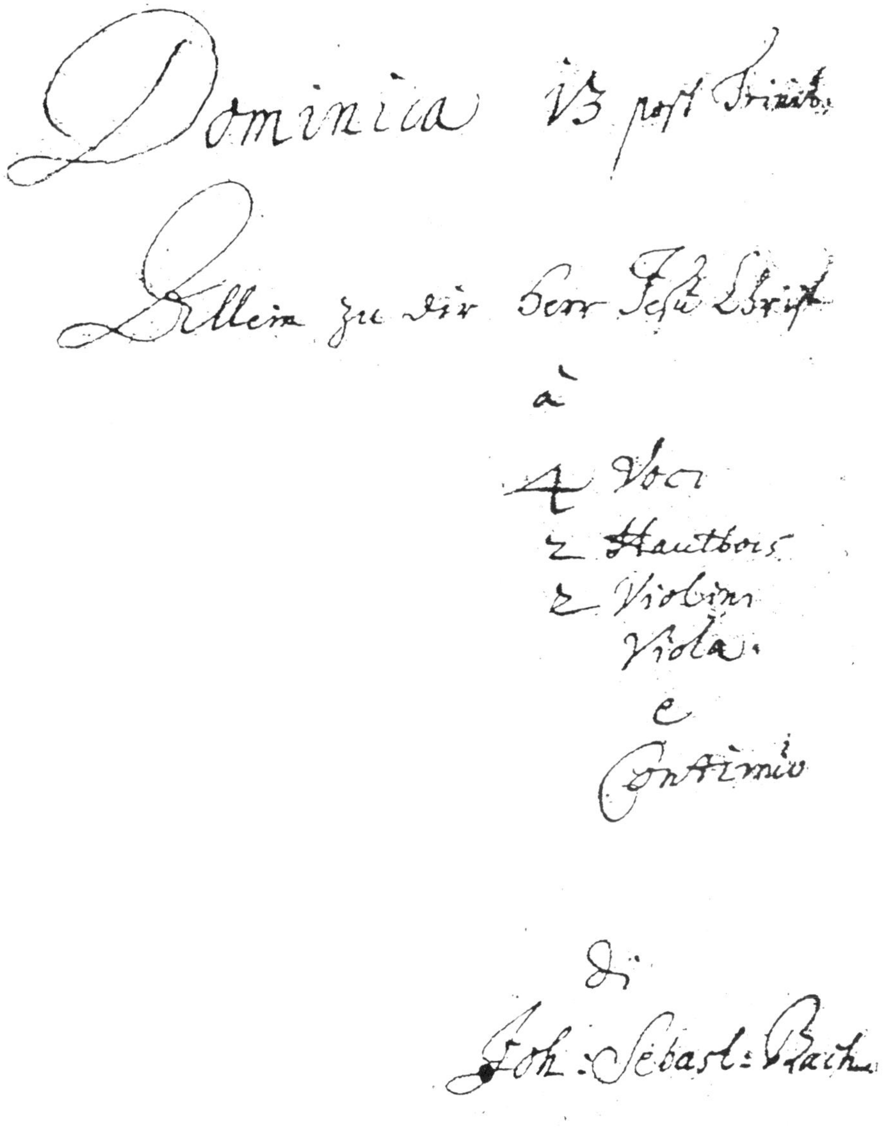

Dominica 13 post Trinit.

Allein zu dir Herr Jesu Christ

à

4 Voci
2 Hautbois
2 Violini
Viola
e
Continuo

di

Joh: Sebast: Bach

Titelseite der Partitur der Kantate BWV 33

BWV 33

Die drei Zeichen auf dem Titelblatt der Kantate „Allein zu dir Herr Jesu Christ“ sind uns schon bekannt: Zwei aufgerichtete Schlangensymbole und ein runder Tintenfleck als Sinnbild des Blutstropfens. Die Worte, an denen Bach diese Zeichen angebracht hat, entsprechen ihrer symbolischen Bedeutung, wenn man dazu die Aussage des Kantatentextes heranzieht. Über dem Wort *Jesu* steht das erste Zeichen der aufgerichteten Schlange, Jesus selbst hat sie ja als Gleichnis für seinen Kreuzestod genannt (Joh. 3, 14–15).

BWV 33, 3 Mich drückten Sündenlasten nieder,
doch hilft mir Jesu Trostwort wieder,
daß er für mich genung getan.

Das zweite Schlangenzeichen steht über dem Wort *Continuo*, dem Symbol Gottes, des allmächtigen Vaters; denn Jesus vertritt den Sünder vor ihm:

BWV 33, 3 Doch Jesus hört auf meine Bitte
und zeigt mich seinem Vater an.

Das Symbol des Blutes Jesu erscheint dann am ersten Buchstaben des Namens *Joh.*: Jesus hat durch sein Blut „für mich genung getan“, für Johann Sebastian Bach.

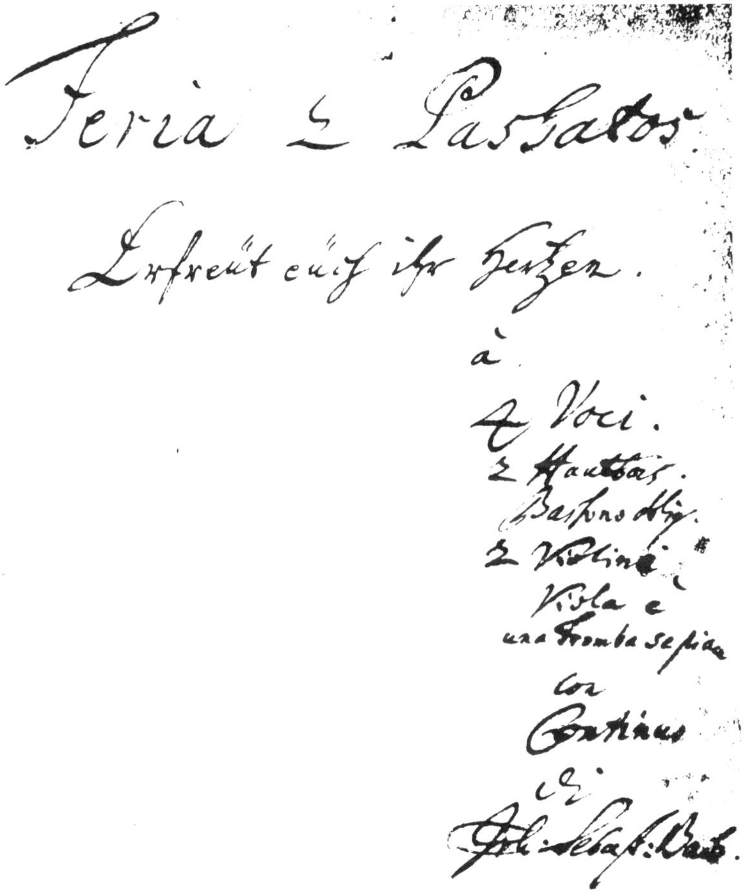

Titelseite der Partitur der Kantate BWV 66

BWV 66

Diese Kantate zum zweiten Ostertag ist von der Freude über die Auferstehung Jesu erfüllt. Im Anschluß an das Evangelium vom Gang zweier Jünger nach Emmaus, die noch Trauer und Zweifel hegen, enthält sie einen Dialog zwischen Furcht und Hoffnung. Beides kommt auch in den Zeichen der Titelseite zum Ausdruck. Bemerkenswert ist im Wort *Pashatos* das fehlende *c*. Auch die beiden anderen österlichen Kantatentitel von Bachs Hand (BWV 31 und 134) zeigen diese Schreibweise. Das ist nicht etwa eine Schreibgewohnheit Bachs; denn in den Kopftiteln der Kantaten BWV 69, 134 und auch dieser Kantate steht *Paschatos,* wie es dem griechischen Wort πασχα im Neuen Testament entspricht..

Haben wir bisher auf den Titelseiten ein zusätzliches *c* als Symbol für Christus kennen gelernt, so soll hier das fehlende bedeuten: Christus ist nicht zu sehen, das Grab ist leer. Darauf gründen sich die Zweifel, die im Dialog ausgesprochen werden:

BWV 66, 4 Furcht:
Kein Auge sieht den Heiland auferweckt.
Hoffnung:
Mein Auge sieht den Heiland auferweckt.

Im *P* von *Pashatos* ist ein kleiner Kreis zu erkennen, der von einem spiralförmigen Bogen umgeben ist. Sicher ist dies ein Bild des Auges – wie im Titel der Kantate BWV 185 – , das im Dialog genannt wird. Umgeben ist es von einer Spirale, die Bach auch in der Originalausgabe der Kunst der Fuge als Symbol verwandt hat für die Schlange, die ihr Opfer umschlingt[41]. Auch die Spiralen, die Bachs Schreiber auf den Titelblättern der Kantaten „Ich steh mit einem Fuß im Grabe" (BWV 156) und „Ihr Menschen, rühmet Gottes Liebe!" (BWV 167) gezeichnet haben, lassen sich in diesem Sinne deuten. Dieses Auge kann nur den Eindruck gewinnen:

BWV 66, 4 Furcht:
Es hält ihn noch der Tod in Banden.

Doch die Spirale ist nur angedeutet und nicht mehr dicht gewunden wie die Spiralzeichen in anderen Werken Bachs, sie löst sich auf. Auch ist das *c* aus dem Worte *Pashatos* nicht völlig verschwunden, sondern erscheint als großer, das ganze Wort umfassender Bogen am Namenszug *Joh*. Damit gibt Bach wieder ein Zeugnis seines persönlichen Glaubens:

BWV 66, 4 Mit Trost erfüllt auf seinen Heiland schauen
und in sich selbst ein Himmelreich erbauen,
ist wahrer Christen Eigentum.

Dieses Zeichen am Beginn seines Namens schreibt Bach etwa von der Mitte des Jahres 1726 an auf die meisten Titelblätter seiner Kantaten. Es wäre jedoch falsch, in diesem schwungvollen Schnörkel lediglich die Schreibgewohnheit eines bestimmten Lebensabschnittes zu sehen. Da er in diesen Jahren auch andere Formen für den Buchstaben *J* verwendet hat, müssen wir in Betracht ziehen, daß Bach die hier vorliegende Gestalt als symbolisches Zeichen gesetzt hat. Es wird sich im weiteren Verlauf meiner Untersuchungen zeigen, daß er besonders an seinem ersten Vornamen wichtige Symbole angebracht hat.

---

41 Ludwig Prautzsch, Vor deinen Thron tret ich hiermit, Neuhausen 1980, S. 231, 232, 238.

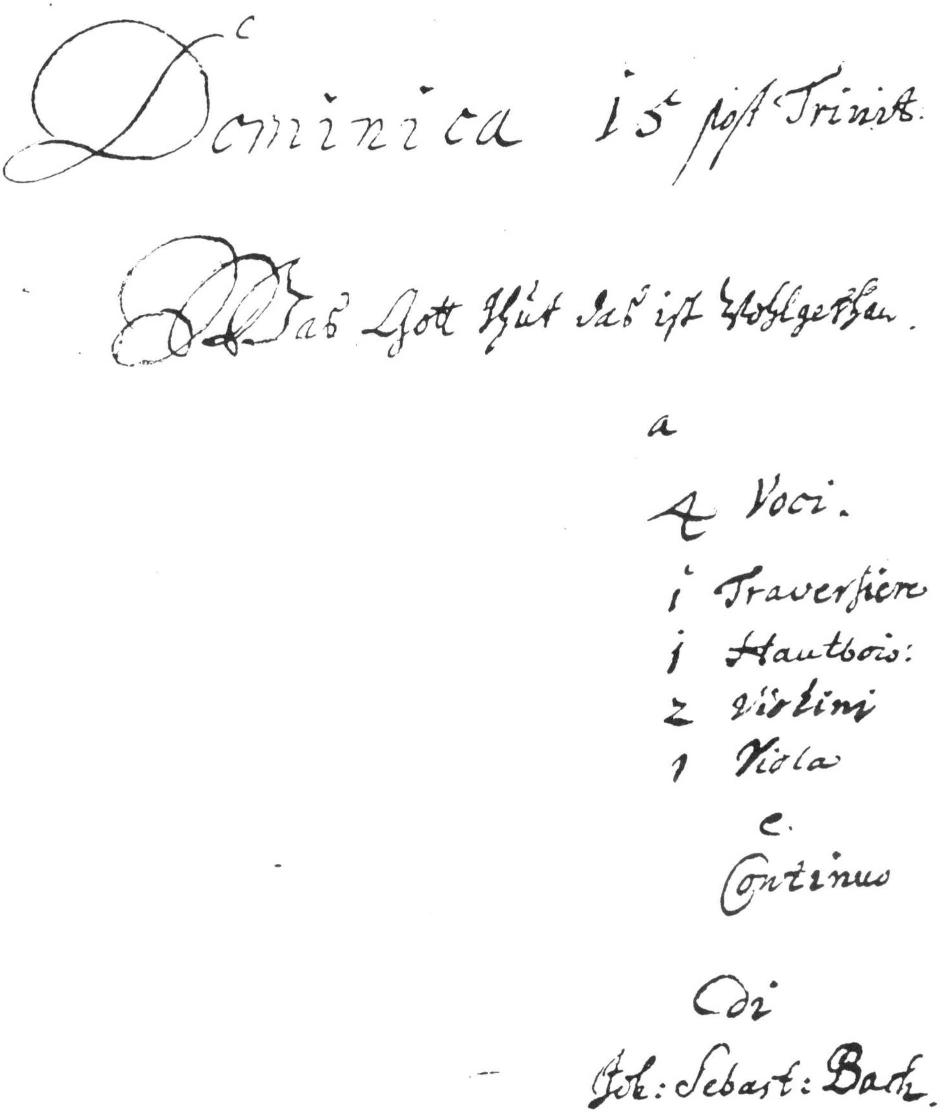

Dominica 15 post Trinit.

Was Gott thut das ist wohlgethan.

a

4 Voci.

1 Traversiere

1 Hautbois:

2 Violini

1 Viola

e.

Continuo

di

Joh: Sebast: Bach.

Titelseite der Partitur der Kantate BWV 99

BWV 99

Diese Titelseite zeigt außer einem *c* am ersten Buchstaben des Wortes *Dominica* und einer aufgerichteten Schlange über dem Wort *thut* ein besonders sorgfältig gezeichnetes *W* am Beginn des Wortes *Was*. Man sollte die Gestaltung dieses Buchstabens auf den Titelseiten der drei gleichnamigen Kantaten BWV 98, 99 und 100 vergleichen, um die auffallende Form dieses *W* zu erkennen, die ja auch auf dem sonst recht schlicht geschriebenen Titelblatt ungewöhnlich ist.

BWV 98

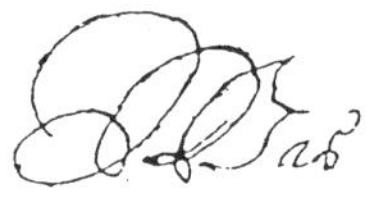

BWV 99

BWV 100

Die schwungvoll kreisenden Linien des *W* im Titel der Kantate BWV 99 kreuzen sich siebenmal, in der siebenten Kreuzung treffen sieben Linien zusammen. Darin dürfte wohl der Sinn des Zeichens zu finden sein: Die durchgehende Linie, mit der das *W* geschrieben ist, stellt unsern Lebensweg dar, auf dem uns viel Kreuz und Leid begegnet. Sieben ist vor allem die Zahl der Totalität: Alles Kreuz, das uns auf dem Weg trifft, ist hier gemeint. Davon spricht der Text der Kantate ausführlich:

BWV 99, 3 Erschüttre dich nur nicht, verzagte Seele,
wenn dir der Kreuzeskelch so bitter schmeckt.
4 Und haben alle Tage
gleich ihre eigne Plage.
5 Wenn des Kreuzes Bitterkeiten
mit des Fleisches Schwachheit streiten,
ist es dennoch wohlgetan.

Das Zeichen steht am Anfang des Satzes: „Was Gott tut". Gott hat uns auf diesen Weg gesetzt, er verheißt uns auch seine Hilfe:

BWV 99, 1 Wie er fängt meine Sachen an,
will ich ihm halten stille.
2 Sein Wort der Wahrheit stehet fest...
Ja, weil es mich den Weg zum Leben führet...
Wenn mich ein Unfall rühret,
Gott kann allein mit seinen Allmachtshänden
mein Unglück wenden.

Daß dieser Weg zum Leben führt, bewirkt Christus. Er ist diesen Weg zuerst gegangen. Dafür setzt Bach noch andere Zeichen: Das kleine *c* am Wort *Dominica*, – das heißt: zum Herrn gehörig – steht für Christus, und die erhöhte Schlange über dem Wort *thut* ist Sinnbild für seine Tat, den Kreuzestod. Ein kleines *c* hat Bach offenbar auch im ersten Buchstaben seines Namens angebracht: Sein Wort führt mich, und das ist Christus, das Wort, das Fleisch wurde und unter uns wohnte (Joh. 1, 14).

BWV 100

Der autographe Teil dieser Titelseite (s. S. 198) enthält, soviel ich sehe, nur ein symbolisches Zeichen, die Linie, die die Zahl 4 mit dem Wort *Voci.* verbindet in der Gestalt einer aufgerichteten Schlange.

Wichtig ist der Punkt hinter dem Wort *Voci.*, er erlaubt als Abkürzungspunkt die Ergänzung zum lateinischen *Vocibus*. Diese Bezeichnung ist Symbol für die Menschen, die durch Christus in den Himmel gelangen. So kann das sehr seltene Zeichen verstanden werden als Weg, der von der Erde – durch die Zahl 4 symbolisiert – zur Erlösung führt, und dieser Weg ist kein anderer als das Kreuz Christi, den das Schlangenzeichen versinnbildlicht.

Die Zahl 4 kann dann auch gedeutet werden als die Zahl der vier Tiere, die mit den 24 Ältesten um den Thron Gottes versammelt sind (Offb. 4, 6). Nach der Erläuterung des Johann Olearius sind darunter alle zu verstehen, die von Christus erkauft sind[42]. In den Liedstrophen dieser Kantate sind eine Reihe von Gedanken enthalten, die auf die ewige Erlösung hinweisen, nur eine sei genannt:

BWV 100, 5 Weil doch zuletzt
ich werd ergötzt
mit süßem Trost im Herzen;
da weichen alle Schmerzen.

42 Johann Olearius, Biblische Erklärung, Leipzig 1678, S. 1925.

Titelseite des Stimmumschlags der Kantate BWV 162

BWV 162

Die Kantate zum Gleichnis vom königlichen Hochzeitsmahl (Matth. 22, 1–14) enthält auf der Titelseite dasselbe Zeichen, das wir eben in der Kantate BWV 100 kennen lernten, die aufgerichtete Schlange als Verbindung zwischen *4* und *Voci*. Dazu kommt eine zweite erhöhte Schlange über dem Wort *zur*. Diesen Symbolen des Heils und der ewigen Seligkeit steht aber das Sinnbild einer großen kriechenden Schlange gegenüber als Abkürzungszeichen des Wortes *Doĩca*, ausgeschrieben *Dominica*. In drei gegensätzlichen Sinnbildern ist die Aussage der Kantate zusammengefaßt, wie das auch die einleitende Arie gleichsam als Überblick tut:

BWV 169, 1 Ach! ich sehe,
itzt, da ich zur Hochzeit gehe,
Wohl und Wehe,
Seelengift und Lebensbrot,
Himmel, Hölle, Leben, Tod,
Himmelsglanz und Höllenflammen
sind beisammen.
Jesu, hilf, daß ich bestehe!

Das Wort *Doĩca* mit seinem Abkürzungszeichen bedarf genauer Deutung. Die Schlange verkürzt den Bereich des Dominus, des Herrn. Das muß hier bezogen werden auf das königliche Mahl. Der Teufel lauert denen auf, die die Einladung mißachten oder nicht im hochzeitlichen Gewand erscheinen. Für sie wird das Mahl zum Verderben, sie werden umgebracht oder in die Finsternis geworfen.

Doch die Schlange wird durchkreuzt von einem kleinen Bogen. Ich möchte ihn deuten als ein umgekehrtes *c* als Symbol für Christus, der sich selbst in die Gewalt des Todes und des Satans begeben hat. Nur durch seine Heilstat können die Menschen das rechte Hochzeitskleid bekommen.

BWV 162, 4 Ach! schenke mir des Glaubens Hochzeitskleid;
laß dein Verdienst zu meinem Schmucke dienen!...
Ach! laß dein Blut, den hohen Purpur, decken
den alten Adamsrock und seine Lasterflecken!

Wie das *c* die Schlange durchkreuzt, so durchschneidet Christus die Bande des Teufels.

Für das Blut Jesu setzt Bach in der Mitte der Titelseite einen Tintenfleck als Symbol des Blutstropfens und einen zweiten in das *B* seines Namens. Dieser Fleck läuft in einem breiten Band am Kopf des Buchstabens aus: So deckt das Blut Jesu Bach in seinem alten Adamsrock!

Für diesen fleckigen Rock aber ist die ganze, von Flecken übersäte Titelseite ein Bild, wie es eindrucksvoller nicht sein kann!

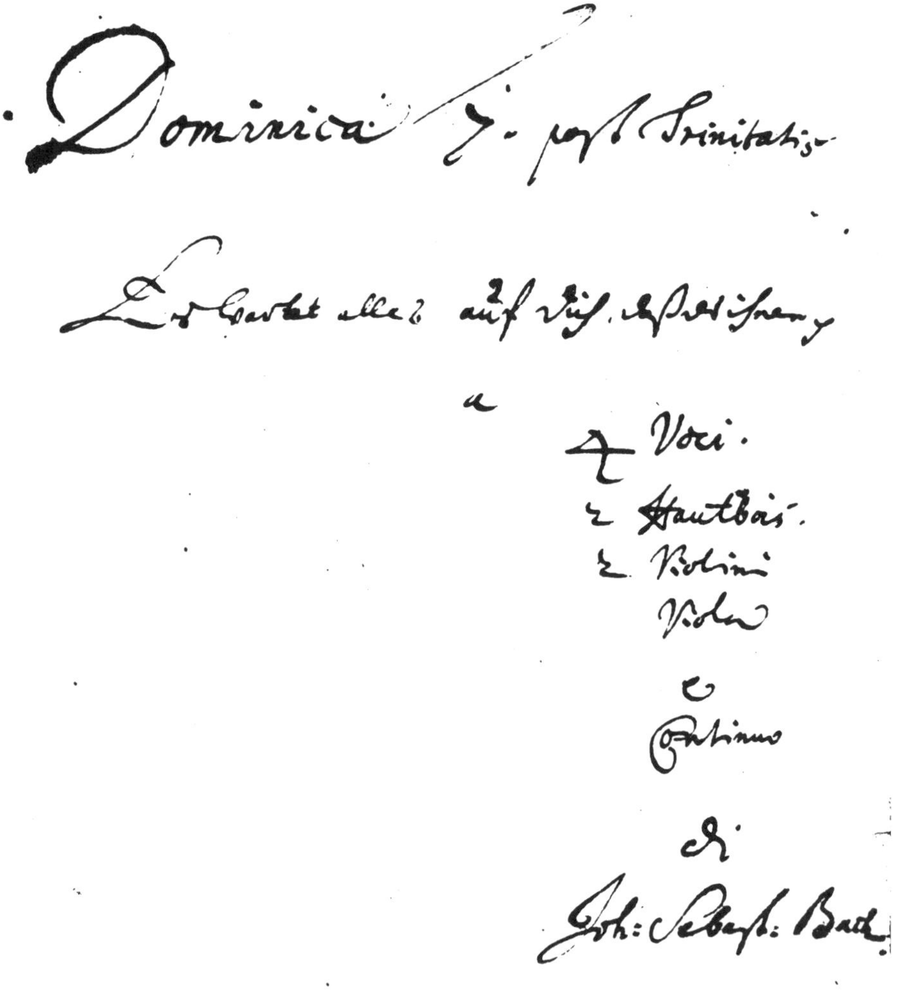
Dominica 7. post Trinitatis.

Es wartet alles auf dich.

a 4 Voci.
2 Hautbois.
2 Violini
Viola
e
Continuo
di
Joh: Sebast: Bach.

Titelseite der Partitur der Kantate BWV 187

BWV 187

Die Gedanken dieser Kantate bewegen sich um Gott als Schöpfer, der seine Geschöpfe versorgt und erhält. Daß Bach auf dieses Titelblatt das Zeichen der kriechenden Schlange über die Zahl *7* setzt, muß als Hinweis gesehen werden, daß der Teufel seine Hand im Spiel hat und die ganze Welt (7 als Zahl der Totalität) beherrscht. Wir werden gewarnt vor heidnischem Sorgen:

BWV 187, 4 Darum sollt ihr nicht sorgen noch sagen: Was werden wir essen,
was werden wir trinken, womit werden wir uns kleiden?
Nach solchem allen trachten die Heiden.

Den u-Bogen über dem Wort *auf* hat Bach wie eine *2* geschrieben als Symbolzahl des Gottessohnes: Wenn wir uns an Gott wenden, geschieht es im Namen Jesu:

BWV 187, 7 Seinen Namen machen groß
in Christo ohn Unterlaß:
So singen wir recht das Gratias.

Der Schnörkel im *E* des Wortes *Es* ist wohl auch als Hinweis auf Christus, als kleines *c* zu deuten. Vielleicht will Bach mit dem doppelten Symbol Christi den Worten des Schlußchorals einen tieferen Sinn geben:

BWV 187, 7 Aus der Erden Wein und Brot
schaffet Gott und gibt's uns satt,
daß der Mensch sein Leben hat.

Es ist sicher kein Zufall, daß der Dichter als Gaben zum Leben die Elemente des Abendmahls nennt, die für den Gläubigen den Heiland bedeuten, der das ewige Leben schenkt.

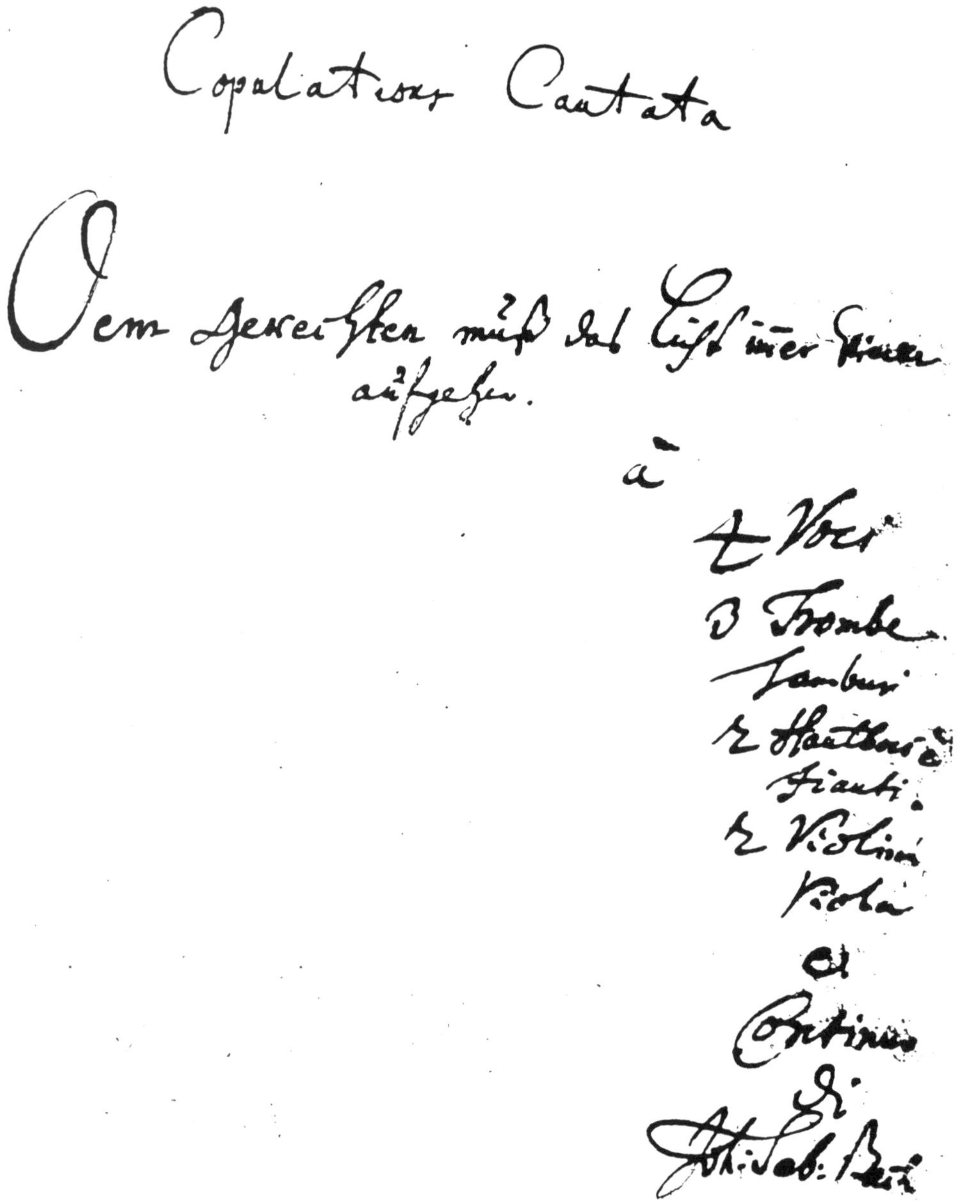
Copulations Cantata

Dem Gerechten muß das Licht immer wieder aufgehen.

à

4 Voci
3 Trombe
Tamburi
2 Hautbois e
Fiauti
2 Violini
Viola
e
Continuo
di
Joh: Seb: Bach

Titelseite des Stimmumschlags der Kantate BWV 195

BWV 195

In einem großen Bogen zeichnet Bach das *D*, den ersten Buchstaben des Titelsatzes, als Abbild der elliptischen Bahn der Sonne, wie wir sie auf Erden wahrnehmen. Ihr tägliches Aufgehen ist Gleichnis für den immer neuen Segen, den Gott dem verlobten Paar schenkt:

BWV 195, 1 Dem Gerechten muß das Licht immer wieder aufgehen und Freude
den frommen Herzen.

Die Bahn der Sonne ist wohl auch Sinnbild für den Verlauf der Ehe:

BWV 195, 5 Der Anfang rührt von deinen Händen,
durch Allmacht kannst du es vollenden
und deinen Segen kräftig weisen.

Der u-Bogen über dem Wort *muß* erinnert daran, daß unsere Gerechtigkeit von der Heilstat Christi herrührt, die durch die aufgerichtete Schlange symbolisiert wird; sie ist dem jungen Paar nicht etwa angeboren. Der Kantatentext läßt nämlich den falschen Schluß zu, daß der Segen Gottes kommen *muß,* weil das Brautpaar gerecht und tugendsam ist:

BWV 195, 2 Auch diesem neuen Paar,
an dem man so Gerechtigkeit
als Tugend ehrt,
ist heut ein Freudenlicht bereit.

Daß dieser u-Bogen ebenso wie der zweite über dem Wort *aufgehen* noch eine andere, tiefere Bedeutung hat, kann erst in Verbindung mit der Zahlensymbolik erläutert werden (s. S. 144).

In seinem Namenszug gibt Bach mit einem *c*-Zeichen, schwungvoll beide Vornamen verbindend, ein Zeugnis persönlicher Glaubenserfahrung: Christus ist auch das Freudenlicht seines Lebens.

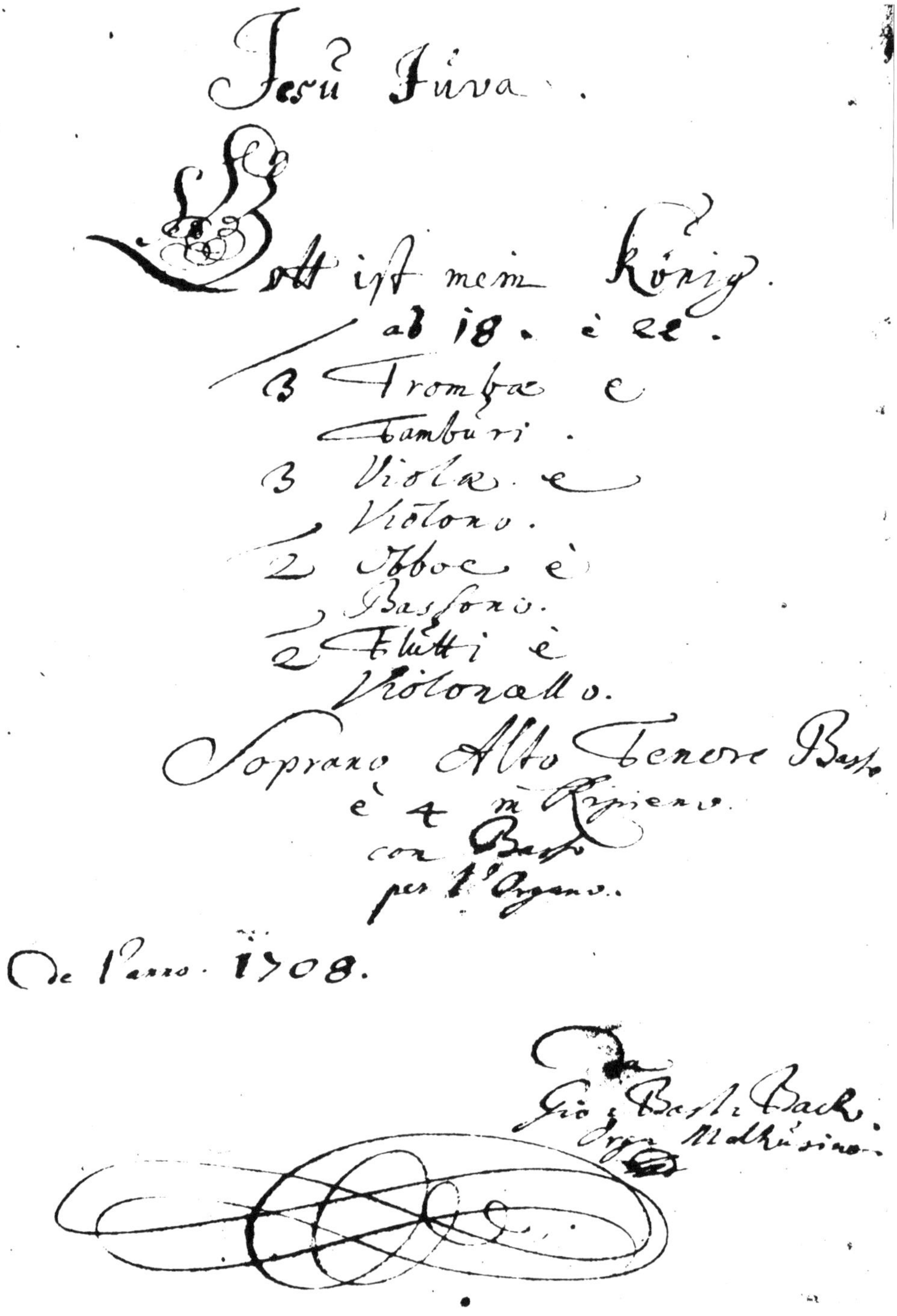

Jesu Juva.

Gott ist mein König.

à 18. è 22.

3 Trombæ e Tamburi.

3 Violæ e Violono.

2 Hboe è Bassono.

2 Flutti è Violoncello.

Soprano Alto Tenore Basso è 4 in Ripieno. con Basso per l'Organo.

De l'anno 1708.

da Gio: Bast: Bach. Org. Molhusino.

Titelseite der Partitur der Kantate BWV 71

BWV 71

Bereits das erste Titelblatt von der Hand Bachs, das uns im Kantatenwerk überliefert ist, enthält eine stattliche Reihe symbolischer Zeichen.

Den u-Bogen in Gestalt der aufgerichteten Schlange finden wir über jedem *u.* Die meisten davon berührten Worte beziehen sich unmittelbar oder als Symbol auf Jesus: *Jesu juva, Tamburi, Flutti*; dazu kommt das Wort *König,* das im ersten und vielleicht auch im letzten Buchstaben ein Schlangenzeichen trägt. Das sind alles Symbole für die Hilfe Gottes, die in den ersten beiden Sätzen genannt wird:

BWV 71, 1 Gott ist mein König von altersher, der alle Hilfe tut, so auf Erden geschicht.
2 So gib Geduld, für Sünd
und Schanden mich bewahr!

Daß auch das Wort *Molhusino* mit einem Schlangenzeichen bedacht ist, dürfte beabsichtigt sein; denn Segen und Heil werden ja in dieser Ratswechselkantate gerade für die Stadt Mühlhausen und ihr Regiment erbeten. Durch den Einsatz und die Bezeichnung der Oboen und Flöten deutet Bach an, daß er darunter das Heil in Jesus Christus versteht (s. S. 26, 34).

Über drei Zahlen erscheint auch das Zeichen der kriechenden Schlange, das Symbol des Teufels. In der Kantate wird an mehreren Stellen ausgesprochen, daß die Hilfe Gottes gegen die Macht des Bösen nötig ist, außer in dem schon genannten Zitat aus dem Choral Nr. 2 in folgenden Sätzen:

BWV 71, 5 Wenn Mord und Kriegessturm
sich allerort erhebt...,
hast du das Heil geschafft.
6 Du wollest dem Feinde nicht geben die Seele deiner Turteltauben.

Wie bewußt Bach bei der Verwendung dieses Zeichens verfährt, sieht man daran, daß die Streichinstrumente frei davon sind; dagegen haben Flöten und Oboen als Symbole für den Menschen Jesus, der den Kampf gegen den Satan durchführt, das Zeichen der Schlange über ihrer Zahl. Die Trompeten aber, Symbole für die Königsmacht Christi, tragen auf ihrer Zahl das Zeichen in Gestalt eines flachen Striches: Die Macht des Satans ist überwunden. Auf dem letzten Titelblatt Bachs zum vierten Teil der h-Moll-Messe sahen wir das gleiche Zeichen in dieser Bedeutung (s. S. 16).

Symbolische Bedeutung haben wohl auch die großen Schmuckornamente am unteren Rand und im ersten Buchstaben des Titels. Ähnlich verschlungene Linien lernten wir auf der Titelseite der Kantate BWV 99 kennen (s. S. 60). Auch hier sollen wohl die sich kreuzenden Linien Sinnbild sein für Kreuz und Not, die im Leben der Menschen und der Stadt zu erwarten sind, wie es im Choral erwähnt wird:

BWV 71, 2 Soll ich auf dieser Welt mein Leben höher bringen,
durch manchen sauren Tritt
hindurch ins Alter dringen...

Schließlich können wir im kunstvoll gezeichneten *G* auch die Initialen Bachs wiederfinden, zu lesen als *J S B.* Auf diesem Titelblatt hat Bach seinen Namen zwar italienisch geschrieben, im Titel der gedruckten Ausgabe der Kantate erscheint er jedoch deutsch (s. S. 191). Bachs Monogramm im Namen Gottes, das ist ein Symbol dafür, daß Gott als Mensch ihm persönlich zur Seite steht, er ist für Bach „mein König“!

Titelseite der Partitur der Kantate BWV 61

BWV 61

Dreimal erscheint auf dieser Titelseite das Zeichen *X*, der griechische Anfangsbuchstabe des Namens Christus, der durch seine Form zugleich auf das Kreuz hinweist: als Teil des Wortes *Xsti,* im Buchstaben *k* des Wortes *komm* und schließlich im *J* des Vornamens *Joh.* Daß wir an allen drei Stellen mit einem symbolischen Zeichen rechnen müssen, ergibt sich daraus, daß Bach die gleichen Worte und Buchstaben auf anderen Titelseiten auch anders gestaltet.

Hier sind diese Zeichen ein Sinnbild für die Bitte der Kantate, daß Christus auch zu Johann Sebastian Bach kommen möge:

BWV 61, 5 Öffne dich, mein ganzes Herze,
Jesus kömmt und ziehet ein,...
daß ich seine Wohnung werde.
O wie selig werd ich sein!
6 Komm, du schöne Freudenkrone,
bleib nicht lange!
Deiner wart ich mit Verlangen.

Vielleicht sind die großen oder kleinen Kreise, die die Anfangsbuchstaben der Worte *Dominica, Nun, due* und *da* beschreiben, Sinnbilder der Welt, die im Eingangschor genannt wird:

BWV 61, 1 Daß sich wunder alle Welt,
Gott solch Geburt ihm bestellt.

Ein fünfter Kreis kommt nicht zur vollen Abrundung, und zwar bei der Bezeichnung *due Viole.* Die Viola aber ist das Symbol des leidenden Gottessohnes, wie es besonders eindrucksvoll in der im gleichen Jahr 1714 komponierten Kantate „Mein Herze schwimmt im Blut" (BWV 199) zu erkennen ist[43]. Das Leiden Jesu kann die Welt nicht begreifen, darüber gerät sie gleichsam aus der Fassung – das könnte die Bedeutung des unterbrochenen Kreises sein.

43 Ludwig Prautzsch, Die verborgene Symbolsprache Johann Sebastian Bachs, Bd. 2.

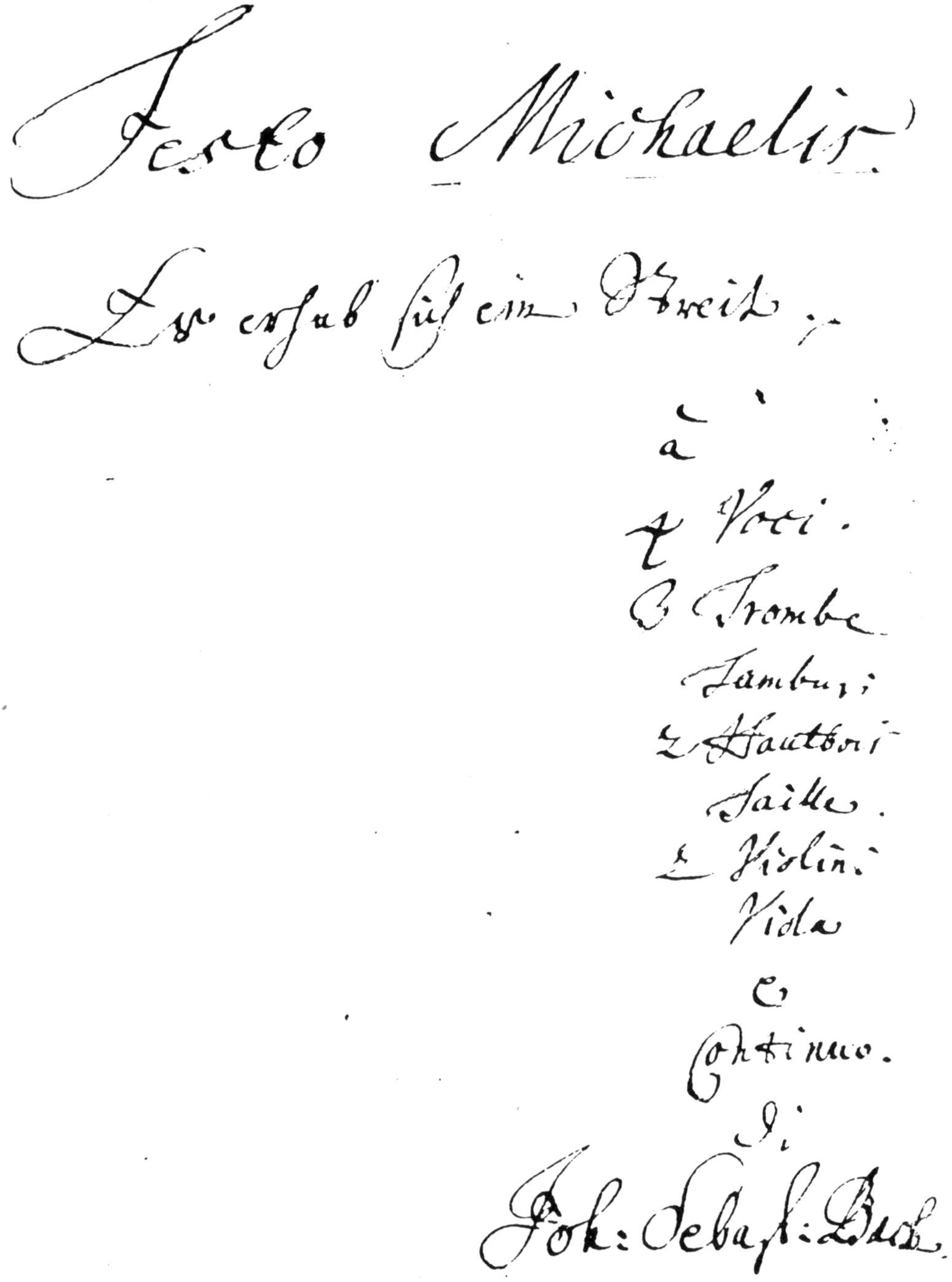

Festo Michaelis

Es erhub sich ein Streit

à

4 Voci.
3 Trombe
Tamburi
2 Hautbois
Taille.
2 Violini
Viola
e
Continuo.
di
Joh: Sebast: Bach.

Titelseite der Partitur der Kantate BWV 19

BWV 19

Der Kreis als Bild der Erde oder Welt erscheint auch auf anderen Titelseiten. Hier, zur Kantate vom Kampf Michaels gegen den Satan, hat Bach das *s* im Wort *Es* liegend gezeichnet als Zeichen der kriechenden Schlange und darunter einen kleinen Kreis gesetzt: Der Teufel ist der Fürst dieser Welt. Das große *S* seines Vornamens *Sebast.* beginnt mit einem wohlgerundeten Kreis und schwingt sich dann empor, so daß man an das Zeichen der aufgerichteten Schlange denken kann. Diese Gestalt hat das *S* nur auf diesem Titelblatt; es ist ein Sinnbild für den Gedanken, daß Bach aus der Erde auferstehen darf zum ewigen Leben:

BWV 19, 6 Laßt uns das Angesicht
der frommen Engel lieben...
So sein sie, wenn der Herr gebeut,
der Welt Valet zu sagen,
zu unsrer Seligkeit,
auch unser Himmelswagen.
7 Bis der Leib kommt aus der Erde.

Das Satanszeichen unterdrückt die Welt, die erhöhte Schlange als Symbol des Gekreuzigten befreit sie und führt zur Seligkeit.

Wir sahen bereits auf der Titelseite der Kantate „Barmherziges Herze der ewigen Liebe" (BWV 185, s. S. 50), daß Bach den Anfangsbuchstaben seiner beiden Vornamen unterschiedliche, ja gegensätzliche Symbole zuweist. Mit dem *J* hat er Zeichen des Heils, mit dem *S* solche der menschlichen Schwachheit und Sünde verbunden. Diese Titelseite läßt die Annahme zu, daß Bach seinen Vornamen *Sebastian* offenbar als Symbol seines Leibes verstanden hat; sein Vorname *Johann* muß dann als Symbol seiner Seele gelten. Die Beziehungen beider Namen mag hierbei von Bedeutung gewesen sein: Johann ist der biblische Name und erinnert an den Täufer und den Jünger, den Jesus lieb hatte (Joh. 19, 26), Sebastian war ein Märtyrer, dessen Leib von den Pfeilen der Feinde zerfleischt wurde. Wir werden später sehen, daß sich diese Deutung der Vornamen auch zahlensymbolisch weiterführen läßt (s. S. 170).

Leib und Seele werden in dieser Kantate zweimal erwähnt, zunächst gemeinsam im ersten Rezitativ:

BWV 19, 2 So wird doch unser Leib und Seel mit Engeln zugedecket.

Im Schlußchoral werden sie gesondert behandelt:

BWV 19, 7 Laß dein Engel mit mir fahren
und mein Seele wohl bewahren...
laß sie ruhn in deinem Schoß.
Erfüll sie mit Freud und Trost,
bis der Leib kommt aus der Erde
und mit ihr vereinigt werde.

Als Sinnbild des Schutzes im Schoß Gottes kann darum das Zeichen am *J* des Namen *Joh.* gedeutet werden: das kleine *c*, das sich wie zu einem umhüllenden Kreis schließt.

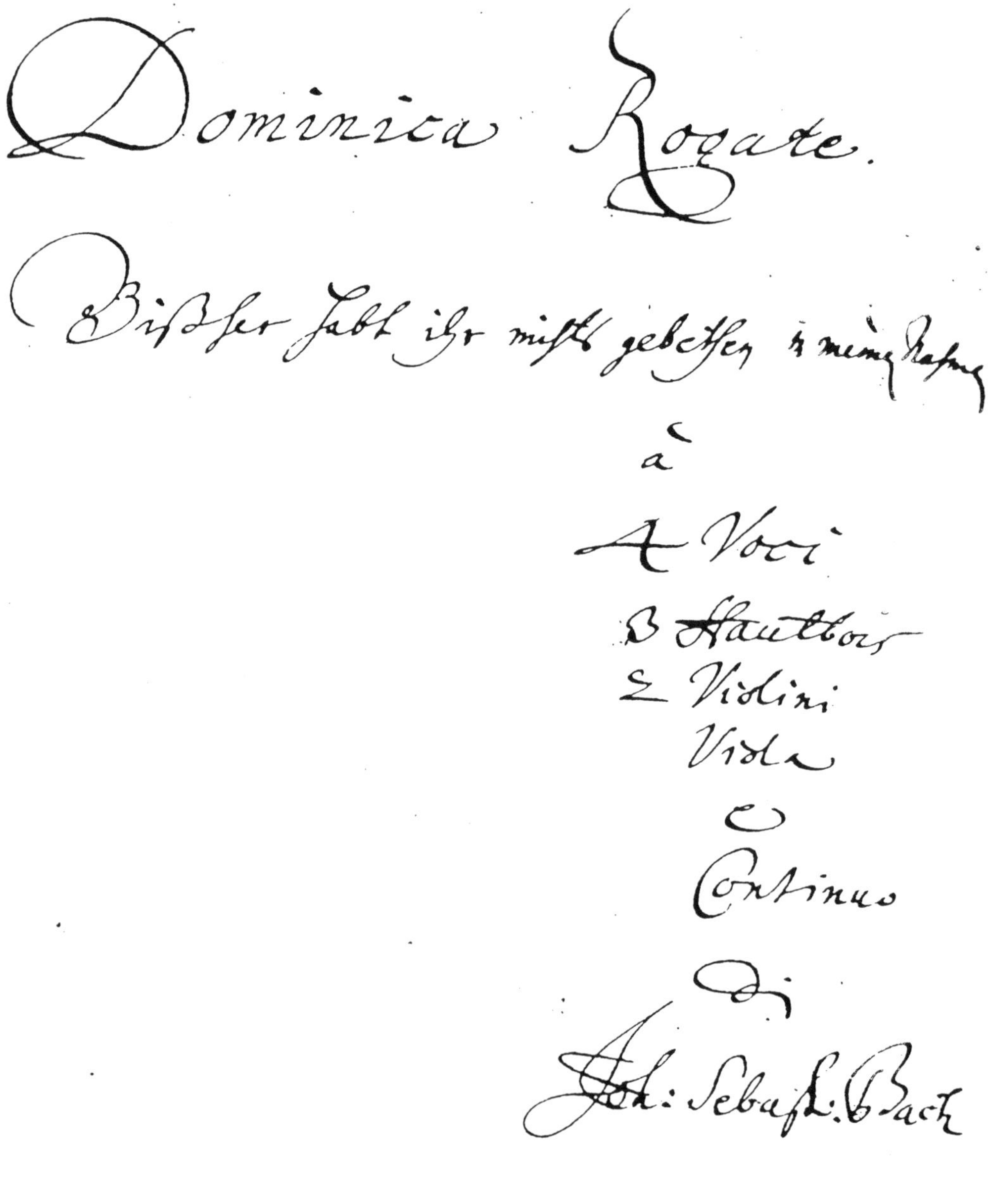
Dominica Rogate.

Bißher habt ihr nichts gebethen in meinem Nahmen:

à

4 Voci

3 Hautbois

2 Violini

Viola

e

Continuo

di

Joh: Sebast: Bach

Titelseite der Partitur der Kantate BWV 87

BWV 87

Auf dieser Titelseite fallen sofort die in besonderer Weise gestalteten Buchstaben *B* im Wort *Bißher* und *g* in *Rogate* in die Augen, bei beiden zeigt sich die Rundung zum Kreis oder zur Ellipse. *Bißher* bezeichnet die Zeit vor dem Erscheinen Christi; der Kreis am Beginn des Wortes bleibt unvollendet als Symbol für die Unvollkommenheit der Welt. Der kleine Schnörkel im *B* ist sicher auch von Bedeutung, vielleicht soll er auf die Schlange als Urheberin alles Bösen hinweisen.

Das *g* in *Rogate* müssen wir genau betrachten. Bach schreibt es sonst anders; hier aber hat er auf die Ellipse ein kleines *c* gesetzt, außerdem kreuzt der abwärtsführende Strich des großen *R* die Ellipse und bildet damit zwei *X*-Zeichen. Bekrönt wird das *R* durch ein Symbol der erhöhten Schlange, das durch starken Federstrich hervorgehoben wird und sich dann im abwärtsführenden Arm fortsetzt.

Das sind alles Symbole für das Heilswirken Christi. Betrachtet man die Ellipse als Sinnbild der Erde, die ja eine elliptische Bahn um die Sonne zieht, so zeigt das kleine *c* auf Christus als ihren Herrn, wie es der Baß als Stimme Christi singt:

BWV 87, 5 In der Welt habt ihr Angst, aber seid getrost, ich habe die Welt überwunden.

Christus hat den Sieg über die Welt durch seine Erniedrigung bis zum Tod am Kreuz vollbracht, das symbolisieren die Zeichen, die erhöhte Schlange, die *X*-Zeichen als Symbole für Kreuz und Namen Christi und die Abkürzungen der Worte *meinem Nahmen,* die nach unten führen.

In Namensangabe des Komponisten wiederholen sich die Zeichen in ähnlicher Gestalt. Das Wort *di* bildet eine Ellipse, im Vornamen *Joh:* erscheint ein *c*, im zweiten Vornamen *Sebast:* läßt Bach – was er selten tut – das *st* zum *X*-Zeichen werden, und schließlich sieht man unten im *B* von *Bach* einen kleinen Kreis: Wenn sich Bach auf den Namen Christi beruft, dann wird ihm die Not der Welt gering, Christus hat sie überwunden, wie es der Schlußchoral sagt:

BWV 87, 7 Muß ich sein betrübet?
So mich Jesus liebet,
ist mir aller Schmerz
über Honig süße...
Wenn die Pein
sich stellet ein,
seine Liebe macht zur Freuden
auch das bittre Leiden.

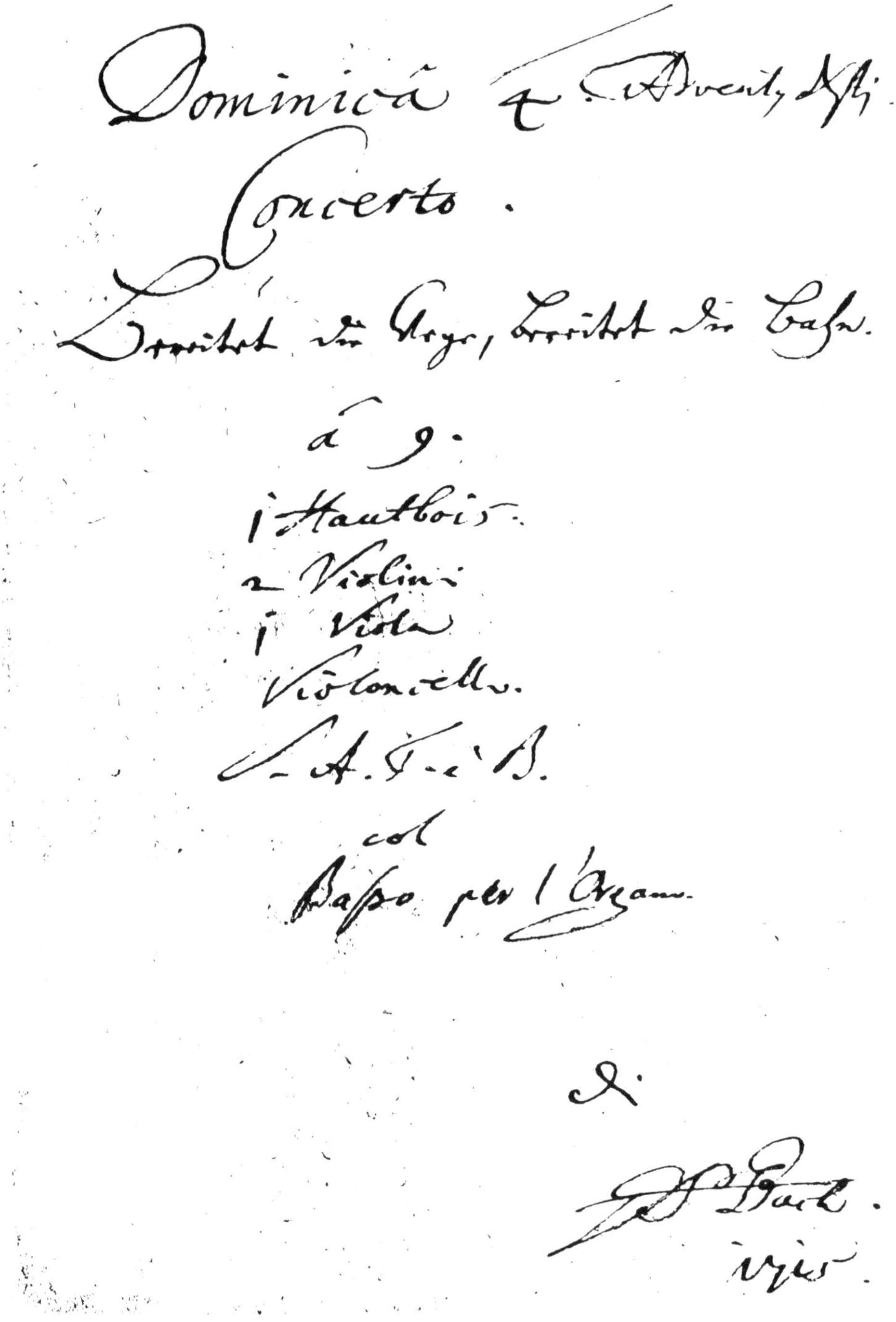

Titelseite der Partitur der Kantate BWV 132

BWV 132

Die Kantate über die Bußpredigt Johannes des Täufers ruft dazu auf, dem kommenden Heiland die Wege zu ebnen und alle Sünden auszuräumen. Symbol dafür sind die beiden geraden Striche auf der Titelseite. Über der Zahl *4* ist der Strich Sinnbild für die gebrochene Macht des Teufels; er gleicht dem Zeichen auf dem vierten Titelblatt der h-Moll-Messe (s. S. 13, 16). Der zweite gerade Strich geht mitten durch den Namen Bachs und bezeichnet den ebenen Weg, der im Herzen Bachs bereitet werden soll:

BWV 132, 2 Indes, mein Herz, bereite
noch heute
dem Herrn die Glaubensbahn
und räume weg die Hügel und die Höhen,
die ihm entgegen stehen!
Wälz ab die schweren Sündensteine!

BWV 39

Auf der Titelseite der Kantate „Brich dem Hungrigen dein Brot“ hat Bach den Bogen in Gestalt eines *C*, den er oft seinem Vornamen *Johann* beigegeben hat, abgewandelt zu einem Zeichen des Wachsens. In der Musik war dieses zwar noch nicht als Crescendo-Angabe üblich, wohl aber in der Mathematik als Symbol für das Zunehmen.

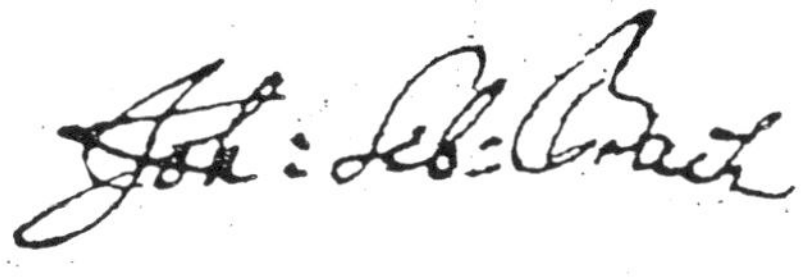

Bach setzt damit ein Sinnbild, das die zunehmende Heiligung bezeichnet, die denen verheißen wird, die tätige Nächstenliebe üben:

BWV 39, 1 Brich dem Hungrigen dein Brot..., alsdann wird dein Licht hervorbrechen
wie die Morgenröte und deine Besserung wird schnell wachsen.

BWV 102

Die Kantate „Herr, deine Augen sehen nach dem Glauben“ besitzt auf der Titelseite ihrer Partitur ein ähnliches Zeichen wie die Kantate BWV 39:

Hier fehlt allerdings die Spitze. Da man dieses Zeichen wegen der schmalen Kurve, die es beschreibt, auch nicht als c lesen kann, soll es wohl ein Sinnbild des Umkehrens sein und entspricht dem Anliegen des Kantatentextes:

BWV 102, 6 Es ist ein Augenblick,
der Zeit und Ewigkeit,
der Leib und Seele scheidet.
Verblendter Sinn, ach kehre doch zurück!
7 Heut lebst du, heut bekehre dich!

BWV 183

Auf das Titelblatt der Kantate „Sie werden euch in den Bann tun“ setzt Bach zweimal das Zeichen einer Schlinge, im *S* des Wortes *Sie* und im *h* des Wortes *euch* als Symbol für die bösen Absichten der Feinde, die die Jünger fesseln wollen:

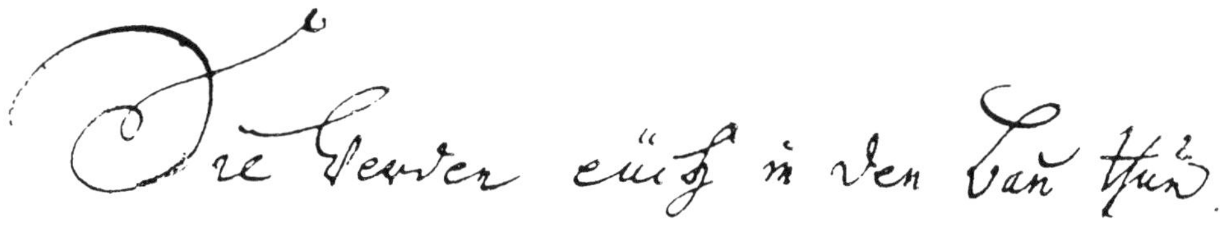

Der Verdopplungsstrich über dem *n* in dem Wort *Ban* ist zu einem Bogen geworden, der wohl als Bild der Krippe oder der Hölle gedeutet werden kann: Was Christus seinen Jüngern ankündigt, hat er selbst erlitten, Erniedrigung und Gebundenheit, Verbannung nach Ägypten und in die Hölle.

BWV 36

Im Titel der Kantate zum ersten Adventssonntag hat Bach dem *A* im Wort *Adventus* eine besondere Form gegeben:

Mitten im Buchstaben erscheint ein *c,* verbunden mit einer Schlinge. Es kann als Symbol für Christus gedeutet werden, dessen Kommen zu uns ihn in die Gebundenheit führt, um uns daraus zu befreien:

BWV 36, 6 Der du bist dem Vater gleich,
führ hinaus den Sieg im Fleisch,
daß dein ewig Gotts Gewalt
in uns das krank Fleisch enthalt.

Das Zeichen ist Teil des Buchstabens *A,* der durch seine Alphabetzahl 1 auf Gott den Vater hinweist: Christus ist dem Vater gleich. Am Ende führt das Zeichen hinein in ein *L* und ähnelt darin auffallend dem großen *G* auf der Titelseite der Himmelfahrtskantate „Gott fähret auf mit Jauchzen“ (BWV 43, s. S. 52). Der Sieg des Heilands, um den die Adventskantate bittet, ist mit der Himmelfahrt Christi errungen und „hinausgeführt“.

Meine Deutung des großen *L* auf der Titelseite der Himmelfahrtskantate als Symbol für den Begriff *Liberator,* Befreier der Seelen, findet hier im gleichen Zeichen eine Bestätigung. Wie die Sinnbilder verwandt sind, so findet sich auch in der Adventskantate der Gedanke, der an Himmelfahrt wiederkehrt, daß Christus die Seele zu sich holen wird:

BWV 36, 3 Die Liebe zieht mit sanften Schritten
sein Treugeliebtes allgemach.
Gleichwie es eine Braut entzücket,
wenn sie den Bräutigam erblicket,
so folgt ein Herz auch Jesu nach.

BWV 62

Die gleiche Form des Buchstabens *A*, wie wir sie eben kennen lernten, läßt Bach seinen Mitarbeiter Johann Andreas Kuhnau auf das Titelblatt der Adventskantate „Nun komm, der Heiden Heiland“ (BWV 62) schreiben:

Die anderen Titelseiten für die Advenssonntage oder zum Fest *Annunciationis Christi,* Himmelfahrt, – sie stammen alle von Bach selber oder Kuhnau – zeigen eine schlichte Form des großen *A* (BWV 11, 37, 43, 61, 132).

In der Kantate BWV 62 aber finden wir die gleichen Gedanken, wie sie in den Kantaten BWV 43 und 36 durch das mit *c* und *L* verbundene große *A* symbolisch zum Ausdruck kommen:

BWV 62, 2 Der Held aus Juda bricht herein,
den Weg mit Freudigkeit zu laufen
und uns Gefallne zu erkaufen.

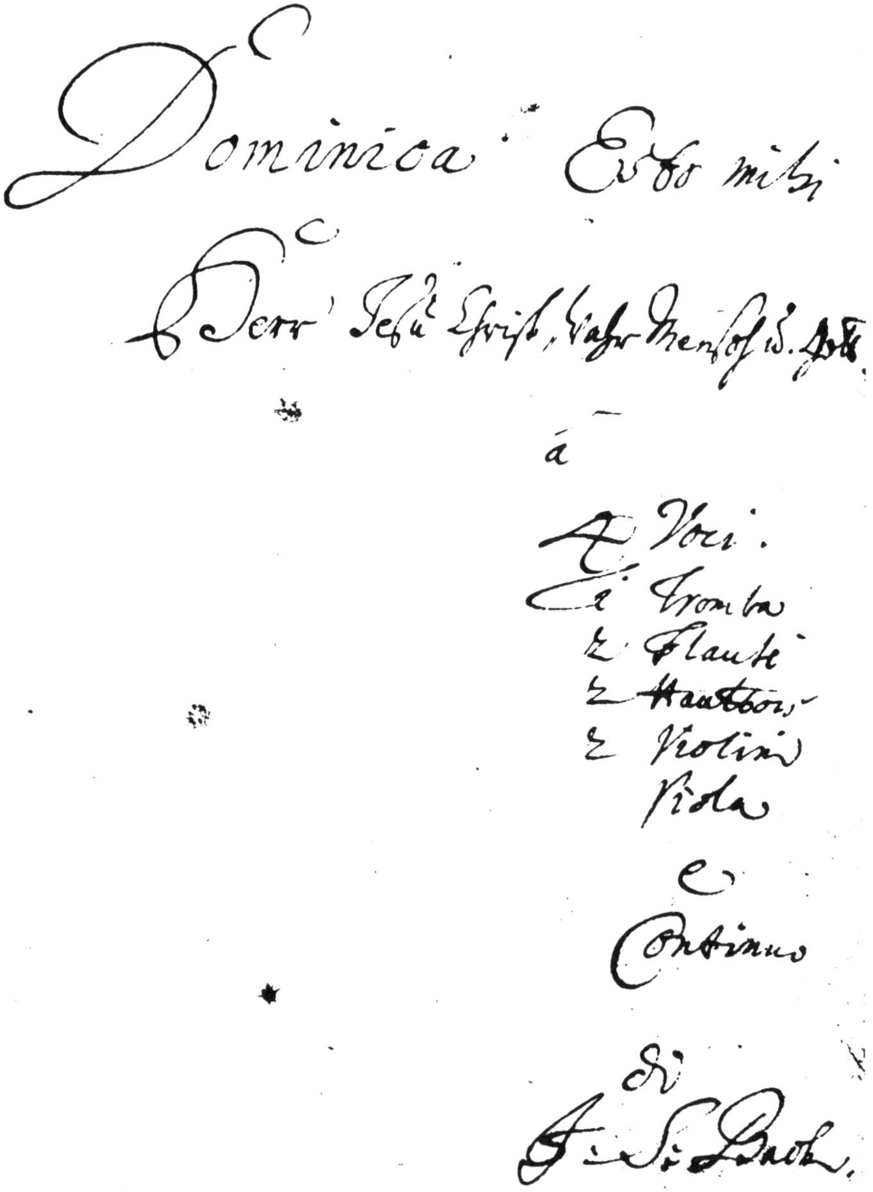
Dominica Esto mihi
Herr Jesu Christ, wahr Mensch u. Gott
á
4 Voci.
1 Tromba
2 Flauti
2 Hautbois
2 Violini
Viola
e
Continuo
di
J. S. Bach.

Titelseite der Partitur der Kantate BWV 127

BWV 127

Dem Buchstaben *J* seines ersten Vornamens hat Bach auf dieser Titelseite wieder eine besondere Gestalt gegeben, hier ist er mit dem Zeichen der erhöhten Schlange versehen, das in ein Kreuz hineinführt. Damit wird die Beziehung zum Evangelium des Sonntags Estomihi geknüpft, das mit der dritten Leidensankündigung Jesu beginnt (Luk. 18, 31ff). Leiden und Tod Jesu kommt Bach zugute; mit diesem Gedanken beginnt die Kantate:

BWV 127, 1 Herr Jesu Christ, wahr, Mensch und Gott,
der du littst Marter, Angst und Spott,
für mich am Kreuz auch endlich starbst
und mir deins Vaters Huld erwarbst...
2 Genung, daß da der Glaube weiß,
daß Jesus bei mir steht,
der mit Geduld zu seinem Leiden geht
und diesen schweren Weg auch mich geleitet.

Zwei Zeichen der kriechenden Schlange stehen über den Worten *Gott* und *1 Tromba*, den Hinweisen auf die Kraft Gottes, die in Christus wohnt; sie symbolisieren, daß er der Macht des Bösen, den Heiden – wie es im Evangelium heißt – überantwortet wird.

Demgegenüber stehen zwei Christussymbole über den Worten, die ihn als Herren kennzeichnen: *Dominica* und *Herr*. Das entspricht dem Evangelium, in dem Jesus auch seine Auferstehung ankündigt, und der Zusage des Kantatentextes:

BWV 127, 4 Ich breche mit starker und helfender Hand
des Todes gewaltig geschlossenes Band.

Für diese Aussage ist auch die auffallende Form des großen *H* im Worte *Herr* ein deutliches Sinnbild: Das „gewaltig geschlossene Band“ des Todes zeichnet Bach durch einen großen, mit zwei Schlingen versehenen Bogen, der geöffnet ist.

Dagegen ist das *B* im Namen *Bach* mit einem geschlossenen Bogen geschrieben, ein seltener Fall, und darum muß es als symbolisches Zeichen verstanden werden: Der Mensch ist von der Macht des Todes umgeben und kann ihr nicht entrinnen.

Festo S. S. Trinitatis.

Höchst erwünschtes Freudenfest.

à

4 Voci.
3 Hautbois
2 Violini
Viola
Bassono
Violoncello
Continuo

Di
J. S. Bach.

Titelseite des Stimmumschlags der Kantate BWV 194

BWV 194

Ein *H,* mit einem großen Bogen gezeichnet wie auf der Titelseite der Kantate BWV 127, erscheint auch im Titel dieser Trinitatiskantate. Das Zeichen ist verbunden mit dem Worte *Höchst,* das Bach offenbar als Hinweis auf den Allerhöchsten versteht. Hier fehlen die beiden Schlingen, die in der Kantate BWV 127 die Fesseln des Todes symbolisieren. Der offene Bogen soll auch hier ein Sinnbild dafür sein, daß Gottes Macht keine Grenzen kennt:

BWV 194, 2 Du, den kein Haus, kein Tempel faßt,
da du kein Ziel noch Grenzen hast,
laß dir dies Haus gefällig sein,
es sei dein Angesicht
ein wahrer Gnadenstuhl.

Gnadenstuhl – dieser soll wohl durch das sorgfältig und schön gezeichnete *H* als Ganzes im Sinnbild dargestellt werden: Das Zeichen der erhöhten Schlange schneidet den weiten Bogen und bildet mit ihm ein Kreuz; oben schwebt ein *c* als Symbol Christi.

Auch hier zeigt das *B* des Namens *Bach* einen geschlossenen Bogen, ein Gegenbild, das zeigen soll, daß unser menschliches Leben in enge Grenzen eingeschlossen ist. Die Kantate war ursprünglich komponiert für die Kirchweihe in Störmthal, ihre auf das Haus der neuen Kirche bezogenen Worte müssen in der Fassung für das Trinitatisfest als Allegorie verstanden werden für das Herz der Gläubigen:

BWV 194, 4 Wie könnte dir, du höchstes Angesicht...
ein Haus gefällig sein?
Es schleicht sich Eitelkeit allhie an allen Enden ein.

Doch in dem zum Namenszug Bachs gehörigen Wörtchen *di* erscheint ein Bogen, der sich zu öffnen beginnt. Damit symbolisiert Bach seine gläubige Hoffnung:

BWV 194, 6 Deine Hilfe zu mir sende,
o du edler Herzensgast!
Und das gute Werk vollende,
das du angefangen hast.
Blas in mir das Fünklein auf,
bis daß nach vollbrachtem Lauf
ich den Auserwählten gleiche
und des Glaubens Ziel erreiche.

BWV 134

Ein drittes Mal begegnet uns der geöffnete Bogen in der Kantate zum dritten Ostertag „Ein Herz, das seinen Jesum lebend weiß“ (BWV 134). Hier ist er wieder mit zwei Schlingen versehen als Zeichen für die Überwindung des Todes:

BWV 134, 3 Der letzte Feind ist Grab und Tod,
Gott macht auch den zum Ende unsrer Not.

In demselben Wort hat Bach noch ein zweites Zeichen für die Auferstehung Jesu angebracht. Wir kennen das zusätzliche *c* als Hinweis auf Christus, hier aber fehlt wie bei zwei anderen Osterkantaten (BWV 66 und 31, s. S. 84, 57) das *c* im Wort *Pashatos.* Die hebräische Bezeichnung des Osterfestes erinnert an das jüdische Passahfest. Wie die Israeliten durch das Blut des geschlachteten Lammes vom Todesengel verschont wurden (2. Mose 12), so befreit uns das Blut unseres Osterlammes Christus vom Sterben. Doch Christus ist vom Tod auferstanden, das Grab ist leer.

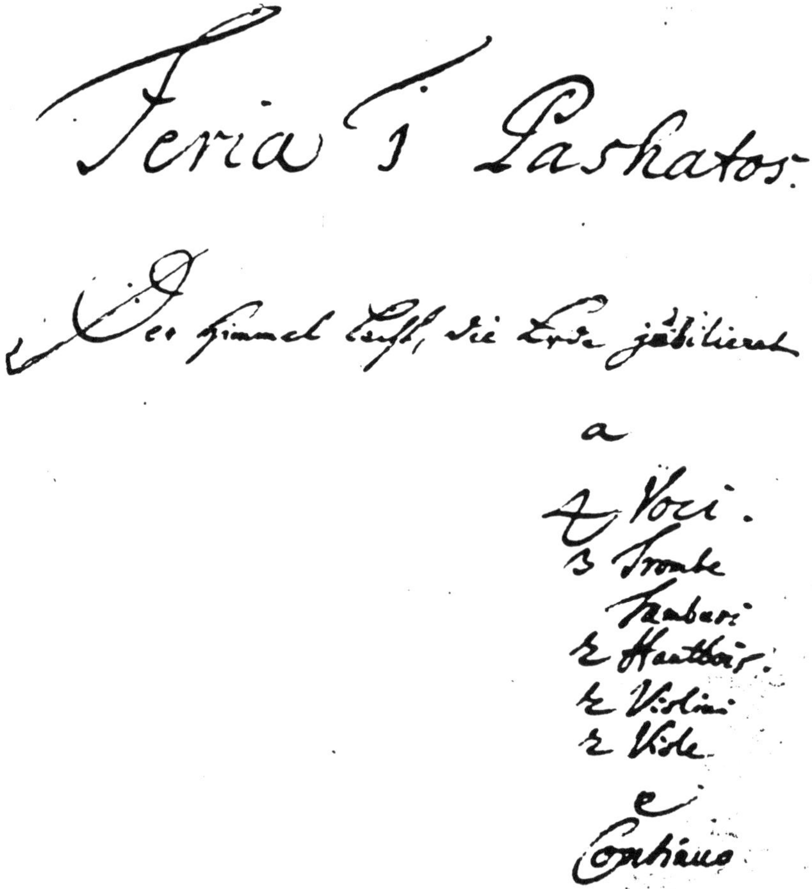

Feria 1 Paschatos.

Der Himmel lacht, die Erde jubiliret

a

4 Voci.
3 Trombe
Tamburi
2 Hautbois.
2 Violini
2 Viole

e

Continuo

di

Joh. Seb. Bach.

Titelseite des Stimmumschlags der Kantate BWV 31

BWV 31

Gegenüber der vorher behandelten Osterkantate BWV 134 ist hier der Bogen des Buchstabens *P* im Wort *Pashatos* geschlossen. Das entspricht der Darstellung des Textes, der in dieser Kantate mehrfach eingehend Leiden und Gefangenschaft Jesu behandelt:

BWV 31, 3 Den unsre schwere Schuld in Todeskerker setzte,
ist nun gerissen aus der Not...
Der Herr hat in der Hand
des Todes und der Hölle Schlüssel,
der sein Gewand
blutrot bespritzt in seinem bittern Leiden.

Der kleine Punkt inmitten des Bogens ist sicher ein Sinnbild des gefangenen Heilands.

Im folgenden Wort *Der* fällt die besondere Gestaltung des Buchstabens *D* auf: Ein gerader Strich durchquert einen Doppelpunkt. Den Doppelpunkt habe ich bereits bei der Deutung der Originalausgabe der Kunst der Fuge als Symbol des Satans erklärt[44]. Dort steht er über der 11, der Symbolzahl der Sünde. Oft setzt ihn Bach als Abkürzungszeichen in senkrechter Anordnung und gibt ihm damit auch die Bedeutung der bösen Macht, die zum Abbrechen führt als Gleichnis für das Ende des Lebens. Hier im Buchstaben *D* wird das Zeichen für Tod und Teufel durchschnitten wie von einem Strahl:

BWV 31, 3 Hebet dich des Kreuzes Leiter
auf den höchsten Ehrenthron?
Wird, was dich zuvor gebunden,
nun dein Schmuck und Edelstein?
Müssen deine Purpurwunden
deiner Klarheit Strahlen sein?

Über dem Wort *jubilieret* schwebt dann die Zahl des Gottessohnes, die aus dem u-Bogen gebildete 2, während im Wort *Pashatos* das *c* fehlt, beides Zeichen der Auferstehung Christi aus dem Grab.

BWV 31, 2 Der Höchste triumphieret
und ist von Todesbanden frei.

Im weiteren Verlauf der Kantate wird die Seele aufgefordert, vom Sündenschlaf aufzustehen und ein besseres Leben zu beginnen. Dem entspricht hier wie in der späteren Kantate „Brich dem Hungrigen dein Brot“ (BWV 39, S. 77) das Zeichen des Wachsens, das Bach am Ende seines Vornamens *Joh.* angebracht hat:

BWV 31, 5 So stehe denn, du gottergebne Seele,
mit Christo geistlich auf!
Tritt an den neuen Lebenslauf!
6 Du mußt geistlich auferstehen
und aus Sündengräbern gehen.

44 Ludwig Prautzsch, Vor deinen Thron tret ich hiermit, Neuhausen 1980, S.240.

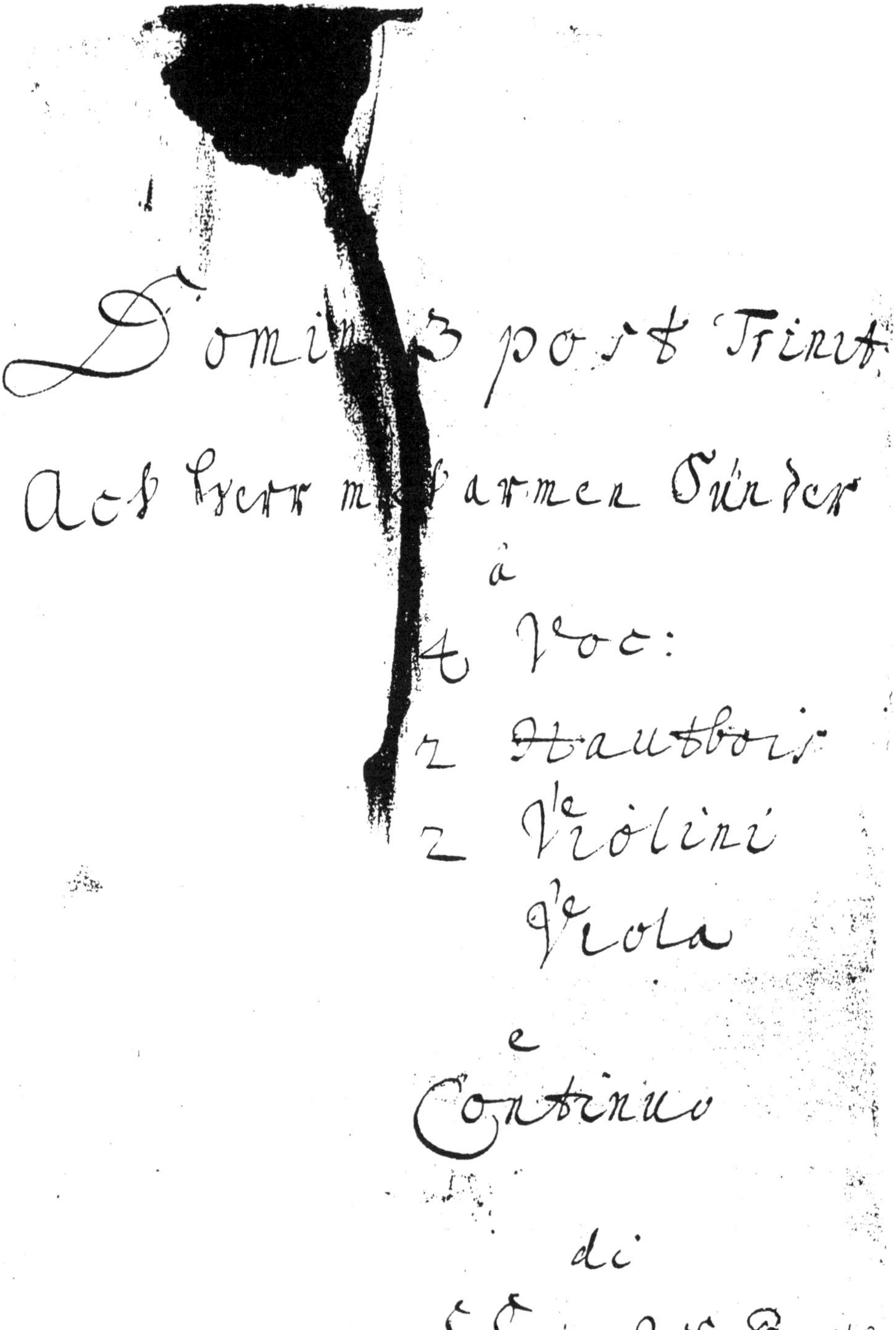

Domin: 3 post Trinit:

Ach Herr mich armen Sünder

à

4 Voc:

2 Hautbois

2 Violini

Viola

e

Continuo

di

Sign: J. S. Bach

Titelseite der Partitur der Kantate BWV 135

BWV 135

Am Ende dieses Kapitels sollen einige Titelseiten vorgestellt werden, die Bachs Schreiber angefertigt haben.

Johann Andreas Kuhnau hat das Titelblatt der Kantate „Ach Herr, mich armen Sünder" (BWV 135) geschrieben. Kennzeichnend für seine Handschrift sind einige Zeichen, die er sehr häufig anwendet; sie kommen auf jeder seiner Titelseiten mehrfach vor: das kleine *c*, hier an die Großbuchstaben *D* und *S* oben angesetzt, und ein kleiner senkrechter Strich, eingefügt in das große *V*, hier in den Worten *Violini* und *Viola*. Da er diese Zeichen aber nicht konsequent an allen möglichen Stellen einsetzt – auf diesem Titelblatt steht bei *Voc:* kein Strich – sind sie wohl absichtlich als symbolische Zeichen eingetragen.

Das kleine *c* kommt auch auf Bachs autographen Titelseiten vor, allerdings viel seltener, als Zeichen für den Namen Christus. Es liegt nahe, den kleinen senkrechten Strich auch als Anfangsbuchstaben zu deuten, entweder für *Jesus* oder für *Israel*. Alle drei Namen spielen in den Kantatentexten eine wichtige Rolle, und so konnte es Bach nur recht sein, daß sein Mitarbeiter in seiner sorgfältigen Schönschrift diese Zeichen recht oft anwendete.

Vermutlich hat Bach ihm aber Anweisungen oder gar eine Einführung in seine symbolische Zeichensprache gegeben. Es fällt nämlich auf, daß Kuhnau den kleinen Strich im Wort *Voc*: auf dem Titelblatt immer dann wegläßt, wenn die Kantate von Gedanken der Buße oder Hoffnungslosigkeit erfüllt ist (BWV 6, 114, 115, 116, sowie auf diesem Titelblatt); dagegen setzt er den Strich, wenn der Text von der Gewißheit. bestimmt ist, daß Jesus die Menschen zur Seligkeit führen wird (BWV 10, 37, 40, 64, 73, 74, 95, 121).

Diese Titelseite ist die einzige, auf der der Name Bach falsch geschrieben ist, ein Zeichen, daß Bach sich selbst als armer Sünder bekennt. Jedoch: Das falsche *c* ist durchgestrichen. Die beiden senkrechten Striche können als Sinnbild verstanden werden für die Worte der Arie:

BWV 135, 5 Weicht, all ihr Übeltäter,
mein Jesus tröstet mich! ...
Die Feinde müssen plötzlich fallen
und ihre Pfeile rückwärts prallen.

Die Pfeile des Teufels zielen auf die Sünden Bachs, doch das zusätzliche *c* wird nun zum Zeichen für Christus, der die Pfeile, die auf Bachs Schuld zielen, auffängt. Er ist „für uns zur Sünde gemacht" (2. Kor. 5, 21).

Ein unübersehbares Symbol ist dann der große Tintenfleck am Kopf der Seite. Er stellt das Blut Christi dar, hier nicht – wie an ähnlichen Stellen – als kleinen Tropfen, sondern als große Flut abgebildet, wie es Luther in seinem Tauflied sagt: „ein rote Flut, von Christi Blut gefärbet, die allen Schaden heilen tut". Vom großen Fleck geht ein Strahl aus, der genau das Wort *mich* trifft; zuvor aber hat er die Stelle bedeckt, die die fehlenden Buchstaben des abgekürzten Wortes *Domin:(ica)* einnehmen müßten: Der Herr – Dominus – hat sich für mich in den Tod gegeben, symbolisiert durch die Abkürzung.

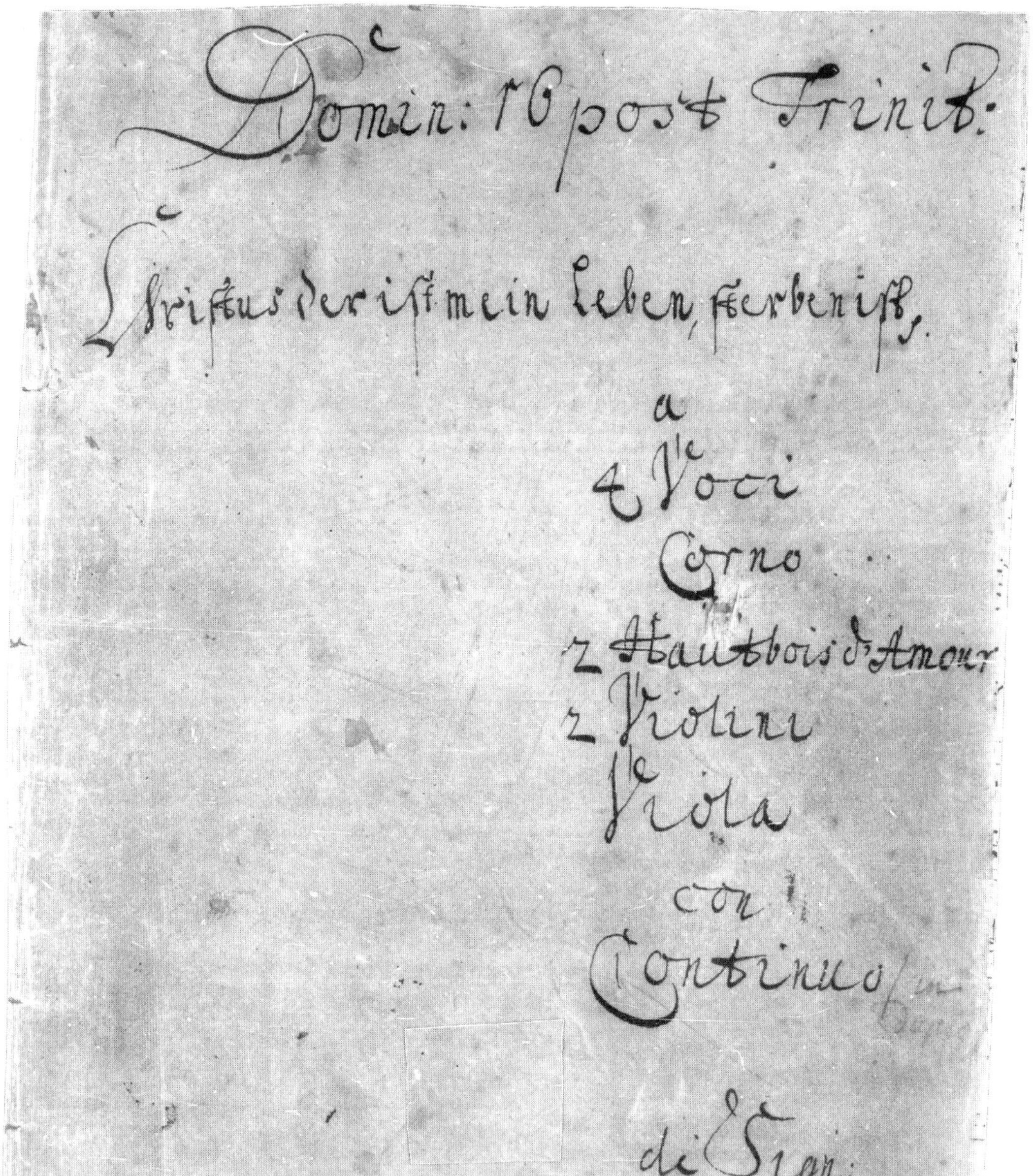

Domin: 16 post Trinit:

Christus der ist mein Leben, sterben ist

a

4 Voci

Corno

2 Hautbois d'Amour

2 Violini

Viola

con

Continuo

di Sigr:

J S Bach

Titelseite des Stimmumschlags der Kantate BWV 95

BWV 95

Auch dieses Titelblatt stammt von Johann Andreas Kuhnau. Sein jugendlicher Eifer hat ihn wohl veranlaßt, möglichst viele *c*-Zeichen anzubringen, und dabei hat er keine Gelegenheit ausgelassen: Wir entdecken sie am *D,* an der *1*, am *C* von *Christus* und *Continuo,* am *S* von *Sign:* und *S(ebastian),* schließlich sogar am *h* des Namens *Bach,* insgesamt siebenmal vom ersten bis zum letzten Buchstaben! Auch den senkrechten Strich hat er möglichst oft eingesetzt: im *D*, in allen drei Großbuchstaben *V,* im *C* von *Continuo*, im *B* von *Bach.* Damit wollte er wohl dem Titel der Kantate gerecht werden: „Christus, der ist mein Leben".

Wenn man will, kann man auch am *C* von *Corno* eine winzige Andeutung eines *c*-Zeichens ausmachen, dann weist die Zahl der 14 Initialen Jesu Christi nach dem Zahlenalphabet auf den Namen BACH hin. Doch hat es mit dieser Bezeichnung eine besondere Bewandtnis. Im Bericht zur Ausgabe dieser Kantate von 1875 schreibt der Herausgeber Wilhelm Rust, daß auf diesem Umschlagtitel der Stimmen die Bezeichnung *Cornĩo* gestanden habe[45]. Als Abkürzung des Wortes *Cornettino* bedeutet sie die Verwendung eines Zinken. Heute kann man das *i* mit einem Zirkumflex nicht mehr erkennen, die Neue Bach-Ausgabe schreibt nur noch *Corno* vor und Alfred Dürr spricht von einem Lesefehler[46].

Bei genauer Betrachtung des Originals entdeckt man aber unter dem Wort *Corno* eine Radierspur. Der Zirkumflex ist sogar noch schwach zu erkennen, darüber ganz deutlich ein Punkt. Offenbar hat der *i*-Punkt über dem Zirkumflex gestanden. Da beides nicht unter der Stelle steht, zu der das *i* gehört, sondern unter dem *C*, muß auch noch ein Verweiszeichen dabei gewesen sein. Das Ganze könnte etwa so ausgesehen haben:

Wilhelm Rust hat also recht gehabt, ohne freilich zu ahnen, daß die symbolische Bedeutung des *Cornettino* genau übereinstimmt mit dem theologischen Gedanken, den Bach durch den Einsatz des Zinken im Eingangschor zum Ausdruck bringen wollte. *Cornettino* ist die doppelte Verkleinerung des Wortes *Corno.* Dieser symbolisiert Gott auf seinem Gnadenthron, der *Cornettino* ist dann Sinnbild für den Gott, der nicht nur als Mensch, sondern als kleiner Säugling auf die Erde gekommen ist.

Der Eingangschor enthält nach der Choralstrophe „Christus, der ist mein Leben" eine zweite, „Mit Fried und Freud ich fahr dahin" aus Luthers Lied über das Nunc dimittis (Luk. 21 29–32). Diesen Lobgesang hat der greise Simeon gesungen, als er das kleine Jesuskind bei der Darstellung im Tempel auf den Armen hielt und vor Augen hatte. Bach gibt die Szene in seiner Komposition getreu wieder. Bevor der Chor jede Zeile des Liedes im homophonen Satz singt, wird sie vom *Cornettino*, dem doppelt verkleinerten Instrument, in Verkleinerung vorgespielt – ein dreifaches Symbol der Erniedrigung!

Es ist anzunehmen, daß Bach selber das *i* mit dem Abkürzungszeichen geschrieben hat. Symbolische Gründe haben ihn wohl auch bewogen, es nachträglich einzufügen und nicht – wie üblich – über, sondern unter das Wort und auch bewußt unter das große *C.* Jetzt ergibt das Ganze ein Sinnbild für die Menschwerdung Christi: Von seinem Gnadenthron – *Corno* – sendet Gott seinen Sohn Christus – angedeutet im großen *C* und im kleinen Punkt – auf die Erde und unter die Gewalt Satans, für den der Zirkumflex als Zeichen der Schlange steht. Das Verweiszeichen kann dann als Symbol seiner Rückkehr auf den Gnadenthron gedeutet werden.

Wir müssen Wilhelm Rust dankbar sein, daß er die Erinnerung an dieses Bachsche Symbol, das leider verloren gegangen ist, überliefert hat. Man kann freilich auch in der Vernichtung des kleinen Zeichens ein Gleichnis sehen für die Ablehnung und den Tod, die Jesus in dieser Welt erleiden mußte, ein Gleichnis, das von dem, der es verursacht hat, nicht beabsichtigt worden ist!

---

45 Ludwig Prautzsch, Der Cornettino in der Kantate „Christus, der ist mein Leben", in: Musik und Kirche, 70. Jg. Kassel 2000, S. 112f.

46 Alfred Dürr, Die Kantaten von Johann Sebastian Bach, Kassel 1971, S. 452.

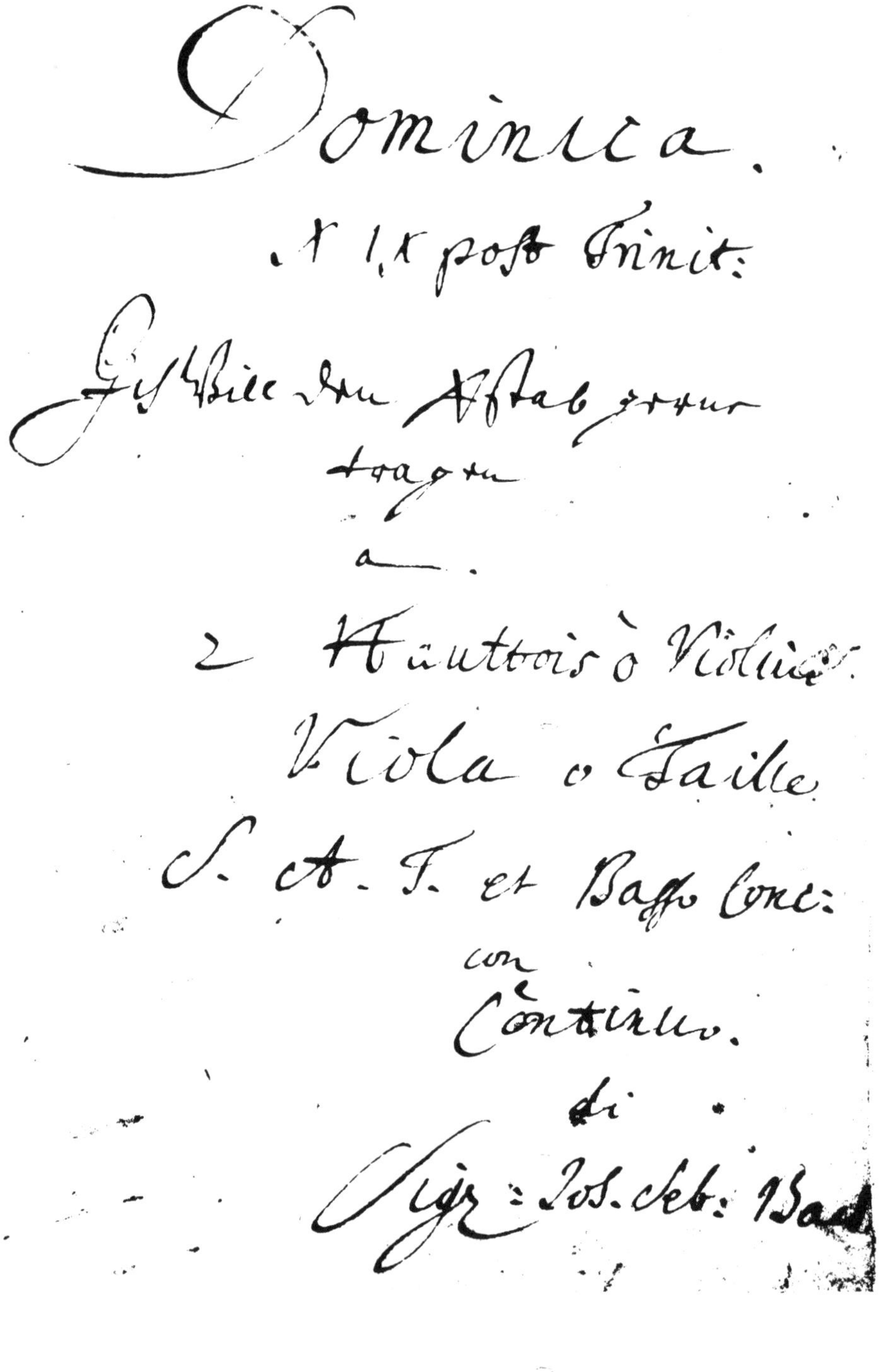
Dominica.
19 post Trinit:
Ich will den Kreutzstab gerne
tragen
a
2 Hautbois ò Violini
Viola ò Taille
S. A. T. et Basso Conc:
con
Continuo.
di
Sigr: Jos. Seb: Bach

Titelseite der Partitur der Kantate BWV 56

BWV 56

Das Titelblatt der Kreuzstabkantate hat Bachs Kopist Christian Gottlob Meißner geschrieben. Bemerkenswert ist es deswegen, weil neben zwei *c*-Zeichen das Zeichen *X*, das als griechischer Buchstabe Chi den Namen und zugleich des Kreuz Christi symbolisiert, dreimal zu sehen ist. Hier erscheint es zunächst zweimal in der römisch geschriebenen Zahl des Sonntags. Römische Zahlen kommen auf Bachs Titelseiten insgesamt nur dreimal vor: in den Kantaten BWV 156 zum III. Sonntag nach Epiphanias, von einem unbekannten, vielleicht späteren Schreiber angefertigt, BWV 52 zum XXIII. Sonntag nach Trinitatis und BWV 56 zum XIX. Sonntag nach Trinitatis, beide von Meißner geschrieben.

Daß die römischen Zahlen nicht etwa eine Eigenart Meißners waren, geht aus der Titelseite der Kantate BWV 89 zum 22. Sonntag nach Trinitatis hervor, auf der Meißner arabische Ziffern verwendet hat. Demnach gehen die Kreuzzeichen in den Zahlen der Meißnerschen Titelseiten auf Bachs Absicht zurück und müssen symbolisch gedeutet werden. Die Kreuzzeichen der Kantate BWV 52 stehen offensichtlich in Beziehung zur Epistel des XXIII. Sonntags nach Trinitatis (Phil. 3, 17–21), die sich gegen die Feinde des Kreuzes Christi wendet.

In der Kreuzstabkantate ist die Verwendung der Kreuzzeichen schon durch den Titel begründet, doch läßt die Anordnung der Kreuze noch ein besonderes Sinnbild für den Anfang des Kantatentextes erkennen:

BWV 56, 1 Ich will den Kreuzstab gerne tragen,
er kommt von Gottes lieber Hand.

In der römischen Zahl *XIX* rahmen die beiden Kreuze eine Zahl *I* ein, sie ist zugleich Symbolzahl Gottes und als Buchstabe der Anfang des Namens Jesus. Wenn man an diese Stelle das Zeichen aus dem Wort *Xstab* setzen würde, könnten die drei Kreuze Sinnbild des Berges Golgatha sein. Das Kreuz in der Mitte ist das Kreuz Jesu, er hat uns das Kreuz herabgereicht, und in ihm ist es zugleich „Gottes liebe Hand". Nun ist in der obersten Zeile nur noch das Symbol für Gott und Jesus zu sehen als Zahl und Buchstabe *I*, das Kreuz trägt der Gläubige in der Nachfolge Jesu. Dieses Symbol dürfte Bach besonders wichtig gewesen sein, da der Kantatentext an keiner Stelle das Kreuz Christi als heilende und erlösende Kraft erwähnt.

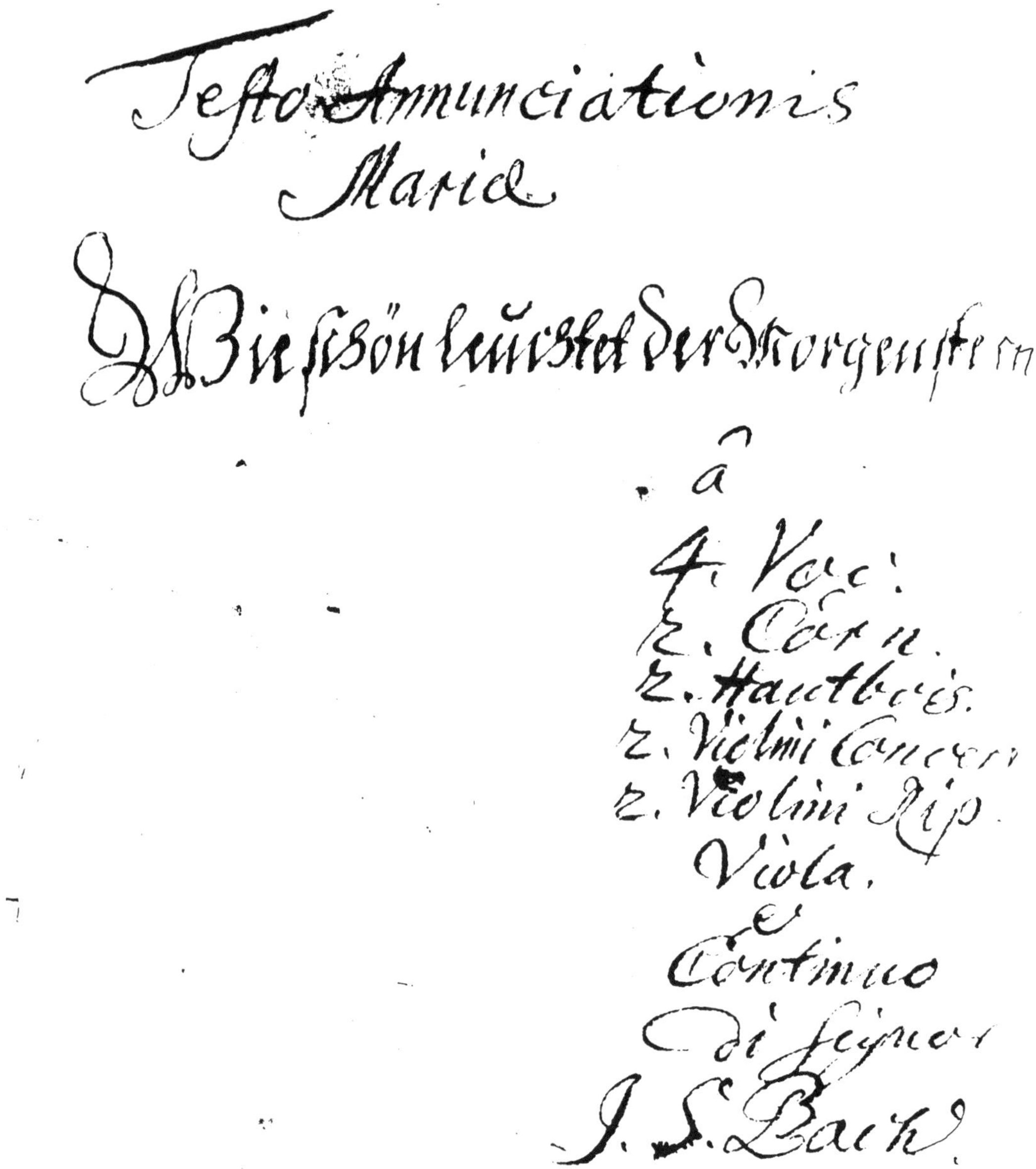

Titelseite des Stimmumschlags der Kantate BWV 1

BWV 1

Zum Abschluß dieses Kapitels soll noch die Titelseite eines unbekannten Schreibers vorgestellt werden. Alle Titelseiten, die dieser Mitarbeiter Bache angefertigt hat, sind mit besonders schön gestalteten Initialen in den deutschen Titeln geschmückt. Hier fallen zunächst die schwungvollen Bögen auf, mit denen das *W* und das *M* beginnen. Man kann in ihnen das Zeichen der erhöhten Schlange erkennen, ebenso wie das *X* des Namens und Kreuzes Christi.

In dem prächtigen *W* aber ist zugleich das Monogramm *J S B* zu erkennen. Johann Sebastian Bach selber ist es, der beim Anblick des Morgensterns ausruft: „Wie schön!". Der da kommt, ist ja „mein König und mein Bräutigam". Was ich eben als Sinnbild der erhöhten Schlange gedeutet habe, ist wohl zugleich das Zeichen der Trauung – hier senkrecht gezeichnet –, das den Morgenstern als Bräutigam und Johann Sebastian Bach als Braut ziert und beide miteinander verbindet.

Bach selbst hat dieses Zeichen auf das Titelblatt der Kantate „Ich geh und suche mit Verlangen" (BWV 49) gesetzt, in der geschildert wird, wie der Bräutigam seine Braut sucht und findet (s. S. 135f.). Dort ist das Zeichen in Form einer Zahl *8* völlig geschlossen, hier aber noch nicht; denn die Vereinigung mit Jesus wird erst in der Ewigkeit erwartet, wie es der Schlußchoral beschreibt:

BWV 1, 6 Wie bin ich doch so herzlich froh,
daß mein Schatz ist das A und O,
der Anfang und das Ende.
Er wird mich doch zu seinem Preis
aufnehmen in das Paradeis.

Die Titelseite enthält außerdem einige Zeichen für die Namen Christus und Jesus, sowie eine kreisrunde Schlinge am Ende des Namens *Bach,* die auf den vielen anderen Titelseiten dieses Schreibers nicht vorkommt. Man wird den kleinen Kreis wohl als Ring deuten können, der der Braut, der Seele Bachs, von ihrem Bräutigam als Zeichen der Verlobung geschenkt wird.

Das schöne, an mystischen Bildern reiche Lied Philipp Nicolais hat Bach nicht nur zu einer festlichen Musik voll tiefer Empfindung angeregt, sondern auch unter Mithilfe seines Schreibers zur Gestaltung eines eindrucksvollen Titelblattes. Nun steht es am Anfang des Kantatenwerkes, das Monogramm Johann Sebastian Bachs mit dem Zeugnis vom Kommen des Heilands eröffnet die Gesamtheit seines Schaffens, ist das ein glücklicher Zufall oder nicht vielmehr eine Fügung?

Das Bach-Monogramm

Mehrfach haben Johann Andreas Kuhnau und der unbekannte Schreiber des Titelblatts der Kantate „Wie schön leuchtet der Morgenstern“ von der Möglichkeit Gebrauch gemacht, die Initialen *J S B* in den kunstvollen Formen der Großbuchstaben *G* und *W* anzubringen. Von Bach selber sind außer seinem ersten Titelblatt zur Kantate „Gott ist mein König“ (BWV 71) noch zwei Titelseiten mit seinem Monogramm erhalten, die doch wohl die Zuwendung Gottes zu ihm persönlich symbolisieren. Seine beiden Schreiber folgen ihm darin auf einigen Titelseiten, von denen hier Ausschnitte abgebildet und Textstellen der Kantaten mitgeteilt werden, die offensichtlich Anlaß waren, Bachs Monogramm mit den Buchstaben zu verbinden.

Johann Andreas Kuhnau

BWV 28

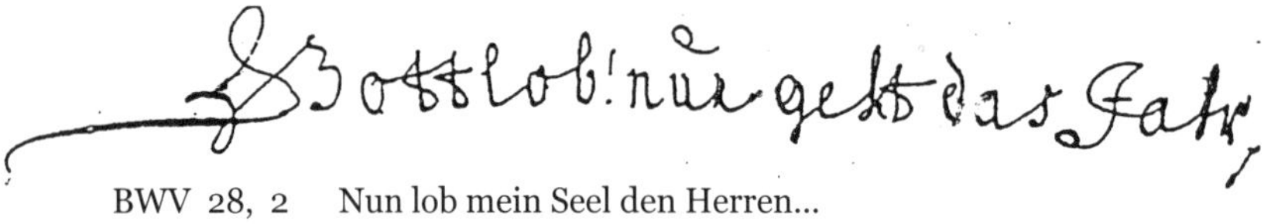

BWV 28, 2 — Nun lob mein Seel den Herren...
Sein Wohltat tut er mehren... ,
nimmt dich in seinen Schoß.

BWV 40

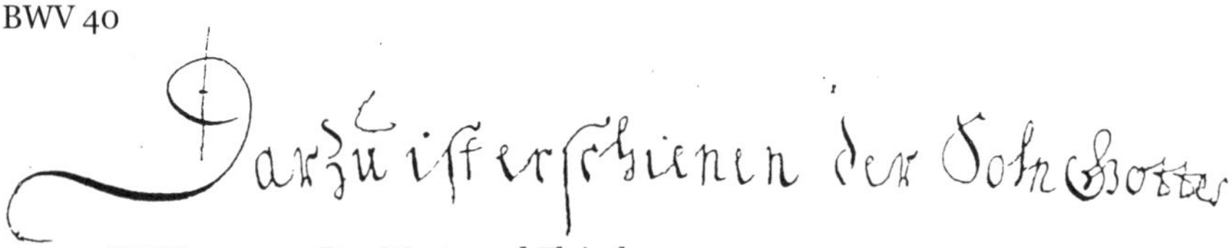

BWV 40, 2 — Das Wort ward Fleisch...
Und seiner Majestät gefällt,
ein kleines Menschenkind zu werden.

BWV 115

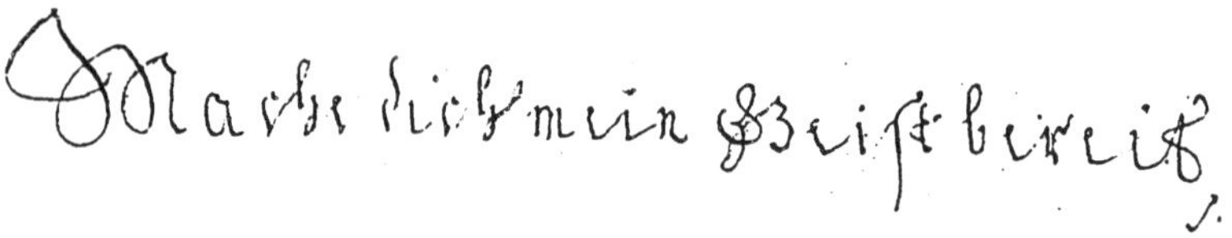

Mit den Worten *mein Geist* ist hier ein besonders formschönes Bach-Monogramm verbunden; in seiner Vollkommenheit entspricht es wohl den Gedanken des Rezitativs:

BWV 115, 3 — Er sendet dir ein Gnadenlicht
und will vor diese Gaben,
die er so reichlich dir verspricht,
nur offne Geistesaugen haben.

BWV 136

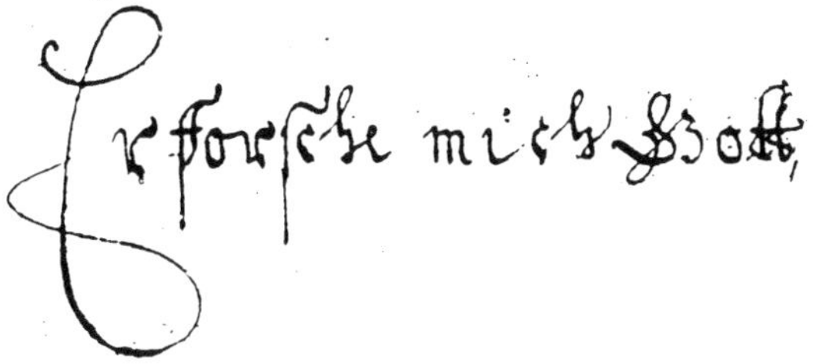

BWV 136, 4 Doch wer durch Jesu Blut gereinigt,
im Glauben sich mit ihm vereinigt,
weiß, daß er ihm kein hartes Urteil spricht.

Unbekannter Schreiber

BWV 3

BWV 3, 2 Da du der ganzen Welt zum Trost gekommen
und unser Fleisch und Blut an dich genommen.

BWV 68

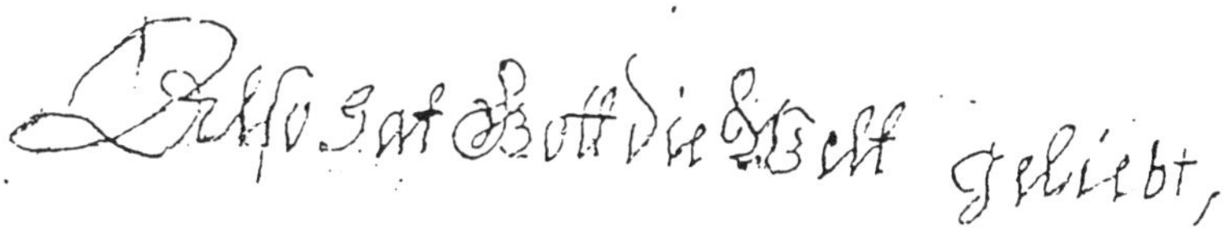

BWV 68, 1 Wer sich im Glauben ihm ergibt,
der soll dort ewig bei ihm leben.

BWV 92

BWV 92, 1 Ich hab' in Gottes Herz und Sinn
mein Herz und Sinn ergeben.

Die Verdickungen des *J* sollen wohl eine Kette von Blutstropfen darstellen; sie geben die Gedanken des Rezitativs wieder:

BWV 92, 2 Durch Jesu rotes Blut
bin ich in seine Hand geschrieben;
er schützt mich doch!

BWV 93

BWV 93, 3 Gott, der die Auserwählten kennt,
Gott, der sich uns ein Vater nennt.

Hier ist auch das *W* mit dem Monogramm Bachs verbunden. Bach gibt damit zu erkennen, dass auch er zu denen gehört, die mit dem *Wer* gemeint sind:

BWV 93, 6 Ich will auf den Herren schaun
und stets meinem Gott vertraun.

BWV 99

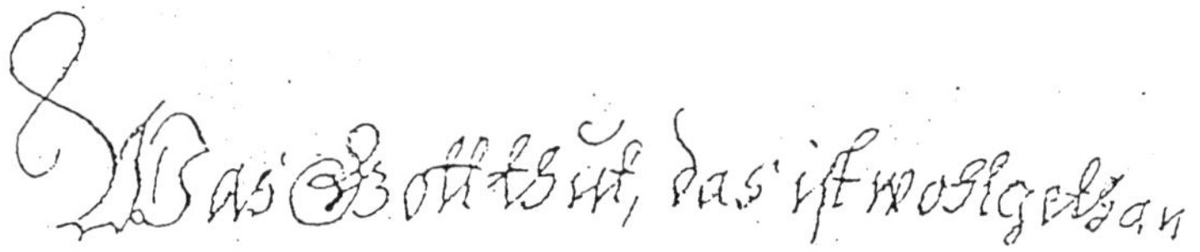

BWV 99, 6 So wird Gott mich
ganz väterlich
in seinen Armen halten.

Im Gegensatz zum *Wer* in der Kantate BWV 93 bot das Wort *Was* keinen Anlaß, Bachs Initialen einzusetzen.

BWV 94

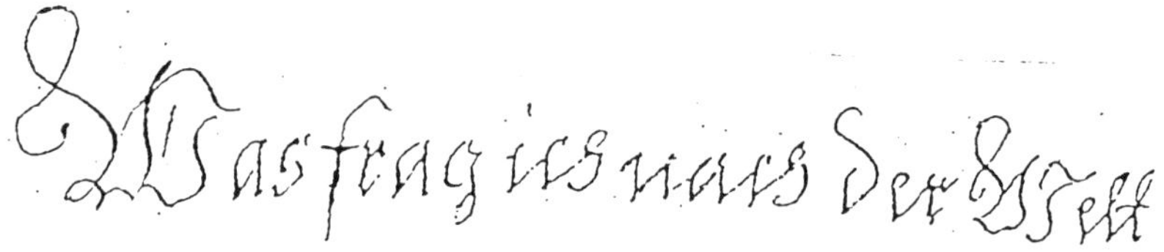

Dieser Kantatentitel ist ein Gegenbeispiel: Weder beim Wort *Welt* noch bei *Was* wäre Bachs Monogramm sinnvoll gewesen, und darum hat der Schreiber eine andere Form des Buchstabens *W* gewählt.

BWV 129

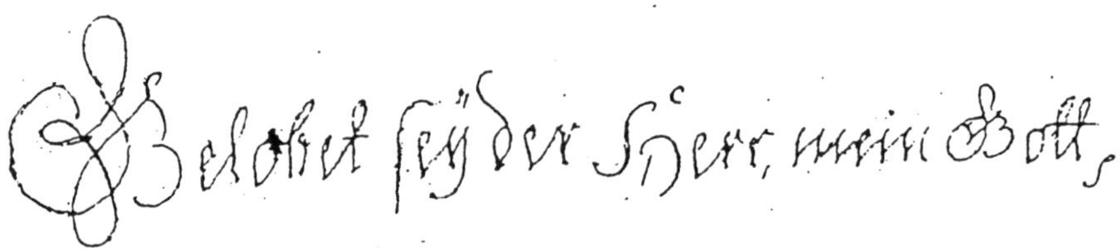

BWV 129, 1 Mein Vater, der mich schützt
von Mutterleibe an.
2 Des Vaters liebster Sohn,
der sich für mich gegeben...,
der mir im Glauben schenkt
sich selbst, das höchste Gut.

Auch im G des Wortes *Gelobet* ist das Monogramm zu erkennen, denn auch Bach nimmt am Lobpreis teil:

BWV 129, 5 Dem wir das Heilig itzt
mit Freuden lassen klingen.

Johann Andreas Kuhnau hat die Initialen auch einmal im entgegengesetzten Sinn gebraucht:

BWV 181

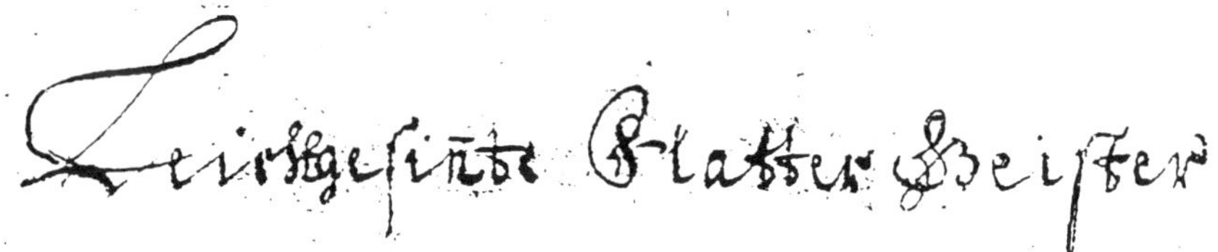

In dieser Kantate zum Gleichnis vom vierfachen Ackerfeld (Luk. 8, 4–15) will Bach offenbar bekennen, daß auch er zu den leichtfertigen oder hartherzigen Menschen gehört, bei denen Gottes Wort oft keine Frucht bringen kann.

BWV 181, 2 Es wirkt ja Christi letztes Wort,
daß Felsen selbst zerspringen...,
willst du, o Herz, noch härter sein?

Johann Sebastian Bach

BWV 18

Hier ist das *S* sehr groß, das *J* aber verschwindend klein geschrieben. Das ist ein eindrucksvolles Beispiel für die unterschiedliche Symbolik, die Bach seinen beiden Vornamen zugedacht hat (s. S. 73):

BWV 18, 3 Ein andrer sorgt nur für den Bauch,
inzwischen wird der Seele ganz vergessen.

In dieser Gefahr befindet sich, wie das Monogramm zeigt, auch Bach:

BWV 18, 3 Nur wehre, treuer Vater, wehre,
daß mich und keinen Christen nicht
des Teufels Trug verkehre!

BWV 178

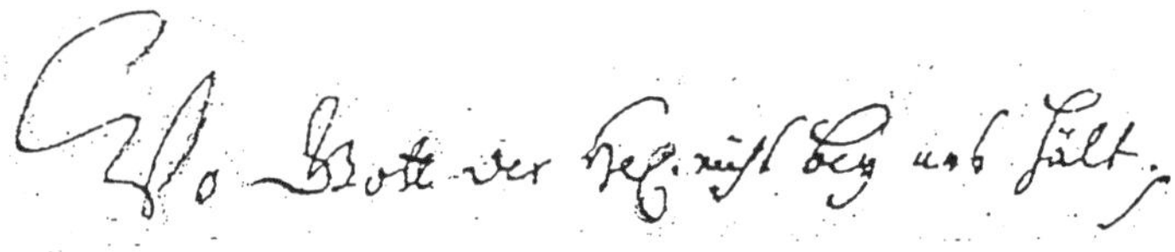

Bach geht hier noch einen Schritt weiter und läßt im *G* des Wortes *Gott* nur noch *S* und *B* seines Monogramms erscheinen, das *J* als Symbol seiner Seele fehlt. Der Kantatentext macht deutlich, welcher Gedanke Bach dazu veranlaßt hat:

BWV 178, 3 So raset auch der Feinde Wut
und raubt das beste Seelengut.

Die Macht des Bösen kann dem Menschen sogar die Seele nehmen. Bach verbindet das verkürzte Monogramm mit dem Wort *Gott* und will wohl symbolisieren, daß Gott dem Menschen auch bis in die letzte Tiefe nachgeht, indem Jesus am Kreuz seinen Geist, den heiligen Geist Gottes, aufgibt:

BWV 178, 6 Sprich nicht: die Frommen sind verlorn,
das Kreuz hat sie nur neugeborn.

Johann Andreas Kuhnau

BWV 116

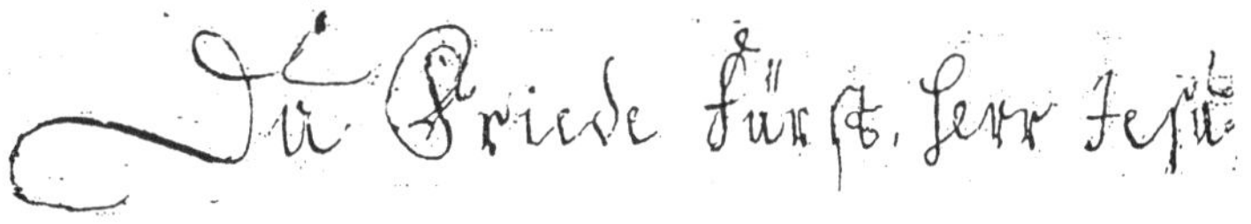

Ein ähnliches Symbol hat Bachs Mitarbeiter sicher auf Bachs Geheiß im großen *F* des Wortes *Friede* geschrieben. Es fällt besonders auf, weil das *F* des folgenden Wortes völlig anders aussieht. Man erkennt hier das große *S* des Bach-Monogramms, das *J* nur sehr klein, das *B* fehlt diesmal. Das Zeichen soll wohl darauf hinweisen, daß der Friede unter uns sehr gefährdet ist.

BWV 116, 2 Ach, unaussprechlich ist die Not
und des erzürnten Richters Dräuen!
5 Ach, laß uns durch die scharfen Ruten
nicht allzu heftig bluten!

Gott droht, um der Sünde willen auch Bach dem Tode auszuliefern, so deutet es das entstellte Monogramm an:

BWV 116, 6 Erleucht auch unser Sinn und Herz,
daß wir nicht treiben draus ein Scherz,
der unsrer Seelen schad.

Das Symbol der Seele, der Buchstabe *J* für den Namen *Johann*, ist nicht nur verschwindend klein, sondern dazu noch umgekehrt wie ein Spiegelbild geschrieben. Das sollen wohl Zeichen für den Scherz und den Schaden der Seele sein, die sogar noch im Schlußchoral der Kantate genannt werden.

BWV 153

Auf diesem Titelblatt hat Kuhnau sowohl das vollständige Monogramm Bachs im Wort *Gott* als auch das verkürzte ohne *B* im *F* des Wortes *Feind* eingetragen. Bereits im Eingangschor finden wir entsprechende Aussagen:

BWV 153, 1 Herr, wo mich deine Gnad nicht hält,
so kann der Teufel, Fleisch und Welt
mich leicht in Unglück stürzen.

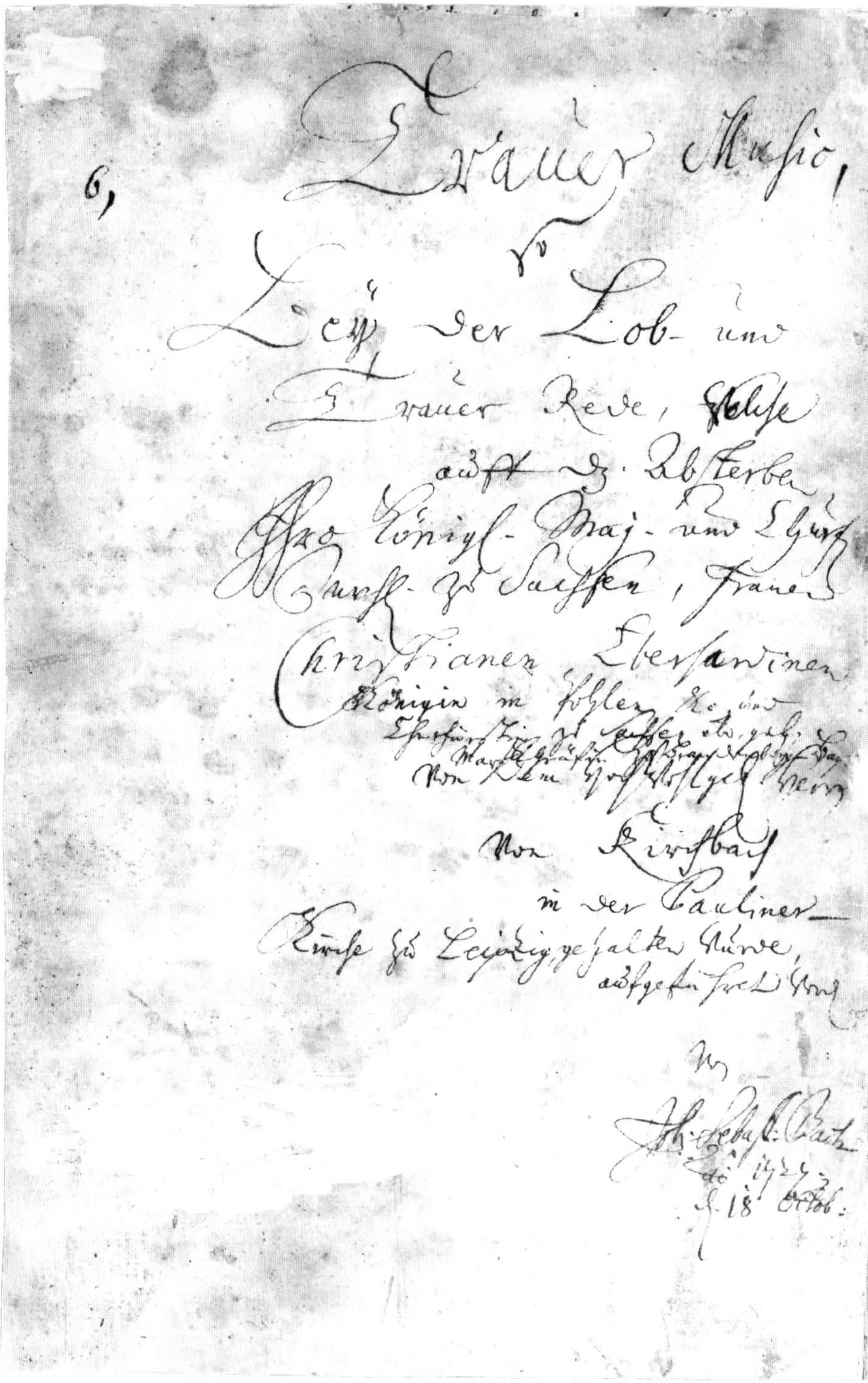
6, Trauer Music,
so
Bey der Lob- und
Trauer Rede, welche
auff das Absterben
Ihro Königl. Maj. und Churf.
Durchl. zu Sachßen, Frauen
Christianen Eberhardinen
Königin in Pohlen etc. und
Churfürstin zu Sachßen etc. geb.
Marggräfin zu Brandenb. Bayr.
Von dem Hochwohlgeb. Herrn
Von Kirchbach
in der Pauliner-
Kirche zu Leipzig gehalten wurde,
aufgeführet worden
von
Joh. Seb. Bach
Ao 1727
d. 18 Octob:

Titelseite der Partitur der Trauerode BWV 198

Die Titelseite der Trauerode und das Zahlenalphabet

Die Rahmenordnung der Titelseite

Die Frage des Zahlenalphabets soll zunächst an einem Werk untersucht werden, das nicht eigentlich zu den Kirchenkantaten gehört. Die Trauerode (BWV 198) hat Bach komponiert für den Trauerakt, der als Huldigungsfeier für die verstorbene Kurfürstin und Königin Christiane Eberhardine in der Paulinerkirche zu Leipzig stattfand. Die von Johann Christoph Gottsched verfaßte Ode rühmt die Fürstin auch als „Glaubenspflegerin“, war sie doch ihrem lutherischen Glauben treu geblieben, als ihr Gemahl August der Starke zum Katholizismus übertrat, um König von Polen zu werden. Doch als Lobeshymnus auf die verehrte Königin enthält die Ode nur einen theologischen Gedanken, an dem Bachs Symbolik anknüpfen konnte:

BWV 198, 9 Nun trägst du vor des Lammes Throne
anstatt des Purpurs Eitelkeit
ein perlenreines Unschuldskleid.

Bemerkenswert ist die Anlage des Titelblattes, es zeigt eine symmetrische Form, die in vier Rahmen den Namen der Kurfürstin umgibt:

TrauerMusic, — 4.
so

Bey der Lob- und — 3.
Trauerrede, welche

Auff ds. Absterben — 2.

Ihro Königl. Maj. und Churf. — 1.
Durchl. zu Sachsen, Frauen

Christianen Eberhardinen

Königin in Pohlen etc. und
Churfürstin zu Sachsen etc, geb. — (1.)

Margkgräfin zu Brandenburg-Bay. — (2.)

von dem Hochwohlgeb. Her(rn)
von Kirchbach
in der Pauliner-
Kirche zu Leipzig gehalten wurde, — (3.)

aufgeführt word(en)
von
Joh. Sebast: Bach — (4.)

ao. 1727
d. 18. Octob.

Der erste Rahmen nennt vor und nach dem Namen die Titel der Verstorbenen, der zweite bezieht sich auf den Anfang und das Ende ihres Lebens, der dritte auf die Trauerrede, der vierte auf die Trauermusik. Vielleicht hat sich Bach zu dieser Rahmenform durch die Titelseite des Textdruckes der Ode anregen lassen, die ähnlich gestaltet ist; doch hätte er als ein Meister symmetrischer Formen dessen gar nicht bedurft. Jedenfalls hat er den Aufbau ausführlicher und konsequenter gestaltet.

Vor der zahlenalphabetischen Berechnung der Titelseite ist eine grundsätzliche Überlegung notwendig. Es handelt sich um ein Schriftstück, das durchweg in deutscher Sprache abgefaßt ist. Damit scheidet die Verwendung des lateinisch-milesianischen Alphabets aus, das nach der Darstellung von Ruth Tatlow im 18. Jahrhundert für theologisch bestimmte Werke bevorzugt wurde (s. S. 5, Anm. 6), weil darin der Buchstabe w nicht vorkommt. Ich selbst habe bei meinen zahlensymbolischen Forschungen nach dem Vorbild

Friedrich Smends das deutsche Zahlenalphabet mit natürlicher Zahlenfolge angewandt und dabei durchweg überzeugende Ergebnisse erzielt. Dennoch habe ich versuchsweise verschiedene Untersuchungen mit dem um das w erweiterten milesianischen oder dem deutsch-trigonalen Alphabet – das einzige neben dem mit natürlicher Zahlenfolge, das in der Aufstellung von Ruth Tatlow das w enthält – durchgeführt, die aber alle keinen befriedigenden Erfolg hatten (vgl. Anhang S. 269).

Hinzukommt, daß Bach, wenn er eines dieser beiden Zahlenalphabete benutzen wollte, viel größere Probleme hätte bewältigen müssen durch die wesentlich höheren Summen und die unterschiedlichen Mengen: Einer, Zehner und Hunderter innerhalb der Reihe von 24 Buchstaben! In jeder Hinsicht war darum das deutsche Zahlenalphabet am besten geeignet für Bachs umfangreiche Zahlenkombinationen.

Zur Textfassung des Titelblattes der Trauerode ist noch zu bemerken, daß die beiden abgekürzten Worte *geb.* und *Hochwohlgeb.* entsprechend der Bachschen Schreibweise ergänzt werden müssen zu *gebohrenen* und *Hochwohlgebohrenen*. Auch lese ich den Titel *Margkgräfin* anders als die alte und die neue Bachausgabe, die das Wort mit *ck* schreiben. Die Unterlänge des g ist aber zu erkennen; sie läßt sich kaum mit einem anderen Buchstaben in Verbindung bringen. Daß Bach die Schreibweise mit *g* näher lag als mit *ck*, beweist die Widmung der Brandenburgischen Konzerte auf der Titelseite der autographen Partitur an den *Marggraf de Brandenbourg*.

In der vollständigen Fassung der Titelseite mit den Ergänzungen aller abgekürzten Worte besitzt der Name der Fürstin *Christianen Eberhardinen* nach dem Zahlenalphabet die Summe 214; zusammen mit dem ersten und zweiten Rahmen, die ihre Titel und ihr Leben von der Geburt bis zum Tod umschließen, ergibt sich genau die zehnfache Summe 2140. Das ist nicht nur ein Symbol der Verherrlichung der Königin, das ist für uns auch der Beweis, daß Bach dieses Titelblatt zahlenymbolisch gestaltet hat und dabei das deutsche Zahlenalphabet mit natürlicher Zahlenfolge benutzt hat.

Würde man das deutsch-trigonale Alphabet anwenden, dann ergäben sich die Summen 1472 für den Namen, zusammen mit dem 1. und 2. Rahmen 14867. Nach dem um den Buchstaben w erweiterten milesianischen Alphabet betragen die Summen 664 und 10507. Das Verhältnis 1 : 10 für diese Abschnitte, das die Verherrlichung der Königin zum Ausdruck bringt, wäre in beiden Fällen dahin!

Im dritten und vierten Rahmen stehen die beiden Männer, die am Trauerakt mitwirkten, ihrer Fürstin gegenüber. Fassen wir auch diese Rahmen zu einer Einheit zusammen, so ergibt sich die Summe 1722 = 2 x 861 = 3 x 14 x 41. Diese Zahl läßt sich als Produkt in verschiedener Weise teilen. Dabei erscheinen die Umkehrungen der Zahlensummen für die Namen, die das Titelblatt erwähnt: HERRN VON KIRCHBACH (Summe 168) und BACH (Summe 14).

Umkehrung ist in Bachs Werken oft die musikalische Figur für Sterben und Vergehen. So könnte die Umkehrung der Zahlen die gleichsam ersterbende Ehrfurcht der Untertanen vor ihrer Königin bedeuten und zugleich das Bekenntnis, das auch sie dem Tode unterworfen sind. Wenn für Bach auch die reguläre Summe 14 erscheint, ist dies wohl ein Hinweis auf ihn als den Autor der Trauermusik, für die diese Titelseite bestimmt ist.

Noch blieb das Datum unberücksichtigt. Merkwürdigerweise trifft die Angabe nicht zu, der Trauerakt fand bereits einen Tag früher statt, wie es der Titel der gedruckten Ode vermerkt. Auch für das Datum gibt es ein symmetrisches Gegenüber: Bach hat am Anfang neben den Titel die Zahl 61 geschrieben, hervorgehoben durch dicken Federstrich.

Diese Zahl hat in der Bachschen Symbolik eine besondere Bedeutung als Summe des Namens ISRAEL Bach bekundet damit seine Gewißheit, daß Gott der Fürstin den Namen der Auserwählten beilegen wird, wenn ihr im Jüngsten Gericht die Vergebung der Sünden zugesprochen wird. Vielleicht ist das auf den folgenden Tag verlegte Datum des Titelblattes ein Hinweis darauf, daß der Tag des Abschieds, den man in Leipzig begeht, für Christiane Eberhardine noch nicht das Ziel ihres Weges ist.

Die dargestellten Zahlen lassen bereits erkennen daß Bach die Titelseite mit Hilfe des Zahlenalphabets symbolisch gestaltet hat. Bevor die gesamte Struktur der Zahlen auf dieser und allen anderen Titelseiten erläutert werden kann, sollen die Grundzüge der Bachschen Zahlensymbolik behandelt werden.

Bachs Zahlensymbolik

Wer die Bachsche Symbolik, insbesondere das Spiel mit symbolischen Zahlen, das er und seine Mitarbeiter getrieben haben, ergründen will, steht vor einer Aufgabe, die der Erforschung einer unbekannten Sprache gleichzusetzen ist. Nur durch gründliche Untersuchung eines umfassenden Materials an Werken und Texten konnten die Regeln gefunden werden, die Bach angewandt haben muß.

Zunächst geht es um die Frage, welche Zahlen in welcher Bedeutung Bach als Symbole eingesetzt hat. Das habe ich in meinem Buch „Vor deinen Thron tret ich hiermit" (Neuhausen 1980) ausführlich dargestellt und belegt. Die damals aufgrund jahrelanger Untersuchungen gewonnenen Erkenntnisse fand ich auch bei der Betrachtung der Titelseiten im Wesentlichen bestätigt. Ich kann mich daher auf eine knappe Übersicht über die von Bach verwendeten symbolischen Zahlen beschränken:

Die „heiligen Zahlen", Zahlen der biblischen und kirchlichen Überlieferung:

1 Gott, Unität
2 Gottes Sohn
3 Dreieinigkeit, Gott
4 Erde, Welt
5 Satan, Teufel, das Böse
6 Schöpfung
7 Totalität, Heiliger Geist und seine sieben Gaben
8 Unendlichkeit, Ewigkeit
10 Gottes Gesetz, Multiplikation mit 10: Verherrlichung
11 Übertretung der Gebote, Sünde
12 Christus, Jünger, Kirche, Ewige Stadt
13 Tod
17 Erlösung, Seligkeit
19 Gottes Thron und Richterstuhl
24 Zahl der Ältesten vor Gottes Thron (Offb. 4)
40 Buße, Läuterung
77 Menschwerdung Christi als 77. Glied der Geschlechterreihe von Adam an (Luk. 3, 23)
144 Zahl der 144 Tausend Erwählten in der Ewigkeit (Offb. 14)
153 Zahl der gefangenen Fische (Joh. 21, 11) als Symbol der für die Seligkeit gewonnenen Menschen
601 Zahl der Lebensjahre Noahs, als er aus der Arche gehen durfte (1. Mose 8, 13), Symbol der Errettung

Die letzte Zahl dieser Reihe habe ich erst in jüngster Zeit als biblische Symbolzahl kennen gelernt[47]. Ergänzen kann ich jetzt auch die Reihe der Psalmzahlen. Bach hat offenbar alle Zahlen prophetischer Psalmen benutzt, wie sie Abraham Calov in seiner Vorrede auf den Psalter als Hinweis auf Christus mitteilt[48].

„Die aber durchgehend einerley Art haben sind fürnemlich die Prophetischen Psalmen / derer nicht wenig sich hier finden, als da sind

(2) der andere von Christi Leiden und allgemeinem Reich;
(8) der achte / von seiner Erniedrigung und Erhöhung,
(16) der Sechzehende / von seinem Todt und Aufferweckung / und Eingang zum ewigen Leben;
(18) Der Achtzehende von seinem Vertrauen auff Gott:
(19) der neunzehende von Ausbreitung seines Worts in alle Welt;
(22) der zwey und zwantzigste / von seinem bittern Leiden und Creutzigung:
(23) der Drey und zwantzigste von seinem trostreichen Hirten=Ampt:
(24) Der vier und zwantzigste / von diesem unsern Ehren=Könige:
(31) der ein und dreyßigste / von seinem Tod / und Aufgebung seiner Seelen:

---

47 Die Deutung der Zahl 1803 im Contrapunctus 4 der Kunst der Fuge, die ich in meinem Buch „Vor deinen Thron tret ich hiermit" (Neuhausen 1980, S. 63) als Zahlenbild versucht habe, kann ich jetzt ersetzen durch die Erkenntnis der Zahl als Produkt 3 x 601. Der Contrapunctus 4 ist Symbol dafür, daß Gott (3) Jesus aus seinem Exil in Ägypten, wo er vor der Verfolgung durch den König Herodes sicher war, wieder nach Israel zurückkehren ließ, so wie Noah nach der Sintflut die Arche wieder verlassen konnte.

48 Die Heilige Bibel nach S. Herrn D. Martini Lutheri Deutscher Dolmetschung erörtert... von D. Abraham Calovio. Wittenberg 1681. Bd. I, Sp. 220–222.

(35) Der fünf und dreißigste / von seiner unverdienten Anfeindung:
(40) Der vierzigste / von seinem heilwertigem Opffer für uns:
(41) Der ein und vierzigste: Wie er recht darein verlassen und angefochten sey in denTagen seines Fleisches
(45) Der fünf und vierzigste / Von seinem / als unseres Königes Ampt / Salbung und Ausrüstung: dazu von seiner geistlichen Vermählung mit uns / von gesegneter Vertheilung seines Geschlechts:
(46) Der Sechs und vierzigste / von Erhaltung seiner Kirchen / daß die Stadt Gottes fein lustig bleibe:
(47) Der sieben und vierzigste von seiner siegreichen Himelfarth:
(48) Der acht und vierzigste / von seiner Auferstehung / und Außgiessung des Gnaden Regens des H. Geistes / nach seiner herrlichen Auffarth gen Himmel:
(69) Der neun und sechzigste von seiner HöllenAngst / und sonderbaren Empfindung des euserlichen Leidens:
(72) Der zwey sind siebenzigste / von Außbreitung seines Reichs und Samens.
(89) Der Neun und Achzigste / von der Hoheit der Person / und des Ampts Meßiä.
(93) Der drey und neunzigste / wie weit sein Reich sey:
(95) Der fünf und neunzigste / wie alle Welt seine Stimme hören sol:
(96) Der sechs und neunzigste / wie alle Welt dem HERREN zu Ehren singen./ und über ihn sich freuen werde:
(97) Der sieben und neunzigste / wie er erhöhet werden sol in allen Ländern:
(98) Der acht und neunzigste / wie sein Heil allenthalben verkündiget / und seine Gerechtigkeit für den Völckern offenbar werden sol:
(99) Der neun und neunzigste / wie man in seinem Reich das Recht lieb habe;
(100) Der hunderte / wie er uns mache zu seinem Volck / und zu Schafen seiner Weide.
(108) Der hundert und achte / von Wieder Aufrichtung des Reichs Meßiä:
(109) Der hundert und neundte / vom bittern Leiden Christi / und teuflischen Boßheit seines Jüngers Juda / auch dessen Verfluchung:
(110) Der hundert und zehende / vom Sitzen des HErrn zur Rechten des HErrn / und vom Herrschen über seine Feinde / auch von seinem sonderbaren Priesterthum nach der Weise Melchisedech.
(113) Der hundert und dreyzehende / wie der Name Christi sol gepriesen werden von Auffgang der Sonnen biß zu ihrem Niedergang.
(117) Der hundert und siebenzehende / vom Beruff der Heyden:
(118) der hundert und achtzehende vom Sieg Christi / und wie der von den gottlosen Leuten verworffene Stein zum Eckstein worden: deswegen er beym Einzug zu seinem Leiden werde mit Freuden von den Glaubigen empfangen werden.

Diesem aus kirchlicher Tradition übernommenen Bestand sind eine Reihe von Zahlen hinzuzufügen, die sich nach dem Zahlenalphabet als Summen bestimmter, geprägter Begriffe aus Bibel und Liturgie ergeben. Die betreffenden Worte werde ich immer in Großbuchstaben schreiben:

29 S. D. G. (Soli Deo Gloria)
43 CREDO
47 HERR
53 SOHN
59 GOTT, auch MENSCH
61 ISRAEL
67 TEMPEL, der heilige Tempel Gottes
70 JESUS
71 KRIPPE, WORT
73 ZEBAOTH (Herr der Heerscharen)
75 BETHLEHEM
83 IMMANUEL (Gott mit uns)
95 KREUTZ
112 CHRISTUS

Dazu kommen noch einige Alphabetzahlen, die nur gelegentlich erscheinen, wenn die betreffenden Worte in einem Text eine besondere Rolle spielen.

Schließlich sind es die Summen für die Namen Bachs, die in verschiedener Form und Bedeutung eingesetzt werden:

14 BACH, der Mensch auf Erden

41 Umkehrung der Zahl 14: der sterbliche Mensch, Tod Bachs

29 J. S. B. Da die Zahl zugleich die Summe der Abkürzung S. D. G. (Soli Deo Gloria.) ist, setzt sie Bach ein als Symbol seiner Erlösung, wenn er am großen Lobgesang teilnehmen darf.

158 JOHANN SEBASTIAN BACH, die Gesamtheit seiner Persönlichkeit.

Alle zwei- oder dreistelligen Zahlen können auch umgekehrt auftreten und symbolisieren dann ähnlich der musikalischen Umkehrung das Gegenteil der ursprünglichen Bedeutung oder den Tod der durch die Symbolzahl bezeichneten Person.

Gelegentlich erscheinen in Bachs Handschriften die Zahlen *3* oder *2* spiegelbildlich geschrieben. Sie symbolisieren den Tod Gottes oder seines Sohnes und können, wie sich aus meinen Versuchen ergab, auf verschiedene Weise berechnet werden, zunächst negativ, dann in der Endsumme für die betreffende Titelseite als Zeichen der Auferstehung positiv. Ähnliches gilt für gestrichene Zahlen und Buchstaben, bei doppelter Streichung sind sie sogar zweimal abzuziehen.

Als zweite Frage war zu klären, wie in einigen nicht eindeutigen Fällen die Alphabetzahlen im Sinne Bachs zu berechnen sind. Nach Prüfung aller in Frage kommenden Titelseiten ergaben sich folgende Grundsätze:

1. Die Doppelpunkte über den Umlauten *ä, ö, ü* sind – entsprechend der lateinischen Schreibweise ae, oe, ue – als *e* zu berechnen. Das gilt auch für den Buchstaben *ÿ*, der oft zwei Punkte trägt, und den Doppellaut *eü*, den Bach oft mit einem Doppelpunkt über dem *u* schreibt.
2. Als Abkürzungszeichen gebraucht Bach wie seine Schreiber meist den Doppelpunkt, daneben auch den einfachen Punkt, der aber oft nur Gliederungszeichen ist.
3. Die Besetzungsangaben werden stets durch die Präposition *a* in der Bedeutung *für* oder *zu* eingeleitet, außerdem kommt meistens das Bindewort *e* vor. Beide tragen gelegentlich einen Akzent, das *â* öfter auch ein Zeichen, das einem französischen Zirkumflex ähnelt. Da meistens italienische oder lateinische Bezeichnungen folgen, sind diese Akzente sprachlich nicht gerechtfertigt. Gelegentlich schreibt Bach statt dessen *ab* oder *et*. Das ist ein Hinweis, daß Bach die Akzente als Apostrophe für ausgefallene Buchstaben versteht, was sie ja ursprünglich auch gewesen sind. Wir können daraus auch ersehen, wie die beiden Worte in der Regel zu ergänzen sind. Statt des lateinischen *et* kann gelegentlich aus symbolischen Gründen auch das italienische *ed* berechnet werden.
4. Bach schreibt das Doppel-s entweder als *ß* oder als *ss,* z. B. *Baßo* oder *Basso*. Nach meinen Untersuchungen muß das *ß* als *s* und *z* berechnet werden mit der Summe 24.
5. Abkürzungen können oft in verschiedener Weise ergänzt werden. Das gilt besonders für die Bezeichnung der Holzblasinstrumente und Singstimmen, wodurch die symbolische Bedeutung der Sprachen auch in der Zahlensymbolik zum Ausdruck kommt; das gilt dann aber auch für die Bezeichnung *Sign.*, die nur Bachs Schreiber oft vor seinen Namen gesetzt haben. Sie kann ergänzt werden zu normalen Form *Signore* oder zur kürzeren *Signor*. Diese gilt im Italienischen vor allem als ein Titolo di reverenza, als Ehrentitel. Titelseiten, auf denen *Signor* ausgeschrieben ist, sind sehr selten. *Signore* fand ich, entgegen den Angaben in einigen Kritischen Berichte der Neuen Bach-Ausgabe, auf keiner Titelseite.

Schließlich sollen noch einige grundsätzliche Erkenntnisse zum Aufbau der Zahlenstrukturen mitgeteilt werden, die ich bei der Untersuchung der etwa 100 Titelseiten gewonnen habe.

Die von mir als *Zahlenbilder* bezeichneten Symbolzahlen hat Bach wohl nur als Symbole von untergeordneter Bedeutung verwandt. Es handelt sich dabei um das Nebeneinander zweier Symbolzahlen, die entweder als Additionen verstanden werden können, z. B. 1237 = 1200 + 37, oder bildhaft die Verknüpfung oder Trennung zweier Zahlen wiedergeben: 131= 13/31; 1005 = 1 getrennt von 5.

Während Augustin in seinen zahlensymbolischen Erörterungen die Addition durchaus gleichberechtigt neben der Multiplikation und Division einsetzt[49], sind die Endsummen der Bachschen Titelseiten fast durchweg Produkte symbolischer Zahlen. Das dürfte darin begründet sein, das es sich bei Multiplikatio-

49 Aurelius Augustinus, Opera omnia, Paris 1841–1861, Bd. 36/37, S. 1960.

nen um Rechenoperationen handelt, die einen höheren Rang besitzen als Additionen[50]; Produkte enthalten real vorhandene Mengen in ihren Faktoren, die durchaus gleichberechtigt sind. Das ist bei Zahlenbildern nicht der Fall, sie können allenfalls als Additionen aus einer größeren und einer wesentlich kleineren Zahl betrachtet werden, wie es das obige Beispiel zeigt.

Soviel ich feststellen konnte, erscheinen in den Zahlensymbolen der Bachschen Titelseiten Zahlenbilder sehr selten und sind dann nur Zwischensummen innerhalb einer auf eine große Endsumme zielenden Symbolreihe. Eine Sonderstellung nehmen die Symbolzahlen der Dreieinigkeit *111* und *333* ein, die in der Verbindung dreier Gotteszahlen als Zahlenbild besonders eindrucksvoll sind, die sich aber auch als Produkte 3 x 37 und 3 x 3 x 37 deuten lassen als Hinweis auf die Erniedrigung Gottes (37 als Umkehrung der Summe für ZEBAOTH). Auch die Zahl 131, in der sich die Todeszahl 13 mit ihrer Umkehrung verbindet, kommt gelegentlich als Faktor in einer Endsumme vor. Anscheinend hatte diese Zahl für Bach eine besondere Bedeutung als Symbol für Jesu Tod, der das Leben bringt.

Es lag Bach – wie wir sehen werden – nicht nur daran, eine für einen bestimmten Text geeignete Symbolzahl zu erreichen, sondern einen kunstvollen Kosmos aus verschiedenen Zahlen zu bilden, in dem die dynamische Entwicklung der Gedanken des Textes symbolisiert wird.

In der Regel ergeben sich auf den Titelseiten zwei grundlegende Gesamtzahlen. Die erste umfaßt alle Zahlen und die Summen der Buchstaben nach dem Zahlenalphabet, so wie sie niedergeschrieben sind, ohne die abgekürzten Worte zu vervollständigen. Die Symbolik dieser Zahl bezieht sich meistens auf die Gedanken, mit denen die Kantate beginnt. Auf dem Titelblatt der Trauerode (BWV 198) läßt sich diese Zahl nicht feststellen, weil bei einigen Worten nicht eindeutig zu erkennen ist, wieweit sie abgekürzt sind. In der folgenden Darstellung der Kantatentitel werden die Ausgangszahlen nur in einigen besonders eindrucksvollen Beispielen aufgeführt.

Die zweite Gesamtzahl umfaßt auch die Ergänzung der abgekürzten Worte. Dabei können oder müssen – das ergibt sich aus dem Kantatentext – auch noch besondere symbolische Zeichen berücksichtigt werden. Diese Zahlen sind Symbole für die Aussage der ganzen Kantate, wie sie zumeist im Schlußchoral zusammengefaßt ist. Diese umfassenden Gesamtzahlen werden für alle Titelseiten vorgestellt, die in diesem Buch behandelt werden.

Produkte aus symbolischen Zahlen in verschiedener Weise in Faktoren zu gliedern und damit mehrere Deutungen zu erreichen, entspricht alter Tradition und galt als Zeichen für die hohe Bedeutung solcher Zahlen[51]. Bach war sich der verschiedenen Möglichkeiten, eine Zahl zu deuten, sicher bewußt. Wenn ich meist nur eine Erklärung mehrdeutiger Zahlen gebe, geschieht es aus reiflicher Überlegung, welche Deutung dem Text des betreffenden Werkes am besten gerecht wird.

Je größer die Zahlen werden, umso seltener sind Zahlen, die sich als Produkte von Symbolzahlen erweisen. Während zwischen 1 und 100 sich jede Zahl symbolisch deuten läßt, sind es im Bereich von 901 bis 1000 nur noch 58, von 2901 bis 3000 noch 45, im fünfstelligen Bereich von 19901 bis 20000 nur 24. Unter diesen Zahlenprodukten, die in irgendeiner Weise als Symbole gedeutet werden können, entsprechen aber längst nicht alle bestimmten Textaussagen. Wenn sich nun für jede Titelseite eine Ordnung von Symbolzahlen ergibt, die dem Sinn des Werkes und seines Textes in jedem ihrer Teile entspricht – wie ich in den folgenden Kapiteln zeigen will –, ist darum mit hoher Wahrscheinlichkeit anzunehmen, daß sie von Bach beabsichtigt ist.

50 Kleine Enzyklopädie – Mathematik, Leipzig 1973.

51 Martin Luther, Werke, Erlanger Ausgabe, Bd. 10, S. 281ff.

Der Zahlenkosmos für die Titelseite der Trauerode

Die Betrachtung der Titelseite der Trauerode kann nun fortgesetzt werden. Der dort angegebene Termin, der auf den T'rauerakt folgende Tag, ist der 43. nach dem Tod der Königin. 43 ist die Zahl des Glaubens als Summe des Wortes CREDO. Offenbar hat Bach dieses Datum gewählt als Symbol für den Glauben der Verstorbenen, der seine Erfüllung findet, wenn sie vor des Lammes Thron tritt, wie es die Ode schildert.

So bilden das Datum und die Zahl *61* nicht nur in ihrer Anordnung auf der Seite, sondern auch inhaltlich eine Rahmengruppe, die auf die Vollendung der verstorbenen Fürstin in der Ewigkeit hinweist. Die Summe ihrer Buchstaben nach dem Zahlenalphabet zusammen mit den Zahlen 61, 18 und 1727 beträgt 1943 = 29 x 67, Symbol für den heiligen TEMPEL (67) in der Ewigkeit und den Lobgesang der Erlösen (29 = S. D. G., Soli Deo Gloria).

Die Gliederung in einzelne Rahmengruppen ergibt folgende Zahlenordnung:

Mitte 1. Rahmen 2. Rahmen	Name der Königin Titel der Königin Geburt und Tod	214 1443 = 3 x 13 x 37 483 = 3 x 7 x 23
	Die Königin	2140 = 10 x 214
3. Rahmen 4. Rahmen	Traurrede Trauermusik	1183 = 7 x 13 x 13 539 = 7 x 7 x 11
	Traurrede und -musik	1722 = 2 x 861 = 3 x 14 x 41
5. Rahmen	Neuer Name, neuer Tag	1943 = 29 x 67
Titelseite		5805 = 3 x 43 x 45

Die Zahl des zweiten Rahmens ist ein Symbol dafür, daß das ganze Leben der Königin unter der Obhut Gottes (3), des guten Hirten (23) und seines Geistes (7) gestanden hat.

Im ersten Rahmen stellt die Zahl dem hohen irdischen Rang der Königin, wie er in ihren Titeln zum Ausdruck kommt, die Symbole der Erniedrigung Gottes (3) gegenüber, die Zahl 37 als Umkehrung der Zahl für ZEBAOTH, den Herrn der Heerscharen, und die Todeszahl 13.

Trauerrede und Trauermusik führen im 3. und 4. Rahmen zu Symbolen der Sünde (11) und des Todes (13 als Potenz), wozu die Zahl 7 hier als Symbol der Totalität tritt. Bach bekennt damit, daß all unser menschliches Tun fehlerhaft und vergänglich ist, ganz im Sinne der tiefen Unterwürfigkeit, die durch die Summe der beiden Rahmen symbolisiert wird.

Die Gesamtsumme der Titelseite ergibt 5805 = 3 x 43 x 45. Darin sind enthalten die Zahlen für Gott (3), den Glauben (43) und den himmlischen Bräutigam nach dem Psalm 45, dem „Brautlied der Kinder Korah", derer, die vom Tode verschont blieben (4. Mose 26, 11). Wir werden sehen, daß die Zahl dieses prophetischen Psalms eine besondere Rolle in der Bachschen Zahlensymbolik spielt. Im Blick auf die verstorbene Fürstin ist die Zahl ein besonderes Trostsymbol für Christiane Eberhardine, die von ihrem irdischen Gemahl schmählich betrogen und im Stich gelassen worden war. Nicht einmal zu ihrem Begräbnis erschien August der Starke!

Die zwar sorgfältig angeordnete, aber doch etwas flüchtig geschriebene Titelseite weist einen Fehler auf, der nicht durch Rasur getilgt, sondern nur durch Überschreiben korrigiert worden ist: In der vierten Zeile hat Bach das Wort *welche* über das ursprüngliche *so* geschrieben, das aber noch lesbar ist. Auf dieser genau nach symbolischen Gesichtspunkten gestalteten Titelseite kann der Fehler auch wieder nur einen symbolischen Grund haben. Das wegen der Wiederholung stilistisch unschöne Wort so ist wohl ein Sinnbild menschlicher Schuld und wurde daher durch ein besseres ersetzt.

Nun müssen aber auch eine Reihe anderer Zeichen, besonders aus Buchstaben und anderen Schriftzeichen gebildete Zahlen, beachtet werden. Ein übergroßes Komma steht hinter dem Wort *Music.* Es soll wohl die Möglichkeit andeuten, den vierten Rahmen schon an dieser Stelle vom dritten Rahmen abzugrenzen. Zugleich kann das Komma als 1 gelesen werden, gleicht es doch deutlich der *1* in der Zahl *61* in derselben Zeile! Die Zahl ist das Symbol Gottes, er ist der Urheber dessen, was durch die neue Einteilung symbolisch dargestellt werden soll. Das Wort *so,* das eigentlich zum vierten Rahmen gehört, weil es sich auf die *Trauer Music* bezieht und außerdem durch einen Bogen dort hinauf weist, wird jetzt ausgegliedert. Mit der Summe seiner Buchstaben 32 = 2 x 4 x 4 kann es gedeutet werden als Sinnbild für den Gottessohn (2), der auf die Erde (4) gekommen ist.

In diesem Zusammenhang muß die ursprüngliche Summe des vierten Rahmens anders geteilt werden: 539 = 7 x 77 als Symbol für den, der durch den heiligen Geist (7) als 77. Glied der Geschlechterreihe geboren wurde (vgl. Luk. 1, 35 und 3, 23ff.). Der vierte Rahmen selber wird damit zum Sinnbild des himmlischen Reiches, er bezieht sich auf die Musik, das himmlische Gut, dem die Gotteszahl 1 beigegeben ist. Von hier steigt der Gottessohn hinab – der große Bogen im Wort *so* ist darum als abwärtsführend zu verstehen –, und kommt auf die Erde, das Reich des Todes.

Das *so* am Beginn des dritten Rahmens läßt das ursprüngliche *so* am Ende der vierten Zeile vollends als sprachlichen Fehler erscheinen: Das Kommen Christi führt zur Erkenntnis der Sünde. Doch es ist das gleiche Wort wie in der zweiten Zeile: Christus wird „für uns zur Sünde gemacht" (2. Kor. 5, 21). Die Summe der Buchstaben ist hier als Umkehrung der Zahl 23 Symbol für den guten Hirten, der sich in den Tod gegeben hat.

Darübergeschrieben ist das Wort *welche*, dessen Summe die gleiche ist wie die für den SOHN (53) und ihn darum in seiner vollen Kraft symbolisiert. Die beiden aufeinandergeschriebenen Worte können darum als Sinnbild für die beiden Naturen in der Person Christi, die göttliche und die menschliche, gesehen werden.

Eine Fülle von Zeichen, wie wir sie von anderen Titelseiten her kennen, weist hin auf das Heil, das Gott durch seinen Sohn der Verstorbenen und allen Menschen geschenkt hat: Das Zeichen c für Christus erkennen wir in den Worten *Trauer* in der obersten Zeile, *Kirchbach* und *Joh.*, den senkrechten Strich für den Namen Jesus am Wort *Trauer* in der vierten Zeile, den u-Bogen als Zeichen der erhöhten Schlange an mehreren Stellen. Als X-Zeichen können die Buchstaben K in *Königl.*, *Königin* und *Kirche* – nicht aber in *Kirchbach* – sowie das erste Kürzel für etc. – nicht aber das zweite *etc.* – gedeutet werden.

Die X-Zeichen sind offenbar mit Bedacht gesetzt. Das Kreuz erscheint nur zu den Worten, bei denen es als Segenszeichen im Leben der Verstorbenen von Bedeutung war. Außer der Kirche sind es die mit dem Königtum verbundenen Begriffe. Als Königin war sie im Dom zu Krakau vom Erzbischof im Namen Gottes gesalbt und mit dem Zeichen des Kreuzes gesegnet worden.

Einige Zeichen wirken sich auch auf die Zahlensymbolik aus. Als 2 können die u-Bögen über den Worten *Trauer* in der vierten Zeile sowie *und* in der sechsten gelesen werden, als 3 über den Worten *auff* und *aufgeführt*. Sie sind Hinweise auf Gott (3) und seinen Sohn (2), deren Beistand durch diese Zeichen für die Verstorbene, aber auch für die Aufführung der Trauermusik erbeten wird. Im zweiten Kürzel *etc.* ist eine 4 zu erkennen, sie bezieht sich auf die irdischen (4) Würden, die ihr als Kurfürstin durch die Heirat zuteil wurden. Königin dagegen war sie von Gottes Gnaden.

Im Namen *Eberhardinen* ist am Buchstaben *a* genau in der Mitte des Wortes eine Korrektur vorgenommen worden, ohne daß zu erkennen ist, was hier eigentlich verbessert werden soll. Offenbar handelt es sich nur um eine Verstärkung der linken Hälfte des Buchstabens, die wohl eine 1 darstellen soll, die Zahl des Buchstabens und zugleich das Symbol Gottes. In der Mitte des Namens stehend, soll sie wohl besagen, daß die Fürstin Gott in ihrem Herzen hatte.

Auffallend ist dann der dicke Bindestrich im Wort *Pauliner-Kirche*; zugespitzt an einem Ende, ähnelt er dem großen Komma hinter dem Wort *Music*. Als liegende 1 hat er wohl in Beziehung zum Trauerakt eine besondere Bedeutung. Die in der Kirche versammelte Hörerschar gedachte der im Grabe liegenden Königin. Hier setzt Bach das Sinnbild Gottes ein, der im Grab gelegen hat, um die Fürstin und uns alle vom ewigen Tod zu erlösen.

Eingehender müssen wir uns mit dem Abkürzungszeichen über dem Wort *ao.* befassen. Es ist ohne Mühe als 2 zu lesen. Der große schwungvolle Bogen deutet wohl an, daß hier nicht nur die beiden fehlenden Buchstaben zu ergänzen sind, sondern auch das Wort Domini. So wie das Wort *anno* durch die Zahl des Gottessohnes gekrönt wird, so steht das Jahr unter dem Namen des Herrn, und das gilt in besonderer Weise für die Königin, die jetzt ihrem Herrn entgegentritt an dem Tag, der symbolisch auf den Beginn ihres neuen Lebens hinweist.

Unter Berücksichtigung dieser Zeichen und Zahlen ergibt sich eine zweite Rahmenordnung, in der Symbolzahlen für die Heilstat Christi erscheinen. Dabei bildet der Buchstabe *a* im Namen *Eberhardinen* den Mittelpunkt, die anderen Buchstaben des Namens ergeben einen neuen Rahmen, und die Anzahl der

Rahmengruppen beträgt nicht mehr 5 als Symbolzahl für den Bereich des Satans, sondern 6 = 2 x 3 als Symbol Gottes (3) und seines Sohnes (2).

Das fehlerhafte *so* wird jetzt mitgerechnet, dafür aber die liegende 1 – sie gleicht ja dem Minuszeichen – negativ berechnet. Damit kommt symbolisch zum Ausdruck, daß Gott für unsere Sünden in den Tod gegangen ist.

Mitte	Gottessymbol im Namen Eberhardine	2
1. Rahmen	Name der Königin	213 = 3 x 71
2. Rahmen	Titel der Königin	1449 = 3 x 3 x 7 x 23
3. Rahmen	Geburt und Tod	486 = 2 x 3 x 3 x 3 x 3 x 3
4. Rahmen	Trauerrede	1248 = 2 x 2 x 13 x 24
5. Rahmen	Trauermusik	511 = 7 x 73
6. Rahmen	Neuer Name, neuer Tag, Jahr des Herrn	2006 = 2 x 17 x 59
Titelseite		5915 = 13 x 13 x 35

Eine Zusammenfassung von Rahmengruppen ist in dieser Ordnung weder möglich noch sinnvoll, geht es doch hier nicht um die Fürstin und die ihr untergebenen Landeskinder, sondern um den Heilsweg Christi. Die symbolische Darstellung beginnt mit der Geburt des Gottessohns. Seine Zahl 2 wird umgeben vom ersten Rahmen, dem Namen der Königin. Jesus ist das fleischgewordene WORT (71) Gottes (3), das nun „unter uns wohnte" (Joh. 1, 14), im Herzen der Christiane Eberhardine hat er Wohnung genommen wie in der KRIPPE (71).

An die Stelle der Titel im 2. Rahmen treten die Zahlen für das Amt des Heilands, er ist von Gott (3) mit dem Heiligen Geist (7) ausgestattet als der gute Hirte (23).

Im dritten Rahmen, der Beginn und Ende des Lebensweges der Königin nennt, erscheinen Symbole für die Herkunft Jesu als Sohn (2) des allmächtigen Gottes, in dessen Herrlichkeit (3 als Potenz) er wieder aufgenommen wird.

Der vierte Rahmen ist aus dem dritten der ersten Rahmenordnung hervorgegangen, er enthält die Zeichen für das Kommen des Gottessohnes (2) und seinen Tod (13), der den Weg in die Seligkeit geöffnet hat, symbolisiert durch die Zahl der 24 Ältesten vor dem Thron Gottes.

Im fünften Rahmen steht das Symbol für den mächtigen Herrn ZEBAOTH (73 und 7 als Zahl der Totalität), im sechsten dann sind es die Zahlen der Erlösung (17), die uns zu GOTT (59) und seinem Sohn (2) führt.

Als Gesamtzahl ergibt sich ein Symbol für die Allgewalt des Todes (13 als Potenz), Gottes SOHN (53) hat sich ihr ergeben. Dafür steht die Umkehrung seiner Symbolzahl (35), als Zahl des prophetischen Psalms 35 weist sie zugleich darauf hin, daß er unverschuldet diese Strafe auf sich genommen hat.

Diese Summe ist aber noch nicht die Krönung des Zahlenkosmos auf dieser Titelseite. Wenn man die liegende 1 im Wort *Pauliner-Kirche* positiv wertet als Zeichen der Auferstehung, beträgt die Summe 5917 = 61 x 97, Symbol für den neuen Namen ISRAEL (61), der der verstorbenen Königin verliehen wird. Nun ist sie nicht mehr die von ihren Landeskindern verehrte Fürstin, sondern steht vor Christus, der nach den Worten des prophetischen Psalms 97 „in allen Ländern hoch gepriesen wird".

Die alte Rahmenordnung mit dem Namen der Verstorbenen in der Mitte und den Symbolen ihrer Verehrung als Königin in den symmetrischen Gliedern verblaßt hinter der neuen, wo Christus der Mittelpunkt ist und die rahmenden Teile seinen Heilsweg symbolisieren. Nun steht die ehemalige Fürstin vor ihrem Heiland in ihrer neuen Würde, wie es der Dichter Gottsched in seiner Ode beschreibt:

BWV 198, 9 Nun trägst du vor des Lammes Throne
anstatt des Purpurs Eitelkeit
ein perlenreines Unschuldskleid
und spottest der verlaßnen Krone.

Um dieses Ziel zu erreichen, mußten alle Sünden getilgt werden, und darum hat es Bach so eindringlich in verschiedenen Zeichen sinnbildlich dargestellt. Bach ist mit dieser reichgegliederten Zahlenordnung ein tiefsinniges Kunstwerk von großer Geschlossenheit gelungen. Die Zahl des Namens ISRAEL steht am Beginn des Titels, sie beschließt ihn auch in der Gesamtsumme, die zugleich Bachs Anliegen gerecht wird, an die Stelle der Devotion vor irdischen Fürsten die Anbetung Christi als des Herrn der Welt zu setzen.

Zahlensymbolik auf den Titelseiten der kirchenmusikalischen Werke

Titelseiten ohne Zeichen von zahlensymbolischer Bedeutung

BWV 172 Erschallet, ihr Lieder

Feria 1 Pentecostes
Erschallet ihr Lieder
à
4 Voci
3 Trombe
Tamburi
2 Violini
2 Viole
e
Continuo
di
Joh: Seb: Bach

Die Titelseite dieser prächtigen Pfingstfestkantate führt auch in seinen Gesamtzahlen zu großartigen Symbolen für die Herrlichkeit des dreieinigen Gottes:

Summe der geschriebenen Buchstaben nach dem Zahlenalphabet Summe der Zahlen	888 = 4 x 6 x 37 = 3 x 8 x 37 12 = 3 x 4
Summe der geschriebenen Buchstaben und Zahlen Summe der zu ergänzenden Buchstaben bei Abkürzungen	900 = 3 x 3 x 100 90 = 3 x 3 x 10
Titelseite	990 = 3 x 3 x 110

Bereits die Summe der niedergeschriebenen Buchstaben ergibt eine eindrucksvolle Symbolzahl. Zahl und Buchstabe unterscheiden sich von ihrem Ursprung her grundlegend. Während die Zahlen Bausteine der Schöpfung Gottes sind, wurden die Buchstaben von Menschen geschaffen und symbolisieren darum wohl im Sinne Bachs den irdisch-menschlichen Bereich. In der dreifachen 8 erscheint zwar schon ein Bild ewiger Vollkommenheit, doch ein Zahlenbild gibt in der Bachschen Zahlensymbolik nur ein vorläufiges Symbol, hier vielleicht als Vision zu deuten. Entscheidend ist das Produkt. Es läßt sich in verschiedener Weise darstellen: 37 ist einmal die Umkehrung der Summe für ZEBAOTH (73), den Herrn der Heerscharen. Die Zahl symbolisiert: Er verzichtet auf seine Macht, geht in die geschaffene Welt (6) ein und kommt auf die Erde (4). 37 ist aber auch die Umkehrung der Summe aus dem Wort HERTZ (73), mit tz geschrieben, wie es damals üblich war; durch das Kommen des dreieinigen Gottes (3) wird es umgewandelt und zur Vollkommenheit (8) geführt. Diese Gedanken entsprechen der symbolhaften Bedeutung der Buchstaben und finden sich im Text der Kantate:

BWV 172, 3 Heiligste Dreieinigkeit...
komm doch in die Herzenshütten,
sind sie gleich gering und klein.
5 Höchste Liebe, komm herein,
du hast mir das Herz genommen.

Die Summe der Zahlen tritt hinzu: Gott (3) kommt auf die Erde (4). Nun ergeben sich Symbole für die Verherrlichung der Dreieinigkeit durch die Potenz der Zahl 3 und die Multiplikation mit 10 und 100, schließlich mit der Zahl des prophetischen Psalms 110, der nach Calov „vom Sitzen des Herrn zur Rechten des Herrn" spricht, vom höchsten Triumph Christi am Ende der Zeit.

Das ist Symbol für die Aussage des Schlußchors. Dieser ist die Wiederholung des Eingangschors, jetzt aber in endzeitlicher Bedeutung. Er folgt auf die Gedanken des Chorals:

BWV 172, 6 Er wird mich doch zu seinem Preis
aufnehmen in das Paradeis.

So wird er zum Sinnbild des Lobgesanges der Erlösten vor dem erhöhten Herrn (nach dem prophetischen Psalm 110), begleitet von den Klängen der Harfen (Offb. 5,8):

BWV 172, 7 Erschallet, ihr Lieder, erklinget, ihr Saiten!

BWV 182 Himmelskönig, sei willkommen

Tempore Passionis aut
Festo Mariae Annunciationis.
Him̄elskönig seÿ willkommen.
á
4 Voci.
1 Fiauto ⎤ Concert:
1 Violino ⎦
1 Violino
2 Viole
e
Continuo
di
Joh: Sebast: Bach

Die Summe der Titelseite beträgt 1558 = 2 x 19 x 41. Der Punkt hinter dem Wort *Voci.* deutet die Möglichkeit an, das Wort zur lateinischen Bezeichnung *Vocibus* zu ergänzen. Damit erhöht sich die Summe auf 1598 = 2 x 17 x 47, Symbolzahlen für den Gottessohn (2), der von seinem Thron (19) herabkommt, um für Bach (41 als Umkehrung der Namenszahl) in den Tod zu gehen, der als HERR (47) zur ewigen Seligkeit (17) führt.

BWV 76 Die Himmel erzählen die Ehre Gottes

Dominica 2 post Trinit:
Die Himmel erzehlen die Ehre Gottes
à
4 Voci.
1 Tromba
2 Hautbois
2 Violini
Viola
con
Continuo
di
J:S: Bach

Die Summe dieser Titelseite 1224 = 3 x 17 x 24 ist ein Symbol für das Ziel, zu dem der Text der Kantate führt: der Lobpreis der Auserwählten (24) vor Gott (3) als Dank für die Erlösung (17). Besonders schön sagt es das letzte in den Schlußchoral führende Rezitativ:

BWV 76, 13 So soll die Christenheit
die Liebe Gottes preisen,...
bis in die Ewigkeit
die Himmel frommer Seelen
Gott und sein Lob erzählen.

Der Punkt hinter dem Wort *Voci.* deutet wie in vielen anderen Kantatentiteln die Möglichkeit an, das Wort zur lateinischen Bezeichnung *Vocibus* zu ergänzen. Damit erhöht sich die Gesamtzahl auf 1264 = 2 x 4 x 158. JOHANN SEBASTIAN BACH (158) selber gibt sich hier zu erkennen; er weiß, daß der Gottessohn (2) ihm auf der Erde (4) zur Seite steht. Von seinem Wirken für uns auf Erden sind besonders die Gedanken der letzten Sätze der Kantate bestimmt:

BWV 76, 11 Ich fühle schon im Geist,
wie Christus mir
der Liebe Süßigkeit erweist…,
damit sich unter uns allhie
die brüderliche Treue
stets stärke und erneue.
14 Es danke Gott und lobe dich
das Volk in guten Taten.
Das Land bringt Frucht und bessert sich.

BWV 123 Liebster Immanuel, Herzog der Frommen

Festo Epiphanias
Liebster Immanuel Herzog d. Fro̅men
à
4 Voci.
2 Traversieri
2 Hautb: d'Amour
2 Violini
Viola
e
Continuo
di
J: S: Bach

Die Gesamtzahl dieses Titelblattes beträgt 1326 = 2 x 3 x 13 x 17 und ist ein getreues Symbol der Aussage dieser Kantate: Der Sohn (2) Gottes (3) führt mich durch den Tod (13) zur Erlösung (17). Dabei muß auch die lateinische Bezeichnung *Vocibus* berücksichtigt werden als Zeichen für das ewige Leben.

BWV 123, 4 Der Tod hat selbsten keine Macht,
mir aber ist der Sieg schon zugedacht,
weil sich mein Helfer mir, mein Jesus, zeigt.
6 Mein ganzes Leben
sei dir ergeben,
bis man mich einsten legt ins Grab hinein.

BWV 124 Meinen Jesum laß ich nicht

Dominica 1 post Epiphan:
Meinen Jesum laß ich nicht
à
4 Voci
1 Hautb: Conc: d'Amour
2 Violini
Viola
e
Continuo
di
J: S: Bach

Die Summe aus Zahlen und Buchstaben beträgt hier 1224 = 2 x 3 x 12 x 17, ein Symbol für Gott (3), seinen Sohn (2) und die Erlösung (17). 12 kann sowohl als Zahl für Christus, als auch für die ewige Stadt mit ihren 12 Toren gedeutet werden. Dieses Ziel stellt uns die Kantate in den letzten Sätzen in immer neuen Wendungen vor Augen:

BWV 124, 4 Allein mein Geist sieht gläubig auf
und an den Ort, wo Glaub und Hoffnung prangen,
allwo ich nach vollbrachtem Lauf
dich, Jesu, ewig soll umfangen.
5 Du findest im Himmel dein wahres Vergnügen,
wenn künftig dein Auge den Heiland erblickt.
6 Christus läßt mich für und für
zu den Lebensbächlein leiten.

BWV 45 Es ist dir gesagt, Mensch, was gut ist (Facsimile S. 263)

Die Gesamtzahl dieser Titelseite beträgt 1331 = 11 x 11 x 11, sie ist geradezu eine Triumphzahl der Sünde (11 in dritter Potenz). Das entspricht durchaus der Aussage des Kantatentextes, so wie ihn Bach mit klarem Blick erkannt und verurteilt hat. Er predigt ausschließlich die Gerechtigkeit, die sich der Mensch mit guten Werken verdienen soll:

BWV 45, 3 Seele, denke dich zu retten,
auf Gehorsam folget Lohn.
Qual und Hohn
drohet deinem Übertreten!

Auch der Schlußchoral führt nur zu der Bitte:

BWV 45, 7 Gib, daß ich tu mit Fleiß,
was mir zu tun gebühret!

Durch die Symbolik der Gesamtsumme der Titelseite macht Bach deutlich, daß alles menschliche Bemühen um ein Leben in Gerechtigkeit nichts anderes als Sünde bleibt; das Vertrauen auf die guten Werke ist geradezu der Inbegriff der Sünde. Es entspricht dem ganz in irdischem Denken verhafteten Kantatentext, daß das Wörtchen *è* bei der Berechnung dieser Gesamtsumme nicht zum lateinischen *et* sondern zum italienischen *ed* erfolgen muß.

Daß Bach auf dieser Titelseite auch einen anderen Weg aufzeigt, kann erst später dargestellt werden (s. S. 264).

BWV 3 Ach Gott, wie manches Herzeleid (Facsimile S. 51)

Die Summe aus Zahlen und Buchstaben beträgt 1161 = 3 x 3 x 3 x 43. Die Symbolzahlen für Gott (3) und den Glauben (43 = CREDO) beziehen sich auf den Schlußchoral, der in einem Gebet die Gedanken der Kantate zusammenaßt:

BWV 3, 6 Erhalt mein Herz im Glauben rein,
so leb und sterb ich dir allein.

BWV 11 Lobet Gott in seinen Reichen

Oratorium
Festo Ascensionis Christi
à
4 Voci.
3 Trombe
Tamburi
2 Traversi
2 Oboi
2 Violini
Viola
e
Continuo
di
J. S. Bach

Die Gesamtzahl für das Titelblatt des Himmelfahrtsoratoriums, 1197 = 3 x 7 x 57 = 3 x 3 x 7 x 19 ist Symbol für Gott (3) auf seinem Thron (19), der jetzt im HIMMEL (57) über alles herrscht (7 als Zahl der Totalität). Das schildert der Choral

BWV 11, 6 Nun lieget alles unter dir,
dich selbst nur ausgenommen.

BWV 14 Wär Gott nicht mit uns diese Zeit

Dominica 4 post Epiph.
Wär Gott nicht mit uns diese Zeit
à
4 Voci.
1 Corne da Caccia
2 Hautbois
2 Violini
Viola
e
Continuo
di
Joh. Sebast. Bach

In der Gesamtzahl der Titelseite erscheinen Symbole für Gottes Handeln: 1220 = 2 x 10 x 61. Der Sohn (2) Gottes in seiner Macht (Multiplikation mit 10) schenkt uns den Namen seiner Auserwählten, ISRAEL (61). Nach der Erläuterung Luthers ist dies der Name aller Christen, denn Gott hat sich ihnen ergeben, wie es die Erzählung vom Kampf Jakobs berichtet (1. Mose 29, 32). Auch im Schlußchoral ist es der Name, mit dem uns Gott seine Hilfe zuteil werden läßt:

BWV 14, 5 Wie ein Vogel des Stricks kommt ab,
ist unsre Seel entgangen.
Strick ist entzwei, und wir sind frei,
des Herren Name steht uns bei.

BWV 21 Ich hatte viel Bekümmernis

Per ogni Tempo
Concerto
a 13.
3 Trombe è
Tamburi.
1 Oboe.
2 Violini è
una Viola
Fagotto è
Violoncello,
4 Voci,
con
Continuo
da
G S Bach
d(en) 3t(en) post Trinit: 1714 musiciret word(en)

Die Summe der niedergeschriebenen Zahlen und Worte in der abgekürzten Form beträgt 3125 = 5 x 5 x 5 x 5 x 5. Hier wird die Übermacht des Teufels in der fünften Potenz der Zahl 5, der „bösen Geister Zahl", wie sie Andreas Werckmeister nennt[52], symbolisiert. Das ist der Grund unserer Bekümmernis:

52 Andreas Werckmeister, Musicalische Paradoxal-Discourse, Quedlinburg 1707, S. 94.

BWV 21, 5 Hier versink ich in den Grund,
dort seh in der Höllen Schlund.

Mit Ergänzung der abgekürzten Worte beträgt die Gesamtzahl 3430 = 7 x 7 x 70, sie ist Symbol für den Namen JESUS (70) und das siebenfache Lob, das ihm in der ewigen Anbetung gesungen wird (Offb. 5,12). Diese Gedanken finden wir in den beiden letzten Sätzen:

BWV 21, 10 Weil Jesus mich tröstet mit himmlischer Lust.
11 Das Lamm, das erwürget ist, ist würdig zu nehmen Kraft und Reichtum und Weisheit und Stärke und Ehre und Preis und Lob.

BWV 23 Du wahrer Gott und Davids Sohn

Doĩca Estomihi
Du wahrer Gott und Davids Sohn
Concerto
a
9 Voci.
2 Hautbois
2 Violini
1 Viola
S. A. T. B.
è
Baßo per l' Organo
di
J. S. Bach

Auch auf dem Titelblatt dieser Kantate ist das Gegenüber der beiden Fassungen ohne und mit Ergänzungen bedeutungsvoll. Der niedergeschriebene Text ergibt die Summe 1080 = 3 x 3 x 10 x 12, wobei die 12 hier Symbol für Christus ist, den Gott, der auf die Erde kam (3 x 4), und seine göttliche Hoheit (3 als Potenz, durch Multiplikation mit 10 erhöht). Wenn man die Zahl auf andere Weise dividiert: 3 x 10 x 36, wird sie zum Symbol fiir das LAMM (36) Gottes. Das sind alles Zahlensymbole fiir die verschiedenen Formen der Anrede an den Heiland:

BWV 23, 1 Du wahrer Gott.
3 Herr, du allmächtiger Gott.
4 Christe, du Lamm Gottes.

Mit Ergänzung der abgekürzten Wörte erhalten wir die Summe 1564 = 2 x 2 x 17 x 23, Symbol für den guten Hirten (23), der uns Hilfe und Erlösung bringt (17). Als Sohn (2) Davids stammt er ja auch von einem Hirten ab; dieser Gedanke könnte für die Wahl der Symbolzahl 23 bestimmend gewesen sein. Zudem ist der Text der Kantate in Beziehung zum Evangelium von der Heilung des Blinden (Luk. 18, 31-43) erfüllt von Aussagen über die Hilfe des Heilands bis hin zum ewigen Frieden:

BWV 23, 1 Und laß durch deine Wunderhand,
die soviel Böses abgewandt,
mir gleichfalls Hilf und Trost geschehn.
4 Gib uns dein' Frieden!

BWV 36 Schwingt freudig euch empor

Dominica 1 Adventus Xsti
Schwingt freüdig eüch empor
a
4 Voci
2 Hautb: d'Amour
2 Violini
Viola
e
Continuo
di
Joh: Sebast: Bach

Die Gesamtzahl der Titelseite 1164 = 12 x 97 = 3 x 4 x 97 ist Symbol für Christus (12), dessen Herabkommen auf die Erde (4) in dieser Adventskantate besungen und der nach den Worten des prophetischen Psalms 97 „in allen Ländern hoch gepriesen wird". Das hören wir vor allem in den Chorsätzen der Kantate:

BWV 36, 1 Es naht sich selbst zu euch
der Herr der Herrlichkeit.
2 Des sich wundert alle Welt,
Gott solch Geburt ihm bestellt.
4 Groß ist der König der Ehren.
8 Lob sei Gott, dem Vater, ton,
Lob sei Gott dem eingen Sohn.

BWV 39 Brich den Hungrigen dein Brot (Facsimile S. 77)

Dominica 1 post Trinit:
Brich den Hungrigen dein Brod
à
4 Voci
2 Fiauti
2 Hautb.
2 Violini
Viola
e
Continuo
di
Joh: Seb: Bach

Auf die Titelseite des Stimmumschlags hat Bach abweichend vom Bibeltext *den Hungrigen* geschrieben, und da Carl Philipp Emanuel auf dem Titel der Partitur dasselbe getan hat, dürfte die Pluralfassung – statt *dem Hungrigen* (Jes. 58, 7) – wohl der Absicht Bachs entsprechen.

Die Gesamtzahl des Titelblattes 1128 = 24 x 47 ist ein Symbol für die große Verheißung, die dem Barmherzigen gegeben wird: Der HERR (47) wird ihn in die Schar der Auserwählten (24) aufnehmen. Mit diesem Wort aus dem Propheten Jesaja schließt der Eingangschor:

BWV 39, 1 Die Herrlichkeit des Herrn wird dich zu sich nehmen.

BWV 40 Dazu ist erschienen der Sohn Gottes

Feria 2 Nativit: Christi
1 Joan: 3. V. 8.
Darzu ist erschienen der Sohn Gottes
â
4 Voc:
2 Corni
2 Hautbois
2 Violini
Viola
con
Continuo
di Sign:
J. S. Bach

Die Gesamtzahl der Titelseite, die Johann Andreas Kuhnau geschrieben hat, beträgt 1551 = 3 x 11 x 47 als Symbol für das Thema der Kantate zum 2. Weihnachtstag, das im Eingangschor erklingt:

BWV 40, 1 Dazu ist erschienen der Sohn Gottes,
daß er die Werke des Teufels zerstöre.

Gott (3) sendet den, der HERR (47) ist über die Sünde (11), das Teufelswerk, weil er sie selbst auf sich nimmt.

Mit der Ergänzung des Wortes *Voc:* zum lateinischen *Vocibus* ergibt sich als Gesamtsumme 1591 = 37 x 43: Wir können im Glauben (43) auf Christus vertrauen, der sich selbst erniedrigt hat; das symbolisiert die Zahl 37 als Umkehrung der Summe für ZEBAOTH (73), den Herrn der Heerscharen.

BWV 40, 2 Der Herr erscheinet als ein Knecht,
und wird dem menschlichen Geschlecht...
zu Trost und Heil geboren.

Gibt man dem Namen Bachs den Ehrentitel *Signor* statt des gebräuchlichen *signore*, dann erscheint in der Gesamtzahl 1586 = 2 x 13 x 61 auch das Symbol für den Ehrennamen, den der Gottessohn (2) uns schenken wird durch seinen Tod (13): ISRAEL (61). Von dieser Gewißheit sind die Sätze der Kantate erfüllt:

BWV 40, 3 Wer ist, der uns als Christen kann verdammen?
6 Fleuch, du alte Schlange...
Und ich bin durchs Leiden
meines Heilands dir entrückt
in den Saal der Freuden.

BWV 55 Ich armer Mensch, ich Sündenknecht

Dominica 22 post Trinit:
Ich armer Mensch, ich Sünden Knecht.
à
4 Voci.
ò vero
Tenore solo è 3
Ripieni
1 Traversiere
1 Hautb. d' Amour
2 Violini
Viola
e
Continuo
di
Joh. Sebast: Bach

Die Gesamtzahlen der Titelseite dieser Bußkantate 1656 = 2 x 23 x 36 und mit Ergänzung des Wortes *Voci.* zu *Vocibus* 1696 = 32 x 53 sind Symbole für Gottes SOHN (53), der als das LAMM (36) Gottes die Sünden getragen hat und als der gute Hirte (23) in den Tod (32 als Umkehrung) gegangen ist. Das entspricht den Gedanken der Kantate, die der Schlußchoral zusammenfaßt:

BWV 55, 5 Hat uns doch dein Sohn verglichen
durch sein Angst und Todespein.

BWV 56 Ich will den Kreuzstab gerne tragen (Facsimile S. 90)

Die Gesamtzahl der Titelseite von der Hand Christian Gottlob Meißners beträgt 1710 = 3 x 10 x 57 = 19 x 90. Das sind Symbole fiir das Ziel des Lebensweges, den die Kantate in Bildern beschreibt: Der Kreuzstab führt zu Gott (3), die Schiffahrt endet im HIMMEL (57) bei „dem schönsten JESULEIN (90)", das im Zahlensymbol auf dem Thron (19) Gottes gesehen wird:

BWV 56, 1 Ich will den Kreuzstab gerne tragen,
er kommt von Gottes lieber Hand,
der führet mich nach meinen Plagen
zu Gott in das gelobte Land.
2 So tret ich aus dem Schiff in meine Stadt,
die ist das Himmelreich.
5 Komm, o Tod, des Schlafes Bruder,
komm und führe mich nur fort...
Es mag, wer da will, dich scheuen,
du kannst mich vielmehr erfreuen,
denn durch dich komm ich herein
zu dem schönsten Jesulein.

Man sollte angesichts der Bilder und Symbole für das ewige Leben erwarten, daß auch die Abkürzung *Sigr.* als Ehrentitel *Signor* gelesen werden muß. Das ist aber für diese Summe noch nicht der Fall, noch befindet sich der Beter dieses Kantatentextes auf dem beschwerlichen Erdenwege. Erreicht werden kann die Wandlung des Titels erst, wenn man die römischen Zahlen, eine Seltenheit auf den Titelseiten, auch in ihrem Buchstabenwert berechnet als Hinweis auf die Menschwerdung Christi: Er kommt aus dem Reiche Gottes, symbolisiert durch die Zahlen, in die Menschenwelt, deren Sinnbild die Buchstaben sind. Umgekehrt muß dann auch das *X* im Wort *Xstab* als Zahl betrachtet werden.

Als Summe ergibt sich nun 1768 = 8 x 13 x 17: Der Tod (13) führt zur Erlösung (17) im ewigen Leben (8), wie es der Schlußchoral zum Ausdruck bringt. Bachs Zahlen- und Wortsymbolik macht deutlich, was der Textdichter verschweigt: Das ewige Leben erreichen wir nur durch Christi Menschwerdung und Kreuzestod.

BWV 58 Ach Gott, wie manches Herzeleid

Dominica post Fest: Circumcisionis
Dialogus
Ach Gott wie manches Hertzeleyd.
Nur Gedult, Gedult mein Hertze
à Soprano e
Baßo
2 Violini
Viola
e
Continuo
di
Joh. Seb: Bach

Die Kantate zum Evangelium von der Flucht des Jesuskindes nach Ägypten (Matth. 2, 13–23) will den bedrängten Herzen die Gewißheit geben, daß Gott sie in seine Herrlichkeit führen wird, wie er es an seinem Sohn bewiesen hat. Der Textdichter wird nicht müde, diese Zuversicht in jedem Satz aufs neue zu bekräftigen:

BWV 58, 1 Ach Gott, wie manches Herzeleid
begegnet mir zu dieser Zeit!
Doch der Gang zur Seligkeit
führt zur Freude nach dem Leid.
2 So hast du dennoch Gott zum Freunde,
der wider deine Feinde
dir stets den Rücken hält.
3 Ich bin vergnügt in meinem Leiden,
denn Gott ist meine Zuversicht.
4 So weist mir Gottes Hand
ein andres Land.
5 Zu dir ins Himmels Paradeis,
da ist mein rechtes Vaterland,
daran hast du dein Blut gewandt...
Hier ist Angst, dort Herrlichkeit!

In gleicher Weise enthält die Gesamtzahl nur Symbole für Gott und seinen Sohn in der Herrlichkeit: 1620 = 3 x 3 x 3 x 3 x 2 x 10. Ob es Zufall ist, daß in den Faktoren viermal die Zahl Gottes erscheint, so wie vier Sätze von Gott sprechen? Nur der letzte Satz erwähnt Christi Heilstat, dazu die Herrlichkeit, das entspricht der Zahl des Gottessohnes, erhöht durch die Multiplikation mit 10.

BWV 66 Erfreut euch, ihr Herzen (Facsimile S. 57)

Die Gesamtzahl der Titelseite für die Kantate zum zweiten Ostertag mit dem Evangelium von den beiden Jüngern auf dem Gang nach Eammaus (Luk. 24, 13–35) ergibt mit Ergänzung des Wortes *Voci.* zum lateinischen *Vocibus* 1364 = 2 x 22 x 31. Die Zahl des Psalms 22: „Mein Gott, warum hast du mich verlassen?“ ist in diesem Zusammenhang wohl nicht nur als Hinweis auf den Leidenspsalm Christi, sondern auch auf die Angst der Jünger zu verstehen, die sich von ihrem Gott und Herrn verlassen sehen:

BWV 66, 5 Ich fürchte zwar des Grabes Finsternissen
und klagete, mein Heil sei mir entrissen.

Daneben steht die Zahl des Gottessohnes (2), er hat diese Verlassenheit für uns getragen. 31 ist die Zahl eines prophetischen Psalms, der nach Calov von Christi „Tod und Aufgebung seiner Seelen“ spricht. Die Zahl ist nun zugleich die Umkehrung der Todeszahl 13, und so ist sie wohl zu deuten als Symbol für den Tod des Heilands, der uns das Leben gibt. Im Text dieser Kantate findet diese Deutung eine Bestätigung:

BWV 66, 4 Mein Heiland ruft mir kräftig zu:
„Mein Grab und Sterben bringt euch Leben“.

BWV 93 Wer nur den lieben Gott läßt walten

Dominica 5. post Trinit.
Wer nur den lieben Gott läst walten
â
4. Voc.
2. Hautbois.
2. Violini.
Viola
e
Continuo
di Sigl
J. S. Bach

Die Gesamtzahl dieser Titelseite – von einem unbekannten Schreiber angefertigt – beträgt 1264 = 2 x 4 x 158: JOHANN SEBASTIAN BACH (158) ist gewiß, daß auf Erden (4) der Gottessohn (2) bei ihm steht:

BWV 93, 5 Drum traue nur in Armut, Kreuz und Pein
auf deines Jesu Güte
mit gläubigem Gemüte.

Der Schlußchoral war für ihn als Kantor eine Aufforderung, sein Amt treu zu versehen:

BWV 93, 7 Sing, bet und geh auf Gottes Wegen,
verricht das deine nur getreu!
Und trau des Himmels reichem Segen,
so wird er bei dir werden neu.

Dieser Text wird ihn bewogen haben, nicht nur sein Mongramm zweimal in Buchstaben des Titels, sondern auch die Zahl seines Namens in der Gesamtsumme erscheinen zu lassen (s. S. 96). Für diese ganz auf das irdische Leben und Schaffen ausgerichtete Kantate ist es sinnvoll, den Titel Bachs nur als Signore zu berechnen.

BWV 94 Was frag ich nach der Welt

Dominica 9. post Trinit.
Was frag ich nach der Welt.
â
4 Voc.
Travers.
2. Hautbois.
2. Violini.
Viola
con
Continuo
di Sig*e*
J. S. Bach.

Diese Titelseite stammt von demselben Schreiber wie die vorige. In der Kantate spricht ein Mensch, der fest im Glauben steht, seine tiefe Verachtung für alles weltliche Wesen aus. Darum sollte nach der Gepflogenheit Bachs die Abkürzung *Travers.* zur lateinischen Form *Traversa,* die der Oboen durch den italienischen Zusatz *d'Amore* ergänzt werden; das entspricht auch dem Umfang des Oboenparts und der Bezeichnung der Stimmen. Wir erhalten dann als Gesamtzahl 1300 = 13 x 100, mit der lateinischen Bezeichnung *Vocibus* aber 1340 = 2 x 10 x 67. Die beiden gegensätzlichen Symbole für die allumfassende Macht des Todes (13 x 100) einerseits, den heiligen TEMPEL (67) und den Gottessohn in seiner Herrlichkeit (2 x 10) andererseits geben die Gedanken der beiden Strophen des Schlußchorals wieder:

BWV 94, 8 Was frag ich nach der Welt!
Im Hui muß sie verschwinden,
ihr Ansehn kann durchaus
den blassen Tod nicht binden.
Die Güter müssen fort,
und alle Lust verfällt.
Was frag ich nach der Welt!
Mein Jesus ist mein Leben,
mein Schatz, mein Eigentum,
dem ich mich ganz ergeben,
mein ganzes Himmelreich.

Doch wenn Bach im Himmelreich aufgenommen wird, steht ihm in der Sprache seiner Symbolik der Titel *Signor* zu. Nun kann die Bezeichnung *d'Amore* als Sinnbild für das Wirken Jesu auf Erden entfallen, und es ergibt sich als Summe der Titelseite 1281 = 21 x 61: Der Gekreuzigte (21 als Umkehrung) hat Bach den Namen der Auserwählten, ISRAEL (61) verliehen.

BWV 132 Bereitet die Wege, bereitet die Bahn (Facsimile S. 76)

Auf dieser Titelseite hat Bach den Anfangsbuchstaben seines ersten Vornamens so geschrieben, daß man ihn als G oder als J lesen kann. Während er auf den in Weimar entstandenen Titelseiten stets die italienische Form seiner Vornamen verwendete, wollte er offenbar auf dem letzten der Weimarer Titelblätter zwei Möglichkeiten anbieten. Das entspricht dem Bußruf Johannes des Täufers, der in der Adventskantate ausgelegt wird. Die Christen haben die Botschaft vom Kommen des Messias gehört, sie haben sich aber von ihm abgewandt und müssen an ihre Taufe erinnert werden:

BWV 132, 4 Hab ich dir zwar stets feste Treu versprochen,
ach, aber ach! der Taufbund ist gebrochen.
5 Christi Glieder, ach bedenket,
was der Heiland euch geschenket
durch der Taufe reines Bad!

Wenn man Bachs Vornamen italienisch liest – *Giovanni Sebastiano* – und die Bezeichnung der Singstimme *Baßo* wie beim Orgelbaß mit ß schreibt, ergibt sich die Gesamtzahl 3408 = 4 x 12 x 71 als Symbol für die Botschaft vom Kommen des Heilands (12) auf die Erde (4) als das fleischgewordene WORT (71) in der KRIPPE (71). Davon spricht die erste Arie:

BWV 132, 1 Bereitet die Wege...,
Messias kommt an!

Liest man aber die Vornamen deutsch, so, wie sie Bach in seiner Taufe erhalten hat, ist die Summe 3366 = 3 x 22 x 51 ein Symbol für die TAUFE (51), daneben stehen die Zahlen für Gott (3) und Christi Kreuzestod (22 als Leidenspsalm). Dort hat er unsere Sünde auf sich genommen (22 = 2 x 11).

BWV 132, 5 Was der Heiland euch geschenket
durch der Taufe reines Bad!
Bei der Blut- und Wasserquelle
werden eure Kleider helle,
die bedeckt von Missetat.

BWV 134 Ein Herz, das seinen Jesum lebend weiß

Feria 3. Pashatos
Ein Hertz das Jesum lebend weiß
à
4 Voci.
2 Hautb.
2 Violini
Viola
e
Continuo
di
Joh. Seb. Bach

Das Titelblatt der Osterkantate erbringt die Gesamtsumme 1008 = 7 x 144, mit der Ergänzung der Bezeichnung *Voci.* zum lateinischen *Vocibus* 1048 = 2 x 2 x 2 x 131. Das sind Auferstehungssymbole: Der Sohn Gottes (2 erhöht als dritte Potenz) hat durch seinen Tod den Tod besiegt (13 und 31 als Umkehrung in einer Zahl verbunden), der Geist (7), der lebendig macht, und die Schar der Erlösten (144). Mit diesen Gedanken schließt die Kantate:

BWV 134, 5 Dein großer Sieg macht uns von Feinden los
und bringet uns zum Leben.
6 Erschallet, ihr Himmel, erfreue dich, Erde,
lobsinge dem Höchsten, du glaubende Schar!...
er tröstet und stellet als Sieger sich dar.

Vielleicht hat Bach im Titel der Partitur das Wort *seinen* ausgelassen – sein Schreiber hat es auf der Titelseite des Stimmumschlags sogar nachträglich in *Jesum* korrigiert –, um diese Symbolzahlen zu erreichen und ein ähnliches Zeichen zu setzen wie das fehlende *c* in *Pashatos*. Es besagt, daß unser Herz den Auferstandenen nicht sehen kann, sondern im Glauben *lebend weiß*.

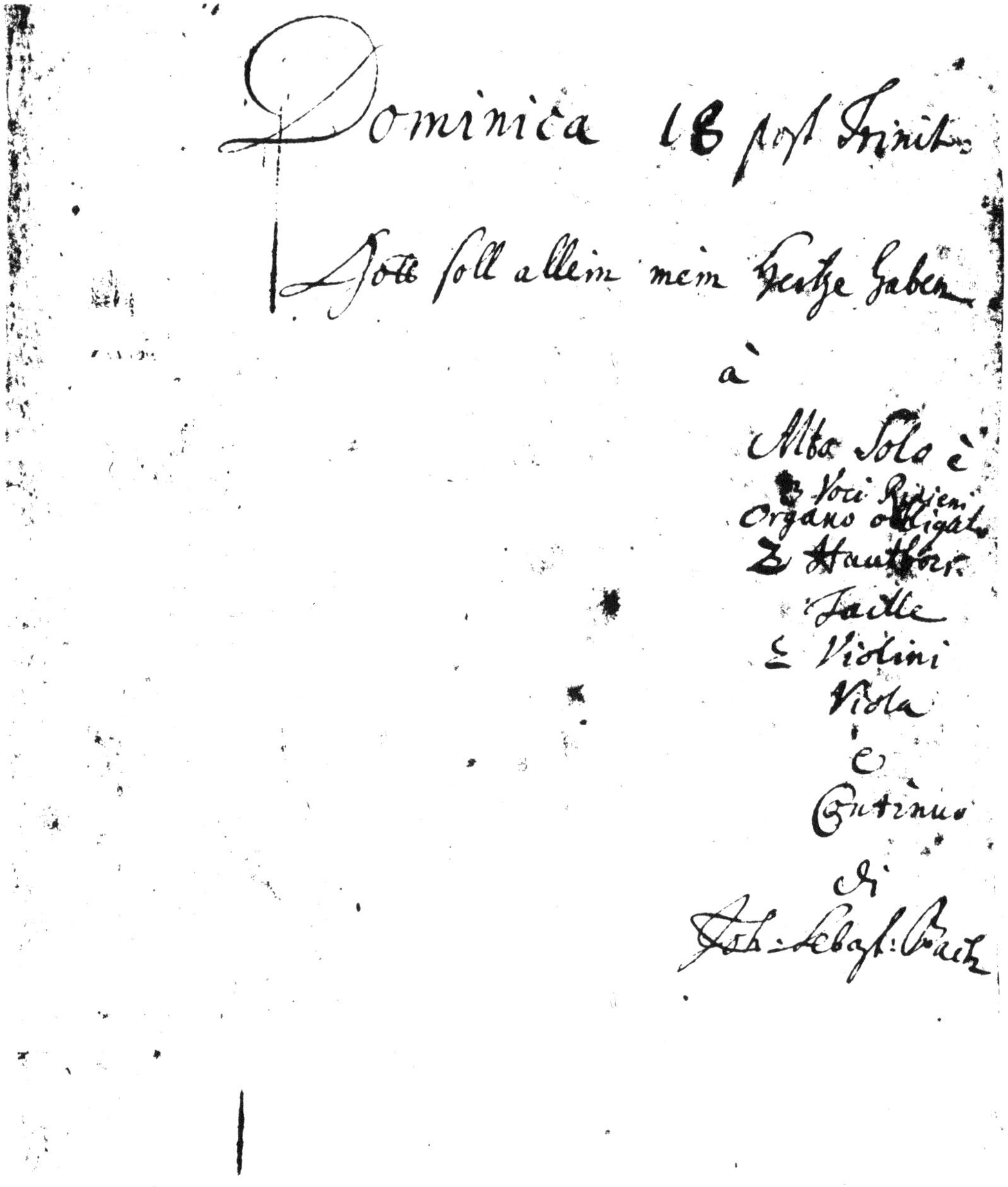

Dominica 18 post Trinit:

Gott soll allein mein Hertze haben

à

Alto Solo è
4 Voci Ripien.
Organo obligat.
2 Hautbois
Taille
2 Violini
Viola
e
Continuo
di
Joh: Sebast: Bach

Titelseite der Partitur der Kantate BWV 169

BWV 169 Gott soll allein mein Herze haben

Auf dieser Titelseite ist zu beachten, daß die Zahl der Oboen aus einer 3, die noch gut sichtbar ist, in eine 2 korrigiert worden ist. Außerdem trägt das Wort *Hautbois* einen Abkürzungspunkt, der es erlaubt, einen Zusatz zu ergänzen. Der Umfang der Oboenstimmen erfordert ohnehin *Hautbois d'Amour*. Das sind wohl Zeichen dafür, daß Christus (2) in Gott seinen Ursprung hat, und daß die Liebe Gottes darin besteht, daß er seinen Sohn gesandt hat. Auch wenn der Gottessohn im Text der Kantate nicht genannt wird, steht dieser Gedanke hinter den Aussagen der Rezitative:

BWV 169, 2 Gott soll allein mein Herze haben,
ich find in ihm das höchste Gut.
4 Was ist die Liebe Gottes?...
Sie schließt die Hölle zu,
den Himmel aber auf.

Mit dem Zusatz *d'Amour* und der Zahl *3* statt *2* ergibt sich als Gesamtsumme 1620 = 2 x 3 x 3 x 3 x 3 x 10, sie enthält allein die Zahlen Gottes (3 in Potenz und durch Multiplikation mit 10 erhöht) und seines Sohnes (2), wie es dem Titel entspricht.

Wählt man die italienische Ergänzung *d'Amore* und die Zahl *2*, dann beträgt die Gesamtzahl 1600 = 32 x 50. 32 ist hier zu deuten als Symbol für die LIEBE (32), 50 erinnert an das Pfiingstfest, dessen Name aus dem Griechischen stammt und den 50. (Tag nach Ostern) bedeutet. Damit symbolisieren die Zahlen das Erfülltwerden mit dem heiligen Geist der Liebe, wie es der pfingstliche Schlußchoral erbittet:

BWV 169, 7 Du süße Liebe, schenk uns seine Gunst,
laß uns empfinden der Liebe Brunst,
daß wir uns von Herzen einander lieben,
und in Friede auf einem Sinn bleiben.
Kyrie eleis.

BWV 173 Erhöhtes Fleisch und Blut

Cantata Feria 2
Pentecostes à
4 Voci.
2 Traversieri
2 Violini
Viola
e
Continuo
di
Joh: Sebast: Bach

Den Anfang des Kantatentextes hat Bach ausgespart[53]. Das ist in dieser Pfingstkantate wohl ein Zeichen dafür, daß Christus, das erhöhte Fleisch und Blut, nicht mehr für uns sichtbar ist. So symbolisiert ihn auch die Gesamtzahl der Titelseite 846 = 2 x 3 x 3 x 47: Er ist der HERR (47), der als Sohn (2) bei seinem Vater, dem höchsten Gott (3 als Potenz), weilt. Im Text der Kantate wird der menschgewordene Christus in seiner Hoheit angebetet:

BWV 173, 1 Erhöhtes Fleisch und Blut,
das Gott selbst an sich nimmt,
dem er schon hier auf Erden
ein himmlisch Heil bestimmt.

---

53 Der deutsche Titel wurde später durch Karl Friedrich Zelter hinzugefügt.

In den folgenden Kapiteln sollen Titelseiten vorgestellt werden, die Zeichen von zahlensymbolischer Bedeutung enthalten. In den meisten Fällen ergibt sich auch ohne Berücksichtigung dieser Zeichen eine symbolische Gesamtzahl in Beziehung zum Text des Werkes; durch die Beachtung der Zeichen werden dann neue, größere Gesamtzahlen erreicht, die die symbolische Deutung weiterführen und vertiefen.

Bei einigen Titelseiten ist die Summe ohne Einbeziehung der Zeichen kein Produkt symbolischer Zahlen. Dort muß gefragt werden, ob im Text des betreffenden Werkes Gründe dafür zu finden sind.

Titelseiten mit dem perge-Zeichen

Am Ende des Titelsatzes haben Bach oder seine Schreiber gelegentlich ein kleines Zeichen gesetzt:

Bach (BWV 187):

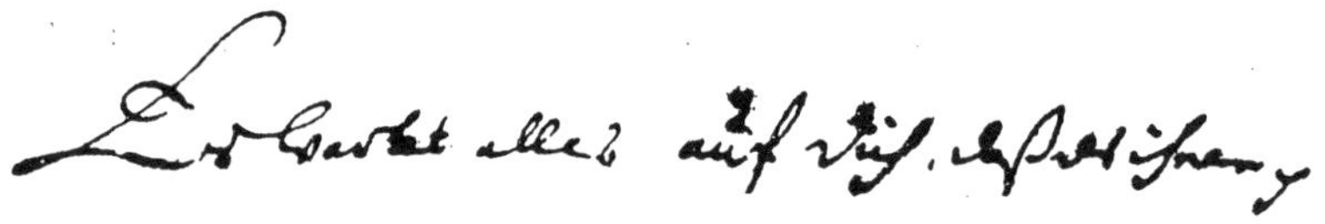

Schreiber (BWV 5):

In den Kritischen Berichten der Neuen Bach-Ausgabe wird es mit etc. wiedergegeben. Das stimmt zwar sinngemäß, ursprünglich ist es aber wohl ein *p* als lateinischer Imperativ *perge* gewesen, die Aufforderung: Fahre fort! Es verlangt, den Text fortzusetzen. Nach meinen zahlensymbolischen Untersuchungen gilt es bis zum Ende des ersten Kantatensatzes. Als Zeichen gleicht es dem der erhöhten Schlange und weist damit hin auf den Tod Christi. Unter diesem Zeichen können die Christen den Weg ins ewige Leben vollenden.

In meine Untersuchungen habe ich außer den 16 Titelseiten, auf denen Bach dieses Zeichen verwandt hat, noch vier von seinen Mitarbeitern geschriebene einbezogen. Fast alle führen. auch ohne Berücksichtigung des *perge*-Zeichens zu einer auf die Aussage der Kantate bezogenen Symbolzahl; durch das Zeichen werden neue Symbolzahlen gewonnen, die den Blick auf andere Aspekte des Textes lenken und die Interpretation weiterführen.

BWV 178 Wo Gott der Herr nicht bei uns hält (Facsimile S. 98)

Dominica 8 post Trinitatis
Wo Gott der He(rr). nicht bey uns hält *p*
a
4 Voci.
2 Hautbois
2 Violini
Viola
e
Continuo
di
Joh: Sebast: Bach

Die Gesamtzahl dieses Titelblattes 1183 = 7 x 13 x 13 ist ein eindrucksvolles Symbol der Gefahr, die den Gläubigen droht: das völlige Verderben (13 in Potenz, 7 als Zahl der Totalität). Nur eine von vielen Stellen des Textes sei angeführt:

BWV 178, 4 Sie stellen uns wie Ketzern nach,
nach unserm Blut sie trachten.

Durch das *perge*-Zeichen werden die Aussagen des Eingangschores herangezogen, die die Bedrängnis eindrucksvoll schildern:

BWV 178, 1 Wo Gott der Herr nicht bey uns hält,
wenn unsre Feinde toben,
und er unser Sach nicht zufällt
im Himmel hoch dort oben,
wo er Ißrael Schutz nicht ist
und selber bricht der Feinde List,
so ist's mit uns verloren.

Die Gesamtzahl mit der Einbeziehung dieser Strophe beträgt 2820 = 2 x 3 x 10 x 47: Gott (3) der HERR (47) und sein Sohn (2) werden damit symbolisiert, die Multiplikation mit 10 bezeichnet die Macht des Herrn.

Die Ergänzung des Wortes *Voci.* zum lateinischen *Vocibus* führt zur Summe 2860 = 2 x 13 x 110. Der prophetische Psalm 110 spricht nach Calov „vom Sitzen des HErrn zur Rechten des HErrn / und vom Herrschen über seine Feinde". Paulus bezieht sich auf diesen Psalm, wenn er von den letzten Dingen spricht:

1. Kor. 15, 26 Er muß aber herrschen, bis daß er alle seine Feinde unter seine Füße lege.
Der letzte Feind, der aufgehoben wird, ist der Tod."

Neben das Symbol für die Herrschaft Gottes stellt Bach darum die Todeszahl 13; denn noch stehen wir in der Anfechtung, wie sie der Schlußchoral beschreibt:

BWV 178, 7 Die Feind sind all in deiner Hand,
dazu all ihr Gedanken.
Ihr Anschläg sind dir, Herr, bekannt,
hilf nur, daß wir nicht wanken.
Vernunft wider den Glauben ficht,
aufs Künftge will sie trauen nicht,
da du wirst selber trösten.

BWV 129 Gelobet sei der Herr (Facsimile S. 96)

Festo S. S. Trinitatis ρ
Gelobet seÿ der Herr mein Gott ρ
â
4. Voc:
3. Trombe.
Tamburi.
1. Traversiere.
2. Hautbois.
2. Violini
Viola
e
Continuo
di Sigℓ
J. S. Bach

Die Berechnung der Gesamtzahl dieser Titelseite hängt davon ab, wie die Abkürzung *S. S.* ergänzt werden muß. In dieser Form erscheint die Bezeichnung der Trinität weder in Gesangbüchern noch in Agenden des 18. Jahrhunderts, sie benutzen die Fassung *SS.Trinitas*, die allgemein als Abkürzung für *Sanctissima Trinitas* gilt. Ich habe versucht, mit dieser und anderen denkbaren Ergänzungen geeignete Symbolzahlen zu finden, doch hatte ich bei allen Titelseiten der Trinitatiskantaten keinen Erfolg. Schließlich bemerkte ich im Text dieser Kantate eine Stelle, die zur Lösung hilft:

BWV 129, 5 Und mit der Engel Schar
das Heilig, Heilig singen.

Wenn Bach zweimal das *S.* mit einem Punkt schrieb oder schreiben ließ, muß er bei seiner genau berechneten Gestaltung der Titelseiten auch zwei Worte gemeint haben. Die fünfte Strophe dieser Choralkantate wird ihn angeregt haben, aus dem Doppel-S zwei getrennte Anfangsbuchstaben für das zwiefache *Sanctae Sanctae* zu machen.

In gleicher Weise kann das überraschende *perge*-Zeichen nach dem Wort *Trinitatis* gedeutet werden, das nur auf dieser Titelseite erscheint. Auch dafür gibt der Text der Kantate einen Hinweis:

BWV 129, 4 Gott Vater, Gott der Sohn
und Gott, der Heilge Geist.

Dementsprechend ist zu ergänzen *Dei Patris, Dei Filii et Dei Spiritus Sancti.*

Für die Gesamtzahl, die sich zunächst ohne Berücksichtigung der *perge*-Zeichen ergibt, muß auch die Ergänzung der Abkürzung *Voc:* zum lateinischen *Vocibus* und der Bezeichnung *Hautbois.* durch den Zusatz *d'Amore* vorgenommen werden, denn als Soloinstrument wird in der Kantate eine Oboe d'amore eingesetzt. Wir erhalten dann die Summe 1632 = 8 x 12 x 17 als Symbol für Christus (12), der ewig (8) lebt und uns die Erlösung (17) schenkt:

BWV 129, 4 Gelobet sei der Herr,
mein Gott, der ewig lebet.
2 Des Vaters liebster Sohn,
der sich für mich gegeben,
der mich erlöset hat.

Durch die *perge*-Zeichen werden die drei Gottesnamen und der Text der ersten Liedstrophe hinzugerechnet:

BWV 129, 1 Gelobet sei der Herr,
mein Gott, mein Licht, mein Leben,
mein Schöpfer, der mir hat
mein Leib und Seel gegeben,
mein Vater, der mich schützt,
von Mutterleibe an,
der alle Augenblick
viel Guts an mir gethan.

Nun beträgt die Summe 3402 = 2 x 3 x 3 x 3 x 3 x 3 x 7 als eine Verherrlichung des dreieinigen Gottes (3 als Potenz) mit dem Sohn (2) und dem Heiligen Geist (7).

BWV 194 Höchsterwünschtes Freudenfest (Facsimile S. 82)

Beginnen möchte ich hier mit der Summe, die sich durch das *perge*-Zeichen mit dem Text des Eingangschors ergibt. Dieser läßt erkennen, daß die Kantate ursprünglich zur Feier einer Kirchweihe geschaffen worden ist:

BWV 194, 1 Höchsterwünschtes Freudenfest,
da der Herr zu seinem Ruhme
im erbauten Heiligthume
uns vergnügt begehen läst.

Bach schreibt in der Partitur tatsächlich *da*, während man im Textdruck richtiger *das* liest. Sicher haben zahlensymbolische Überlegungen Bach dazu veranlaßt.

Mit dem lateinischen *Vocibus* ergibt sich als Summe der Titelseite 2205 = 7 x 7 x 45 = 45 x 49. Hier erscheinen Zahlen für den Heiligen Geist (7 als Potenz), der im Schlußchoral um seinen Beistand gebeten wird:

BWV 194, 6 Heilger Geist ins Himmels Throne,
gleicher Gott von Ewigkeit
mit dem Vater und dem Sohne...
Deine Hilfe zu mir sende,
o du edler Herzensgast!
Und das gute Werk vollende,
das du angefangen hast!

Der andere Faktor ist die Symbolzahl für den Bräutigam der Seele (nach dem prophetischen Psalm 45). Von den Herzensbeziehungen zwischen Gott und dem Menschen ist in dieser Kantate mehrfach die Rede. Gott wird gebeten, nicht nur in das neu erbaute Heiligtum, sondern vor allem in das Menschenherz einzuziehen:

BWV 194, 2 Unendlich großer Gott, ach wende dich
zu uns, zu dem erwähleten Geschlechte...
Wir weihen unsre Brust dir offenbar
zum Dankaltar.

5 Hilf Gott, daß es uns gelingt
und dein Feuer in uns dringt,
daß es auch in dieser Stunde
wie in Esaiae Munde
seiner Wirkung Kraft erhält
und uns heilig vor dich stellt.

Die Erinnerung an die Jesajavision (Jes. 6, 6), in dem der Lobgesang der Seraphim, das große Heilig, vor Gott erklingt, und die Wirkung des Geistes, der uns zu Heiligen macht, werden symbolisch wiedergegeben in der anderen Teilung der Summe mit der Zahl des Wortes HEILIG (49).

Alle diese Gedanken und die entsprechenden Symbolzahlen ergeben sich als eine Meditation über die Worte des ersten Satzes vom Fest im irdischen Gotteshaus. In den letzten Worten der Kantate aber richtet sich der Blick der glaubenden Seele auf die Erwartung des ewigen Lebens:

BWV 194, 6 Blas in mir das Fünklein auf,
bis daß nach vollbrachtem Lauf
ich den Auserwählten gleiche
und des Glaubens Ziel erreiche.

Die Symbolzahl für diese Hoffnung ergibt sich, wenn man das fehlende *s* im Wort *das* im ersten Satz hinzufügt: 2223 = 19 x 117. Darin gibt Bach seinem Wunsch Ausdruck, zu denen zu gehören, die berufen werden (nach dem prophetischen Psalm 117) zum Thron (19) Gottes, zum Ziel des Glaubens, zu gelangen. Dann erst beginnt für ihn das „höchst erwünschte Freudenfest".

BWV 68 Also hat Gott die Welt geliebt (Facsimile S. 95)

Feria 2. Pentecost.
Also hat Gott die Welt geliebt *ρ*
â
4. Voc.
2. Hautbois
Taille
2 Violini
Viola
Violoncello piccolo
e
Continuo
di Sig*l*
J.. S. Bach

Die Gesamtzahl dieser Titelseite beträgt, wenn man die Abkürzung *Sig⁄.* als *Signor* liest, 1334 = 2 x 23 x 29. Die Zahl symbolisiert ebenso wie der Ehrentitel Bach (29 = JSB) als einen Menschen, der durch den Gottessohn (2), den guten Hirten (23), in der Ewigkeit am Lobgesang (29 = SDG) teilhaben darf, wie es der Eingangschor verheißt. Dessen Text wird durch das *perge*-Zeichen vollständig zur Berechnung herangezogen; da eine Partitur nicht erhalten ist, kann nur der Wortlaut in der Rechtschreibung der Originalstimmen berücksichtigt werden:

BWV 68, 1 Also hat Gott die Welt geliebt,
daß er uns seinen Sohn gegeben.
Wer sich im Glauben ihm ergiebt,
der soll dort ewig beÿ ihm leben.
Wer glaubt, daß Jesus ihm gebohren,
der bleibet ewig unverlohren,
und ist kein Leid, das den betrübt,
den Gott und auch sein Jesus liebt.

Damit beträgt die Gesamtsumme 3322 = 22 x 151. Die Symbolzahlen weisen hin auf das neue Lied, das die Erlösten vor dem Thron Gottes und des Lammes singen: 151 überschreitet die Zahl der 150 Psalmen, der irdischen Lobgesänge, 22 ist die Zahl des Leidenspsalms Christi. Die Zahlen erinnern an den Zusammenhang, in dem das neue Lied erklingt. Zuvor waren die Tiere des Satans aufgestiegen, um Gott zu lästern und die Menschen von Gott abtrünnig zu machen (Offb.13, 14). Dann erblickt der Seher auf dem Berg Zion das Lamm und die Schar der Auserwählten, die ihm das neue Lied singen. Schließlich verkündet ein Engel das nahende Gericht und fordert auf, Gott anzubeten, sonst droht die Strafe des Zornes Gottes (Offb. 14). Dieser Darstellung folgen die beiden letzten Sätze der Kantate:

BWV 68, 4 Du bist geboren mir zugute,
das glaub ich, mir ist wohl zumute,
weil du vor mich genung getan.
Das Rund der Erden mag gleich brechen,
will mir der Satan widersprechen,
so bet ich dich, mein Heiland, an.
5 Wer an ihn gläubet, der wird nicht gerichtet, wer aber nicht gläubet, der ist schon gerichtet.

Bach hat auch den letzten Gedanken der Verurteilung in seiner Symbolik bedacht. In der Sopranstimme fehlen über dem Wort *bey* im Eingangschor die beiden Punkte über dem *y*, die in allen anderen Stimmen erscheinen. Damit erreicht die Titelseite in der Textfassung des Soprans die Symbolzahl 3322 nicht.

Die Gefahr, die den Menschen droht, wird noch eindringlicher symbolisiert, wenn man das Wort *Voc.* zum lateinischen *Vocibus* ergänzt. Für die Fassung der Unterstimmen ergibt sich dann die Summe 3362 = 2 x 41 x 41: Bach muß mit dem ewigen Tod (41 als Umkehrung seiner Namenszahl in Potenz) rechnen, wenn nicht der Gottessohn (2) für ihn eintritt. In der Fassung der Sopranstimme wird auch diese Symbolzahl verfehlt.

Alle anderen Titelseiten mit dem *perge*-Zeichen werden in den folgenden Kapiteln dargestellt, weil sie noch andere Zeichen enthalten, die für die Zahlensymbolik von Bedeutung sind.

Zahlen als symbolische Zeichen

Wie die Titelseite der Trauerode (BWV 198, s. S. 100) zeigen auch eine Reihe von Kantatentiteln versteckt angebrachte Zahlen, die Bach in besonders gestalteten Buchstaben, vor allem in den u-Bögen, als Symbole eingesetzt hat. In einigen Fällen ergeben sich dadurch Varianten der Gesamtzahl, die die symbolische Interpretation weiterführen, in anderen kommt eine auf die Aussage der Kantate abgestimmte Symbolzahl überhaupt nur unter Beachtung der Zahlen zustande. Das läßt sich dann aus dem Zusammenhang des Textes erklären.

BWV 15 Denn du wirst meine Seele nicht in der Hölle lassen

Feria 1ma Paschat
Denn du wirst meine Seele ρ
à
4 Voci
3 Trombe
Tamburi
2 Violini
Viola
e
Continuo
di
Bach

Das Titelblatt dieser Osterkantate, die seinem Verwandten Johann Ludwig Bach zugeschrieben wird, stammt von der Hand Johann Sebastians, der die Kantate für eine Aufführung im Jahr 1726 abgeschrieben hat. Darum muß es auch auf seine zahlensymbolische Gestaltung untersucht werden.

Die Summe aller Zahlen und Buchstaben ergibt 864 = 2 x 3 x 144, ein klares Symbol dafür, daß Gott (3) durch seinen Sohn (2) die Seinen in die Schar der Erlösten (144) aufnehmen wird. Berücksichtigt man das *perge*-Zeichen, so wird der vollständige Text des Eingangssatzes einbezogen:

BWV 15, 1 Denn du wirst meine Seele nicht in der Hölle laßen und nicht zugeben, daß dein Heiliger verwese.

Die Gesamtzahl beträgt jetzt 1495 = 5 x 13 x 23 und entspricht der Schilderung von Tod (13) und Hölle (5), in die sich der gute Hirte hineinbegibt, um die Seele zu erlösen, wie es auch der prophetische 23. Psalm beschreibt:

Ps. 23, 4 Und ob ich schon wanderte im finstern Tal, fürchte ich kein Unglück; denn du bist bei mir.

Eine umgekehrte 3 ist im Buchstaben *D* des Wortes *Denn* zu erkennen.

Wenn man diese Zahl als Symbol für den Tod Gottes von der Gesamtzahl – jetzt ohne die durch das *perge*-Zeichen ergänzten Worte – abzieht, ergibt sich die Summe 861 = 21 x 41: Der Gekreuzigte (21 als Umkehrung der Christuszahl 12) nimmt den Tod für Bach (41 als Umkehrung seiner Namenszahl) auf sich.

Betrachten wir die umgekehrte 3 im Blick auf die Auferstehung aber als positive Zahl, so ist die Summe 867 = 3 x 17 x 17 ein großes Symbol der Erlösung (17 als Potenz).

BWV 17 Wer Dank opfert der preiset mich

Dominica 14 post Trinitatis
Wer Danck opffert, der preiset mich
à
4 Voci
2 Hautbois
2 Violini
Viola
e
Continuo
di
Joh: Sebast: Bach

Auch auf dieser Titelseite hat Bach in das große *D* – hier im Wort *Danck* – eine umgekehrte 3 eingesetzt:

Eine symbolische Gesamtzahl, die der Aussage der Kantate entspricht, kommt hier im Unterschied zur Titelseite der Kantate BWV 15 nur zustande, wenn man die umgekehrte 3 als positive Zahl berechnet. Dann ergibt sich die Summe 1152 = 8 x 144 mit den Zahlen der ewigen Vollendung (8) und der Schar der Erlösten (144). Sie symbolisieren das Heil, das der Eingangschor erwähnt:

BWV 17, 1 Wer Dank opfert, der preiset mich, und das ist der Weg, daß ich ihm zeige das Heil Gottes.

Es wird aber nur denen zuteil, die sich durch die Hingabe Gottes, die in der umgekehrten 3 angezeigt wird, zum Dank führen lassen und den Heiland als Gott anerkennen.

Im Evangelium von der Heilung der zehn Aussätzigen (Luk. 17, 11–19), auf das sich die Kantate bezieht, steht dem einen der geheilten Menschen, der Jesus seinen Dank bezeugt, die Schar der anderen gegenüber. Sie gehören zu denen, die nach der Epistel des Sonntags (Gal. 5, 16–24) „das Reich Gottes nicht erben". Diesem Gedanken trägt Bach dadurch Rechnung, daß er ohne die umgekehrte 3 keine Symbolzahl für diese Titelseite zustande kommen läßt.

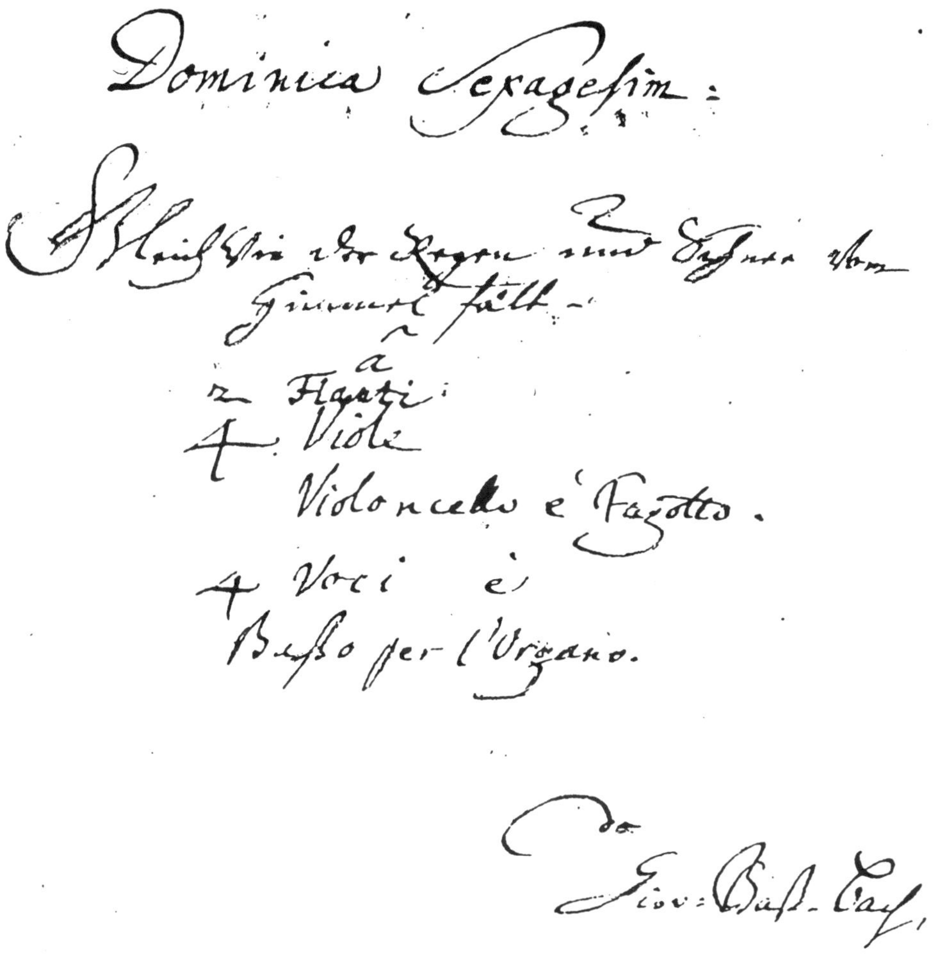

Dominica Sexagesim:

Gleichwie der Regen und Schnee vom Himmel fällt.

à

2 Flauti

4 Viole

Violoncello è Fagotto.

4 Voci è

Basso per l'Organo.

da

Gio: Bast. Bach.

Titelseite der Violoncellostimme der Kantate BWV 18

BWV 18 Gleichwie der Regen und Schnee vom Himmel fällt

Den Titel dieser Kantate hat Bach nicht auf die Partitur oder den Stimmumschlag geschrieben, sondern auf die tiefste der Continuostimmen, bezeichnet: *Violono o Organo*. Das muß einen symbolischen Grund haben, ein anderer kommt wohl nicht in Frage. Wenn man das Verhältnis der Partitur zu den Stimmen bedenkt, kann man die Partitur als Symbol des Heilsplanes Gottes verstehen; die Stimmen stehen dann für die Ausführung dieses Plans auf Erden durch den Sohn Gottes.

Die Kantate bezieht sich auf das Sonntagsevangelium, das Gleichnis vom Säemann der den Samen auf das Land streut (Luk. 8, 4-15). Damit ist das Wort Gottes gemeint, von dem im ersten Rezitativ gesagt wird:

BWV 18, 2 Es soll nicht wieder zu mir leer kommen, sondern tun, das mir gefället, und soll ihm gelingen, dazu ich's sende.

Mit den Worten der alten Litanei bittet der Chor, daß das Wort Frucht bringe:

BWV 18, 2 Du wollest deinen Geist und Kraft zum Worte geben.

Eben darum verleiht Bach der tiefen Continuostimme besonderes Gewicht und stattet sie mit der Titelseite aus. Sie ist das Symbol der Kraft Gottes, die das Wort auf Erden begleitet.

Unter den Instrumenten ist die Bezeichnung der Flöten nachgetragen, und zwar von der Hand Carl Philipp Emanuels in Bachs Leipziger Zeit.

In der Weimarer Fassung betrug die Gesamtsumme 1291. Das ist keine symbolische Zahl und entspricht der notvollen Situation auf Erden, im Machtbereich des Teufels:

BWV 18, 2 Sein Sinnen ist dahin gericht,
uns deines Wortes zu berauben.

Für die Hilfe, die Gottes Geist bringt, setzt Bach zwei Zahlen: Das Schlangenzeichen des u-Bogens über dem Wort *und* nimmt hier deutlich die Gestalt einer *2* an, und im *w* des Wortes *Gleichwie* ist eine umgekehrte *3* zu erkennen. Gott sendet seinen Sohn (2), er gibt seine Gottheit auf (Umkehrung der 3), indem er vom Himmel herabkommt, *gleichwie* Regen oder Schnee. Rechnen wir diese Zahlen mit, und zwar die 3 negativ, so erhalten wir als Summe 1290 = 3 x 10 x 43. Das sind Symbole für die Frucht, die das Wort bringen soll: den Glauben (43) an den dreieinigen Gott (3 x 10).

Rechnen wir aber die umgekehrte 3 positiv, so ist die Summe 1296 = 3 x 3 x 144 Symbol für das große Ziel, das Gottes Wort – und darunter ist doch wohl das fleischgewordene Wort, Christus, gemeint – erreichen wird: die Schar der Erlösten (144) vor Gott in seiner Herrlichkeit (3 als Potenz). Mit diesem Ausblick endet die Kantate:

BWV 18, 5 Denn in dein Huld
setz ich all mein Vertrauen.
Wer sich nur fest
darauf verläßt,
der wird den Tod nicht schauen.

Die Leipziger Fassung der Titelseite muß später betrachtet werden (s. S. 176).

BWV 31 Der Himmel lacht, die Erde jubilieret (Facsimile S. 84)

Mit der Ergänzung des Wortes *Voci.* zum lateinischen *Vocibus* ergibt sich fiir die Titelseite der Osterkantate die Gesamtzahl 1178 = 2 x 19 x 31 als Symbol für den Gottessohn (2) auf dem Thron (19), den Überwinder des Todes (31 als Umkehrung der Todeszahl).

BWV 31, 2 Der Herr war tot
und sieh, er lebet wieder.
3 Fürst des Lebens, starker Streiter
hochgelobter Gottessohn!
Hebet dich des Kreuzes Leiter
auf den höchsten Ehrenthron?

Mit der Zahl 2, die im u-Bogen des Wortes *jubilieret* zu erkennen ist, ergeben sich zwei weitere Symbolzahlen für den Sieg Christi. Geht man zunächst von der italienischen Bezeichnung *Voci* aus, beträgt die Gesamtsumme 1140 = 2 x 3 x 10 x 19: Das sind Zahlen für den erhöhten Herrn: Der Sohn (2) auf dem Thron (19) Gottes (3), verherrlicht durch die Multiplikation mit 10. Die lateinische Bezeichnung der Stimmen *Vocibus* führt zu einer Zahl, die auf die Bedeutung des Todes Christi und seiner Auferstehung für die Gläubigen hinweist: 1180 = 10 x 118. Den 118. Psalm zählt Calov zu den prophetischen Psalmen; denn er spricht „vom Sieg Christi / und wie der von den gottlosen Leuten verworffene Stein zum Eckstein worden: deswegen er beym Einzug zu seinem Leiden werde mit Freuden von den Glaubigen empfangen werden." Das Leiden Christi als Urspung ewiger Freude für seine Jünger – das ist auch die Aussage des Kantatentextes:

BWV 31, 7 Weil dann das Haupt sein Glied
natürlich nach sich zieht,
so kann mich nichts von Jesu scheiden.
Muß ich mit Christo leiden,
so werd ich auch nach dieser Zeit
mit Christo wieder auferstehen
zur Ehr und Herrlichkeit.

BWV 33 Allein zu dir, Herr Jesu Christ (Facsimile S. 55)

In der Kantate bittet eine Seele, die von ihrer großen Schuld bedrängt ist, um den rechten Glauben:

BWV 33, 4 Mein Gott, verwirf mich nicht,
wiewohl ich dein Gebot noch täglich übertrete,
von deinem Angesicht...
Gib mir nur aus Barmherzigkeit
den wahren Christenglauben!

Die Gesamtzahl des Titelblattes ist darum zunächst nur ein Zahlenbild, 1143, mit den Zahlen für die Sünde (11) und den Glauben (43).

Allein Jesus kann Hilfe bringen, und zum Zeichen dafür hat Bach auch hier die beiden u-Bögen über den Worten *Jesu* und *Continuo* so geschrieben, daß man darin nicht nur die aufgerichtete Schlange, sondern auch die Zahl *2* als Symbol des Gottessohnes erkennen kann (vgl. S. 56). Mit den beiden Zahlen ergibt sich als Summe der Titelseite 1147 = 31 x 37, Symbol für den erniedrigten Heiland (37 als Umkehrung), der den Tod überwunden hat (31 als Umkehrung). Darum kann im Schlußchoral die Hoffnung auf das ewige Leben ausgesprochen werden:

BWV 33, 6 Ehr sei Gott in dem höchsten Thron...
und Jesu Christ, sein'm liebsten Sohn,
der uns allzeit behüte...,
damit wir ihm gefällig sein
hier in dieser Zeit
und folgends in der Ewigkeit.

BWV 43 Gott fähret auf mit Jauchzen (Facsimile S. 53)

Eine symbolische Gesamtzahl kommt auf dieser Titelseite nur zustande, wenn man den kleinen Schnörkel am Ende des Wortes *Jauchzen* als *perge*-Zeichen deutet. Er ist unmittelbar verbunden mit dem Wort; so wird er zum Symbol dafür, daß das Jauchzen Gottes bei seiner Auffahrt übergeht in den Lobgesang im Himmel, wie er im Eingangssatz erklingt:

BWV 43, 1 Gott fähret auff mit Jauchzen und der Herr mit heller Posaunen. Lobsinget, lobsinget Gott, lobsinget, lobsinget unserm Könige!

Zu beachten ist noch die 2, die als u-Bogen über dem Wort *auff* schwebt. Dann ergibt sich als Gesamtzahl 2170 = 31 x 70 als Symbol für JESUS (70), den Überwinder des Todes (31 als Umkehrung der Todeszahl 13).

BWV 43, 6 Es kommt der Helden Held,
des Satans Fürst und Schrecken,
der selbst den Tod gefällt.
11 Du Lebensfürst, Herr Jesu Christ...
Wie soll ich deinen großen Sieg,
den du durch einen großen Krieg
erworben hast, recht preisen?

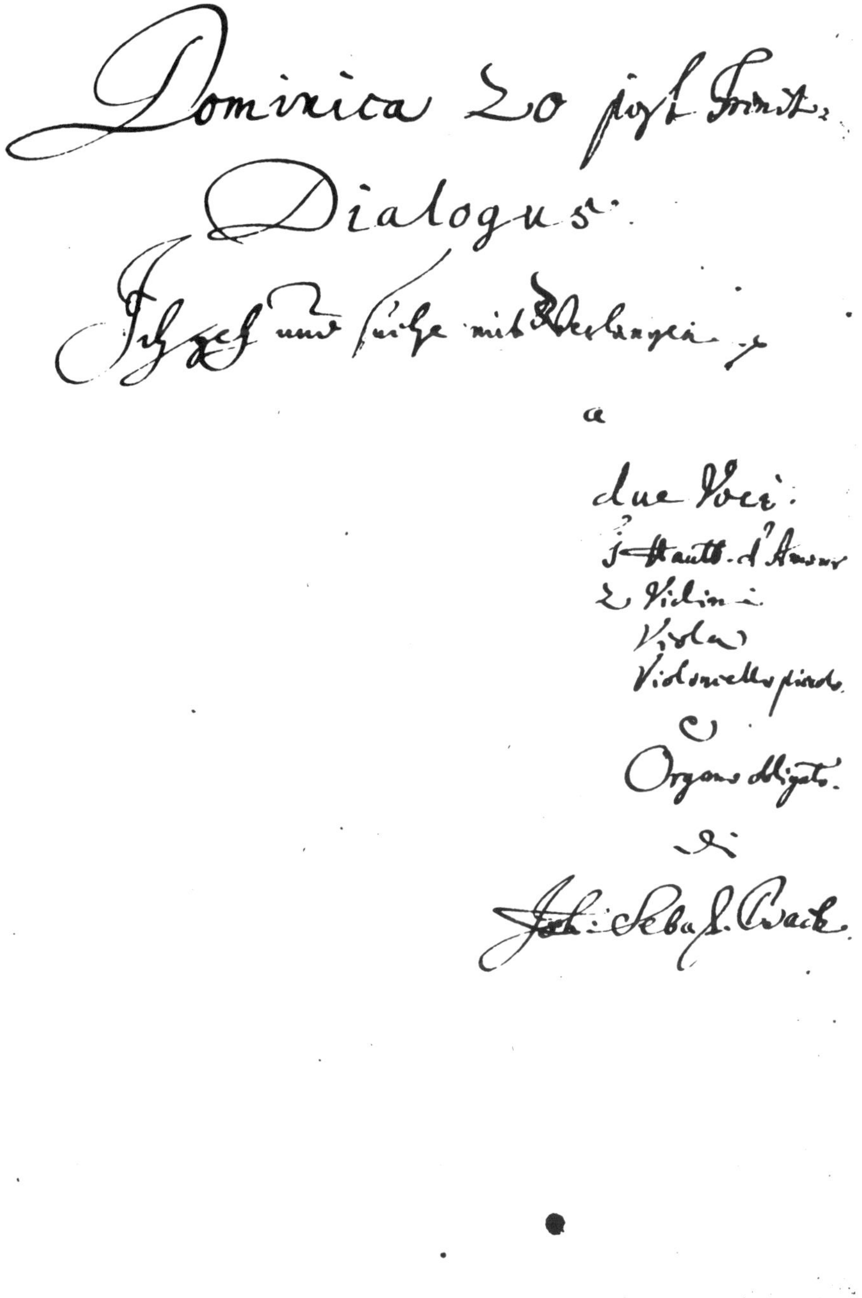

Dominica 20 post Trinit:
Dialogus.
Ich geh und suche mit Verlangen
a
due Voci.
1 Hautb. d'Amour
2 Violini
Viola
Violoncello picc.
e
Organo obligato.
di
Joh: Seb: Bach.

Titelseite der Partitur der Kantate BWV 49

BWV 49 Ich geh und suche mit Verlangen

Auf der Titelseite ist zunächst die Ziffer 8 am Beginn des Wortes *Verlangen* zu berücksichtigen, Zahl ewiger Vollendung. Sie ergibt zugleich das noch heute übliche, hier senkrecht gezeichnete Symbol der Vermählung, die der Bräutigam erstrebt. Ergänzt man dazu noch *Voci.* zum lateinischen *Vocibus*, beträgt die Gesamtzahl 1575 = 21 x 75 = 35 x 45. Die Zahlen sind Symbole für den Weg, den Jesus, der Bräutigam (nach dem prophetischen Psalm 45, dem „Brautlied") geht, um seine Braut zu finden: von BETHLEHEM (75) über das Leiden (nach dem prophetischen Psalm 35) bis zum Tod am Kreuz (21 als Umkehrung).

Doch sein Weg führt noch weiter, das soll wohl der große, nach links ausholende u-Bogen über dem Wort *und* andeuten, der zugleich als Apostroph für das Wort *geh'* dient. Dort läßt sich nun ein e anhängen; dadurch wird die Zahl 5, Symbol des Bösen, hinzugefügt und das Versmaß der Arie am Beginn der Kantate gestört. So wird der Bogen zum Zeichen, daß das Suchen des Bräutigams bis in den Bereich des Satans, bis in die Hölle führt. Mit der Zahl für den Apostroph ergibt sich – zunächst ohne das lateinische *Vocibus* – eine Symbolzahl für die Hingabe des Bräutigams: 1540 = 22 x 70, mit den Zahlen für JESUS (70) und seinen Leidenspsalm 22: „Mein Gott, warum hast du mich verlassen?"

Ein Symbol für die Braut ergibt sich mit der Ergänzung *Vocibus*: 1580, eine Verklärung des Namens JOHANN SEBASTIAN BACH (158 x 10). Diesem Zahlensymbol entspricht der ungewöhnlich virtuose Part der konzertierenden Orgel als Sinnbild der Zuwendung Jesu zum Orgelspieler Bach, sie gründet sich auf die Gedanken der Arie:

BWV 49, 4 Ich bin herrlich, ich bin schön,
meinen Heiland zu entzünden.

Doch hier stoßen wir auf eine symbolische Interpretation Bachs, die als Mahnung zu verstehen ist. Die großartige Symbolzahl seines Namens kommt nur zustande mit Hilfe des Teufelssymbols! Menschliche Schönheit, hervorragende Leistungen als Komponist und Orgelspieler – sie können zur Versuchung des Satans werden; sie machen den Menschen nicht herrlich und würdig in den Augen des Bräutigams Jesus, vielmehr heißt es in den folgenden Worten der Arie:

BWV 49, 4 Seines Heils Gerechtigkeit
ist mein Schmuck und Ehrenkleid.

Davon ist aber in der Verherrlichung der Namenszahl Bachs keine Spur zu finden!

Durch das *perge*-Zeichen werden die Worte der ersten Arie ergänzt, die das Suchen des Bräutigams schildern:

BWV 49, 1 Ich geh' und suche mit Verlangen
dich, meine Taube, schönste Braut.
Sag an, wo bistu hingegangen,
daß dich mein Auge nicht mehr schaut?

Jetzt läßt sich nur ohne den Apostroph, das Teufelszeichen, eine umfassende Gesamtzahl finden, sie beträgt 2349 = 3 x 3 x 3 x 3 x 29, Symbol für den Lobgesang (29 = SDG) vor dem großen Gott (3 als Potenz), an dem auch Bach (29 = JSB) teilnehmen kann, wie es der letzte Satz aussagt:

BWV 49, 6 Er wird mich doch zu seinem Preis
aufnehmen in das Paradeis.

Doch das Zahlensymbol soll wohl das Ziel des Suchens Jesu nur erst als Vision andeuten. Das Sinnbild der Erlösung, das lateinische Wort *Vocibus* läßt sich nicht in eine umfassende Symbolzahl einfügen. Die Erfüllung der Verheißung steht noch aus, das entspricht sowohl den Worten, die durch die *perge*-Ergänzung hinzugezogen werden und die nur vom Suchen des Bräutigams handeln, als auch den Gedanken im letzten Satz:

BWV 49, 6 Bräutigam:
Ich komme bald, ich stehe vor der Tür.
Braut:
Bleib nicht lange,
Deiner wart ich mit Verlangen.

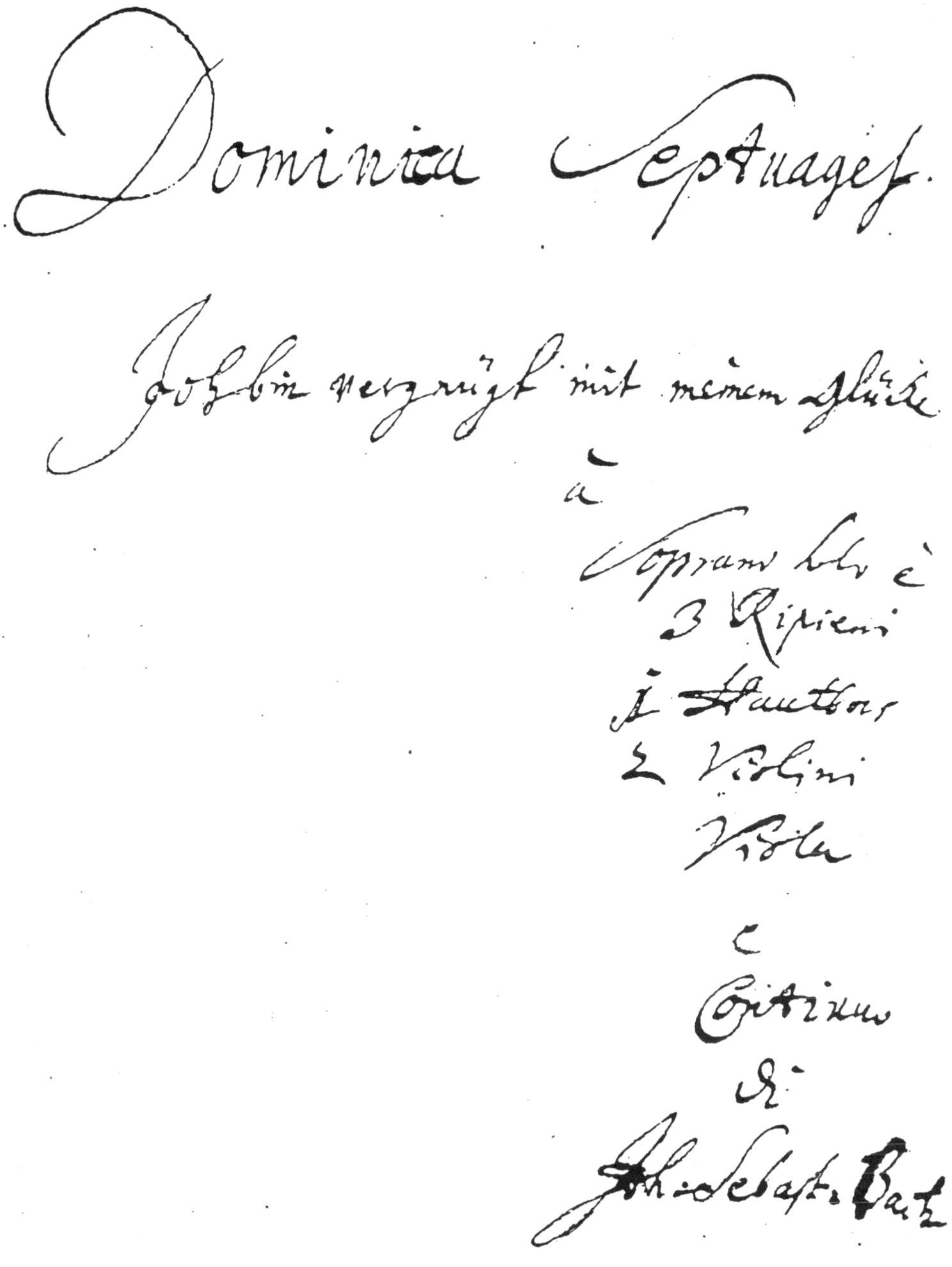

Dominica Septuages.

Ich bin vergnügt mit meinem Glücke

à

Soprano solo è

3 Ripieni

1 Hautbois

2 Violini

Viola

e

Continuo

di

Joh. Sebast. Bach

Titelseite der Partitur der Kantate BWV 84

BWV 84 Ich bin vergnügt mit meinem Glücke

Um die symbolische Gesamtzahl des Titelblattes zu erhalten, muß hier das Wörtchen *è* nicht zum lateinischen *et*, sondern zum italienischen *ed* ergänzt werden. Das läßt sich aus dem Zusammenhang und dem Text begründen. Das Bindewort verknüpft den *Soprano Solo* mit den *Ripieni*, den Füllstimmen. Der Text der Kantate spricht aber von einem Menschen, der bereit ist, auf die Fülle zu verzichten:

BWV 84, 1 Soll ich nicht reiche Fülle haben,
so dank ich ihm vor kleine Gaben.

Ripieni bezieht sich auf menschliche Stimmen, die den Solisten unterstützen, bedeutet sinnbildlich Ehre und Ansehen. Darauf kann der in Gott vergnügte Mensch verzichten, und deswegen wäre das lateinische *et* als Hinweis auf das ewige Leben hier fehl am Platze.

Dafür aber gibt ihm Gott andere Gaben: die stille, zufriedene Gewißheit, daß das Ende gut sein wird, wie sie der Schlußchoral in seinen letzten Versen beschreibt:

BWV 84, 5 Durch deine Gnad und Christi Blut
machst du's mit meinem Ende gut.

Diese Gaben deutet Bach durch symbolische Zeichen am goßen *B* seines Namens an: Die Verstärkung des senkrechten Striches wird zur großen *1* als Zahl Gottes, am unteren Ende steht das Zeichen des Blutstropfens (s. S. 48). Mit allen Ergänzungen und der zusätzlichen *1* ergibt sich als Gesamtzahl 1271 = 31 x 41, Symbol dafür, daß das Ende Bachs (41 als Umkehrung seiner Namenszahl 14) in das ewige Leben führt (31 als Umkehrung der Todeszahl 13).

BWV 87 Bisher habt ihr nichts gebeten in meinem Namen (Facsimile S. 74)

Der Text der Kantate beschreibt die Wende in unserem Leben. Bisher lebten wir ohne Jesus, beladen mit unserer Schuld:

BWV 87, 2 Ihr Menschen, merkt den Zuruf, was dahinter steckt!
Ihr habt Gesetz und Evangelium vorsätzlich übertreten.

Über dem Titel steht ein negatives Zeichen: – *7*. Es könnte zunächst symbolisieren, daß uns der Geist (7) Gottes mit seinen sieben Gaben fehlte. Die Summe aller Zahlen und Buchstaben, wie sie geschrieben stehen, nach dem Zahlenalphabet ist Symbol für diese notvolle Lage: 1025 = 5 x 5 x 41 bedeutet Übermacht des Teufels (5 als Potenz) und Sterben (41 als Umkehrung der Namenszahl Bachs).

Im großen *R* des Wortes *Rogate* setzt Bach dann das Zeichen für die Überwindung der Welt durch den gekreuzigten Christus (s. S. 75). Nun weicht aller Schmerz:

BWV 87, 7 Muß ich sein betrübet?
Weil mich Jesus liebet,
ist mir aller Schmerz
über Honig süße...
Seine Liebe macht zur Freuden
auch das bittre Leiden.

Die Gesamtzahl der Titelseite mit allen Ergänzungen, 1102 = 2 x 19 x 29 zeigt, daß Bach hierbei an die Freude des ewigen Lebens denkt, wenn er selber (29 = JSB) am großen Lobgesang (29 = SDG) vor dem Sohn (2) Gottes auf dem Thron (19) teilnehmen darf. Dabei muß die Zahl *7* zunächst negativ berechnet werden; denn in der Ewigkeit wird das Lamm gepriesen, das erwürgt ist, Jesus, der seinen Geist (7) aufgegeben hat. Bis in die letzte Tiefe hat er unsere Not auf sich genommen. Er möge uns vor dem Richter beistehen, darum bitten Arie und Rezitativ:

BWV 87, 3 Hilf uns vielmehr vertreten!
4 Wenn unsre Schuld bis an den Himmel steigt...
Drum suche uns zu trösten!

Nun hat Jesus seinen Geist in die Hände des Vaters befohlen, zum Zeichen dafür schwebt die Zahl des Geistes über dem Text des Titelblattes. Wenn man den langen Strich über der 7 nicht als Minuszeichen deutet, sondern als Sinnbild für einen Weg, der hinführt zu dem Geist, der uns vor dem Gericht Gottes vertritt und damit zum ewigen Leben hilft, dann ist die 7 positiv zu rechnen, und wir erhalten als Gesamtsumme 1116 = 12 x 93 = 31 x 36. In diesen Zahlen erscheinen Symbole für Christus (12), der als das LAMM (36) den Tod überwand (31 als Umkehrung) und uns die SELIGKEIT (93) erworben hat.

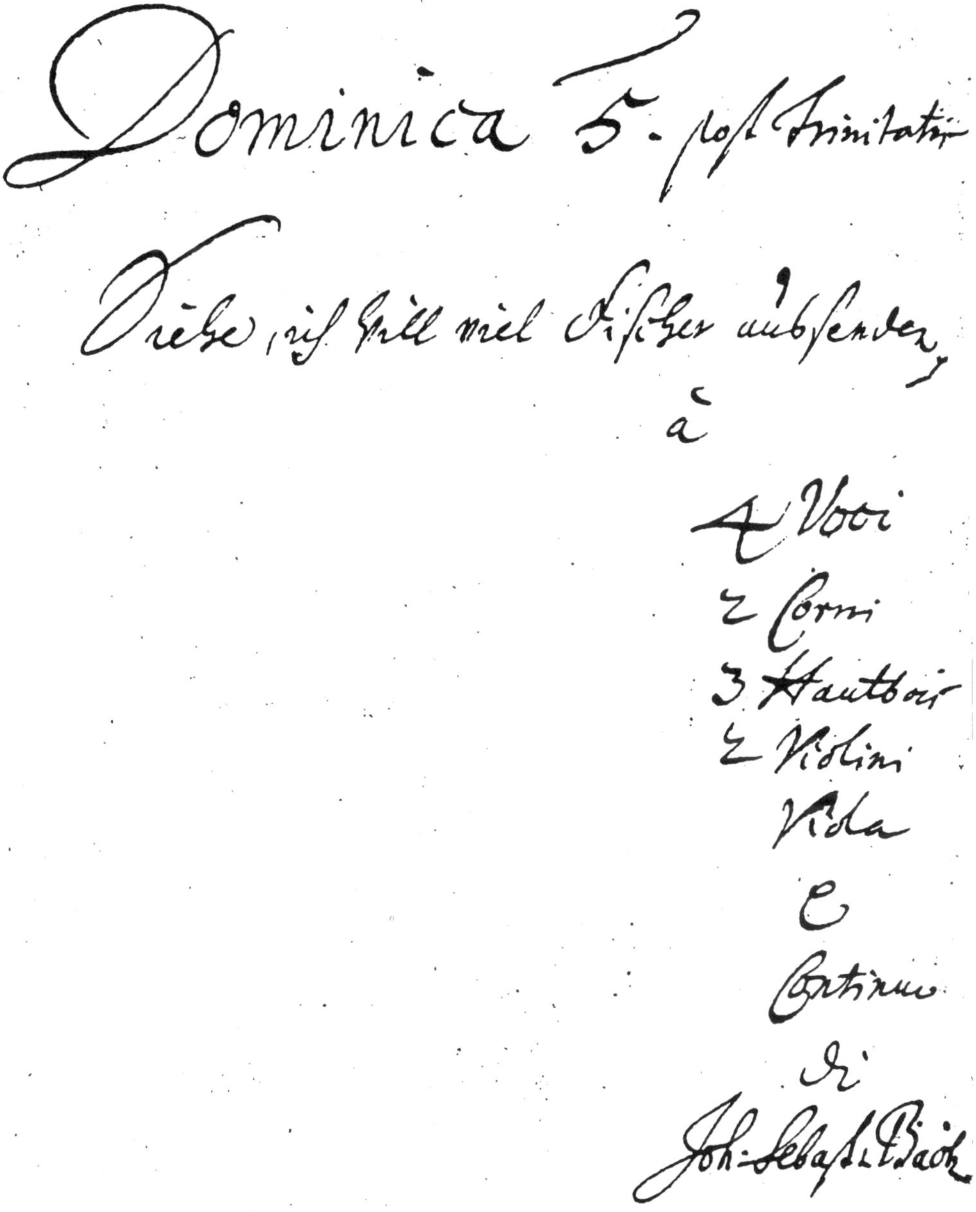

Dominica 5. post Trinitatis

Siehe, ich will viel Fischer aussenden,

à

4 Voci

2 Corni

3 Hautbois

2 Violini

Viola

e

Continuo

di

Joh. Sebast. Bach

Titelseite des Stimmumschlags der Kantate BWV 88

BWV 88 Siehe, ich will viel Fischer aussenden

Die Gesamtzahl dieser Titelseite, 1222 = 2 x 13 x 47, ist Symbol des Sohnes (2) Gottes, der den Tod (13) auf sich nahm und gerade dadurch auch der HERR (47) über den Tod geworden ist. Sie bezieht sich auf die Aussage, zu denen die Kantate in ihren letzten Sätzen führt:

BWV 88, 6 Was kann dich denn in deinem Wandel schrecken,
wenn dir, mein Herz, Gott selbst die Hände reicht,
vor dessem bloßen Wink schon alles Unglück weicht.

Will man das *perge*-Zeichen berücksichtigen und den Text des ersten Satzes vollständig einbeziehen, dann muß, um eine symbolische Gesamtzahl zu erreichen, auch der u-Bogen über dem Wort *aussenden* mit berechnet werden, Bach hat ihn wie eine 9 = 3 x 3 geschrieben, die Symbolzahl des allmächtigen Gottes (3 als Potenz): Er ist es, der seine Boten schickt. Daß dieses Zeichen zunächst unbeachtet blieb, entspricht dem Gedankengang des Kantatentextes, der im ersten Rezitativ die Frage aufwirft, ob Gott nicht eigentlich auf die Menschen verzichten könnte:

BWV 88, 2 Wie leichtlich könnte doch der Höchste uns entbehren
und seine Gnade von uns kehren,
wenn der verkehrte Sinn sich böslich von ihm trennt.

Doch dann fährt der Text fort:

BWV 88, 2 Was aber tut sein vatertreu Gemüte?
Nein, Gott ist allezeit beflissen,
uns auf gutem Weg zu wissen
unter seiner Gnade Schein,
ja, wenn wir verirret sein,
will er uns gar suchen lassen.

Für diese Absicht Gottes setzt Bach zwei Zeichen ein: Der u-Bogen als Zahl Gottes symbolisiert, daß der mächtige Gott selber seine Boten aussendet; das *perge*-Zeichen weist auf die Eingangsarie hin, die den Plan Gottes ausführlich beschreibt:

BWV 88, 1 Siehe, ich will viel Fischer aussenden, spricht der Herr, die sollen sie fischen,
und darnach will ich viel Jäger aussenden, die sollen sie fahen auff allen Bergen
und auff allen Hügeln und in allen Steinritzen.

Als Gesamtzahl ergibt sich nun 2628 = 3 x 3 x 4 x 73: Gott (3 als Potenz) ist der ZEBAOTH (73), der Herr der Heerscharen, die er wie Fischer und Jäger auf die Erde (4) sendet, um die Menschen zu gewinnen.

BWV 127 Herr Jesu Christ, wahr' Mensch und Gott (Facsimile S. 80)

Der Kantatentext ist ein Gebet aus der Seele des bedrängten Sünders, der die Hilfe Christi ersehnt:

BWV 127, 1 Ich bitt durchs bittre Leiden dein,
du wollst mir Sünder gnädig sein.

Dem entspricht es, daß die Gesamtsumme der Titelseite 1237 beträgt, kein Produkt symbolischer Zahlen, sondern allenfalls ein Zahlenbild für Christus (12), der sich erniedrigt hat (37 als Umkehrung der Zahl für ZEBAOTH).

Der u-Bogen über dem Wort *Jesu* kann als *2*, als Zahl des Gottessohnes, gelesen werden. Die Einbeziehung dieser Zahl ist ein Gleichnis für den glaubensvollen Blick auf den Heiland, wie er im ersten Rezitativ beschrieben wird:

BWV 127, 2 Wenn meine Zunge nichts als nur durch Seufzer spricht,
und dieses Herze bricht:
Genung, daß da der Glaube weiß,
daß Jesus bei mir steht,
der mit Geduld zu seinem Leiden geht.

Mit dieser Zahl ergibt sich als Gesamtsumme 1239 = 21 x 59. Sie ist Symbol für den, der MENSCH (59) und GOTT (59) zugleich war und am Kreuz starb (21 als Umkehrung der Christuszahl 12). Die Zahl gibt das Thema der Kantate wieder:

BWV 127, 1 Herr Jesu Christ, wahr' Mensch und Gott,
der du littst Marter, Angst und Spott,
für mich am Kreuz auch endlich starbst.

BWV 162 Ach, ich sehe, itzt, da ich zur Hochzeit gehe (Facsimile S. 62)

Die. Gesamtzahl der Titelseite beträgt 979 = 11 x 89. Nebeneinander stehen hier die Symbole der Sünde (11) und des prophetischen Psalms 89, der nach Calov von der „Hoheit der Person und des Ampts Meßiä" redet. Das entspricht dem Bild des großen Hochzeitsmahles, wie es das Rezitativ entwirft:

BWV 162, 2 O großes Hochzeitsfest,
darzu der Himmelskönig
die Menschen rufen läßt!
Ist denn die arme Braut,
die menschliche Natur,
nicht viel zu schlecht und wenig,
daß sich mit ihr der Sohn des Höchsten traut?

Bach hat hier das *perge*-Zeichen wie eine *7* geschrieben, die wohl den Heiligen Geist symbolisieren soll, sie erscheint an der Stelle, wo im weiteren Verlauf des Textes die Angst des Menschen beschrieben wird, vor dem König bestehen zu können. Hier kommt der Heilige Geist zu Hilfe und „hilft unsrer Schwachheit auf" (Röm. 8, 26). Rechnen wir die 7 hinzu, so ist die Summe 986 = 2 x 17 x 29 ein Symbol für den Gottessohn (2), der Bach (29 = JSB) die Erlösung (17) schenkt. Davon spricht der Schlußchoral:

BWV 162, 6 Itzund werd ich schön geschmücket
mit dem weißen Himmelskleid.

Man kann nun noch das *perge*-Zeichen berücksichtigen und den vollständigen Text des Eingangssatzes heranziehen:

BWV 162, 1 Ach! ich sehe,
itzt, da ich zur Hochzeit gehe,
Wohl und Wehe,
Seelengifft und Lebensbrod,
Himmel, Hölle, Leben, Todt,
Himmelsglantz und Höllenflammen,
sind beÿsammen.
Jesu, hilff, daß ich bestehe!

Der Bitte um die Hilfe Jesu entspricht das Zahlensymbol, das sich jetzt ergibt: 2226 = 2 x 21 x 53 = 3 x 14 x 53: Gottes (3) Sohn (2) hilft BACH (14) durch seinen Kreuzestod (21 als Umkehrung).

Es erscheint nicht sinnvoll, mit diesem Text, der noch von der Angst vor der Hölle erfüllt ist, die Ergänzung des Wortes *Voci.* zum lateinischen *Vocibus* zu verbinden. Die Bezeichnung der Singstimmen ist hier besonders ausgezeichnet durch die Verbindung zwischen der *4* und dem ersten Buchstaben *V.* Sie symbolisiert als Schlangenzeichen die Heilstat Christi (s. S. 61). Die Zahl kann wohl als Hinweis auf die vier Tiere gedeutet werden, die vor dem Thron Gottes stehen (Offb. 4, 6) und die nach der Erläuterung von Johann Olearius[54] nicht nur die Evangelisten, sondern auch alle Christen repräsentieren.

So ergibt sich die krönende Gesamtzahl ohne die Ergänzung durch das *perge*-Zeichen, das jetzt nur als 7 gewertet wird, aber mit der Bezeichnung *Vocibus*: 1026 = 2 x 3 x 3 x 3 x 19. Sie ist Symbol für den Gottessohn (2) auf dem Thron (19) in der Herrlichkeit Gottes (3 in dritter Potenz), wie es die Vision des Schlußchorals schildert:

BWV 162, 6 Ach, ich habe schon erblicket
diese große Herrlichkeit...
Steh ich da für Gottes Throne,
schaue solche Freude an,
die kein Ende nehmen kann.

---

54 Johann Olearius, Biblische Erklärung, Leipzig 1678, S. 1925.

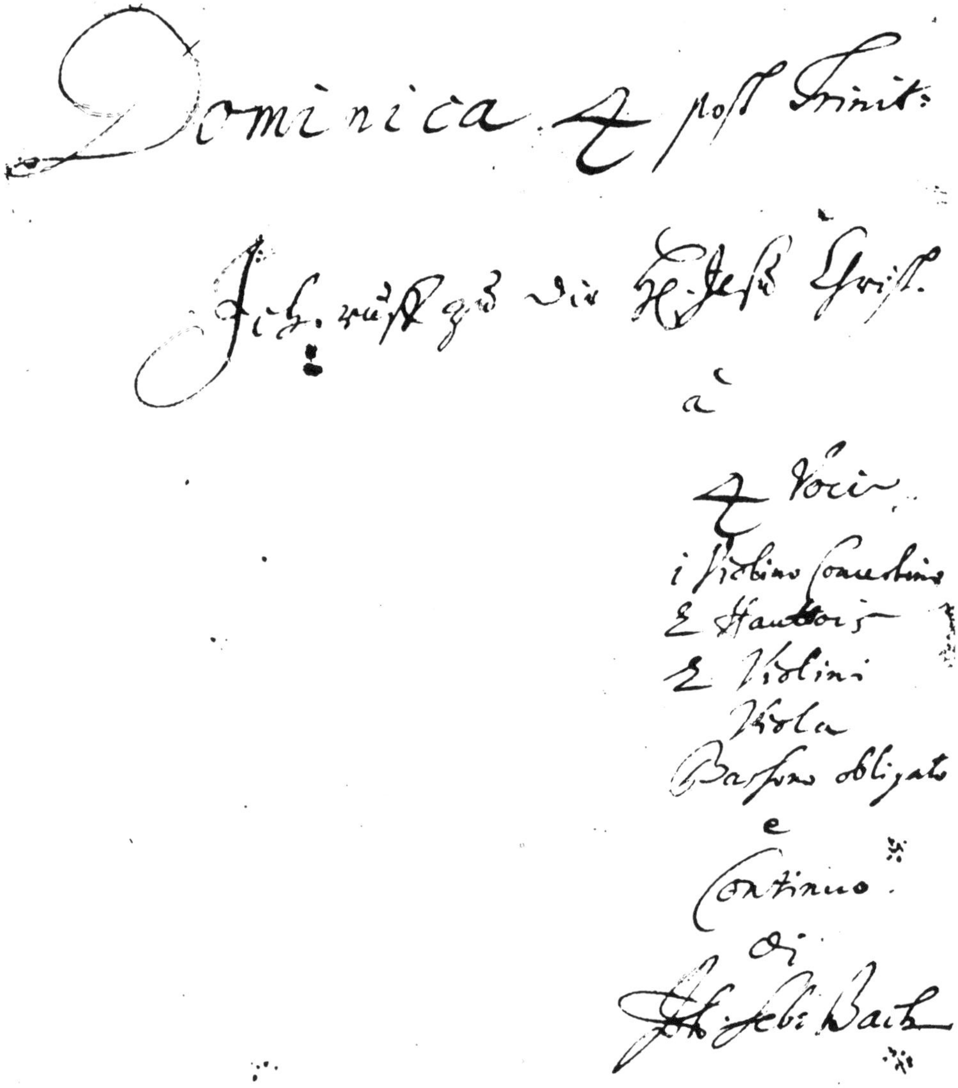
Dominica 4 post Trinit:

Ich ruff zu dir H. Jesu Christ.

à

4 Voci.
1 Violino Concertino
2 Hautbois
2 Violini
Viola
Bassono obligato
e
Continuo.
di
Joh: Seb: Bach

Titelseite der Partitur der Kantate BWV 177

BWV 177 Ich ruf zu dir, Herr Jesu Christ

Die Gesamtzahl dieser Titelseite läßt zunächst kein Zahlensymbol erkennen, das ist wohl ein Zeichen der tiefen Verzagtheit, die aus dieser Choralkantate spricht. Ein Produkt symbolischer Zahlen ergibt sich aber, wenn man die u-Bögen beachtet, die über dem Wort *ruff* zu einer 2 und über *zu* und *Jesu* zu einer 3 geformt sind. Mit diesen Zahlen beträgt die Gesamtsumme 1519 = 7 x 7 x 31. Sie symbolisiert die Bitte um ein neues und vollkommenes Leben (31 als Umkehrung der Todeszahl, 7 als Zahl der Totalität oder des Geistes, der lebendig macht):

BWV 177, 3 Gib mir ein neues Leben!

Beide Möglichkeiten der Ergänzung anzuwenden, die Zahlen in den u-Bögen und *Vocibus*, führt nicht zum Erfolg, Bach verzichtet darauf, dem Titelblatt ein zusammenfassendes Zahlensymbol zu geben. Diese letzte Rechnung, daß unser Maß mit dem Maß Gottes übereinstimmt, überläßt Bach Christus, wie es der von tiefer Zerrissenheit geprägte Schlußchoral eindringlich sagt:

BWV 177, 5 Ich lieg im Streit und widerstreb,
Hilf, o Herr Christ, dem Schwachen!
An deiner Gnad allein ich kleb,
du kannst mich stärker machen.
Kömmt nun Anfechtung, Herr, so wehr,
daß sie mich nicht umstoßen.
Du kannst maßen,
daß mir's nicht bringt Gefahr;
ich weiß, du wirst's nicht lassen.

Das Symbol für diese entscheidende Hilfe Christi setzt Bach zwar nicht, es läßt sich aber aus den Stimmen erschließen. Auf der Titelseite der Partitur fehlt die *Taille*, das Kerbholz, und damit ist im tiefsten Sinn Christus gemeint, der unser Teilstück mit dem Meßstab Gottes zur Übereinstimmung bringt. Mit dieser Bezeichnung, dem lateinischen *Vocibus* und den zusätzlichen Zahlen ergäbe sich als Gesamtzahl 1615 = 17 x 95: Der zugleich GOTT (59) war und MENSCH (59), ist am KREUTZ (95) gestorben und hat uns dadurch die Erlösung (17) geschenkt. Doch Bach hat auf diesen krönenden Abschluß verzichtet.

BWV 187 Es wartet alles auf dich (Facsimile S. 64)

Der Kantatentext zum Evangelium von der Speisung der Viertausend (Mark. 8, 1–9) spricht vom allmächtigen Gott, der die ganze Schöpfung erhält, wie es im ersten Rezitativ und in der anschließenden Arie zum Ausdruck kommt:

BWV 187, 2 Der Vögel großes Heer
zieht durch die Luft zu Feld,
und wer vermag ihr wohl die Notdurft abzugeben?
Kann irgendein Monarch nach solcher Ehre streben?
3 Du, Herr, du krönst allein das Jahr mit deinem Gut.

Doch das erkennen nur die Gläubigen, die Heiden verhalten sich anders:

BWV 187, 4 Darum sollt ihr nicht sorgen noch sagen:
Was sollen wir essen, was sollen wir trinken..
Nach solchem allen trachten die Heiden.

Diese Gedanken nimmt die Summe aller Zahlen und Buchstaben der Titelseite, 1159 = 19 x 61, auf in den Symbolen für Gott auf seinem Thron (19) und die Gemeinde seiner Gläubigen, die den Namen ISRAEL (61) tragen.

Wenn man nun noch den zu einer 2 geformten u-Bogen über dem Wort *auf* mitrechnet, ergibt sich die Zahl 1161 = 3 x 3 x 3 x 43: Durch den Gottessohn (2) können wir zum Glauben (43) kommen an die Allmacht Gottes (3 als Potenz). Davon spricht der Schlußchoral:

BWV 187, 7 Wir danken sehr und bitten ihn,
daß er uns geb des Geistes Sinn...,
daß wir solches recht verstehn...,
seinen Namen machen groß
in Christo ohn Unterlaß.
So sing'n wir recht das Gratias.

Das *perge*-Zeichen lenkt den Blick auf den vollständigen Text des Eingangschors, der von der Fürsorge Gottes auf Erden spricht:

BWV 187, 1 Es wartet alles auf dich, daß du ihnen Speise gebest zu seiner Zeit. Wenn du ihnen giebest, so sammlen sie. Wenn du deine Hand aufthust, so werden sie mit Güte gesättiget.

Durch diese Worte erhöht sich die Summe der Titelseite auf 2368 = 4 x 4 x 4 x 37, Symbol für den weiten Raum der Erde (4 als Potenz) und den Heiland, der sich erniedrigte (37 als Umkehrung der Zahl für ZEBAOTH) und als das größte Geschenk der Güte Gottes auf die Erde kam.
Damit geht Bach in seiner Symbolik wieder einmal über den theologischen Gehalt des Textes hinaus und gibt ihm einen tieferen Sinn. Der Name Christus kommt im Schlußchoral zwar vor, aber was er uns bedeutet, wird nur durch Bachs Symbolzahlen deutlich.

Das gilt auch für die Summe, die sich durch die Ergänzung des Wortes *Voci.* zum lateinischen *Vocibus* ergibt: 2408 = 2 x 2 x 14 x 43, Symbol für BACH (14), der im Glauben (43) auf den Gottessohn (2) blickt und ihn verehrt (2 als Potenz), wie es den Worten des letzten Rezitativs entspricht:

BWV 187, 6 Halt ich nur fest an ihm mit kindlichem Vertrauen,
und nehm mit Dankbarkeit, was er mir zugedacht,
so werd ich mich nie ohne Hilfe schauen.

Die lateinische Form *Vocibus* könnte zwar auch bedeuten, daß die Gläubigen schon hier auf Erden zum Reich Gottes gehören, doch weist sie vor allem auf das ewige Leben hin. In diesem Sinne läßt sich die Zahl 2408 auch anders teilen: 7 x 8 x 43. Dann ist sie Symbol für den Glauben (43), durch den heiligen Geist (7) in die Ewigkeit (8) zu gelangen, wo das Gratias „ohn Unterlaß" gesungen wird, wie es im Schlußchoral heißt.

BWV 195 Dem Gerechten muß das Licht immer wieder aufgehen (Facsimile S. 66)

Bachs theologische Interpretation in seiner Symbolik geht von dem Begriff des Gerechten aus, der im Titel erscheint und im ersten Rezitativ dem Brautpaar zugeschrieben wird:

BWV 195, 2 Auch diesem neuen Paare,
an dem man so Gerechtigkeit
als Tugend ehrt,
ist heut ein Freudenlicht bereit.

Gerecht werden wir nur durch Christus, der unsre Sünden getragen hat. Bach setzt entsprechende Symbole: Die Bezeichnung *Fiauti.* kann aufgrund des Abkürzungspunktes ergänzt werden durch den Zusatz *traversi*, wie es auf den Stimmen steht. Dann ergibt sich als Gesamtzahl 1540 = 22 x 70. Die „verkehrten" Flöten sind Symbol für JESUS (70), der am Kreuz für unsere Sünden starb (22 als Zahl des Leidenspsalms).

Zwei u-Bögen hat Bach zu symbolischen Zahlen gemacht, über dem Wort *aufgehen* zur *2* als Zahl des Gottessohnes, der uns als Freudenlicht aufgeht, über dem Wort *muß* aber als *2*, die auf dem Kopf steht. Soviel ich sehe, ist dies der einzige in dieser Form gestaltete u-Bogen auf Bachs Titelseiten; er bedarf darum genauer Überlegung.

Daß das Licht aufgehen *muß*, ist nicht eine zwangsläufige Folge menschlicher Tugend – wie es der Text anzudeuten scheint –, sondern ist nur möglich geworden durch Christi Sterben: Dem entspricht wie an anderen Stellen die Umkehrung. Die Zahl aber, die auf dem Kopf steht, kann als Hinweis gemeint sein, die Zahl des betreffenden Wortes umzukehren. Dann wird aus der Summe 74 für das Wort *muß* die Zahl 47: Gottes Sohn (2), der seine Herrlichkeit aufgegeben hat (74 als Umkehrung), soll wieder als HERR (47) anerkannt werden.

Eine neue Gesamtzahl ergibt sich, wenn man die beiden Zahlen der u-Bögen mitrechnet, die Zahl des Wortes *muß* umkehrt und auf den Zusatz *traversi* verzichtet. Bach verwendet die besondere Form *Fiauti* meistens als Bezeichnung für Blockflöten, die Jesus symbolisieren, der ohne Sünde war. Das alles sind Zeichen der Verehrung für Christus, den heiligen Herrn, der dem jungen Paar seine Gerechtigkeit, die Befreiung von aller Schuld, schenken wird.

Dieser Gedanke kommt in der neuen Gesamtzahl 1411 = 17 x 83 mit den Symbolen für die Erlösung (17) und den IMMANUEL (83), den „Gott mit uns", ebenso zum Ausdruck wie in den letzten Chören der Kantate in ihrer ursprünglichen und späteren Fassung:

BWV 195, 5 Wir kommen, deine Heiligkeit,
unendlich großer Gott, zu preisen.
Der Anfang rührt von deinen Händen,
durch Allmacht kannst du es vollenden
und deinen Segen kräftig weisen.
6 Nun danket all und bringet Ehr...
dem, dessen Lob der Engel Heer
im Himmel stets vermeldt.
9 Höchster, schenke diesem Paar
Freude, die dein Segen schenket.
Gib, daß deine Gnadenhand
stets in ihrem Ehestand
Glück und Heil zu ihnen lenke

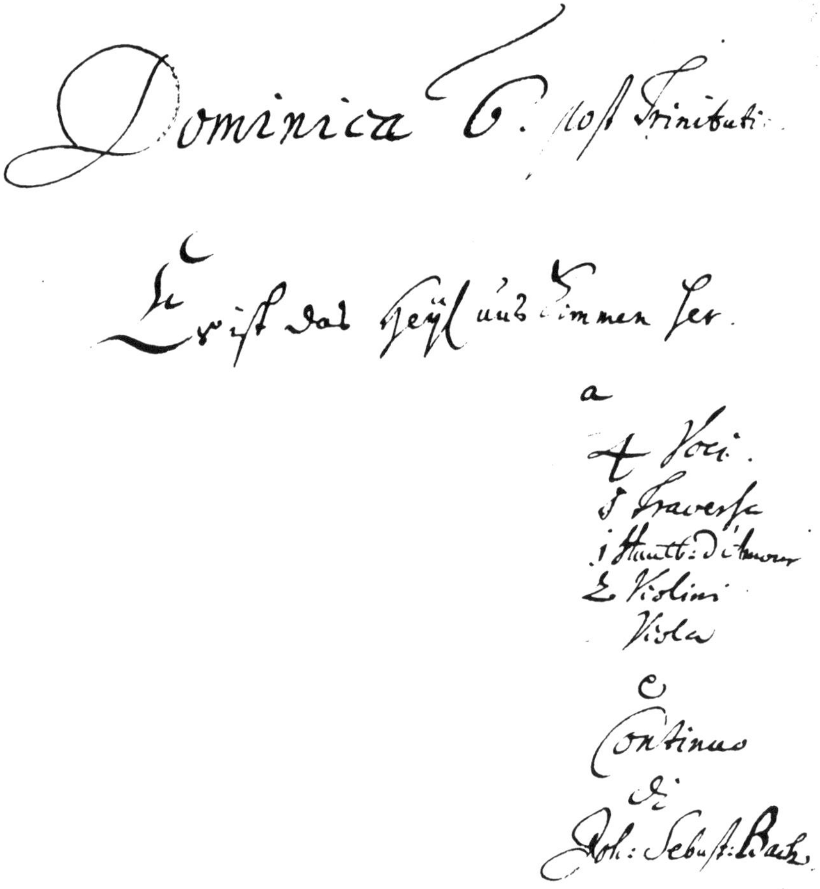
Dominica 6. post Trinitatis
Es ist das Heyl uns kommen her
a
4 Voci.
1 Traversa
1 Hautb: d'Amour
2 Violini
Viola
e
Continuo
di
Joh: Sebast: Bach

Titelseite des Stimmumschlags der Kantate BWV 9

BWV 9 Es ist das Heil uns kommen her

Daß in der Summe dieser Titelseite 1299 kein Produkt symbolischer Zahlen zu erkennen ist, entspricht der Aussage des Schlußchorals:

BWV 9, 7 Ob sich's anließ, als wollt er nicht,
laß dich es nicht erschrecken;
denn wo er ist am besten mit,
da will er's nicht entdecken.

Kaum zu entdecken sind darum wohl auch die unscheinbaren Zeichen, die Bach in der Gestalt von Zahlen angebracht hat: Den u-Bogen über dem Wort *uns* hat er als *7* geschrieben; die Zahl des Heiligen Geistes ist überaus weit vom Buchstaben *u* entfernt. Das könnte sich auf den Gedanken des ersten Rezitativs beziehen:

BWV 9, 2 Kein Mensch war fromm zu nennen,
Der Geist blieb an dem Fleische kleben
und wagte nicht zu widerstreben.

Nur wenn sich der irdische Geist des fleischlichen Menschen von uns löst und dem Heiligen Geist Raum gibt, ist das Heil zu erwarten.

Dann ist im *J* des Namens *Joh:* eine kleine *1* zu erkennen, die von den beiden großen Bögen des Buchstabens umschlungen und festgehalten wird. Das ist sicher ein Zeichen für den Gedanken des zweiten Rezitativs:

BWV 9, 4 Der Himmel ist für den erkoren,
der wahren Glauben mit sich bringt
und fest um Jesu Arme schlingt.

Im *B* des Namens *Bach* sind die beiden Bögen auffallend dick nachgezogen und lassen so die Gotteszahl *3* hervortreten. Auch dies soll wohl ein Symbol für den festen Gottesglauben sein. Doch nun darf nicht übersehen werden, daß auch der senkrechte Strich des *B* besonders stark geschrieben ist. Offenbar soll damit ein umgekehrtes *J* angedeutet werden. Das könnte sich auf den Tod des Menschen *Johann* beziehen:

BWV 9, 3 Wir waren schon zu tief gesunken,
der Abgrund schluckt uns völlig ein,
die Tiefe drohte schon den Tod.

Doch das *J* kann auch Sinnbild für den Tod Jesu sein:

BWV 9, 4 Doch mußte das Gesetz erfüllet werden;
deswegen kam das Heil auf Erden,
des Höchsten Sohn, der hat es selbst erfüllt...,
durch sein unschuldig Sterben
ließ er uns Hilf erwerben.

Für uns, für *Johann*, hat er den Tod auf sich genommen. Dafür hat Bach noch andere Zeichen gesetzt: Im *k* des Wortes *kommen* ist das Zeichen *X* zu erkennen als Sinnbild für Namen und Kreuz Christi, und die *1* in der Bezeichnung *1 Traversa* ist recht eigenartig geformt. Soll sie vielleicht eine *0* bedeuten? Damit würde die Traversflöte, das Symbol für Christus, der unsere Sünde getragen hat, gleichsam ausgelöscht!

Wenn man nun alle diese zusätzlichen Zeichen berücksichtigt, die *7* über *uns*, die *1* in *Joh:* und die *3* in *Bach*, die durch die *0* getilgte *Traversa* und das umgekehrte *J* aber negativ berechnet, ergibt sich als Summe dieser Titelseite 1202 = 2 x 601 mit den Symbolzahlen für den Gottessohn (2) und die Zeit, die Gott für unsere Errettung bestimmt hat wie einst das 601. Jahr als Ende der Sintflut für Noah und die Seinen. Diesen Gedanken enthält das letzte Rezitativ:

BWV 9, 6 Wenn wir die Sünd aus dem Gesetz erkennen,
so schlägt es das Gewissen nieder;
doch ist das unser Trost zu nennen,
daß wir im Evangelio
gleich wieder froh
und freudig werden:

Dies stärket unsern Glauben wieder.
Drauf hoffen wir der Zeit,
die Gottes Gütigkeit
uns zugesaget hat,
doch aber auch aus weisem Rat
die Stunde uns verschwiegen.

Wenn man aber das negative Zeichen positiv als Symbol für den Sieg Christi berechnet und die lateinischen Worte *Vocibus* und *1 Traversa* einbezieht, beträgt die Summe 1359 = 3 x 3 x 151: Der mächtige Gott (3 als Potenz) wird mit dem neuen Lied (151) gepriesen, das nur die Menschen lernen können, die durch das Lamm Gottes erkauft sind (Offb. 14, 3; 15, 3). Diese gläubige Erwartung kommt in der Kantate immer wieder zum Ausdruck:

BWV 9, 1 Der Glaub sieht Jesum Christum an,
der hat gnug für uns all getan,
er ist der Mittler worden.
4 Der Himmel ist für den erkoren.

Ergänzt man schließlich noch das umgekehrte *J* im Namen *Bach* zum vollständigen Namen *Jesus,* dann ist die Summe 1420 = 2 x 10 x 71 Symbol für das WORT in seiner Kraft (71 x 10), das Gott in seinem Sohn (2) uns gegeben hat. Mit diesem Gedanken schließt die Kantate:

BWV 9, 7 Sein Wort laß dir gewisser sein
und ob dein Fleisch spräch lauter Nein,
so laß dir doch nicht grauen.

Andere Zeichen von zahlensymbolischer Bedeutung

Neben den zusätzlich eingefügten Zahlen erscheinen auf den Titelseiten Bachs und seiner Schreiber eine Reihe von Zeichen – einige wurden bereits vorgestellt –, die nicht nur Sinnbilder für die Aussage der Kantatentexte sind, sondern auch bei der Berechnung der Gesamtzahlen berücksichtigt werden können oder müssen. Im ersten Fall ergänzen sie die symbolischen Summen der Titelseiten durch neue Varianten und führen so zu einer Zahlenstruktur, in denen sich der Gedankengang der Kantaten spiegelt. Im anderen Fall ergibt sich erst durch Beachtung der Zeichen eine Gesamtzahl, die dem Text der Kantate entspricht, nämlich dort, wo die einfache Addition der Zahlen und Buchstaben einer Titelseite aus bestimmten, auch wieder symbolischen Gründen noch nicht zu einem Produkt symbolischer Zahlen führt.

BWV 1 Wie schön leuchtet der Morgenstern (Facsimile S. 92)

So schön und reich die Titelseite auch durch ihre Initialen geschmückt ist, enthält sie doch einen Fehler: Bereits im ersten Buchstaben vermißt man einen Querstrich. Das ist wohl ein Zeichen menschlicher Unvollkommenheit, die auf Erfüllung und Erlösung wartet:

BWV 1, 3 Erfüllet, ihr himmlischen, göttlichen Flammen,
die nach euch verlangende gläubige Brust!
6 Komm, du schöne
Freudenkrone,
bleib nicht lange,
deiner wart ich mit Verlangen.

Das Wort *Testo,* das nun an der Spitze steht, ist aber zugleich ein Beispiel für den spielerischen Umgang Bachs mit der Sprache, der gleichwohl von tiefer theologischer Symbolik erfüllt ist. In dieser Kantate zum Fest der Verkündigung an Maria soll das erste Wort der Titelseite wohl erinnern an das lateinische *testor,* ich bezeuge, und bedeutet hier: Ich bin Zeuge der Verkündigung der Geburt des Heilands, die Maria empfangen und im Glauben angenommen hat. Doch ebenso wie dieses Wort in doppelter Hinsicht fehlerhaft ist, bleibt auch der Glaube unvollkommen und wartet auf die Stärkung durch Christus:

BWV 1, 4 Denn ein vollkommnes Gut,
des Heilands Leib und Blut,
ist zur Erquickung da.
So muß uns ja
der überreiche Segen,
der uns von Ewigkeit bestimmt,
und unser Glaube zu sich nimmt,
zum Dank und Preis bewegen.

Testo ist demnach Symbol für den Glauben an die Hilfe Gottes, es bedarf der Ergänzung entweder am Anfang oder am Ende. Ergänzt man den Buchstaben *r* zum Wort *Testor*, dann erhöht sich die Zahlensumme um 17, die Zahl der Erlösung: Der Glaube findet seine Erfüllung. Fügt man dem ersten Buchstaben den Querstrich hinzu, dann verringert sich die Summe um 13 als Zahl des Todes, und das Wort *Festo* weist hin auf das Freudenfest des ewigen Lebens:

BWV 1, 6 Er wird mich doch zu seinem Preis
aufnehmen in das Paradeis,
des klopf ich in die Hände.

Die Titelseite ist eine der wenigen, auf der das Wort *Signor* ausgeschrieben ist. Sie gehören alle wie diese in die Umgebung des Weihnachtsfestes, zur Adventskantate BWV 62, zur Neujahrskantate BWV 41 und zur Kantate BWV 111 in der Epiphaniaszeit. Bach will damit wohl auf die Paradoxie des weihnachtlichen Geschehens hinweisen: Durch die Erniedrigung des Gottessohnes wird der gläubigen Seele Bachs die Würde ihrer himmlischen Berufung zuteil, symbolisiert durch den italienischen Titolo di reverenza (s. S. 105).

Für die Berechnung der Gesamtzahl der Titelseite ist der Punkt hinter dem Wort *Hautbois* von Bedeutung, er erlaubt die Ergänzung durch die Bezeichnung *da Caccia* oder auch *du Chasse*, wie es der Besetzung der Kantate entspricht. Die verschiedenen Möglichkeiten der Ergänzung führen zu einer Reihe von symbolischen Gesamtzahlen. Mit den Worten *Testo, Vocibus* und *da Caccia* ist die Summe 1666 = 2 x 7 x 7 x 17 = 7 x 14 x 17 Symbol für BACH (14), der durch den Gottessohn (2) mit den Flammen des Geistes (7 als Potenz) erfüllt wird und schon die Erlösung (17) im Glauben spüren darf.

BWV 1, 3 Erfüllet, ihr himmlischen göttlichen Flammen
die nach euch verlangende gläubige Brust!
Die Seelen empfinden die kräftigsten Triebe...
und schmecken auf Erden die himmlische Lust.

Würde man das erste Wort korrigiert als *Festo* lesen, ergäbe sich auch ein Zahlensymbol für das große Fest in der Ewigkeit: 1653 = 29 x 57. Bach (29 = JSB) darf teilnehmen am großen Lobgesang (29 = SDG) im HIMMEL (57), wie es der Schlußchoral beschreibt:

BWV 1, 6 Komm, du schöne
Freudenkrone,
bleib nicht lange!
Deiner wart ich mit Verlangen.

Wählte man dagegen die Ergänzung zum Wort *Testor*, würde dieses auf die irdische Lage hinweisen als Zeichen des festen Glaubens. Dem entspricht die italienische Bezeichnung der Singstimmen, *Voci*. Mit diesen Worten und dem Zusatz *da Caccia* ergibt sich als Gesamtsumme 1643 = 31 x 53. Diese Symbole weisen hin auf die gläubige Haltung der Maria, die der Botschaft des Engels vertraut, daß ihr Kind ein „SOHN (53) des Höchsten" genannt wird und seiner Herrschaft kein Ende sein wird, weil sie in das ewige Leben (31 als Umkehrung) führt. Darum wird Maria „das Ur- und Sinnbild des Glaubens"[55] genannt. Diesen Glauben spricht das erste Rezitativ aus:

55 Walter Blankenburg, Das Weihnachtsoratorium von Johann Sebastian Bach, Kassel 1982, S. 31.

BWV 1, 2 Du wahrer Gottes und Marien Sohn,
du König derer Auserwählten,
wie süß ist uns dies Lebenswort,
das weder Grab, Gefahr noch Tod
aus unsern Herzen reißen.

Damit das Herz zu solchem Glauben gelangen kann, muß der Heiland ihm bis in die Tiefen weltlicher Verstrickung nachgehen, wie es die französische Bezeichnung *du Chasse* symbolisiert. Diese führt mit den Worten *Voci.* und *Festo* zur Summe 1665 = 37 x 45 mit den Zahlen für den König und Bräutigam (nach dem prophetischen Psalm 45), der das Herz umwandelt (37 als Umkehrung der Summe für das Wort HERTZ). Daß für diese Summe die Worte *Voci* und *Festo* berücksichtigt werden müssen, ist keineswegs ein Widerspruch im symbolischen Sinn, denn – wie es die bereits zitierte Arie Nr. 3 sagt – die Seelen „schmecken auf Erden die himmlische Lust", wenn sie hier dem Bräutigam begegnen, den der Eingangschor begrüßt:

BWV 1, 1 Du Sohn Davids aus Jakobs Stamm,
mein König und mein Bräutigam,
hast mir mein Herz besessen,
lieblich,
freundlich,
schön und herrlich,
groß und ehrlich,
reich an Gaben,
hoch und sehr prächtig erhaben.

BWV 47 Wer sich selbst erhöhet, der soll erniedriget werden (Facsimile S. 47)

Die Summe der Zahlen und Buchstaben dieser Titelseite ist ein Zahlenbild für die tiefste Erniedrigung: 1313, Symbol für den Tod (13), ja den ewigen Tod (13 + 13 x 100). Diesen Tod ist Christus für uns gestorben; doch die Zeichen auf diesem Titelblatt deuten die große Umkehrung an (s. S. 48): Wir Menschen erhalten dadurch das Leben, ja sogar das ewige Leben. So läßt sich auch die Gesamtzahl umkehren zu einem Symbol des Lebens: 3131. Darum bittet der Schlußchoral:

BWV 47, 5 Du wollst mir nur das Ewge gewährn,
das du erworben hast
durch deinen herben, bittern Tod.

Die abschließende Symbolzahl ist hier ausnahmsweise ein Zahlenbild; das mag darin seinen Grund haben, daß dieses eine eindrucksvolle, klare Aussage enthält und der Schluß der Kantate nur eine Bitte ist, die auf ihre Erfüllung wartet.

BWV 95 Christus, der ist mein Leben (Facsimile S. 88)

Das *perge*-Zeichen in seiner ursprünglichen Bedeutung steht hier in Beziehung zum Text der Kantate und kann geradezu als Aufforderung verstanden werden: Fahre fort – ins ewige Leben! Es ist daher von vornherein zu berücksichtigen. Dabei kann entweder nur der erste Choral oder der Text des ganzen langen Eingangssatzes berücksichtigt werden:

BWV 95, 1 Christus, der ist mein Leben,
Sterben ist mein Gewinn.
Dem thu ich mich ergeben,
mit Freud fahr ich dahin.

Mit Freuden, ja mit Hertzenslust
will ich von hinnen scheiden,
und hieß es heute noch: Du must!
So bin ich willig und bereit,
den armen Leib, die abgezehrten Glieder,
das Kleid der Sterblichkeit der Erde wieder
in ihren Schooß zu bringen.

Mein Sterbelied ist schon gemacht,
ach, dürfft ichs heute singen!

Mit Fried und Freud ich fahr dahin
nach Gottes Willen,
getrost ist mir mein Hertz und Sinn,
sanfft und stille,
wie Gott mir verheißen hat.
Der Todt ist mein Schlaf worden.

Mit der ersten Choralstrophe und der Verkleinerung des *Corno* zum *Cornettino* aufgrund des eingefügten Zeichens (s. S. 89) ergibt sich als Gesamtzahl 1998 = 2 x 3 x 3 x 3 x 37. Diese Symbolzahlen lenken den Blick ganz auf den Sohn (2) des großen Gottes (3 in dritter Potenz), der sich seiner Macht begeben hat (37 als Umkehrung der Zahl für ZEBAOTH, den Herrn der Heerscharen). Das entspricht der Choralstrophe und der Bedeutung des Zeichens.

Mit dem Zeichen der Verkleinerung des *Corno* verbinden sich die Gedanken des greisen Simeon, der angesichts des kleinen Jesuskindes mit „Fried und Freud“ dem Tod entgegensehen konnte. Fügt man dementsprechend die Bezeichnung *Cornettino* in die große Gesamtzahl ein, so wird daraus 6137 = 17 x 19 x 19. Diese Zahl ist sowohl als Zahlenbild wie als Produkt bedeutungsvoll: Hier erscheinen die Symbole für den Heiland, der sich für uns erniedrigte (37) und uns den Namen ISRAEL (61) schenkte; aIs Faktoren ergeben sich die Zahlen der Erlösung (17) und des großen Thrones (19 als Potenz) in der Ewigkeit. Davon spricht der Schlußchoral:

BWV 95, 7 Dein letztes Wort mein Auffahrt ist,
Todsfurcht kannst du vertreiben.
Denn wo du bist, da komm ich hin,
daß ich stets bei dir leb und bin;
drum fahr ich hin mit Freuden.

Man kann schließlich die Abkürzung *Sign*: nicht zum gewöhnlichen *Signore*, sondern zum Ehrentitel *Signor* ergänzen und erhält dann als Summe 6132 = 2 x 3 x 14 x 73. Im Blick auf den Sohn (2) Gottes (3) hat BACH (14) wie Simeon ein HERTZ (73) voller Trost, wenn er an sein Ende denkt:

BWV 95, 5 Getrost ist mir mein Herz und Sinn.

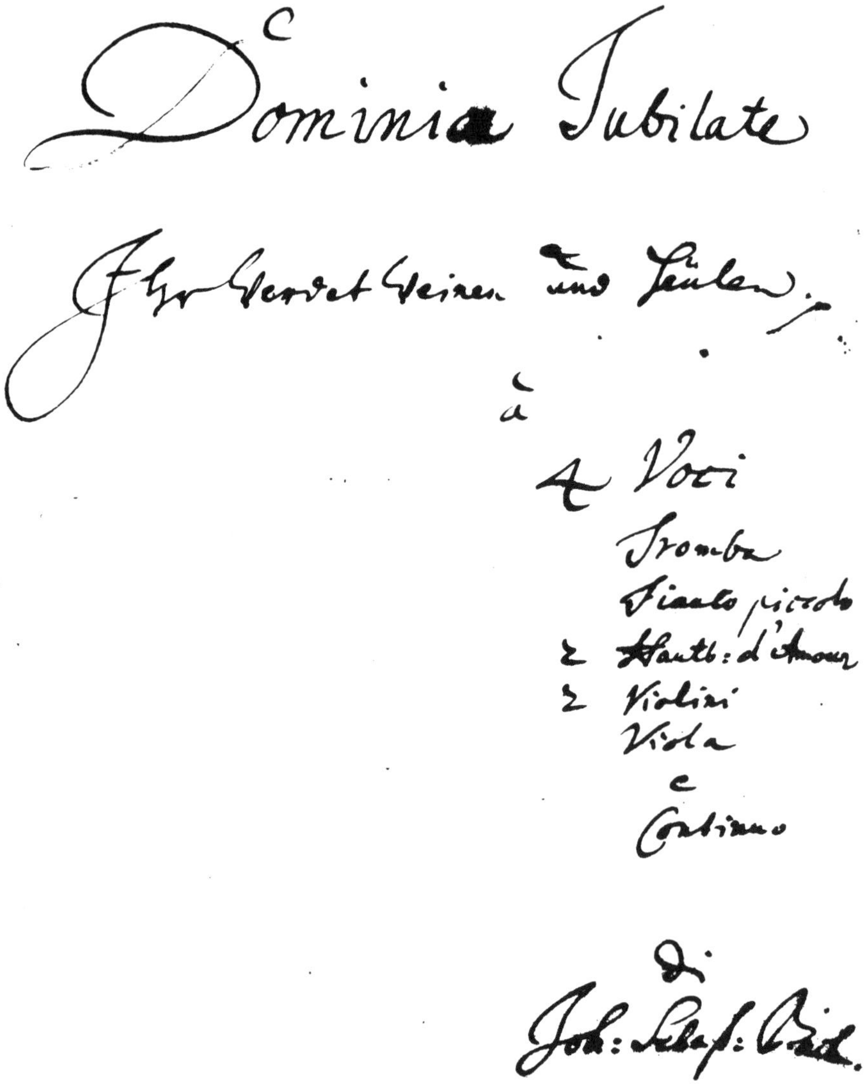

Dominica Jubilate

Ihr werdet weinen und heulen etc.

à

4 Voci

Tromba

Flauto piccolo

2 Hautb: d'Amour

2 Violini

Viola

e

Continuo

di

Joh: Sebast: Bach.

Titelseite der Partitur der Kantate BWV 103

BWV 103 Ihr werdet weinen und heulen

Die Kantate spricht von der Traurigkeit, die den Christen beschieden ist, bis hin zur tiefen Angst vor dem Tod. Doch der Trost Christi führt zur Freude und zur Anbetung Gottes:

BWV 103, 3 Wer heilt die Wunden meiner Sünden ..,
verbirgst du dich, so muß ich sterben.
Mein Jesus läßt sich wieder sehen,
o Freude, der nichts gleichen kann.
Wie wohl ist mir dadurch geschehen,
nimm, nimm mein Herz zum Opfer an!

Die Gesamtzahl der Titelseite enthält für beide Gedanken Symbole: 1261 = 13 x 97. Neben der Todeszahl (13) steht die Zahl des prophetischen Psalms 97, der nach Calov davon spricht, wie Christus „erhöht werden sol in allen Ländern". Durch das *perge*-Zeichen werden die Verheißungen des Eingangssatzes herangezogen:

BWV 103, 1 Ihr werdet weinen und heülen, aber die Welt wird sich freüen. Ihr aber werdet traurig seÿn. Doch eüre Traurigkeit soll in Freüde verkehret werden.

Die Ergänzung besitzt als Summe nach dem Zahlenalphabet die Symbolzahl 1066 = 2 x 13 x 41: Der Gottessohn (2) nimmt den Tod (13) Bachs (41 als Umkehrung der Namenszahl) auf sich.

Die Gesamtzahl, die sich jetzt ergibt, 2327, ist kein Produkt symbolischer Zahlen. Doch muß jetzt der u-Bogen über dem Wort *und* berücksichtigt werden. Er ist zu einem Zeichen des Umkehrens gestaltet worden und entspricht der Verheißung Jesu:

BWV 103, 1 Eure Traurigkeit soll in Freude verkehret werden.

Wenn wir diesem Hinweis folgen und die neue Gesamtzahl rückwärts lesen, erhalten wir die Zahl 7232 = 8 x 8 x 113. Das ist ein Symbol für das große Ziel des Christenlebens: anstatt zu trauern Christus zu preisen nach dem prophetischen Psalm 113 vom Aufgang der Sonne bis zu ihrem Niedergang und dann in der Seligkeit von Ewigkeit zu Ewigkeit (8 x 8). Davon sprechen die letzten Worte der Kantate, die durch den Vergleich mit der kurzen Zeit der Traurigkeit die unendliche Seligkeit hervorheben:

BWV 103, 6 Dein kurzes Leid
soll sich in Freud
und ewig Wohl verkehren.

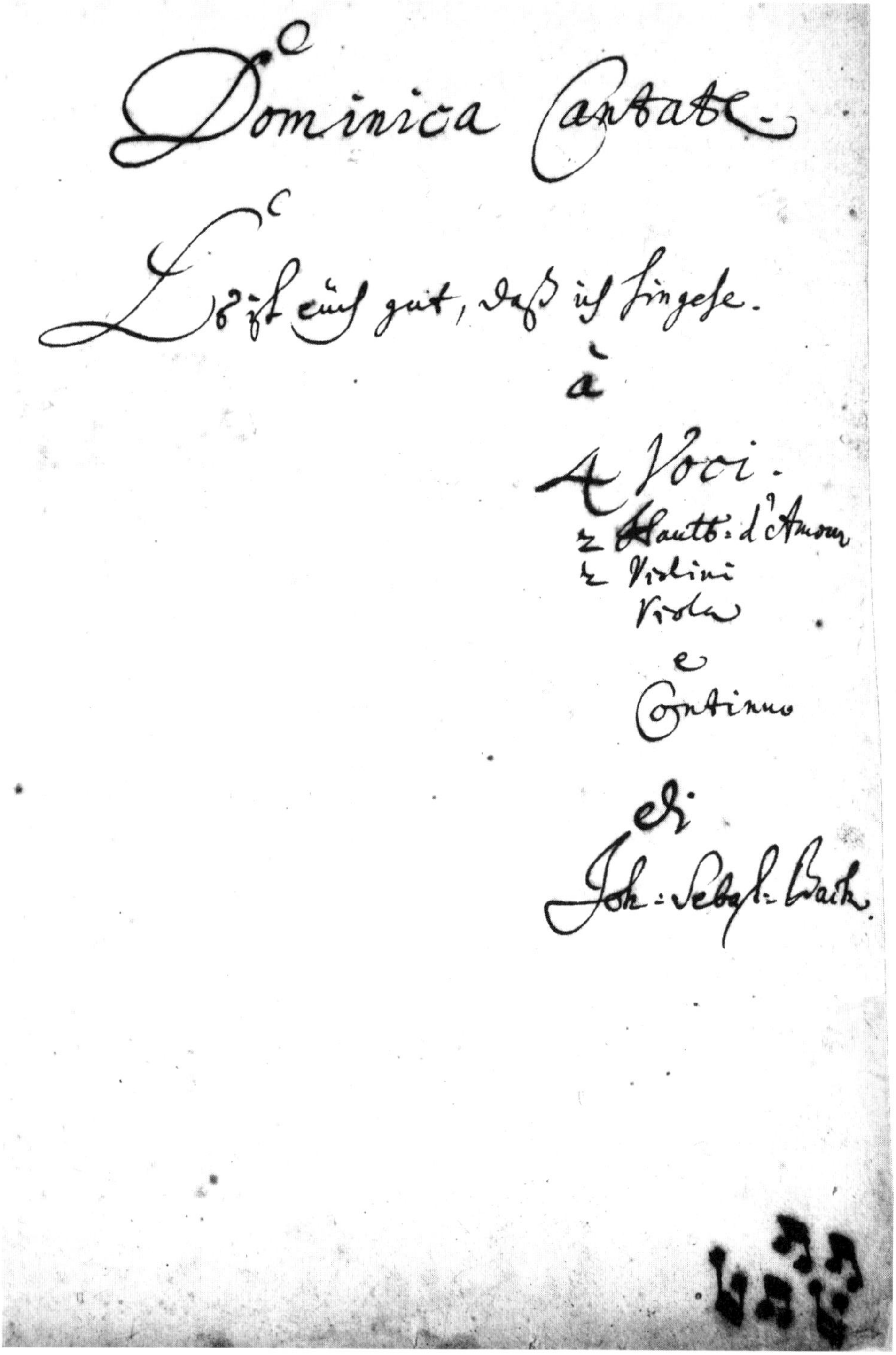

Titelseite der Partitur der Kantate BWV 108

BWV 108 Es ist euch gut, daß ich hingehe

Die Gesamtzahl der Titelseite, 1046, läßt sich nicht als Symbolzahl deuten. Kann der Text weiterhelfen? In der Eingangsarie singt der Baß die Abschiedsworte Jesu an seine Jünger (Joh. 16, 7):

BWV 108, 1 Es ist euch gut, daß ich hingehe, denn so ich nicht hingehe, kömmt der Tröster nicht zu euch. So ich aber gehe, will ich ihn zu euch senden.

Wenn man diesen Worten folgt und die Summe des Namens JESUS, 70, abzieht, ergibt sich die Zahl 976 = 2 x 2 x 4 x 61, ein Symbol dafür, daß der Gottessohn (2) uns auf der Erde (4) den Namen seiner erwählten Schar, ISRAEL (61), verliehen hat, wie es die folgende Arie ausspricht:

BWV 108, 2 Ich glaube, gehst du fort,
so kann ich mich getrösten,
da ich zu den Erlösten
komm an gewünschten Port.

Am unteren Ende der Titelseite befinden sich noch fünf Gruppen von je zwei Sechzehntelnoten ohne Notenlinien. Könnten diese frei im Raum schwebenden Noten nicht Sinnbilder für den Tröster, den Geist, sein? Wird doch die Musik schon seit alters die Trösterin genannt! Noten als Symbol für den heiligen Geist, damit gibt Bach eine besonders schöne Deutung der Musica sacra zum Sonntag Cantate!

Die Noten sind aber auch ein Hinweis auf das Amt Bachs als Kantor und Komponist. Noch sind die freischwebenden Noten keine fertige Komposition, Bach vertraut sein Schaffen der Führung durch den heiligen Geist an:

BWV 108, 6 Dein Geist, den Gott vom Himmel gibt,
der leitet alles, was ihn liebt,
auf wohl gebähntem Wege.
Er setzt und richtet unsern Fuß,
daß er nicht anders treten muß,
als wo man findt den Segen.

Fügen wir die Zahl der Noten der oben gefundenen Summe hinzu, ergibt sich die Summe 986 = 2 x 17 x 29 = 17 x 58. Sie ist Symbol dafür, daß die Musik des Johann Sebastian Bach (29 = JSB) durch den heiligen GEIST (58) zum Lobgesang Soli Deo Gloria (29 = SDG) wird, wenn er einst durch den Gottessohn (2) zur Seligkeit (17) gelangt ist:

BWV 108, 5 Führe mich auf deinen Wegen,
daß ich in der Ewigkeit
schaue deine Herrlichkeit.

Für den letzten dieser Verse ergibt sich eine Symbolzahl, wenn man noch das Wort *Voci.* zum lateinischen *Vocibus* ergänzt: 1026 = 2 x 3 x 3 x 3 x 19: Gott in seiner Herrlichkeit (3 als Potenz) und sein Sohn (2) auf dem ewigen Thron (19). Man könnte statt dessen auch die Summe für den Namen JESUS (70) wieder einfügen. Dann ist 1056 = 4 x 12 x 22 Symbol für Christus (12) auf Erden (4) und in der Verlassenheit am Kreuz (22).

Beide Ergänzungen, *Vocibus* und die Summe für JESUS, zugleich vorzunehmen, führt nicht zu einer Symbolzahl. Wenn Jesus nicht in Tod und Hölle gegangen wäre, kann, wie es der Eingangschor sagt, der Tröster nicht kommen, der uns zum ewigen Leben führt. Dies allein hat Bach in seiner Musik und seiner Symbolik verkünden wollen; nur dort ist der Segen zu finden, den der Schlußchoral meint.

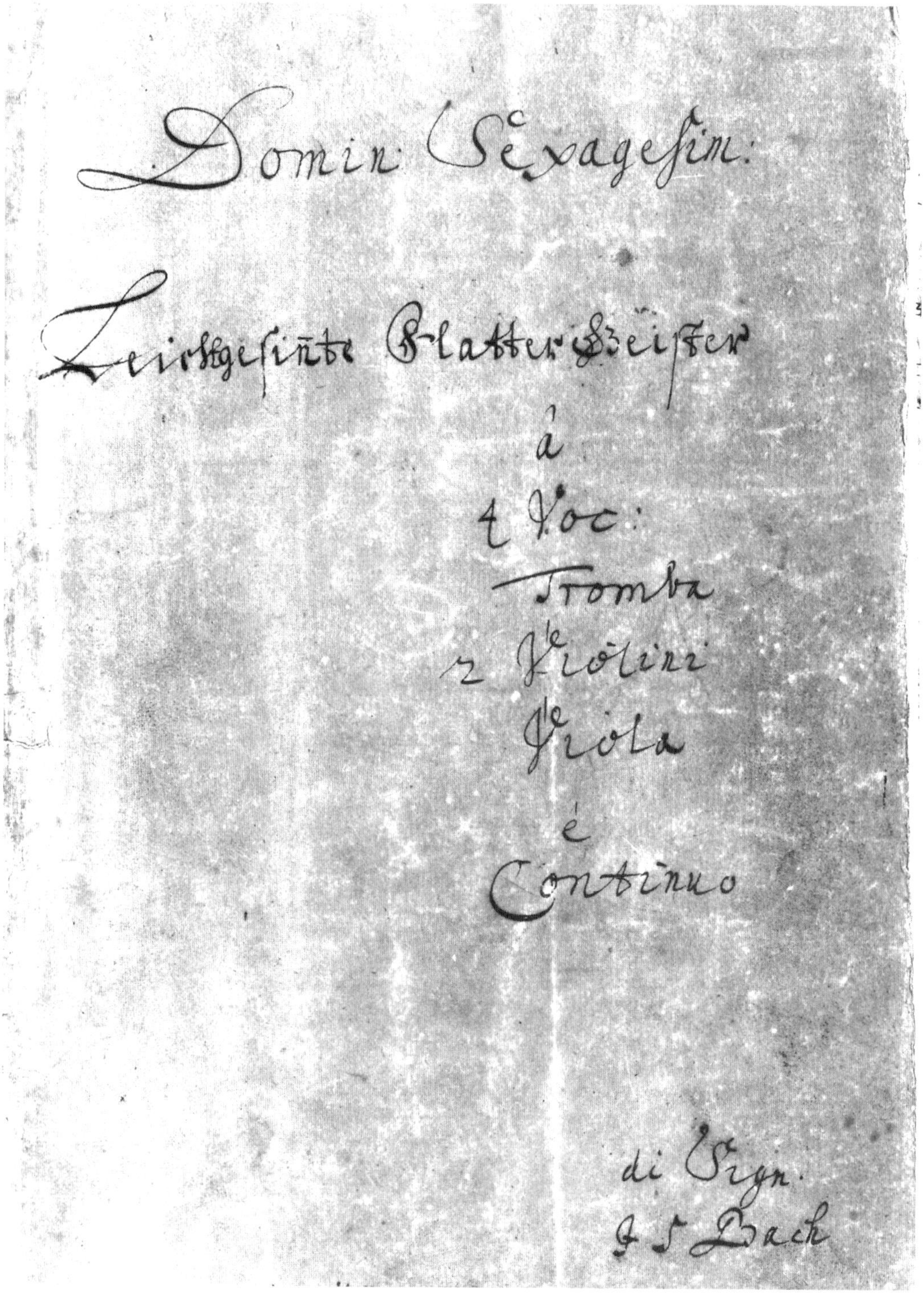

Titelseite des Stimmumschlags der Kantate BWV 181

BWV 181 Leichtgesinnte Flattergeister

Das besondere Zeichen diese Titelseite ist der Verdopplungsstrich über dem *n* im Wort *Leichtgesinte*. Wenn man ihn zunächst nicht beachtet, ist das ein Sinnbild für den Leichtsinn der Menschen, die das Wort Gottes nicht ernst nehmen. Das fehlerhafte Wort symbolisiert die Sünde, das fehlende n durch seine Alphabetzahl den Tod (13). Menschen mit einem solch oberflächlichen *Sin* verdrängen die Gedanken an das Sterben. Die Kantate zum Gleichnis vom Säemann, der das Wort Gottes wie einen Samen ausstreut (Luk. 8, 4–15), schildert eindringlich das drohende Verhängnis:

BWV 181, 2 Und wer wird doch des Satans List erzählen,
wenn er das Wort dem Herzen raubt,
das, am Verstande blind,
den Schaden nicht versteht noch glaubt.
Es werden Felsenherzen,
so boshaft widerstehn,
ihr eigen Heil verscherzen
und einst zugrunde gehn.

Die Gesamtzahl der in dieser Hinsicht noch unvollkommenen Titelseite beträgt 1100, ein eindrucksvolles Symbol für die gewaltige Macht der Sünde (11 x 100).

Wenn wir dann den Verdopplungsstrich beachten, ergibt sich als Summe 1113 = 3 x 7 x 53 als Symbol für Gott (3), seinen SOHN (53) und den Heiligen Geist (7). Es geht darum, sich „recht im Geiste zu schicken"; dazu aber kann allein Gott helfen. Davon sprechen die beiden letzten Sätze:

BWV 181, 4 Wer sich nicht recht im Geiste schickt,
sein Herz beizeiten
zum guten Lande zu bereiten,
da unser Herz die Süßigkeiten schmecket,
so uns dies Wort entdecket,
die Kräfte dieses und des künftgen Lebens.
5 Laß, Höchster uns zu allen Zeiten
des Herzens Trost, dein heilig Wort.
Du kannst nach deiner Allmachtshand
allein ein fruchtbar gutes Land
in unsern Herzen zubereiten.

Noch ist in der Gesamtsumme das Zeichen des „künftgen Lebens", die Ergänzung des Wortes *Voc*: zum lateinischen *Vocibus*, nicht berücksichtigt. Zunächst ergibt sich damit noch keine sinnvolle Symbolzahl. Wenn man aber das Anliegen des Kantatentextes bedenkt, Gottes Wort in unsere Herzen aufzunehmen, und dementsprechend die Summe für das WORT, 71, hinzufügt, so ist die nun erreichte Gesamtzahl 1224 = 3 x 17 x 24 ein schönes Symbol für die Erlösung (17) und die Schar der Auserwählten (24) vor Gott (3). Mit dem Ehrentitel *Signor* wird daraus die Summe 1219 = 23 x 53: Nur der SOHN (53) Gottes, unser guter Hirt (23), kann uns dazu verhelfen.

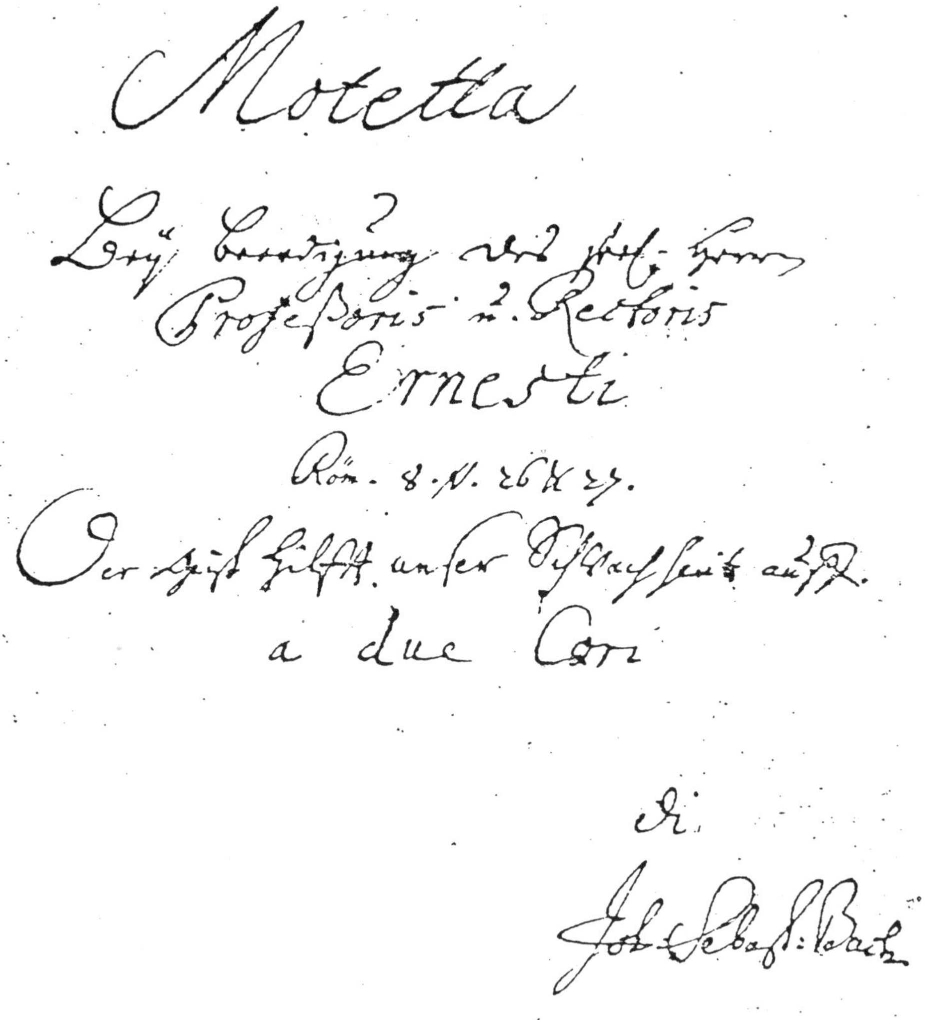

Motetta

Bey beerdigung des seel. Herrn
Professoris u. Rectoris
Ernesti

Röm. 8. v. 26 & 27.

Der Geist hilfft unser Schwachheit auf pp.

a due Cori

di

Joh. Sebast: Bach

Titelseite des Stimmumschlags der Motette BWV 226

BWV 226 Der Geist hilft unser Schwachheit auf

Überraschend auf dieser Titelseite ist die Schreibweise des Wortes *hilftt*. Das erste *t* soll wohl durch seine Alphabetzahl 19 auf den Richterstuhl Gottes hinweisen, vor dem der Verstorbene in seiner Schwachheit bekennen muß:

BWV 226 Wir wissen nicht, was wir beten sollen, wie sich's gebühret.

Eigentlich hätte hier ein *f* stehen sollen; als falscher Buchstabe ist das *t* Symbol der Sünde und durch die Steigerung des Buchstabenwertes um 13 weist er auf die Strafe hin, die der Sünder zu erwarten hat: den Tod.

Auch die Stelle für diesen Buchstaben hat Bach offenbar mit Bedacht gewählt: In der Titelzeile stehen davor 12 Buchstaben mit dem Zahlenwert 118 = 2 x 59, nachher folgen 21 Buchstaben mit dem Zahlenwert 221 = 13 x 17: Aus der Zahl für Christus (12) wird die Umkehrung als Symbol seines Sterbens; aus den Zahlen für GOTT (59), der in seinem Sohn (2) zugleich MENSCH (59) wurde, wird das Symbol seines Todes (13), der die Erlösung (17) bringt. Diese Gedanken entsprechen der zentralen Aussage der Motette: Der Geist, der uns vor Gottes Thron vertritt im Jüngsten Gericht, ist der Geist des getöteten Christus. Das „unaussprechliche Seufzen", das Bach so eindrucksvoll durch musikalische Figuren, Dissonanzen, Seufzer und Pausen, gestaltet hat, ist der Todesschrei Jesu.

Mit den beiden zu einer *2* gestalteten u-Bögen über den Worten *u.* und *auff* beträgt die Gesamtsumme 1596 = 7 x 12 x 19. Auch hier erscheint die Zahl des Richterstuhls (19) Gottes, dazu die Zahlen für Christus (12) und den heiligen Geist (7).

Wenn man aber den falschen Buchstaben korrigiert und entsprechend der sonst von Bach gebrauchten Schreibweise *hilfft* liest, ergibt sich als Gesamtsumme 1577 = 19 x 83. Das ist ein erstes Zeichen für die Hilfe Gottes: Auf dem Richterstuhl (19) sitzt der IMMANUEL (83), der „Gott mit uns".

Schließlich kann man die beiden Abkürzungszeichen in der Angabe des Bibelwortes, die zunächst zu den deutschen Worten *Vers* sowie *und* ergänzt wurden, lateinisch lesen und zu *Versus* und *et* vervollständigen. Dann sind sie Zeichen für das ewige Leben, das uns der Geist Christi schenken will. Als Summe ergibt sich nun 1598 = 2 x 17 x 47: Der Gottessohn (2) ist der HERR (47), der die Erlösung (17) gewährt.

Flecke und Zahlensymbolik

Tintenflecke, die auch Teile der Inschrift bedecken, wie sie auf dem Titelblatt der Kantate BWV 135 bereits als Sinnbilder für das Blut Jesu vorgestellt wurden (s. S. 86f.), finden sich auf drei Titelseiten Bachscher Kantaten. Sie mögen absichtlich, zufällig oder versehentlich entstanden sein, in jedem Fall haben Bach oder seine Schreiber sie so gestaltet oder die Schrift entsprechend eingetragen, daß sie als symbolische Zeichen gedeutet werden können. Erkennen läßt es sich nur mit Hilfe des Zahlenalphabets.

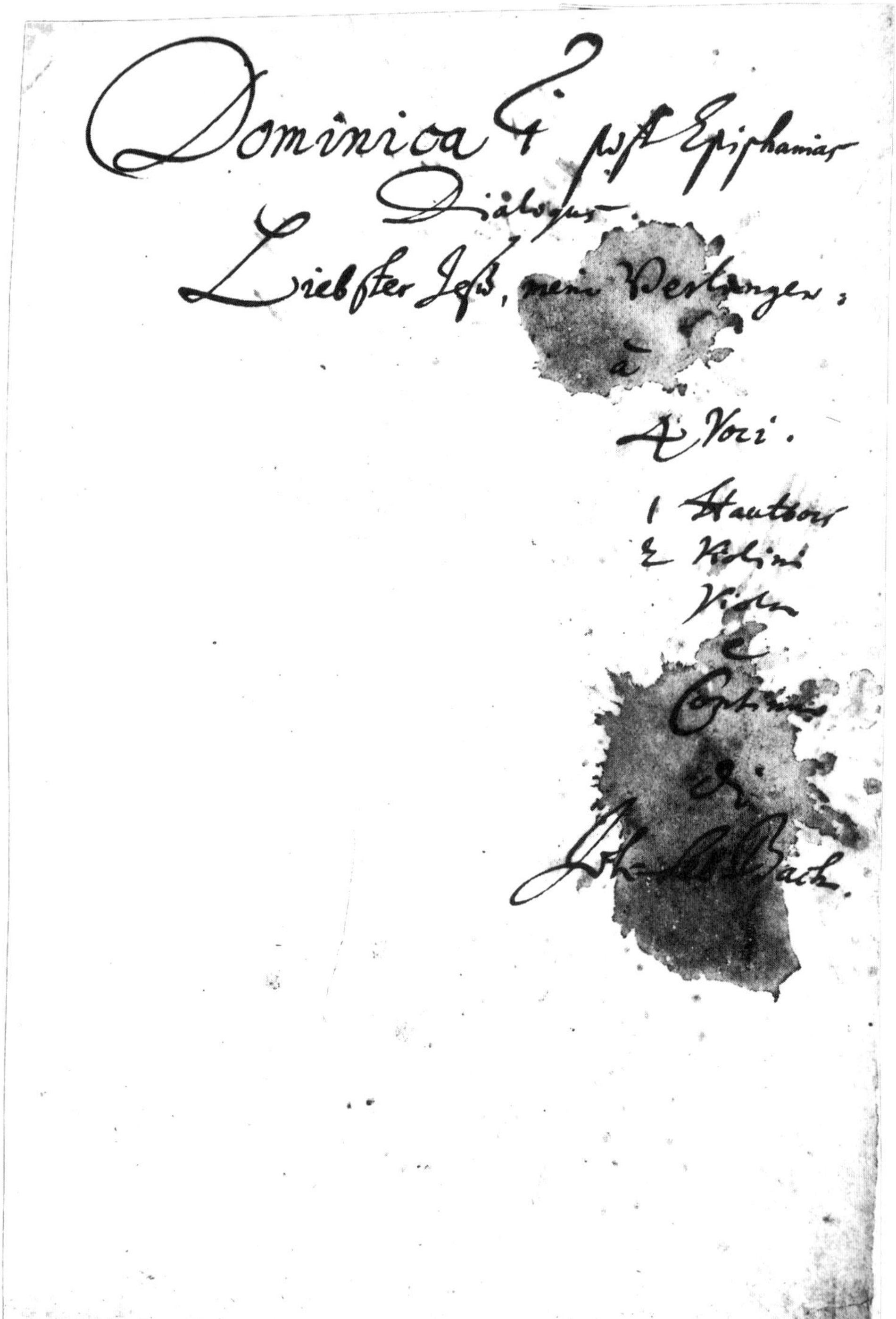

Titelseite der Partitur der Kantate BWV 32

BWV 32 Liebster Jesu, mein Verlangen

Die Kantate zum Evangelium vom zwölfjährigen Jesus im Tempel (Luk. 2, 41–52) spricht vom Verlangen der Seele, Jesus zu finden und in die Wohnung Gottes zu gelangen, nach dem Wort, das Jesus an seine Mutter richtet:

BWV 32, 2 Weißt du nicht, daß ich sein muß in dem, das meines Vaters ist?

Im Kantatentext wird das Blut Jesu nicht erwähnt, sondern nur der Wunsch, aus dem Reich der Sünden durch die Liebe zu Jesus in das Haus Gottes zu gelangen:

BWV 32, 4 Jesus:
So kannst du glücklich sein,
wenn Herz und Geist
aus Liebe gegen mich entzündet heißt.
Seele:
Ach! dieses Wort, das itzo schon
mein Herz aus Babels Grenzen reißt,
fass' ich mir andachtsvoll in meine Seele ein.
6 Mein Gott, öffne mir die Pforten
solcher Gnad und Gütigkeit.

Bach macht durch seine Symbole deutlich, daß der Weg dorthin nur durch Jesu Blut möglich ist, er folgt darin den Worten des Hebräerbriefs:

Hebr. 10, 19–22 So wir denn nun haben die Freudigkeit zum Eingang in das Heilige durch
das Blut Jesu, welchen er uns bereitet hat zum neuen und lebendigen Wege
durch den Vorhang,... so lasset uns hinzugehen mit wahrhaftigem Herzen
und völligem Glauben.

Die Zahlensymbole unterstützen diese Deutung und führen sie weiter: Der Weg zur Wohnung Gottes wird zum Weg in die ewige Seligkeit.

Summe der Buchstaben im ersten Fleck mit Ergänzung	82 = 2 x 41 84 = 7 x 12
Summe der Buchstaben im zweiten Fleck (o in *Viola*)	14
Summe der Buchstaben im dritten Fleck mit Ergänzungen	144 232 = 8 x 29
Summe aller Buchstaben in den Flecken mit Ergänzungen	240 = 10 x 24 330 = 3 x 110

Der erste Fleck an den Worten *mein Verlangen* führt zu Symbolzahlen für den Sohn Gottes (2), der für BACH (14) in den Tod gegangen ist (41 als Umkehrung). Die Ergänzung ergibt die Zahl des 84. Psalms, der das Verlangen der Seele zum Ausdruck bringt und darum auch in der Kantate paraphrasiert wird:

BWV 32, 4 Wie lieblich ist doch deine Wohnung,
Herr, starker Zebaoth!
Mein Geist verlangt nach dem,
was nur in deinem Hofe prangt.

Auch die Faktoren der Zahl können als Symbole dieser Worte gedeutet werden für den Geist (7) und die heilige Stadt (12), die Wohnung Gottes, mit ihren 12 Toren.

Der zweite, kleine Fleck im Wort *Viola*, dem Symbol des leidenden Hellands, weist durch seine Zahl darauf hin, daß Jesus an Bachs Stelle Leiden und Tod erduldet hat.

Im dritten Fleck, der sowohl den Namen *Bach* als auch das Wort *Continuo*, das Symbol des Allmächtigen, umschließt, wird in den Zahlen das Ziel des Weges deutlich: die Schar der Auserwählten (144) und schließlich der große Lobgesang (29 = SDG) in der Ewigkeit (8), an dem auch Bach (29 = JSB) teilnehmen darf.

In der Summe aller Buchstaben in den drei Flecken setzen sich diese Symbole fort: in der Zahl der Ältesten vor Gottes Thron (24, durch Multiplikation mit 10 erhöht) und der Zahl des prophetischen Psalms 110, der „vom Sitzen des Herrn zur Rechten des Herrn" und „von seinem sonderbahren Priesterthum nach der Weise Melchisedech" spricht.

Diese kunstvolle symbolische Zahlenordnung Bachs wäre nicht vollkommen, wenn nicht auch der außerhalb der Flecken verbleibende Text der Buchstaben und Zahlen zu einem sinnvollen Symbol führte. Hier ist es zunächst die Summe 817 = 19 x 43. Wie die Zahlen für den Bereich innerhalb der Flecken auf die Heilstat Christi hinweisen, so richtet sich hier der Blick auf die Menschen, die angesichts des Richters auf dem Thron (19) nur durch den Glauben (43) selig werden können.

Den u-Bogen über dem Wort *Jesu* hat Bach wie eine 3 geschrieben. Damit weist er auf die einzige Möglichkeit hin, zu Gott, der eben durch diese Ziffer symbolisiert wird, zu gelangen: nur mit der Hilfe Jesu! Mit dieser Zahl ergibt sich nun als Summe außerhalb der Flecken 820 = 2 x 10 x 41: Der starke Gottessohn (2 durch Multiplikation mit 10 verstärkt) steht Bach im Tode (41 als Umkehrung der Namenszahl für BACH) bei, er nimmt seinen Tod auf sich.

Die Gesamtsumme der Titelseite beträgt, wenn man *Voci.* zum lateinischen *Vocibus* ergänzt als Sinnbild für die Menschen, die in Gottes Reich aufgenommen werden, 1190 = 17 x 70: JESUS (70), unsere Erlösung (17).

Doch nun hat Bach noch ein weiteres Zeichen angebracht: den Doppelpunkt nach dem Wort *Verlangen*: Als Abkürzungszeichen hat er für das Wort selber keine Bedeutung, aber er ist ein Hinweis, die Worte des Titels zum vollen Text des ersten Satzes zu ergänzen als Sinnbild für die Erfüllung des Verlangens:

BWV 32, 1 Liebster Jesu, mein Verlangen,
sage mir, wo find ich dich?
Soll ich dich so bald verliehren
und nicht ferner beÿ mir spühren?
Ach! mein Hort, erfreue mich,
laß dich höchst vergnügt umfangen!

Die Summe aus den nunmehr hinzukommenden Worten beträgt 1333 = 31 x 43, Symbol des Glaubens (43) an die Überwindung des Todes (31 als Umkehrung) durch das Leiden und Sterben Jesu (nach dem prophetischen Psalm (31). Als Gesamtsumme ergibt sich dann 2523 = 3 x 29 x 29: Bach darf teilnehmen am Lobgesang (29 = JSB = SDG) vor Gott (3).

BWV 135 Ach Herr, mich armen Sünder (Facsimile S. 86)

Diese Titelseite führt zur gleichen Summe wie die der Kantate „Allein zu dir, Herr Jesu Christ" (BWV 33, s. S. 55), 1143, kein Produkt symbolischer Zahlen, denn auch hier ist von der Not und Ausweglosigkeit des Sünders die Rede:

BWV 135, 1 Ach Herr, mich armen Sünder
straf nicht in deinem Zorn,
dein großen Grimm doch linder,
sonst ist' s mit mir verlorn.

Das große Symbol der Hilfe Gottes ist der Tintenfleck. Die Verteilung der Zahlen und Buchstaben auf dieser Seite, die von Johann Andreas Kuhnau angelegt wurde, hat wohl Bach selber genau festgelegt. Alle vom Tintenfleck erfaßten Buchstaben und dazu das doppelt durchgestrichene *c* – dieses jeweils zweimal berechnet – führen als Sinnbilder für Jesu Bluten und Sterben zur Summe 52 = 2 x 2 x 13: Der Gottessohn (2) geht in den Tod (13), dabei entspricht der zweimalige Faktor 2 den beiden senkrechten Strichen im c.

Die vom Tintenfleck und der Streichung frei gebliebenen Stellen ergeben die Summe 1085 = 31 x 35 mit den Symbolzahlen für den leidenden und sterbenden SOHN (53) Gottes (35 als Umkehrung, 31 als Zahl des prophetischen Psalms).

Eine Schlüsselstellung nimmt die Zahl 3 ein, sie ist nur vom Tintenfleck berührt und läßt sich daher beiden Bereichen zurechnen. Das Hinzutreten der Gotteszahl läßt die unbegreifliche Paradoxie des Heilswerkes erkennen. Der vom Tintenfleck und der Streichung freie Bereich erreicht damit die Summe 1088 = 8 x 8 x 17, ein großes Symbol für das Gottesreich der ewigen (8 als Potenz) Seligkeit (17). Für den anderen Bereich ergibt sich die Zahl 55 = 5 x 11, sie bezeichnet mit den Symbolen für Teufel (5) und Sünde (11) die Hölle, in die Gott in Christus hinabgestiegen ist.

Für die Zusammenfassung der ganzen Seite müssen zwei Änderungen vorgenommen werden als Sinnbilder für das ewige Leben: *Vocibus* gilt für die Stimmen, die Menschen, *Signor*, der Ehrentitel, für Bach selber. Dann ergibt sich als Summe 1178 = 2 x 19 x 31, Zahlen für den Gottessohn (2) auf dem Thron (19) Gottes, das heißt als Richter, der uns allen, Bach und den anderen Gläubigen, das Leben (31) schenkt. Das sagt der Schluß der Kantate:

BWV 135, 6 Der woll uns alln bescheren
die ewge Seligkeit.

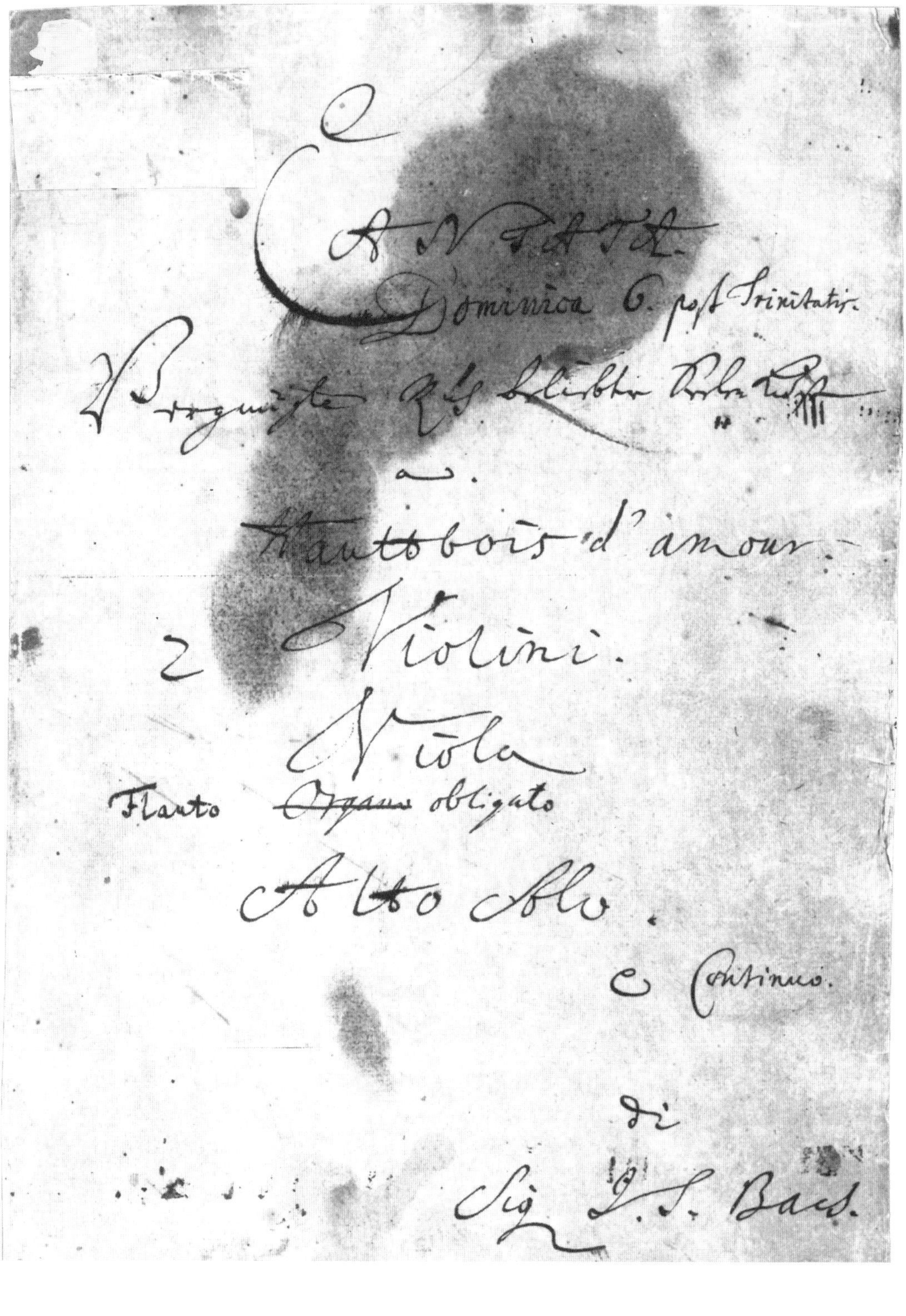

Titelseite des Stimmumschlags der Kantate BWV 170

BWV 170 Vergnügte Ruh, beliebte Seelenlust

Die Titelseite mit ihren vielfältigen, tiefsinnigen symbolischen Zeichen lädt zur Meditation ein. Bach mag durch den Beginn des Textes dazu angeregt worden sein. Der Dichter Christian Lehms bringt darin seine Sehnsucht zum Ausdruck, sich in Gott zu versenken und die Welt, das Sündenhaus, zu verlassen. Doch Bachs Gedanken gründen tiefer. Während Lehms mit keinem Wort die eigene Schuld und die Erlösungstat Christi erwähnt, ist es Bachs Anliegen, diese Grundlagen seines Glaubens wenigstens in seiner Symbolik, in der instrumentalen Besetzung und auf dem Titelblatt deutlich zu machen.

Das wichtigste Zeichen ist ein zusätzlicher Buchstabe mitten im Wort *Hautbois*, der sowohl als *b* wie auch als *t* gelesen werden kann. Er bildet nicht nur den Mittelpunkt des Wortes, sondern zugleich aller Buchstaben und Zahlen dieser Seite: 65 Buchstaben und eine Zahl gehen voraus, ebensoviel folgen. Schon die Anzahl der Buchstaben und Zahlen ist wohl symbolisch zu verstehen: 1 entspricht dem göttlichen Ursprung der Zahlen, 65 Buchstaben symbolisieren die SÜNDE. Beides zusammen ergibt 66 = 3 x 22 = 2 x 3 x 11; Gott (3) geht in die Verlassenheit am Kreuz (22 als Leidenspsalm Christi), der Sohn (2) Gottes (3) trägt unsere Sünde (11).

Darauf weist auch das Zeichen im Mittelpunkt hin. Die Alphabetzahlen der beiden miteinander verbundenen Buchstaben symbolisieren die beiden Naturen in der Person Jesu: Als Sohn (b = 2) ist er ein Mensch wie wir, doch zugleich ist er Gott auf dem Thron (t = 19) des Himmels. Zusammen ergeben sie die Zahl 21, als Umkehrung der 12 Symbol für den gekreuzigten Heiland.

Ein anderes Zeichen, das verschiedene Möglichkeiten der Deutung bietet, ist der Buchstabe *a*, der die Angabe der Besetzung einleitet. Er besitzt hier keinen Akzent, läuft aber in einen auffallend langen Strich aus und wird durch einen Punkt abgeschlossen. Damit wird wohl eine Ergänzung zum Wort *ab* angedeutet, aber nicht zwingend gefordert, da der Punkt ja nicht immer als Abkürzungszeichen gesetzt wird. Zur Zahl 1 für den Buchstaben a, der Zahl Gottes, des Schöpfers, tritt dann die 2 als Symbol des Sohnes.

Durch die verschiedenen Möglichkeiten, die beiden kleinen Zeichen zu deuten, ergeben sich sechs Gesamtzahlen für die Titelseite von symbolischer Bedeutung:

	ƀ = b 2	ƀ = tb 19 + 2 21	ƀ = t 19
a = 1	1591 37 x 43	1610 23 x 70	1608 24 x 67
ab = 1 + 2	1593 3 x 3 x 3 x 59	1612 2 x 2 x 13 x 31	1610 23 x 70

Dieser Zahlenkosmos will wie ein Diamant betrachtet werden, von jeder Seite aus ergeben sich eigene Aspekte der Heilsgeschichte. Doch steht jede Gesamtzahl in enger logischer Beziehung zu den Zeichen in ihrer jeweiligen Deutung.

Sehen wir das Zeichen im Zentrum der Titelseite als Symbol des menschgewordenen Gottessohnes (2), dann ergeben sich Symbolzahlen für GOTT (59), der zugleich MENSCH (59) war, den wir nur im Glauben (43) als ZEBAOTH (73), den mächtigen Herrn der Heerscharen erkennen, der seine Macht aufgegeben hat (37 = als Umkehrung).

Unter der Symbolzahl des Gekreuzigten (21) erscheinen die Zahlen für den Sohn (2), der in den Tod (13) ging, um den Tod zu überwinden (31), für JESUS (70), der uns als der gute Hirt (23) zum Leben führen wird.

Dieselbe Zahl erscheint wieder, wenn wir das Zeichen im Zentrum nur als Symbol für den Herrn auf dem Thron (19) ansehen; denn dorthin wird uns der gute Hirte bringen. Wenn man nun auch das kleine a nur noch als Zahl des einen Gottes deutet, dann werden daraus Symbole für die Schar der Auserwählten (24) im ewigen TEMPEL (67).

Der ausgewogene Kosmos symbolischer Zahlen symbolisiert das große Ziel, das die Seele erreichen möchte, noch aber muß sie in der Welt der Sünde ausharren:

BWV 170, 4 So flieht mein Herze Zorn und Groll
und wünscht, allein bei Gott zu leben ...
Wenn wird er dir doch nur sein Himmelszion geben?

Hierbei wurde der Name des Komponisten mit dem Titel *Signore* berechnet, der Sinnbild ist für Bach in seiner Erdennot:

BWV 170, 5 Mich ekelt, mehr zu leben,
drum nimm mich, Jesu, hin!

In einer späteren Fassung hat Bach die obligate Orgel durch eine Querflöte ersetzt, Carl Philipp Emanuel hat infolgedessen das Wort *Organo* durchgestrichen und *Flauto* danebengeschrieben. Sicher geht diese Änderung auf dem Titelblatt auf den Vater zurück und ist nicht etwa von Carl Philipp Emanuel erst nach dessen Tode vorgenommen worden. Sie fügt sich nämlich gut in den symbolischen Zusammenhang der Titelseite ein, und das gilt auch für die Besetzungsangabe. Diese trifft den Sachverhalt nicht ganz. Wenn Bach *Flauto* ohne weiteren Zusatz schreibt, meint er damit die Blockflöte, die von ihm selber neu angefertigte Stimme ist aber mit *Traversiere* bezeichnet. Das Nebeneinander der italienischen Bezeichnung für die Blockflöte und der französischen für die Querflöte ist Sinnbild dafür, daß Christus, „der von keiner Sünde wußte, für uns zur Sünde gemacht" worden ist (2. Kor. 5, 21).

Die Orgel gehört zu den Continuoinstrumenten als Symbolen der Allmacht Gottes; das gilt aber nicht für die obligate Oberstimme. Die Durchstreichung nur des Wortes *Organo* bedeutet demnach, daß Gott auf seine Macht verzichtete und – durch den *Flauto* symbolisiert – als Mensch unsere Sünde trug.

In Verbindung mit dieser Änderung der Besetzung sollten wir auch die Bezeichnung *Sign.* nicht mehr zu *Signore*, sondern zum Ehrentitel *Signor* ergänzen, dem Sinnbild für den erlösten Menschen, der bei Gott wohnen darf, doch nur, weil Jesus sich für ihn hingegeben hat. Die Zahl 5 als Symbol des Teufels wird im Titel Bachs abgezogen: Er ist befreit von der Macht des Bösen. Dieselbe Zahl wird der Summe für die Instrumentenangabe durch die Bezeichnung *Flauto* an Stelle von *Organo* zugelegt: Christus nimmt der Seele diese Last ab. Der Kosmos aus sechs Zahlensymbolen bleibt unverändert, doch der Signor Bach kann in seiner Würde als Gottes Hausgenosse die „vergnügte Ruh" genießen:

BWV 170, 5 Laß mich dies Wohnhaus finden,
woselbst ich ruhig bin.

Das auffallendste Zeichen der Titelseite ist der große Tintenfleck, der einen beträchtlichen Teil der Schrift bedeckt. Wie bei der Kantate „Ach Herr, mich armen Sünder" (s. S. 86, 162) ist er Symbol für das Blut Jesu, nur ist er viel größer als dort, wohl deswegen, weil hier von den Sünden der ganzen Welt die Rede ist.

BWV 170, 2 Die Welt, ein Sündenhaus,
bricht nur in Höllenlieder aus.

Schließlich ist es von Bedeutung, daß Bach nur drei Zeilen der Titelseite selbst geschrieben hat, nämlich die Bezeichnung des Sonntags und die Angabe der obligaten Orgel und des Continuo. Damit beschränkt er sich auf Worte, die sich auf Gott beziehen: *Dominica*, der Tag des Herrn, *post Trinitatis*, der dreieinige Gott, *Organo obligato e Continuo*, der allmächtige Gott, der sich ihm, dem Orgelspieler verbunden – *obligato* – hat. Dazu kommt die Zahl 6, als Symbol der sechs Schöpfungstage Hinweis auf den Schöpfer. Dies entspricht dem Text der Kantate, der mit dem Wunsch beginnt und endet, allein mit Gott zu leben. Die übrigen Angaben auf der Seite hat Bachs Schreiber Christian Gottlob Meißner eingetragen. Welche symbolische Bedeutung könnte sich dahinter verbergen?

Im Text der Kantate versucht der Beter, sich gegen die sündige Welt abzugrenzen:

BWV 170, 3 Wie jammern mich doch die verkehrten Herzen,
die dir, mein Gott, so sehr zuwider sein.

4 Wer sollte sich demnach
wohl hier zu leben wünschen,
wenn man nur Haß und Ungemach
vor seine Liebe sieht?

So liegt die Vermutung nahe, daß Bach seinen Schreiber beauftragt hat, alle Zeilen zu schreiben, die sich auf die Schöpfung beziehen, während er selbst sich nur dem Schöpfer widmete.

Meißner hatte die Überschrift *CANTATA* zugeteilt bekommen, sie ist hervorgehoben durch die Großbuchstaben und die sonst nicht übliche Stellung über der Angabe des Sonntags. Ihre Summe nach dem Zahlenalphabet beträgt 57, die gleiche, wie sie das Wort HIMMEL ergibt. Diesen soll sie wohl symbolisch andeuten.

Dann gehören zum Anteil Meißners die Worte, die sich auf das Irdische beziehen, der Name Bachs und der deutsche Textbeginn als Wunsch eines Menschen auf Erden. Diese Zeilen führen zur Summe 600 = 6 x 100 als Symbol für die in sechs Tagen geschaffene weite Welt. Die Zeilen für Himmel und Erde ergeben zusammen die Summe 657 = 3 x 3 x 73: Gott (3) als der ZEBAOTH (73), der Herr der Heerscharen, durch die er die Welt regiert.

Dann hat Meißner noch die übrigen Besetzungsangaben geschrieben, sie symbolisieren den Sohn, den Gott auf die Erde geschickt hat. Wenn man dementsprechend die Zeichen berechnet, im Wort *Hautbois b* = 2 und die Einleitung zur Besetzungsangabe *ab* = 1 + 2, beträgt die Summe dieser Angaben 413 = 7 x 59, Symbol für GOTT (59), der MENSCH (59) wurde in der Kraft des heiligen Geistes (7).

Die Verteilung der Zeilen und Worte auf die verschiedenen Schreiber und die Stellen, die vom Tintenfleck erfaßt oder frei geblieben sind, führt wieder zu einer symbolischen Zahlenstruktur. Da es hier um die Zusammenfassung der Titelseite mit allen ihren Sinnbildern geht, werden die beiden bedeutsamen Zeichen im Wort *Hautbois* und am Beginn der Besetzungsangabe in ihrem vollen Wert als 21 und 3 berechnet.

Schreiber Zeichen	Summe im Tintenfleck	Summe außerhalb des Flecks	Summe der ganzen Seite
J. S. Bach	Buchstaben 65 Zahl 6 71	452 = 4 x 113	(523)
Chr. G. Meißner	213 = 3 x 71	876 = 12 x 73	1089 = 3 x 3 x 11 x 11
Summe 1. Fassung	284 = 4 x 71	1328 = 4 x 4 x 83	
mit *1* über *Ruh* und Titel *Signor*			1608 = 24 x 67
J. S. Bach, C. Ph. E. Bach ~~Organo~~ negativ			462 = 3 x 11 x 14
Summe 2. Fassung mit *1* über *Ruh,* Titel *Signor,* ~~Organo~~ negativ			1547 = 7 x 13 x 17
mit *1* über *Ruh,* Titel *Signor,* ~~Organo~~ positiv			1679 = 23 x 73

Der Dichter hat bei seinem Bemühen, ein gottgefälliges Leben zu schildern, anscheinend völlig vergessen, daß der Mensch auch beim besten Willen ein Sünder bleibt. Bach aber läßt daran keinen Zweifel. Von den Worten, die er selber geschrieben hat, stehen Buchstaben im Tintenfleck, die die Summe 65, die gleiche wie das Wort SÜNDE, ergeben. Zusammen mit der Zahl 6, die innerhalb des Tintenflecks steht, ergibt sich die Summe 71: In die Welt der Sünde kommt der Gottessohn (6 = 2 x 3) als das fleischgewordene WORT (71). Er beginnt seinen Weg in der Ärmlichkeit der KRIPPE (71).

Um die Zahlen für den Anteil Meißners an den Worten im Tintenfleck zu finden, müssen noch einige Zeichen beachtet werden. Von dem Tintenfleck geht ein scharfer Strahl aus, der das erste *e* im Wort *beliebte* durchstreicht. Mit seiner Alphabetzahl 5 symbolisiert das *e* den Teufel: Zum Leiden Christi gehört sein Abstieg in die Hölle, um deren Macht zu brechen und die gefangenen Seelen zu befreien. Vielleicht hat Bach mit Bedacht das Wort *beliebte* gewählt für dieses Symbol des Bösen, um daran zu erinnern, daß in aller Lust, die die Menschen so sehr lieben, der Satan lauert.

Ein anderes Zeichen soll wohl erst bei der Zusammenfassung beachtet werden, weil es auf die Erfüllung unseres Sehnens hinweist: Über dem Wort *Ruh* steht – schwer zu erkennen – ein u-Bogen in Gestalt einer großen *1*, der Zahl Gottes: Nur in ihm können wir wahre Ruhe finden.

Auch die Worte, die Meißner in den Fleck gesetzt hat, sind wie der Anteil Bachs und damit die Gesamtsumme im Tintenfleck Symbol für die Erniedrigung Gottes (3 x 71) auf Erden (4 x 71).

Auch die Worte, die vom Tintenfleck frei geblieben sind, ergeben sinnvolle Symbolzahlen. Bachs Anteil führt zur Summe 452 = 4 x 113, Symbol dafür, daß nach den Worten des 113. Psalms der Name Gottes vom Aufgang bis zum Niedergang der Sonne auf dieser Erde (4) gelobt werden soll. Das ist der Weg, Frieden bei Gott zu finden, wie es im letzten Rezitativ ausgesprochen wird:

BWV 170, 4 So flieht mein Herze Zorn und Groll
und wünscht allein bei Gott zu leben,
der selbst die Liebe heißt.

Der Anteil Meißners außerhalb des Tintenflecks mit der Symbolzahl 876 = 12 x 73 ist bestimmt von dem gleichen Gedanken: Christus (12) soll das HERTZ (73) erfüllen. Das gilt dann auch von der Summe für diesen Bereich: 1328 = 2 x 2 x 2 x 2 x 83 mit den Zahlen für den Gottessohn (2 in hoher Potenz) als IMMANUEL (83), als Gott mit uns. Er allein soll im Herzen wohnen:

BWV 170, 1 Du stärkst allein die schwache Brust,
drum sollen lauter Tugendgaben
in meinem Herzen Wohnung haben.

Doch die Summe aller Eintragungen Bachs ergibt keine Symbolzahl. Das ist ein Zeichen für das ungestillte Verlangen nach Ruhe und Seelenlust angesichts der Bosheit auf Erden. Der Anteil Meißners führt auch zu einem Zahlensymbol für das Treiben der Welt: Es ist die Quadratzahl der Sünde (11 x 11), der Gott in seiner Macht (3 als Potenz) gegenübertreten soll:

BWV 170, 3 Gerechter Gott, was magst du doch gedenken,
wenn sie mit rechten Satansränken
dein scharfes Strafgebot so frech verlacht.

Die Gesamtsumme der Titelseite in der ursprünglichen Fassung läßt den sehnlichen Wunsch des Beters deutlich werden: zum ewigen Lobgesang der erlösten Schar (24) im heiligen TEMPEL (67) zu gelangen. Dazu tragen die Zeichen der Gotteszahl über dem Wort *Ruh* und der Ehrentitel *Signor* bei.

Bach weiß, daß die Schuld, die auch ihn belastet, zuvor getilgt werden muß. Und so läßt er seinen Sohn zwei Zeichen dafür setzen: die Einfügung des *Flauto* und die Streichung des Wortes *Organo* als Sinnbilder für Erniedrigung und Tod Jesu. Damit ändert sich die Summe der Eintragungen Bachs: Gott (3) nimmt BACH (14) die Sünde (11) ab. Die Gesamtsummen der Titelseite führen diesen Gedanken weiter: Mit der negativen Berechnung des gestrichenen Wortes als Symbol für den Tod Christi erscheinen Zahlen dafür, daß dieses allumfassende Sterben (13 x 7) unsere Erlösung bewirkt. Schließlich kann das gestrichene Wort als Sinnbild der Auferstehung positiv berechnet werden und dann ergibt sich ein Symbol der ewigen Ruhe: das HERTZ (73) in den Armen seines guten Hirten (23).

Über diese große zahlensymbolische Struktur, die bis in den letzten Winkel durchdacht ist, kann man nur staunen. Die theologisch unzureichende, auf Selbstgenügsamkeit und Werkgerechtigkeit beruhende Dichtung Christian Lehms muß Bach geradezu herausgefordert haben, ein theologisch-symbolisches Gegenbild auf der Titelseite und sicher auch in der Partitur und in der Komposition zu schaffen. Untersuchungen dazu stehen aber noch aus. Daß diese Kantate eine besondere Rolle im Leben und Schaffen Bachs als Zeichen für das Bedenken des eigenen Sterbens gespielt hat, habe ich an anderer Stelle aufgezeigt[56].

56 Ludwig Prautzsch, Bibel und Symbol in den Werken Bachs, Schriftenreihe des Thomas-Morus-Bildungswerkes, Bd, 4, Schwerin 2000, S. 136ff.

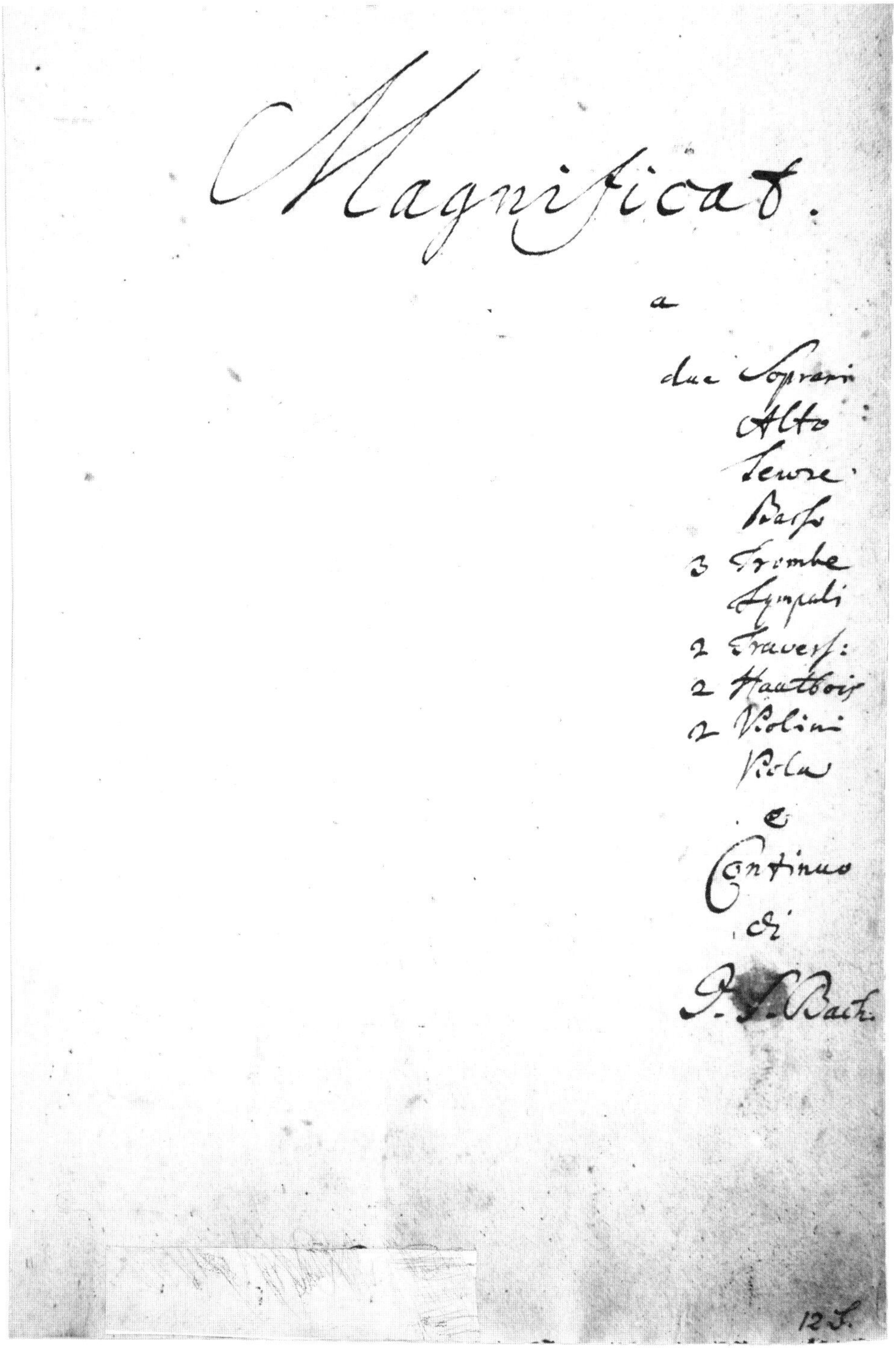

Magnificat.

a

due Soprani

Alto

Tenore

Basso

3 Trombe

Tympali

2 Travers:

2 Hautbois

2 Violini

Viola

e

Continuo

di

J. S. Bach.

Titelseite der Partitur des Magnificats BWV 243

BWV 243 Magnificat D-Dur

Für diese Titelseite hat Bach ein besonderes Sinnbild gefunden: einen kreisrunden, glänzenden und durchscheinenden Wachsfleck[57]. Er umgibt den Buchstaben *S* im Namenszug Bachs wie ein Heiligenschein. Was könnte damit gemeint sein?

Wir sahen, daß Bach mit seinem Vornamen *Sebastian* Zeichen verbindet, die sich auf ihn als leiblichen Menschen beziehen (s. S. 50, 73). Bei der Vertonung des Magnificats mußte er sich hineinversetzen in die Seele der Maria, die diesen Lobgesang gesprochen hat, als sie von Elisabeth die Bestätigung erhalten hatte, daß in ihrem Leib der Sohn des Höchsten heranwuchs (Luk. 1, 41–55). So soll das Zeichen des Heiligenscheins wohl besagen, daß Jesus in den Leib eines Menschen eingegangen ist, er hat unser Fleisch und Blut angenommen. Unterstützt wird diese Deutung durch die Summe des Namens SEBASTIAN, die mit 86 = 2 x 43 ein Symbol des Glaubens (43) an den Sohn (2) Gottes ist. Maria hat den Worten des Engels Gabriel Glauben geschenkt, so daß Elisabeth ihr zurief: „Selig bist du, daß du geglaubt hast; denn es wird vollendet werden, was dir gesagt ist von dem Herrn."

Der Zahl der Buchstaben innerhalb des Heiligenscheins wollen wir die übrigen Zahlen und Buchstaben gegenüberstellen; diese symbolisieren dann den Lobpreis, der dem Heiland dargebracht wird. Ergänzt man dabei die Abkürzung *Travers:* zum französischen *Traversières*, so ergibt sich auch hier ein Symbol für die Niedrigkeit, in die Jesus eingegangen ist: 1113 = 21 x 53, Zahlen für den SOHN (53), der am Kreuz starb (21 als Umkehrung der 12). Diesen Gedanken finden wir in der Arie:

BWV 243, 3 Quia respexit humilitatem meam.
(Denn er hat meine Niedrigkeit angesehen.)

Wählt man die italienische Bezeichnung *Traversi*, ist die Summe 1068 = 12 x 89 Symbol für Christus (12) in seiner Hoheit als Messias nach dem prophetischen Psalm 89.

BWV 243, 5 Quia fecit mihi magna, qui potens est et sanctum nomen eius.
(Denn er hat große Dinge an mir getan, der da mächtig ist und des Name heilig ist.)

Noch muß ein Zeichen beachtet werden, daß sicher auf Bach zurückgeht: Am unteren Rand, ganz klein in der Ecke steht *12 B.*, die Anzahl der Bogen, die die Partitur des Magnificat umfaßt. Sie bezeichnet gewissermaßen die Grundlage, auf der Bach seine vom heiligen Geist erfüllte Musik niedergeschrieben hat. Das kann als Gleichnis verstanden werden. Ist das kleine Zeichen im äußersten Winkel nicht ein Sinnbild für den Stein, den die Bauleute verworfen haben, der dann zum Eckstein geworden ist? In seiner abgekürzten Form ergibt seine Summe 14, die Zahl des Menschen BACH. Zusammen mit allen anderen Zahlen und Buchstaben, wie sie auf der Seite stehen, das *S* im Heiligenschein ausgenommen, führt es zur Zahl 1024 = 4^5, ein Symbol für die Erde (4) unter der Gewalt des Teufels (5 als Hochzahl).

In ausgeschriebener Form, *12 Bogen*, besitzt die Angabe die Summe 53, Symbol für den SOHN (53) Gottes. Mit dieser Zahl verändern sich die Gesamtzahlen außerhalb des Heiligenscheins. Mit der französischen Bezeichnung *Traversières* beträgt die Summe 1166 = 22 x 53: Auch hier erscheint die Zahl für Gottes SOHN (53), aus dem Symbol für den Kreuzestod (21) aber ist die Zahl des Leidenspsalms geworden, der die äußerste Not Jesu beklagt, die Verlassenheit von Gott.

Führt die französische Bezeichnung zu einem Symbol für den tiefsten Punkt auf dem Wege Christi, so die italienische *Traversi* zu einem Symbol für den höchsten, 1121 = 19 x 59: Der GOTT (59) und MENSCH (59) zugleich war, auf dem Thron (19) seiner Macht.

Nur mit dem kleinen Sinnbild für den Eckstein läßt sich eine Symbolzahl erreichen, die alle Buchstaben und Zahlen dieser Titelseite einschließlich des *S* im Heiligenschein verbindet: 1207 = 17 x 71. Die beiden Faktoren spiegeln in ihrem Umkehrungsverhältnis die Paradoxie des Weihnachtsgeschehens: Die Erniedrigung Gottes im WORT (71), das Fleisch wurde und in der KRIPPE (71) liegt, führt zur Erhöhung der Menschen in der Seligkeit (17). Im Magnificat wird dieser Umschwung beschrieben:

BWV 243, 8 Deposuit potentes de sede et exaltavit humiles.
(Er stößt die Gewaltigen vom Stuhl und erhebt die Niedrigen.)

Der zuerst von seinem Thron stürzte, war der Heiland selber, „qui potens est" – der da mächtig ist.

---

57 Herrn Dr. Helmut Hell, Staatsbibliothek zu Berlin, danke ich für diese Auskunft.

Zeichen auf der Rückseite

In einigen Fällen hat Bach auch auf der Rückseite des Titelblattes symbolische Zeichen angebracht, die für die zahlensymbolische Berechnung von Bedeutung sind.

BWV 19 Es erhub sich ein Streit (Facsimile S. 72)

Auf der Titelseite dieser Michaeliskantate ergibt sich eine Gesamtzahl, die auf den Sieg über die finsteren Mächte hinweist, wenn man die Bezeichnung *Voci.* zum lateinischen *Vocibus* ergänzt und auch aufgrund des *perge*-Zeichens den Text des Eingangschors vollständig einbezieht:

BWV 19, 1 Es erhub sich ein Streit.
Die rasende Schlange, der höllische Drache
stürmt wieder den Himmel mit wütender Rache.
Aber Michael bezwingt,
und die Schaar, die ihn umringt,
stürzt des Satans Grausamkeit.

Die Summe 2697 = 3 x 29 x 31 symbolisiert Gott (3), die Überwindung des Todes (31 als Umkehrung) und den großen Lobgesang (29 = SDG), in den auch Bach (29 = JSB) einstimmen darf. Davon spricht die Kantate in den letzten Sätzen:

BWV 19, 5 Aber lernt mich auch allhier
euer großes Heilig singen
und dem Höchsten Dank zu singen.
7 Laß dein Engel mit mir fahren...
und mein Seele wohl bewahren
wie Lazrum nach seinem Tod.
Laß sie ruhn in deinem Schoß,
erfüll sie mit Freud und Trost,
bis der Leib kommt aus der Erde
und mit ihr vereinigt werde.

Auf die Rückseite des Titelblattes hat Bach die Silbe *Fe* geschrieben, so, als habe er dort mit der Niederschrift des Titels beginnen wollen. Es könnte ein Sinnbild sein für ein anderes Fest, gleichsam ein Afterfest, das der Widerpart Gottes, der Satan feiern wollte, das aber abgebrochen wurde. Die Summe der beiden Buchstaben beträgt 11, die Zahl der Sünde.

Daß das Zeichen auf der Rückseite steht, deutet auf die Worte aus der Offenbarung hin, die den Kampf Michaels mit dem Satan schildern:

Offb. 12, 9–10 Und es ward ausgeworfen der große Drache, die alte Schlange, die da heißt der Teufel und Satanas, der die ganze Welt verführt...Nun ist das Heil und die Kraft und das Reich unsers Gottes geworden und die Macht seines Christus, weil der Verkläger unserer Brüder verworfen ist, der sie verklagte Tag und Nacht vor Gott.

Wenn man dieser Schilderung folgt und das Zeichen auf der Rückseite als Sinnbild der teuflischen Macht aus der Gesamtzahl auswirft, ergibt sich – zunächst ohne die Ergänzung zum Wort *Vocibus* – die Zahl 2646 = 2 x 3 x 3 x 3 x 49 als Symbol für den mächtigen Gott (3 in dritter Potenz), seinen Sohn (2) und MICHAEL (49).

Aus diesem Zahlensymbol für den Sieg Michaels wird nun mit der lateinischen Bezeichnung für die Singstimmen eine Zahl, die die Erlösung (17) für die Menschen und besonders für JOHANN SEBASTIAN BACH (158) verheißt: 2686 = 17 x 158.

BWV 29 Wir danken dir, Gott, wir danken dir

Beÿ der Rahts-Wahl
1731
Wir dancken dir, Gott, wir danck(en) dir
à
4 Voci.
3 Trombe
Tamburi
2 Hautbois
2 Violini
Viola
e
Continuo
con
Organo obligato
di
Joh: Seb: Bach

Die Summe der Titelseite ergibt mit der Zahl 3101 kein Symbol für das Lob oder den Segen Gottes, die im Text zum Ausdruck kommen. Bach hat aber auf der Rückseite des Titelblattes am unteren Rand noch einmal die Jahreszahl notiert: *ao 1731*. So umschließt die Angabe des Jahres das Titelblatt, ein Gleichnis für den Schutz Gottes, den der Text mit ähnlichen Bildern beschreibt:

BWV 29, 4 Sein Flügel hält die Mauern feste.
5 Schleuß uns in dein Erbarmen ein!

Bach hat den Gedanken der umhüllenden Fürsorge Gottes noch durch eine sinnbildliche Maßnahme deutlich gemacht: Das zweite Blatt des zweiten Bogens der Partitur mit dem Abschluß des ersten Satzes, der Sinfonia, wurde nach vorn umgeschlagen, so daß der letzte Teil der Sinfonia die Partitur eröffnet, ihr erster Teil aber den Schluß der Sinfonia bildet. Als rein instrumentaler Satz ist sie Symbol für Gottes Handeln.

Die Gesamtzahl beträgt nun für alle Zahlen und Worte auf der Vorder- und Rückseite des Titelblattes bei Ergänzung der Abkürzung *Voc.* zu *Vocibus* 4913 = 17 x 17 x 17. Das ist ein großes Symbol für die Erlösung durch den dreieinigen Gott. Bach überhöht damit die Bitte um den zeitlichen Segen für den neuen Rat, der in dieser Kantate im Vordergrund steht, durch den Ausblick auf die ewige Seligkeit. Damit entspricht er auch den Gedanken des Schlußchorals:

BWV 29, 8 Sei Lob und Preis mit Ehren,
Gott Vater, Sohn und Heilgem Geist!
Der woll in uns vermehren,
was er uns aus Gnaden verheißt...
Amen, wir werden's erlangen,
glaubn wir aus Herzens Grund.

Eintragungen auf der Rückseite enthalten auch einige andere Titelblätter die erst später behandelt werden.

Fehlende und nachgetragene Instrumentenangaben

An einigen Stellen wurde bereits darauf hingewiesen, daß Bach oder seine Schreiber auf den Titelseiten Instrumente nicht angeführt haben, die in den betreffenden Kantaten mitwirken, teilweise sogar solistische Funktion haben (s. S. 31, 178). Derartige Titelseiten sind keine Ausnahme; unter den 94 Titelseiten, die ich hier vorstelle, sind es 24, mehr als ein Viertel!

Bach hat das Fehlen von Instrumentenbezeichnungen als bedeutsames Symbol eingesetzt. So kann das Auslassen der Angabe Continuo darauf hinweisen, daß Gott nicht als Herr anerkannt wird oder daß er auf seine Allmacht verzichtet hat. Wenn Instrumente nicht genannt sind, die das Handeln Christi zum Heil der Menschen symbolisieren, dann ergibt sich meistens aus der Beziehung zum Kantatentext, daß es darin um den Glauben geht, der das Nicht-Sichtbare wahrnimmt, wie es am Beispiel der Kantate „Ich ruf zu dir, Herr Jesu Christ“ (BWV 177, S. 143) schon deutlich wurde. Der Glaube ist „ein Nichtzweifeln an dem, das man nicht sieht“ (Hebr. 11, 1), und so läßt Bach das entscheidende Instrumentensymbol nicht auf der Titelseite erscheinen. Beide Sichtweisen bedingen einander: Weil die Menschen Gott nicht erkennen und anerkennen, erniedrigt er sich; weil Gott nicht in seiner Macht sichtbar wird, steht unser Glaube in der Anfechtung.

Bach hat auf manchen Titelseiten ursprünglich ausgelassene Bezeichnungen von Instrumenten nachgetragen oder von anderer Hand ergänzen lassen. Dies kann als Sinnbild verstanden werden, daß ein anderer die Hilfe bringt. Schließlich gibt es eine Reihe von Kurztiteln, die die Instrumente nur summarisch oder gar nicht nennen.

Auslassungen und Nachträge waren für Bach offenbar auch ein Mittel, um Zahlensymbole für die entsprechenden Aussagen der Kantaten zu erreichen.

Bevor ich sie im Einzelnen darstelle, möchte ich daran erinnern, daß Bach auch in seinen Kompositionen die gleichen symbolischen Mittel angewandt hat. In einer ganzen Reihe von Sätzen ist das Fehlen des Continuo ein klingendes Symbol für die Ohnmacht Gottes. Als Symbol für das eigene Sterben verzichtet Bach in einigen Kantaten auf den Schlußchoral oder fügt den Satz eines anderen Komponisten ein. Im Jahr 1726, in dem er das 41. Lebensjahr vollendete, führt er eine Zeitlang gar keine eigenen Werke auf, sondern Kantaten von Johann Ludwig Bach. Das ist im Blick auf die Symbolzahl seines Todes ein Memento mori, ein Bedenken seines Sterbens, und es beginnt am Tage Mariae Reinigung, an dem im Evangelium der Lobgesang des Simeon gelesen wurde: „Herr, nun lässest du deinen Diener in Frieden fahren“[58].

---

58 vgl. Ludwig Prautzsch, Die konzertierende Orgel – ein Bach-Symbol, in: Bibel und Symbol in den Werken Bachs, Schriftenreihe des Thomas-Morus-Bildungswerkes, Heft 4, Schwerin, 2000, S. 128.

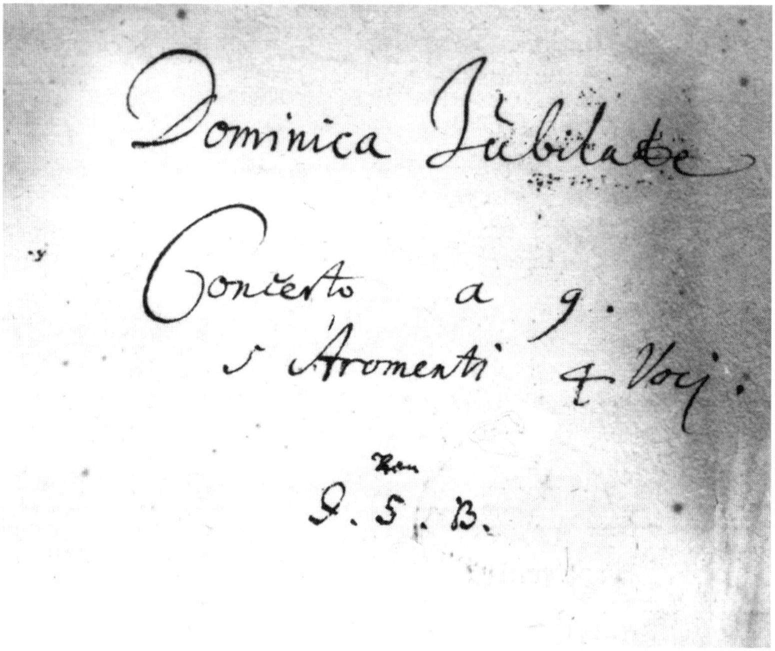

Titelseite der Partitur der Kantate BWV 12

BWV 12 Weinen, Klagen, Sorgen, Zagen

Die Titelseite ist in ihrer Kurzfassung Sinnbild für das Leiden der Christen, das in der Kantate ausführlich behandelt wird:

BWV 12, 3 Wir müssen durch viel Trübsal in das Reich Gottes eingehen.

Nur die ersten drei Zeilen hat Bach selber geschrieben, ihre Summe beträgt 420 = 3 x 10 x 14 = 2 x 3 x 70. Die Zahlen weisen hin auf die Gläubigen, die sich wie BACH (14) zu JESUS (70), dem Sohn (2) Gottes (3) bekennen:

BWV 12, 2 Angst und Not
sind der Christen Tränenbrot,
die das Zeichen Jesu tragen.

Ergänzt man das Wort *Vocj.* zum lateinischen *Vocibus* als Zeichen der Hoffnung auf das Reich Gottes, dann ist die Zahl 460 = 2 x 10 x 23 ein Symbol für den Gottessohn (2) als den guten Hirten (23). Das entspricht dem Schlußchoral:

BWV 12, 7 So wird Gott mich
ganz väterlich
in seinen Armen halten.

Die Angabe des Komponisten stammt von der Hand Carl Philipp Emanuels. Es muß angenommen werden, daß er es noch auf Anweisung seines Vaters hinzugesetzt hat; denn diese Kantate gehörte nicht zu seinem Erbteil, sondern gelangte nach Bachs Tod zunächst in den Besitz Wilhelm Friedemanns, seines älteren Bruders.

Auch die symbolischen Zahlen sprechen für diese Annahme. Der Zusatz weist gerade durch die auffallend knapp gehaltene Abkürzung als Sinnbild der Minderung darauf hin, daß Bach zu denen gehört, die Not und Trübsal leiden und damit das Zeichen der Christen, das Kreuz, auf sich nehmen müssen. Wenn wir die Namen Bachs vervollständigen, führt die Summe als Zahlensymbol noch tiefer hinab: 205 = 5 x 41 symbolisiert Bach, der unter der Macht des Teufels (5) den Tod vor Augen sieht (41 als Umkehrung der Zahl für BACH).

Fügen wir diese Zahl der Summe der autographen Zeilen hinzu, dann ist 625 = 5 x 5 x 5 x 5 ein großes Symbol für die Macht Satans. Doch wenn wir wieder das Wort *Vocj.* zu *Vocibus* ergänzen, ergibt sich eine Symbolzahl für die Rettung aus der Not: 665 = 7 x 95: GOTT (59), der zugleich MENSCH (59) war, hat den Tod in seiner umfassenden Macht (7 als Zahl der Totalität, 95 als Umkehrung) auf sich genommen:

BWV 12, 4 Christen haben alle Stunden
ihre Qual und ihren Feind,
doch ihr Trost sind Christi Wunden.

Schließlich läßt sich der u-Bogen über dem Wort Jubilate als eine *2* – wohl absichtlich nur schwach angedeutet – erkennen. Mit ihr ergeben sich für den autographen Teil Zahlen für das Leiden und Sterben Jesu: 422 = 2 x 211, 462 = 21 x 22. Das sind die Umkehrungen der Zahlen für CHRISTUS (112, 12) und die Zahl seines Leidenspsalms (22).

Die Gesamtzahl der Titelseite beträgt dann 667 = 23 x 29, die Zahl des guten Hirten (23) und das Symbol für Bach (29 = JSB), der in der Ewigkeit Gott preisen darf (29 = SDG). Damit werden wieder die oben angeführten Gedanken des Schlußchorals aufgenommen.

BWV 16 Herr Gott, dich loben wir

Festo Circumcisionis J. C.
Herr Gott dich loben wir.
à
4 Voci.
3 Hautbois
2 Violini
Viola
e
Continuo
di
Joh. Sebast. Bach

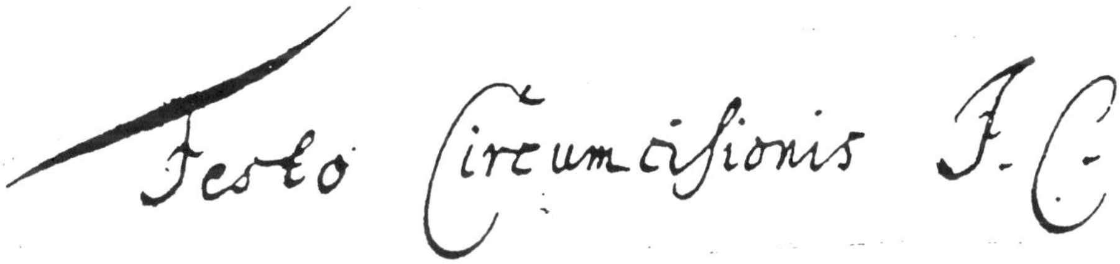

Das *F* des Wortes *Festo* mit seinem überaus dicken Querbalken gleicht dem ersten Buchstaben auf der Titelseite der Kantate „Wie schön leuchtet der Morgenstern“ (BWV 1, s. S. 92) zur Verkündigung der Geburt Jesu an Maria. Durch den ersten Buchstaben sind beide Kantaten zueinander in Beziehung gesetzt, aus dem Wort *Testo* ist *Festo* geworden. Die von Maria nur zögernd im Glauben angenommene Verheißung hat sich erfüllt, am Tage der Beschneidung sieht sie ihren Sohn vor sich, der nun den Namen Jesus erhält. Die Epistellesung dieses Festes befaßt sich eingehend mit der Frage des Glaubens und beginnt mit einem Hinweis auf die Zeit, bevor wir durch Christus zum Glauben kommen konnten:

Gal. 3, 23–24 Ehe denn der Glaube kam, waren wir unter dem Gesetz verwahrt und verschlossen ... Also ist das Gesetz unser Zuchtmeister gewesen auf Christum, daß wir durch den Glauben gerecht würden.

Christus bringt die entscheidende Wende:

Gal. 3, 26–27 Denn ihr seid alle Gottes Kinder durch den Glauben an Christum Jesum. Denn wieviel euer auf Christum getauft sind, die haben Christum angezogen.

Von diesem Text ausgehend lassen sich die Gedanken Bachs bei der Gestaltung der Titelseite erkennen. Wir können den Heiland nicht sehen, darin gleichen wir der Maria am Tage der Verkündigung. Bach läßt dementsprechend das wichtige Instrumentensymbol für den Heiland, den *Corno da Caccia*, auf der Titelseite nicht erscheinen.

Der dicke Strich auf dem ersten Buchstaben *F* soll wohl das Zeichen der kriechenden Schlange darstellen, das aber sehr gestreckt ist als Sinnbild dafür, daß Satans Macht gebrochen ist, wie es auch die vierte Titelseite der h-Moll-Messe zeigt. Davon spricht der Text dieser Kantate:

BWV 16, 4 Ach treuer Hort,
beschütz auch fernerhin dein wertes Wort...
so wird dein Reich vermehrt
und Satans arge List gestört.

Eine sinnvolle Symbolzahl erbringt diese Titelseite – für sich genommen – nicht, doch soll wohl die Ähnlichkeit des ersten Buchstabens mit dem *T* auf der Titelseite der Kantate „Wie schön leuchtet der Morgenstern" dazu veranlassen, die Beziehung zwischen beiden Kantaten auch zahlensymbolisch zu knüpfen als Gleichnis dafür, daß wir uns dem Glauben der Maria anschließen und uns an Christus halten entsprechend der Epistel des Festes. Wenn man beide Titelseiten in ihrer vorliegenden Fassung mit der Ergänzung der abgekürzten Worte berechnet, in BWV 1 auch mit dem Zusatz *da Caccia*, in beiden mit dem lateinischen *Vocibus*, ergibt sich als Summe 2852 = 2 x 2 x 23 x 31: Gottes Sohn (2) wird uns als guter Hirte (23) zur Überwindung des Todes (31 als Umkehrung) führen. Davon ist auch der Beter dieser Kantate erfüllt:

BWV 16, 5 Ja, wenn das Lebensband zerreißt,
stimmt unser gottvergnügter Geist
noch mit den Lippen sehnlich ein:
Geliebter Jesu, du allein
sollst meiner Seelen Reichtum sein.

Würde man das Wort *Testo* auf der Titelseite der Kantate zum Fest Mariae Verkündigung als Zeichen des Glaubens zu *Testor* ergänzen, wäre die Gesamtzahl 2869 = 19 x 151, Symbol für das neue Lied (151 als Überschreitung der Zahl der 150 Psalmen), das vor dem Thron Gottes (19) gesungen wird.

BWV 16, 2 O, sollte darum nicht ein neues Lied erklingen
und wir in heißer Liebe singen?
6 All solch dein Güt wir preisen,
Vater ins Himmels Thron.

BWV 18 Gleichwie der Regen und Schnee von Himmel fällt (Facsimile S. 97)

Für die Leipziger Fassung der Kantate setzt Bach zu den Streichinstrumenten noch zwei Blockflöten hinzu. Sie symbolisieren Jesus als den Menschen, der ohne Sünde war. Bach gibt dadurch zu erkennen, daß unter dem Wort Gottes, das in dieser Kantate im Mittelpunkt steht, im tiefsten Sinne Jesus selbst zu verstehen ist, der als Mensch auf die Erde kam und nicht leer, unverrichteter Dinge, zurückkehren soll.

Zum Glauben an das Wort, an Jesu Heilstaten, gelangen wir Menschen nicht aus eigener Kraft, Jesus selbst muß uns dazu verhelfen. Zum Zeichen dafür läßt Bach die Eintragung der Flöten auf dem Titelblatt durch seinen Sohn Carl Philipp Emanuel vornehmen.

Die Gesamtsumme der Titelseite erhöht sich dadurch auf 1364 = 2 x 22 x 31 und ist Symbol für den Gottessohn (2), der uns durch sein Leiden (22 als Leidenspsalm) vom Tode befreit (31 als Umkehrung der Todeszahl 13). Damit geht Bach in der neuen Fassung sehr genau auf die Gedanken des Schlußchorals ein:

BWV 18, 5 Du wollst nicht von mir nehmen
dein heilges Wort aus meinem Mund,
so wird mich nicht beschämen
mein Sünd und Schuld,
denn in dein Huld
setz ich all mein Vertrauen.
Wer sich nur fest
darauf verläßt,
der wird den Tod nicht schauen.

BWV 27 Wer weiß, wie nahe mir mein Ende

Dominica 16. post Trinitatis
Wer weiß, wie nahe mir mein Ende
à
Corno
4 Voci.
2 Hautbois
2 Violini
Viola
Organo oblig
e
Continuo
di
Joh: Sebast: Bach

Auf dieser Titelseite hat Bach die Bezeichnungen *Corno* und *Organo oblig* von seinem Sohn Carl Philipp Emanuel einfügen lassen.

Alle von Bach selbst niedergeschriebenen Buchstaben und Zahlen führen ohne Ergänzung seiner abgekürzten Vornamen zur Summe 1083 = 3 x 19 x 19. In dieser verkürzten Gestalt und ihrem Zahlensymbol bietet der autographe Anteil der Titelseite ein ähnliches Sinnbild für den Tod Bachs wie die Form der Kantate, in der Bach als Schlußchoral den Satz eines anderen Komponisten eingefügt hat (s. S. 43). An seinem Ende erwartet Bach Gott (3) auf seinem gewaltigen Thron (19 als Potenz) als Herr und Richter, der allein die Zeit des Todes bestimmt:

BWV 27, 1 Das weiß der liebe Gott allein,
ob meine Wallfahrt auf der Erden
kurz oder länger möge sein.

Die Ergänzung der Abkürzungen ergibt nur dann eine Symbolzahl, wenn auch das Wort *Voci.* zum lateinischen *Vocibus* weitergeführt wird. Damit setzt Bach ein Zeichen für den Blick in das Reich Gottes, und die Zahl 1175 = 5 x 5 x 47 besagt: Dort erscheint Gott der HERR (47), daneben aber auch der Satan (5 als Potenz), der seine Anklagen erhebt. Darum fleht der Eingangschor voller Angst:

BWV 27, 1 Ach, wie geschwinde und behende
kann kommen meine Todesnot!
Mein Gott, ich bitt durch Christi Blut,
mach's nur mit meinem Ende gut!

Die Zusätze Carl Philipp Emanuels enthalten bedeutungsvolle Instrumenten- und Zahlensymbole: *Organo oblig* – das Wort bricht ohne Abkürzungspunkt ab – bezeichnet Christus, der sich ihm, dem Orgelspieler Bach persönlich zuwendet und für ihn den Tod auf sich nimmt. Dafür ist das abbrechende Wort ebenso Symbol wie die Summe der Buchstaben nach dem Zahlenalphabet, 109, als Zahl des prophetischen Psalms 109, der nach Calov „vom bittern Leiden Christi" spricht. *Corno* ist dann Symbol für den gnädigen Gott, seine Summe 61 ist gleich der des Namens ISRAEL, den Gott seinen Gläubigen verleiht. Im Blick auf diese Hilfe Christi kann Bach den Tod freudig begrüßen:

BWV 27, 3 Fröhlich will ich folgen, wenn er ruft,
in die Gruft,
alle meine Plagen nehm ich mit.

Mit den nachgetragenen Angaben Carl Philipp Emanuels beträgt die Gesamtsumme 1305 = 29 x 45. In diesen Zahlen für den Bräutigam (nach dem prophetischen Psalm 45) und den großen Lobgesang (29 = SDG), an dem Bach (29 = JSB) in der Ewigkeit teilhaben kann, bringt er die Hoffnung auf das ewige Leben zum Ausdruck entsprechend den Worten der Kantate:

BWV 27, 4 Ach, wer doch schon im Himmel wär!
Ich habe Lust zu scheiden
und mit dem Lamm,
das aller Frommen Bräutigam,
mich in der Seligkeit zu weiden.

Doch das wird hier nur als sehnlicher Wunsch ausgesprochen. Darum verzichtet Bach darauf, ein endgültiges Symbol zu schaffen, noch fehlen in der Gesamtzahl die Summen für die Ergänzungen der Worte *Voci.* und *oblig*, auch ist das für die Symbolik so entscheidende Soloinstrument Taille nicht genannt. So bleibt der Kosmos symbolischer Zahlen für die Titelseite in gleicher Weise unvollendet wie die Komposition ohne eigenen Schlußchoral; Bach folgt damit der Aussage des Kantatentextes:

BWV 27, 2 Und was das Werk der Hände tut,
ist gleichsam, ob ich sicher wüßte,
daß ich noch heute sterben müßte.

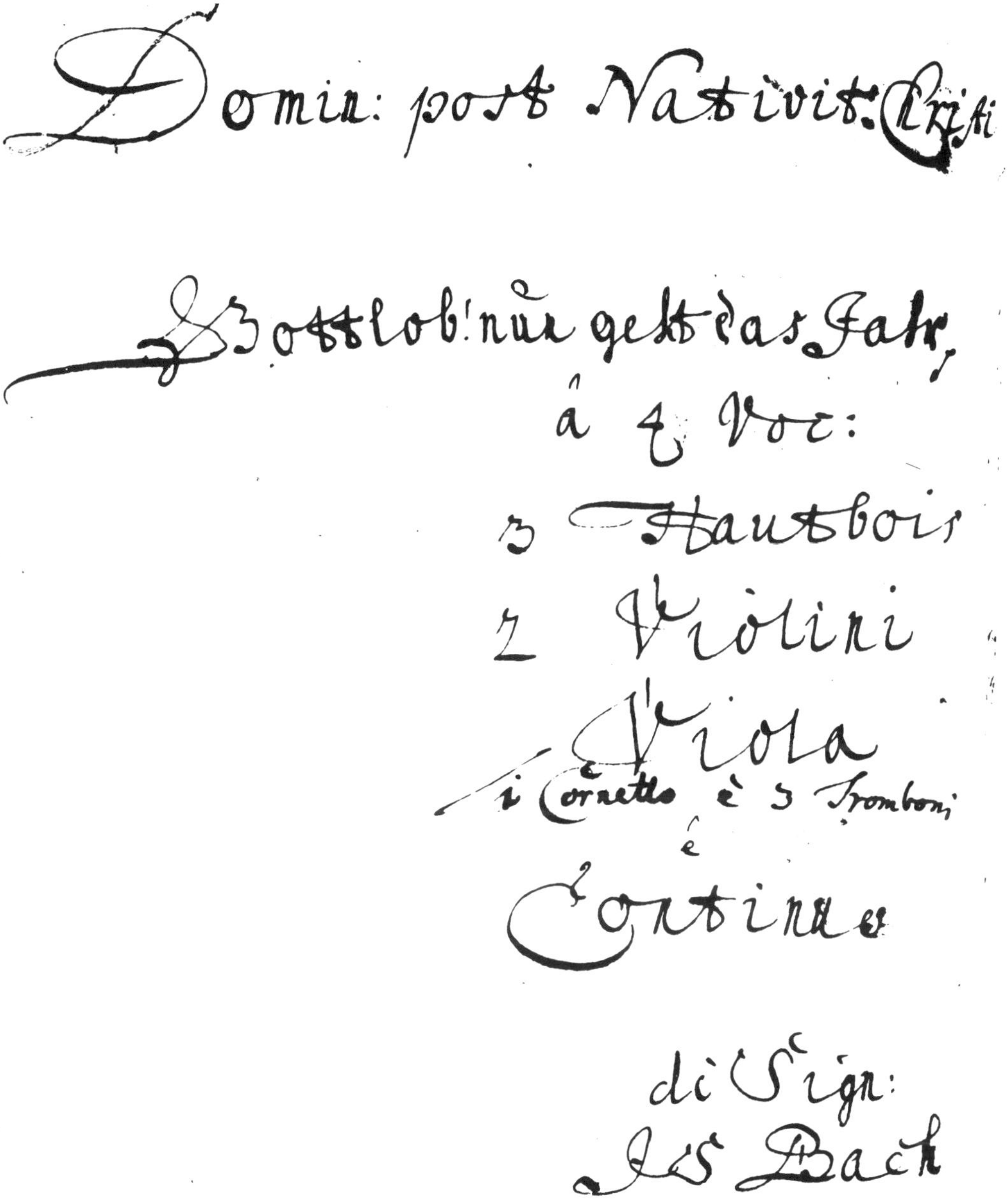

Domin: post Nativit: Christi

Gottlob! nun geht das Jahr,

â 4 Voc:

3 Hautbois

2 Violini

Viola

1 Cornetto è 3 Tromboni

è

Continuo

di Sign:

J S Bach

Titelseite der Partitur der Kantate BWV 28

BWV 28 Gottlob, nun geht das Jahr zu Ende

Auf dieser Titelseite verhält es sich umgekehrt wie auf dem vorigen, ein anderer, Johann Andreas Kuhnau, hat sie geschrieben, Bach selber hat die Bezeichnungen *1 Cornetto ê 3 Tromboni* hinzugefügt. Alle Worte und Zahlen in der Handschrift Kuhnaus ergeben ohne Ergänzungen die Summe 1024 = 4 x 4 x 4 x 4 x 4 = 4^5 als Symbol für den weiten Raum der Erde (4 als Potenz), die unter der Macht des Satans (5 als Hochzahl) steht.

Der Zusatz von Bachs Hand nennt den Zinken und die Posaunen, die colla parte mit dem Chor mitgehen und Symbol sind für Christus, der uns zur Seite steht. *Cornetto* symbolisiert als Verkleinerung des *Corno* den Heiland als Kind in der Krippe. Die Kantate zum Sonntag nach Weihnachten erwähnt zwar die Geburt Christi nicht – nur im Schlußchoral läßt sich ein Hinweis auf Christus dazu in Beziehung bringen –, Bach aber knüpft in seinen Symbolen deutlich an das Weihnachtsgeschehen an. Die eingefügten Worte sind ein Sinnbild für Christus, der jetzt auf der Erde erschienen ist. Die Summe des autographen Zusatzes beträgt 232 = 4 x 58: Symbol für den KÖNIG (58) der Erde (4). Davon spricht die große Choralbearbeitung, in der Zink und Posaunen zum ersten Mal erklingen:

BWV 28, 2 Der Kön'g schafft Recht, behütet,
die leid'n in seinem Reich.

Abkürzungen symbolisieren das abbrechende, dem Tode unterworfene Leben auf Erden. Christus aber bringt die Hilfe:

BWV 28, 2 Sein Wohltat tut er mehren...
und heilt dein Schwachheit groß,
errett dein armes Leben.

Wenn wir dieser Verheißung entsprechend den Zusatz Bachs einbeziehen und alle abgekürzten Worte ergänzen, ergibt sich als Summe dieser Titelseite 1484 = 2 x 14 x 53 = 4 x 7 x 53: Der SOHN (53) Gottes wird ein Mensch wie BACH (14), sein Geist (7) erfüllt die Erde (4):

BWV 28, 3 So spricht der Herr: Es soll mir eine Lust sein, daß ich ihnen Gutes tun; soll und ich will sie in diesem Lande pflanzen treulich.

Wandeln wir jetzt die Bezeichnung Bachs zum Ehrentitel *Signor* um, so ist die Summe 1479 = 3 x 17 x 29 ein Symbol für die Erlösung (17), die Gott (3) Bach (29 = JSB) schenkt, der einst in den großen Lobgesang (29 = SDG) einstimmen darf.

Schließlich kann aufgrund des *perge*-Zeichens der vollständige Text der Eingangsarie einbezogen werden:

BWV 28, 1 Gottlob! nun geht das Jahr zu Ende,
das neue rücket schon heran.
Gedencke, meine Seele, dran,
wieviel dir deines Gottes Hände
im alten Jahre Guts gethan!
Stim ihm ein frohes Dancklied an,
so wird er ferner dein gedencken
und mehr zum neuen Jahre schencken.

Die krönende Gesamtzahl beträgt damit 3277 = 29 x 113: Christus wird nach den Worten des prophetischen Psalms 113 gepriesen vom Aufgang der Sonne bis zu ihrem Niedergang – man möchte hier hinzufügen: vom Beginn des Jahres bis zum Ende – im großen Lobgesang (SDG) im Himmel. In diesen Symbolzahlen spiegeln sich die Gedanken des Schlußchorals:

BWV 28, 5 All solch dein Güt wir preisen,
Vater ins Himmels Thron,
die du uns tust beweisen
durch Christum, deinen Sohn.

BWV 75 Die Elenden sollen essen

Johann Sebastian Bach hat nur die besonders kurz gefaßte Angabe des Sonntags geschrieben:

Dominica 1 p Trinit:

Sein Sohn Carl Philipp Emanuel hat dann – ebenso knapp – den Namen des Vaters hinzugefügt:

von
J. S. B.

Die Dürftigkeit dieser Titelseite ist wohl ein eindrucksvolles Sinnbild für das Elend, das die Kantate beschreibt in Beziehung zum Sonntagsevangelium, dem Gleichnis vom armen Lazarus, der vor der Tür des reichen Mannes liegt (Luk. 16, 19–31):

BWV 75, 2 Was hilft der größte Überfluß,
weil alles, was wir sehen,
verschwinden muß?

In den Zahlen erscheinen ähnliche Symbole. Die Angabe des Sonntags ergibt, wenn man die Abkürzungen ergänzt, die Summe 265 = 5 x 53, die von Carl Philipp Emanuel hinzugesetzten Worte führen zur Zahl 205 = 5 x 41. In beiden ist die Zahl des Bösen (5) enthalten, dazu tritt in seiner Namensangabe die Todeszahl für BACH (41 als Umkehrung der 14). Auch diese Symbole entsprechen den Gedanken des Rezitativs:

BWV 75, 2 Was hilft der Kitzel eitler Sinnen,
denn unser Leib muß selbst von hinnen?
Ach, wie geschwind ist es geschehen,
daß Reichtum, Wollust, Pracht
den Geist zur Hölle macht!

Doch der SOHN (53) tritt dem Bösen entgegen:

BWV 75, 3 Mein Jesus soll mein Alles sein,
mein Purpur ist sein teures Blut.

Die Eintragung Carl Philipp Emanuels ist auch hier Sinnbild dafür, daß ein anderer eingreift. Gottes Sohn nimmt unsern Tod auf sich. Diesen Gedanken finden wir besonders im zweiten Teil der Kantate:

BWV 75, 12 Mein Herze glaubt und liebt,
denn Jesu süße Flammen...
gehn über mich zusammen,
weil er sich mir ergibt.

Die Gesamtsumme beträgt 470 = 10 x 47; die Zahl für das Wort HERR (47), erhöht durch die Multiplikation mit 10, ist Symbol für den Gedanken des Eingangschors, der als Thema die Kantate eröffnet und bestimmt:

BWV 75, 1 Die nach dem Herrn fragen, werden ihn preisen.

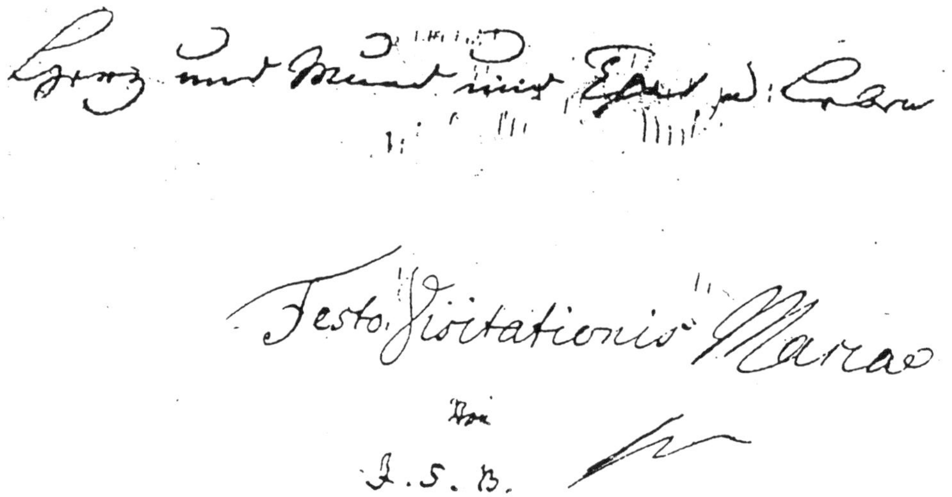

Titelseite der Partitur der Kantate BWV 147

BWV 147 Herz und Mund und Tat und Leben

Drei Schreiber haben die sehr knapp gefaßte Titelseite angefertigt. Die oberste Zeile wird Johann Sebastian Bach zugeschrieben, sie enthält abweichend von fast allen anderen Titeln den deutschen Textanfang:

Hertz und Mund und That u: Leben.

Die zweite Zeile erst nennt die Bestimmung der Kantate für das Fest der Heimsuchung der Maria, geschrieben von Carl Philipp Emanuel Bach:

Festo Visitationis Mariae

Dann hat noch ein unbekannter Schreiber die ganz kurze Angabe des Komponisten hinzugefügt:

Von
J. S. B.

Die merkwürdige, verkürzte Fassung ist Sinnbild für die Aussage der ersten Kantatensätze. Sie bezieht sich auf den Lobgesang der Maria und stellt ihm das falsche Verhalten der Menschen gegenüber, die das Erscheinen des Heilands und seine Güte und Wundertaten verschweigen:

BWV 147, 2 Maria macht ihr Innerstes der Seelen
durch Dank und Rühmen kund;
sie fänget bei sich an,
des Heilands Wunder zu erzählen...
Jedoch dein Mund und dein verstockt Gemüte
verschweigt, verleugnet solche Güte.

Dementsprechend fehlt zuoberst die Angabe des Festes ebenso wie nachher die der Besetzung, die ja Symbol sind für das Erscheinen und Wirken des Heilands. Ein Zeichen dafür ist es auch, daß Bach seinen handschriftlichen Anteil nur beschränkt auf die Worte, die sein eigenes Wesen und Leben umschreiben. Die Summe dieser Zeile nach dem Zahlenalphabet, 316 = 2 x 158, nennt denn auch im Symbol den Namen JOHANN SEBASTIAN BACH (158), daneben aber auch die Zahl des Gottessohnes (2). Sie bezieht sich wohl auf die beiden Choralbearbeitungen der Kantate:

BWV 147, 6 Wohl mir, daß ich Jesum habe,
o wie feste halt ich ihn.
10 Jesus bleibet meine Freude...,
darum laß ich Jesum nicht
aus dem Herzen und Gesicht.

Die Angabe des Festes der Verkündigung an Maria ergibt 265 = 5 x 53 als Symbol für den Sohn (2) Gottes und den Satan (5). Die andere Handschrift symbolisiert ebenso wie diese Zahlen, daß jetzt ein anderer, der Gottessohn, an unserer Stelle die Knechtschaft unter dem Satan antritt. Das Zahlensymbol der zweiten Zeile entspricht der Fortsetzung des oben genannten Rezitativs:

BWV 147, 2 O menschliches Geschlecht,
des Satans und der Sünden Knecht,
du bist befreit durch Christi tröstendes Erscheinen
von dieser Last und Dienstbarkeit.

Die stark verkürzte Angabe des Namens Bachs ist ein Sinnbild, daß Bach als sündiger Mensch dem Teufel und dem Tod verfallen ist; die Summe ihrer Buchstaben, wenn man sie vervollständigt, beträgt 205 = 5 x 41. Das sind Zahlen für den Teufel (5) und die Umkehrung der Zahl für BACH (14). Damit wird das Ende symbolisiert, das dem verstockten Menschen droht:

BWV 147, 3 Doch wer ihn auf dieser Erden
zu verleugnen, sich nicht scheut,
soll von ihm verleugnet werden,
wenn er kommt zur Herrlichkeit.

So können wir die beiden von anderer Hand geschriebenen Angaben deuten als Sinnbilder für das Kommen und die Wiederkunft Christi. Zusammen ergeben sie die Summe 470 = 10 x 47; damit wird Christus als der HERR (47) in seiner Macht (Multiplikation mit 10) symbolisiert.

Insgesamt führen die Buchstaben dieses Titelblattes zur Summe 786 = 2 x 3 x 131: Der Sohn (2) Gottes (3) hat durch sein Sterben den Tod in das Leben verkehrt (13 und 31 in einer Zahl verknüpft). Davon singt der Schlußchoral:

BWV 147, 10 Jesus wehret allem Leide,
er ist meines Lebens Kraft.

Sicher ist der Schnörkel neben dem Namen Bachs auch ein Zeichen, der scharfe Strich, der herunter fährt und wieder hinauf und so zwei Zacken bildet. Könnte er nicht ein Bild sein für den Geist Gottes, der herabkommt und den kleinen Johannes im Mutterleib schon zum Hüpfen erregt und auch Bach zum Lobpreis bewegen will?

BWV 147, 8 Johannes muß mit Geist erfüllet werden,
ihn zieht der Liebe Band
bereits in seiner Mutter Leibe,
daß er den Heiland kennt,
ob er ihn gleich noch nicht mit seinem Munde nennt,
er wird bewegt, er hüpft und springet...
Wenn ihr, o Gläubige, des Fleisches Schwachheit merkt...,
Gott ist es, der euch kräftig stärkt,
er will in euch des Geistes Kraft erregen,
ja Dank und Preis auf eure Zunge legen.

Fügt man für das Sinnbild des hüpfenden Johannes die Summe seines Namens, 81, hinzu, dann beträgt die Gesamtzahl der Titelseite 867 = 3 x 17 x 17. Die Potenz der Erlösungszahl 17 ist Symbol für die große Seligkeit vor dem Angesicht Gottes (3), wie sie dem Schlußchoral in der eschatologischen Deutung Bachs entspricht:

BWV 147, 10 Meiner Seele Schatz und Wonne,
Darum laß ich Jesum nicht
aus dem Herzen und Gesicht.

BWV 185 Barmherziges Herze der ewigen Liebe (Facsimile S. 49)

Das Titelblatt dieser in Weimar entstandenen Kantate hat einige Veränderungen erlebt. Da der Zusatz Tromba von Carl Philipp Emanuel stammt, kann er erst in Leipzig eingefügt worden sein. Die Initialen der Vornamen Bachs stehen auf einer Rasur; ursprünglich dürften hier wie auf den anderen Weimarer Titelseiten die Anfangsbuchstaben der italienischen Vornamen Giovanni Sebastiano gestanden haben. Ich bin der Meinung, daß nicht nur das *G*, sondern auch das *S* ausradiert worden ist, obwohl es eigentlich nicht nötig gewesen wäre. Bach, der sich sehr intensiv um die Symbolik dieser Titelseite bemüht hat (s. S. 50), wollte wohl mit dem Tilgen seiner Vornamen ein Zeichen setzen für die Gedanken des Eingangssatzes:

BWV 185, 1 O Flamme der Liebe, zerschmelze du mich!

Das will sagen: Mach aus mir einen neuen Menschen! Seinen Niederschlag findet diese Bitte in den symbolischen Zahlen. Die ausradierten Buchstaben besitzen die Summe 25 = 5 x 5, Symbol des Bösen (5), unter dessen Macht (Potenz der 5) der alte Mensch steht. Mit den italienischen Vornamen betrug die Summe der Zahlen und Buchstaben nach dem Zahlenalphabet 3700, eine Verherrlichung des barmherzigen Herzens Jesu, das im Tode brach: 37 ist die Umkehrung der Summe für das Wort HERTZ (73). Ergänzt man die Bezeichnung *Voci.* zum lateinischen *Vocibus*, ergibt sich die Gesamtzahl 3740 = 10 x 17 x 22, ein Symbol für die Erlösung (17 durch Multiplikation mit 10 erhöht), die Jesu Kreuzestod (22 als Leidenspsalm) den Menschen erworben hat.

Beachtet man nun das *perge*-Zeichen, dann werden gerade die Worte des Eingangssatzes mit einbezogen, die um das Zerschmelzen des alten Menschen bitten:

BWV 185, 1 Barmhertziges Hertze der ewigen Liebe,
errege, bewege mein Hertze durch dich,
damit ich Erbarmen und Gütigkeit übe.
O Flamme der Liebe, zerschmeltze du mich!

Als Summe für die Titelseite in der ersten Fassung dürfte sich damit 4636 = 4 x 19 x 61 = 2 x 2 x 19 x 61 ergeben haben mit den Symbolzahlen für die Erde (4), Gott auf seinem Richterstuhl (19), dann aber auch für den Gottessohn (2), der uns den neuen Namen ISRAEL (61) erworben hat. Darin werden die Gedanken vom Gericht und der Verheißung Gottes aufgenommen, die die Aussage der Kantate bestimmen und besonders im ersten Rezitativ zum Ausdruck kommen:

BWV 185, 2 Und sucht noch auf der Erden
dem Vater gleich zu werden.
Ach, greifet nicht durch das verbotne Richten
dem Allerhöchsten ins Gericht,
sonst wird sein Eifer euch zernichten.
Vergebt, so wird auch euch vergeben;
gebt, gebt in diesem Leben;
macht euch ein Kapital,
das dort einmal
Gott wiederzahlt mit reichen Interessen.

In Leipzig gelingt Bach eine noch genauere Abstimmung der Zahlensymbole auf den Text der Kantate durch die Einfügung der Tromba, die hier wohl als Symbol für Gott als Herrn und Richter zu verstehen ist[59]. Die Initialen der deutschen Vornamen Bachs erscheinen jetzt als Zeichen für den neuen Menschen, ihre Summe beträgt 27 = 3 x 3 x 3, als Symbol Gottes (3). Das entspricht der Mahnung des ersten Rezitativs:

BWV 185, 2 Ihr Herzen, die ihr euch
in Stein und Fels verkehret,
zerfließt und werdet weich...
und sucht noch auf der Erden
dem Vater gleich zu werden!

---

59 Ludwig Prautzsch, Die symbolische Bedeutung der Blechblasinstrumente, in: Bibel und Symbol in den Werken Bachs, Schriftenreihe des Thomas-Morus-Bildungswerkes, Bd. 4, Schwerin 2000, S. 102.

Das *perge*-Zeichen bleibt in der neuen Fassung unberücksichtigt, seine Funktion ist mit der Verleihung des neuen Namens erfüllt.

Die Gesamtzahl beträgt jetzt 3723 = 3 x 17 x 73, eine Symbolzahl für das HERTZ (73) Gottes (3), der uns die Erlösung (17) schenkt. Diese Zahl bezieht sich deutlich auf den Anfang der Kantate und die Worte vom ewigen Leben in den ersten Sätzen. Mit der Ergänzung des Wortes *Voci.* zu *Vocibus* ergibt sich die Summe 3763 = 53 x 71, Symbol für den letzten Vers des Schlußchorals, die Bitte, das WORT (71) des SOHNes (53) zu befolgen:

BWV 185, 6 Ich ruf zu dir, Herr Jesu Christ...
Verleih mir Gnad zu dieser Frist...,
dein Wort zu halten eben.

BWV 51 Jauchzet Gott in allen Landen

Dominica 15 post Trinitatis
et
In ogni Tempo.
Jauchzet Gott in allen Landen
à
Soprano solo
1 Tromba
2 Violini
Viola
e
Continuo
di
Joh: Seb: Bach.

Die Gesamtzahl dieser Titelseite 1332 = 3 x 4 x 111 als Symbol für Gott (3), die Erde (4) und die Dreieinigkeit (111), faßt den Lobpreis, der die Kantate von Anfang bis zum Schlußchoral erfüllt, zusammen:

BWV 51, 1 Jauchzet Gott in allen Landen!
4 Sei Lob und Preis mit Ehren,
Gott Vater, Sohn, Heiligem Geist!

Auf der Titelseite dieser Kantate findet sich noch ein späterer, eingeklammerter Zusatz von der Hand Carl Philipp Emanuels: *(2 Trombe. e. Tamb.).* Er bezieht sich auf Zusatzstimmen, die Wilhelm Friedemann Bach, wie angenommen wird[60], für eine Aufführung der Kantate in Halle geschrieben hat, wo er Organist der Liebfrauenkirche war. Mit dem Zusatz ist die Summe 1488 = 2 x 24 x 31 Symbol für den Gottessohn (2), der uns nach der Überwindung des Todes (31 als Umkehrung) in die Schar der Auserwählten (24) führen wird.

BWV 51, 4 Amen, wir werdn's erlangen,
glaub'n wir aus Herzensgrund.

Für das symbolische Denken Bachs mag noch eine andere Überlegung mitgespielt haben: Wilhelm Friedemann hat Papier verwendet, das als Wasserzeichen den Namen der Stadt Halle zeigt, die zu Preußen gehörte, einem anderen Land - ein Sinnbild für den Titelsatz der Kantate:

BWV 51, 1 Jauchzet Gott in allen Landen!

Eine Aufführung der Kantate im preußischen Halle muß der Vater geradezu als symbolische Handlung im Sinne des Textes befürwortet, ja, vielleicht sogar angeregt haben!

Es ist denkbar, daß Carl Philipp Emanuel auch den Punkt hinter das Wort *Tempo.* setzen sollte. Wenn man das Wort zum lateinischen *Tempore* ergänzt - ein Sinnbild für die Zeit im Reiche Gottes -, dann ergibt die krönende Gesamtzahl 1510 = 10 x 151, ein Symbol für das neue Lied (151 als Überschreitung der Zahl des 150 Psalmen) in der Ewigkeit.

---

60 Johann Sebastian Bach, Neue Ausgabe sämtlicher Werke, Serie I, Bd. 22, Krit. Bericht von Matthias Wendt, Kassel 1988.

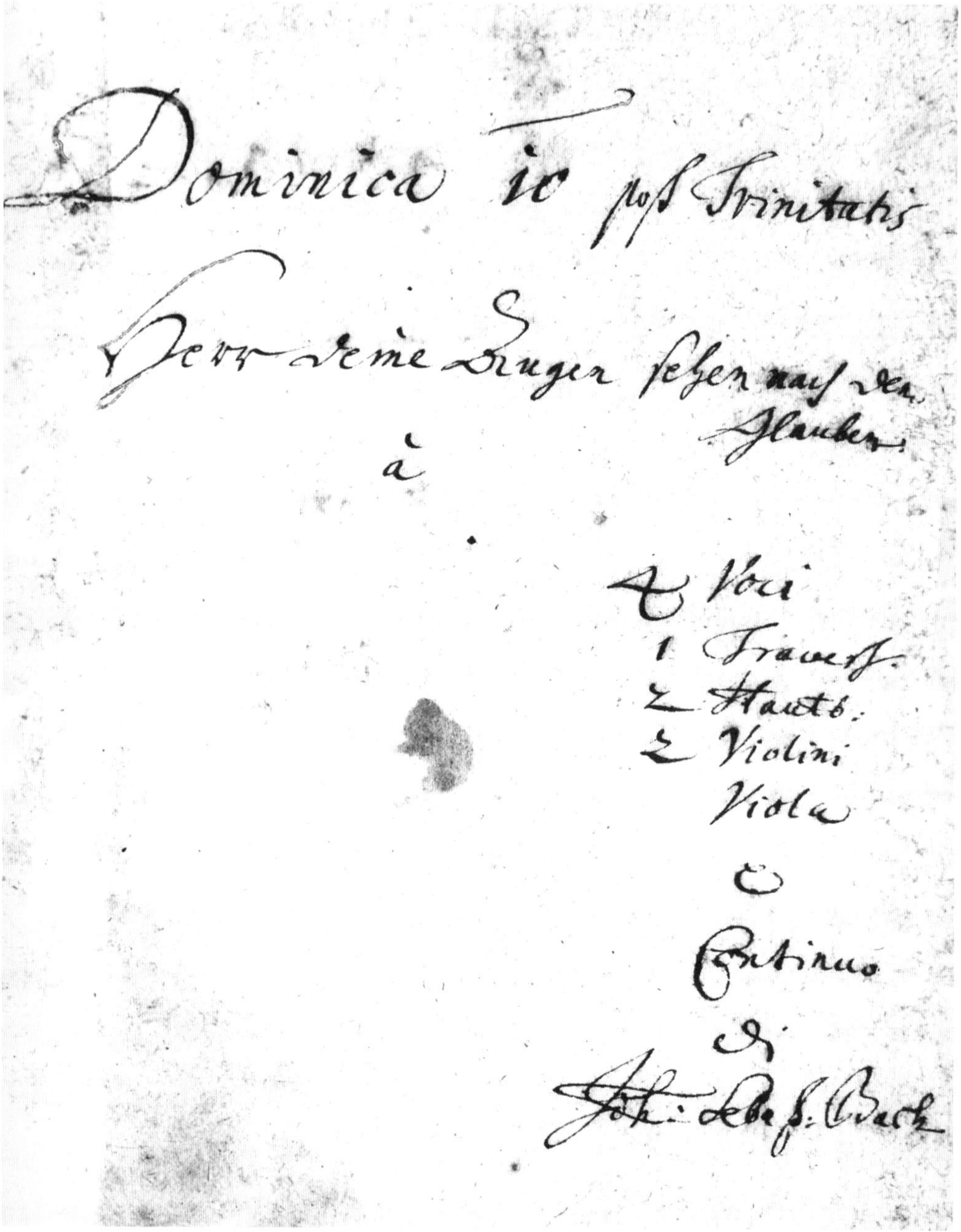

Titelseite der Partitur der Kantate BWV 102

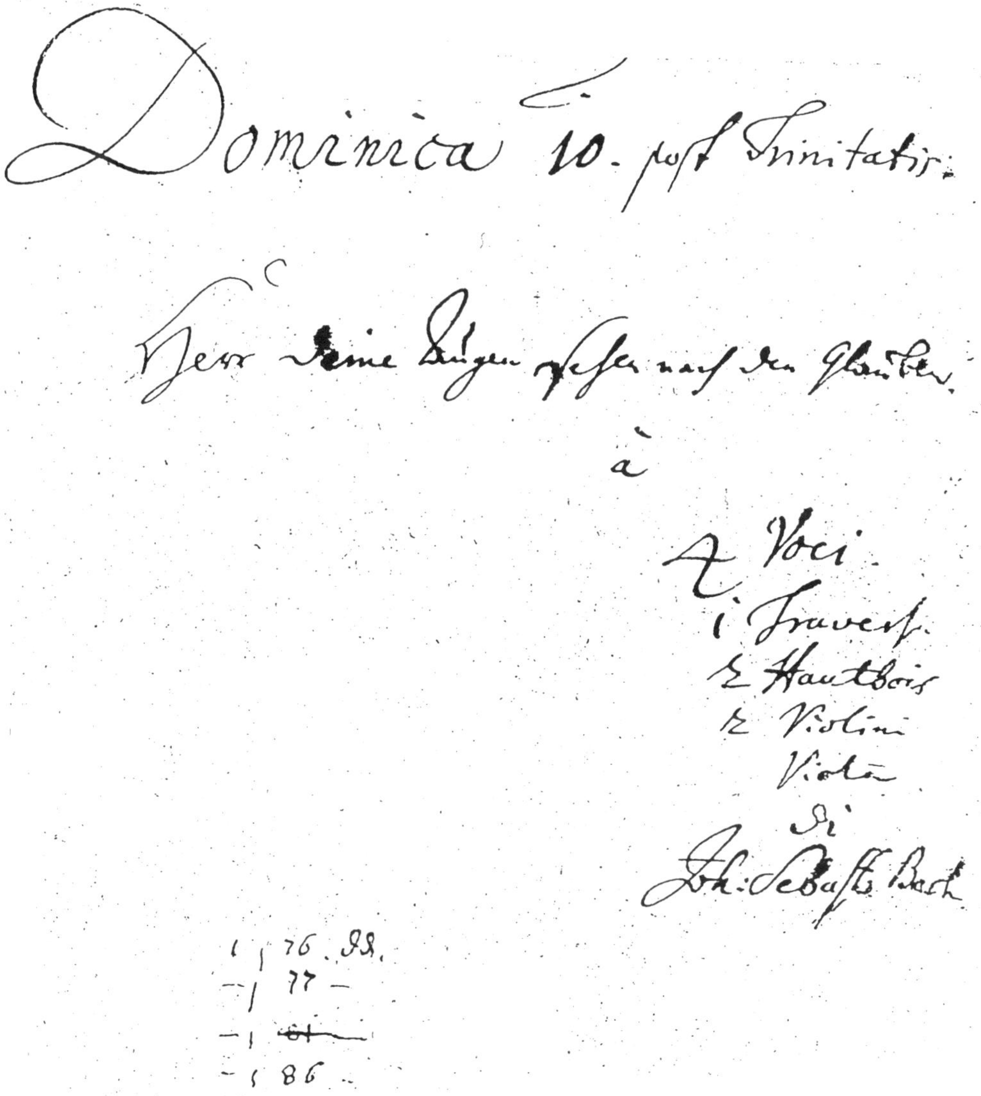
Dominica 10. post Trinitatis.

Herr deine Augen sehen nach dem Glauben.

à

4 Voci.
1 Travers.
2 Hautbois
2 Violini
Viola
di
Joh: Sebast: Bach

Titelseite des Stimmumschlags der Kantate BWV 102

Titelseiten als Gruppe oder Zyklus

BWV 102 Herr, deine Augen sehen nach dem Glauben

Dies ist die einzige Kantate, für die zwei Titelseiten überliefert sind, die Bach selber von vornherein für die Partitur und den Stimmumschlag geschrieben hat, wenn man von einem recht unvollständig beschriebenen Stimmumschlag für BWV 71 (s. S. 192) absieht. Diese Tatsache und der Titelsatz der Kantate lassen vermuten, daß Bach einen symbolischen Zusammenhang beider Titelseiten beabsichtigt hat. Eigentlich sollten wohl beide Titelseiten völlig gleich sein als Sinnbild für die Gedanken des ersten Rezitativs:

BWV 102, 2 Wo ist das Ebenbild, das Gott uns eingepräget,
wenn der verkehrte Sinn sich ihm zuwider leget?

Wenn man *Travers.* zum französischen *Traversière* ergänzt, ergäbe das für jede Titelseite 1260 = 3 x 3 x 10 x 14 als Symbol für Gott (3 als Potenz), den Mächtigen und Gerechten (10 als Zahl der Gebote), der sich BACH (14) und damit den Menschen, seinem Ebenbild, zuwendet.

Doch nur die Titelseite der Partitur führt zu dieser Summe der Zahlen und Buchstaben nach dem Zahlenalphabet. Auf dem Stimmumschlag fehlt die Bezeichnung *e Continuo*, Symbol des Allmächtigen. Ihr Zahlenwert beträgt 110, das ist ein Hinweis auf den prophetischen Psalm 110, der von Christus spricht, sitzend zur Rechten Gottes. Das Fehlen der Bezeichnung ist ein Sinnbild: Gott erwartet von den Menschen den Glauben an Jesus als seinen Sohn, doch sie erkennen ihn nicht als Herren an, sie verachten die Gnade, die ihnen in Jesus zuteil wird.

Der Titel des Stimmumschlags weist noch einen kleinen Fehler auf, dort steht *den Glauben* statt *dem Glauben*. Daraus lassen sich lauter symbolische Zahlenänderungen ablesen: Statt *m* = 12 steht n = 13, aus *dem* = 21 wird *den* = 22, der Satz *„Herr, deine Augen sehen nach den Glauben"* erreicht mit dem fehlerhaften Buchstaben nicht mehr die Summe 224 = 2 x 112, sondern 225 = 3 x 3 x 5 x 5.

Man kann annehmen, daß Bach alle diese Verschiebungen bedacht hat; denn sie sind Symbole für den Weg Christi in die Tiefe: Aus der Christuszahl 12 wird die Zahl des Todes, 13; Christus erleidet nicht nur den Tod am Kreuz (21), sondern – was schwerer wiegt – die Verlassenheit von Gott (22); aus der Zahl für den Gottessohn (2) CHRISTUS (112) wird die Symbolzahl des Satans (5 als Potenz), die Gott (3 als Potenz) entgegentritt.

Aus den Veränderungen ergibt sich ein Defizit auf dem Stimmumschlag von 109 als Hinweis auf den prophetischen Psalm 109, der nach Calov von der „teuflischen Boßheit seines Jüngers Judas / auch dessen Verfluchung" spricht. Davor warnt der Kantatentext oft und eindringlich:

BWV 102, 3 Weh der Seele, die den Schaden
nicht mehr kennt
und, die Straf auf sich zu laden,
störrig rennt,
ja von ihres Gottes Gnaden
selbst sich trennt.

Kaum zu erkennen, aber doch wohl beabsichtigt, ist der Doppelpunkt hinter dem Wort *Glauben:* auf dem Titelblatt der Partitur. Er ist Symbol für das Ausschauen, die Erwartung Gottes. Freilich bringt die Ergänzung der Worte des Eingangschores nur enttäuschende Feststellungen:

BWV 102, 1 Du schlägest sie, aber sie fühlen's nicht, du plagest sie, aber sie bessern sich nicht. Sie haben ein härter Angesicht denn ein Fels, und wollen sich nicht bekehren.

Für die ganze Titelseite ergibt sich dann die Summe 2580 = 2 x 3 x 10 x 43, Symbol für den Glauben (43) an Gott (3) und seinen Sohn (2).

Die Titelseite des Stimmumschlags aber besitzt zunächst Zahlen und Buchstaben im Wert 1151. Das ließe sich allenfalls als Zahlenbild für die Sünde (11) und den Bußpsalm 51 deuten. Würde man beide Titelseiten verbinden und damit dem Symbol der hohen Forderungen Gottes das Zeichen menschlichen Versagens gegenüberstellen, so ergibt sich eine Zahl, die Gottes Urteil symbolisiert: 3731 = 7 x 13 x 41. Das bedeutet den Tod (13) in seiner Allgewalt (7), auch für BACH (41 als Umkehrung seiner Namenszahl). Davor warnt besonders der Schlußchoral der Kantate:

BWV 102, 7 Heut lebst du, heut bekehre dich,
eh morgen kommt, kann's ändern sich;
wer heut noch frisch, gesund und rot,
ist morgen krank, ja wohl gar tot.
So du nun stirbest ohne Buß,
dein Leib und Seel dort brennen muß.

Die Titelseite des Stimmumschlags weist aber noch ein besonderes Zeichen am unteren Rande auf, eine Rechnung. Das Evangelium zum 10. Sonntag nach Trinitatis, für den die Kantate bestimmt ist, mag Bach zu diesem Sinnbild angeregt haben: die Austreibung der Händler und Geldwechsler aus dem Tempel (Luk. 19, 45–48). Ich versuche, das Zeichen zu deuten:

Die Zahlenordnung läßt darauf schließen, daß sie eine Rechnung darstellen soll, die Gott den Menschen präsentiert. In der linken Spalte steht nur die 1 als Zahl Gottes, rechts erscheinen Zahlen für die Heilstaten Christi: 76 = 4 x 19 bedeutet, dass er vom Himmelstrohn (19) auf die Erde (4) herabkam, 77, daß er Mensch wurde als 77. Glied der Geschlechterreihe von Adam her und alle Sünden (7 x 11) getragen hat, die gestrichene 81 = 3 x 3 x 3 x 3, daß er auf seine göttliche Würde verzichtete und in der Gottverlassenheit starb. 86 = 2 x 43 muß dann im Blick auf das Thema der Kantate als Summe der Forderungen Gottes verstanden werden: der Glaube (43) an den Gottessohn (2).

Daneben stehen die Abkürzungen für *Pfennig*, beide abgeleitet aus dem *d* = *Denar*, die alte römische Silbermünze. Setzt man dafür diese beiden Bezeichnungen ein, die römische für die linke Spalte gleichsam als Währung des Gottesreiches, die deutsche für die rechte Spalte als irdische Währung, so besitzt die gesamte Rechnung, wenn man die gestrichene 81 negativ berechnet, den Zahlenwert 267 = 3 x 89, Symbol für Gott (3), der den Messias (89 nach dem prophetischen Psalm) eingesetzt hat.

Wenn man die Rechnungssumme als Symbol für die Heilstat Christi mit der Titelseite verbindet, als Zeichen der Erhöhung Christi die gestrichene Zahl 81 positiv rechnet und die Bezeichnung *Voci.* zum lateinischen *Vocibus* ergänzt, ergibt sich die Summe 1620 = 2 x 10 x 81. Darin erscheint wieder die Zahl 81, die in der Rechnung gestrichen ist und den Tod Gottes symbolisiert. Hier wird sie zum Symbol der Verherrlichung Gottes (3 als Potenz, multipliziert mit 10) und seines Sohnes (2).

Setzen wir das Symbol der von Gott beglichenen Rechnung in die Gesamtsumme beider Titelseiten ein, so erhalten wir unter Einbeziehung des vollen Textes des Eingangschors die Summe 4200 = 3 x 14 x 100 = 2 x 21 x 100 = 3 x 35 x 40. Man kann diese große Zahl mehrfach in Faktoren zerlegen, sie symbolisieren die Zuwendung des mächtigen Gottes (3 x 100) in seinem SOHN, der in den Tod ging (53, umgekehrt zur 35), zu BACH (14), um ihn und uns zur Buße (40) zu bewegen. Damit werden Gedanken aus dem letzten Satz des ersten Teils der Kantate wiedergegeben:

BWV 102, 4 Weißest du nicht, daß dich Gottes Güte zur Buße locket?

Die abschließende Gesamtzahl erscheint aber erst, wenn man den Doppelpunkt nach dem Wort Glauben außer Acht läßt. Damit wird auf die harten Aussagen des Eingangschors verzichtet, und die Hoffnung auf das ewige Leben leuchtet im Symbol auf: 2880 = 2 x 10 x 144 = 3 x 24 x 40. Das sind die Zahlen für den Gottessohn (2) in seiner Herrlichkeit (Multiplikation mit 10) und die Schar der Auserwählten (144). Auch diese Zahl läßt sich so teilen, daß als Faktoren neben den Symbolzahlen für Gott (3) und die 24 Ältesten um seinen Thron die Zahl der Buße (40) erscheint und damit die Beziehung zum Schlußchoral deutlich wird:

BWV 102, 7 Hilf, o Herr Jesu, hilf du mir,
daß ich noch heute komm zu dir
und Buße tu den Augenblick,
eh mich der schnelle Tod hinrück,
auf daß ich heut und jederzeit
zu meiner Heimfahrt sei bereit.

BWV 71 Gott ist mein König (Facsimile S. 68)

Die so kunstvoll gestaltete Titelseite der Mühlhäuser Ratswechselkantate führt zunächst nur dann zu einer Symbolzahl, wenn die vier Bindeworte *è* zur italienischen Form *ed* ergänzt werden. Das mag darin seinen Grund haben, daß die Kantate mit einer Huldigung an den weltlichen Herrscher, Kaiser Joseph I., schließt. Das Heil, das erbeten wird, die Hilfe, für die Gott gedankt wird, sie gelten dem Alltag in Stadt und Land:

BWV 71, 1 Gott ist mein König von altersher, der alle Hilfe tut, so auf Erden geschicht.
7 Glück, Heil und großer Sieg
muß täglich von neuem
dich, Joseph, erfreuen,
daß an allen Ort und Landen
ganz beständig sei vorhanden
Glück, Heil und großer Sieg.

Das lateinische *et* als Zeichen für das Reich Gottes wäre unter diesem Blickwinkel nicht geeignet.

Die Gesamtzahl 3799 = 29 x 131 ist wohl zu deuten als Symbol für den Dank an Gott (29 = SDG), daß er den Tod (13) abgewendet hat (13 und die Umkehrung 31 in einer Zahl verbunden):

BWV 71, 6 Wenn Mord und Kriegessturm
sich allerort erhebt,
wenn Kron und Zepter bebt,
hast du das Heil geschafft.

Nun setzt Bach einige Zeichen. Es ist nicht ganz sicher zu entscheiden, welche von den u-Bögen die Zahl *2* darstellen sollen: sicher der letzte über dem Wort *Molhusino*, vielleicht auch diejenigen über *Juva, Tamburi* und *Flutti*. Mit diesen Zeichen gibt Bach wohl sein eigentliches Anliegen zu erkennen. Er bittet für die Stadt Mühlhausen – *Molhusino* – um Jesu Hilfe – *Juva* – , die er in seiner göttlichen Kraft – *Tamburi* – und als Mensch, der unsere Sünde trägt – *Flutti* – schenken möge.

Bemerkenswert ist noch das abbrechende und durchgestrichene Wort *aed* unter seinem Berufstitel, ursprünglich gedacht als Angabe des Gotteshauses, an dem er als Organist tätig war: *aedis Divi Blasii*. Vermutlich wollte Bach auf dem handschriftlichen Titel seine persönliche Enttäuschung zum Ausdruck bringen, daß er seinen „Endzweck, nemlich eine regulirte kirchen music zu Gottes Ehren", nicht erreichen konnte, weil es sich „ohne wiedrigkeiten nicht fügen wollen"[61]. Daran waren vor allem die Auseinandersetzungen unter den Mühlhäuser Pfarrern schuld.

Vielleicht hegte er schon bei der Niederschrift der Kantate am Beginn des Jahres 1708 die Absicht, die er ein halbes Jahr später verwirklichte, Mühlhausen zu verlassen. Jedenfalls streicht er hier den Namen der Kirche. Dieser – etwas anders formuliert als auf dem gedruckten Titel (s. S. 191) – hätte die Summe 129 = 3 x 43 ergeben: Den Glauben (43) an Gott (3) hatte er in seinem kirchlichen Amt vermißt.

Wenn man Bachs Zeichen berücksichtigt, viermal die 2 hinzurechnet und die gestrichene Bezeichnung der Kirche abzieht, so ergibt die Gesamtzahl 3738 = 2 x 21 x 89, ein Symbol für den Gottessohn (2), der als Messias eingesetzt ist (nach dem prophetischen Psalm 89) und am Kreuz stirbt (21 als Umkehrung), um die Sünde und eben auch den Unfrieden an den Mühlhäuser Kirchen zu tilgen. Es entspricht der Symbolik dieser Zeichen und Zahlen, daß jetzt auch die vier Bindeworte è in ihrer lateinischen Form et eingesetzt werden.

Bach gibt aber auch seine Kirche Divi Blasii nicht verloren und wünscht, daß auch sie mit Jesu Hilfe – in den u-Bögen symbolisiert – zum Segen für die Stadt beitragen möge. Setzt man nämlich die Summe ihrer Buchstaben als Glaubenssymbol positiv in die Gesamtzahl ein, so ergibt sich die Gesamtzahl 3996 = 3 x 12 x 111 = 3 x 3 x 12 x 37 eine Verherrlichung Christi (12) und des dreieinigen Gottes (3, 111). In der Zahl 37 wird darauf hingewiesen, daß der Heiland auf seine Macht als ZEBAOTH (73) verzichtet hat. Daß Bach diesen Gedanken gegenüber dem Kaiser auch in der musikalischen Darstellung und der Symbolik der Instrumente in dieser Kantate hervorhebt, habe ich an anderer Stelle dargelegt[62] (s. S. 32 f.).

---

61 Johann Sebastian Bach, Leben und Werk in Dokumenten, Kassel 1975, S. 100.

62 Ludwig Prautzsch, Bibel und Symbol in den Werken Bachs, Schriftenreihe des Thomas-Morus-Bildungswerkes, Schwerin 2000, S.23f.

Glückwünschende Kirchen MOTETTO,
als
bey solennen Gottesdienste/ in der Haupt-Kirchen B. M. V.
der gesegnete Raths-Wechsel/
am 4. Februarii dieses M. D. C. C. VIII. Jahres geschach/
und die Regierung
der Käyserl. Freyen-Reichs-Stadt
MUHLHAUSEN/
der Väterlichen Sorgfalt des Neuen-Rahts/
nemlich/
Des HochEdlen/ Vesten/ Hochgelahrten
und Hochweisen Herrn/
Herrn Adolff
Streckers/
und
des Edlen/ Vesten/ und Hochweisen Herrn
Hrn. Georg Adam
Steinbachs/
beyderseits Hochverdienten
Herrn Bürgermeistern/
wie auch
derer übrigen Hoch- und Wohl-ansehnlichen
Mitgliedern/
freudig überreichet wurde/
schuldigst erstattet/
durch
Johann Sebastian Bachen/
Organ. Div. Blasii.

Mühlhausen/
druckts Tobias David Brückner/ E. HochEdl. Rahts Buchdr.

Titelseite des Textdrucks der Kantate BWV 71

BWV 71 Gott ist mein König – Textdruck und Stimmumschläge

Auf der Titelseite des gedruckten Textes zur Ratswahlkantate konnte Bach zwar keine symbolischen Zeichen anbringen lassen, immerhin wäre aber denkbar, daß er auf die Gestaltung der Seite Einfluß hatte. So bietet die Angabe der Jahreszahl in römischen Zahlen die Möglichkeit, sie auch als Buchstaben zu lesen. Daraus ergibt sich ein tiefsinniges Symbol: Die zu Buchstaben gewordene Zahl als Sinnbild des Gottessohnes, der ganz und gar Mensch wurde, besitzt die Summe 69 als Hinweis auf den prophetischen Psalm 69, der von Christi Leiden und Höllenangst spricht. Die zur Zahl erhobenen Buchstaben dagegen können als Symbol verstanden werden für den Menschen, der in das Reich Gottes eingehen darf. Die Zahl 1708 = 2 x 14 x 61 weist in ihren Faktoren hin auf BACH (14), dem durch den Gottessohn (2) der Name ISRAEL (61) gegeben wird, der Name der Auserwählten, denen sich Gott ergeben hat.

Die Summe der ganzen Titelseite beträgt – wenn man nur den Zahlenwert 1708 ansetzt – 7224 = 7 x 24 x 43 als Symbol für den Glauben (43), durch den heiligen Geist (7) zur Schar der Auserwählten (24) zu gelangen. Rechnet man aber auch den Buchstabenwert der Jahreszahl hinzu, so ist die Summe 7293 = 3 x 11 x 13 x 17 Symbol für Gott (3), der Sünde (11) und Tod (13) auf sich nahm und dem Menschen die Erlösung (17) schenkt.

Beide Titelseiten, die handschriftliche und die des Textdrucks, sind so angelegt, daß auch ihre Verbindung zu entsprechenden Symbolzahlen führt. Mit dem Buchstaben- und Zahlenwert der Jahreszahl auf der gedruckten Titelseite ergibt sich ein Hinweis auf die Menschwerdung Christi: Die Summe 11289 = 3 x 53 x 71 enthält als Faktoren die Zahlen für den SOHN (53) Gottes (3), das WORT (71), das Fleisch wurde in der KRIPPE (71).

Rechnet man aber nur mit der Jahreszahl 1708, so ist die Summe 11220 = 2 x 3 x 17 x 110 Symbol für die Erlösung (17), wenn wir den Sohn (2) nach dem prophetischen Psalm 110 sehen werden zur Rechten Gottes (3).

Stimmumschläge sind drei erhalten, davon einer von der Hand Bachs:

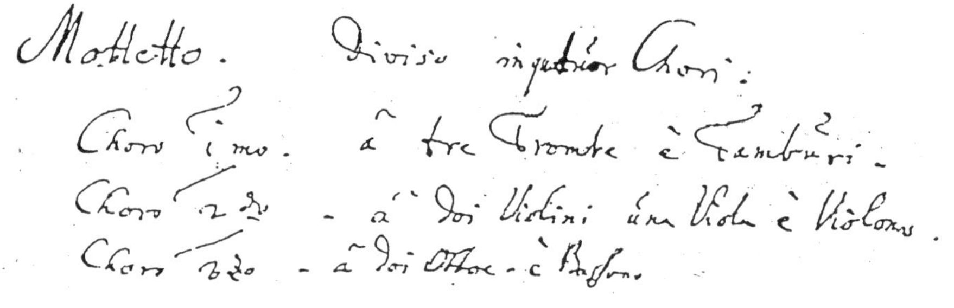

Der Titel ist in jeder Hinsicht unvollständig. Er erwähnt zwar vier Chöre, führt den vierten, der aus Flöten und Violoncello besteht, gar nicht an; Singstimmen und Orgel werden völlig verschwiegen. Das ist sicher symbolisch zu verstehen; denn Flöten und Orgel sind Sinnbilder für Jesus, der den Menschen gleich wurde, die durch die Singstimmen wiedergegeben werden. Sie sind dem Tode ausgeliefert, doch dafür hat Jesus – als Mensch durch die Flöten symbolisiert – im Sterben seinen Geist – für den das Violoncello Sinnbild ist – aufgegeben.

Die Summe dieser Titelseite beträgt 1323 = 3 x 21 x 21. Sie kann als Symbol für Gott (3) und den Kreuzestod (21) Jesu gedeutet werden. Wenn man aber im Wort *quatuor* das dicke *t* als ein vertuschtes Doppel-t ansieht, wie es der korrekten Schreibweise entspricht, und damit 19, die Symbolzahl für den Thron Gottes hinzurechnet, außerdem auch den u-Bogen über *Tamburi* – auch diese Bezeichnung symbolisiert ja Gottes Macht – als *2* liest, beträgt die Summe 1344 = 12 x 112: CHRISTUS (112) in der ewigen Stadt (12). Diese Summe läßt sich mit der der beiden anderen Titelseiten verbinden. Dann ergibt sich als Gesamtzahl 12614 = 14 x 17 x 53: Der SOHN (53) Gottes schenkt BACH (14) die Erlösung (17).

Zwei Stimmumschläge sind später dazugekommen. Carl Philipp Emanuel hat sie in der klaren, schwungvollen Schrift seiner frühen Jahre sicher noch unter der Anleitung des Vaters geschrieben. Sie haben folgenden Wortlaut:

1.

Glückwünschende Kirchen Mottete
Gott ist mein König
a 18 e 22
3 Trombe
Tamburi
3 Viole
Violono
2 Hautb.
Bassono
2 Flauti
Violonc.
4 Voci conc
4 Voci Rip.
con Basso
per l' Organo
di
J. S. Bach
ao. 1708.

Auf der äußeren Rückseite des Umschlags (Seite 2v) befinden sich noch einige Vermerke. Folgende Eintragungen wurden wohl zur Zeit Bachs vorgenommen, wobei der Umschlag umgekehrt wurde, so daß die Angaben am unteren Rand beginnen: *Glück* (verwischt und kaum lesbar), *Carl u. Christel.*

2.

Gott ist mein König
a 18 o 22
di
J. S. Bach
ao. 1708

Außerdem steht darüber die Angabe *No. 8*, mit Rötel, dann mit Tinte nachgezogen, unter dem Titel, nur mit Bleistift, *No. 9.*

Da Herkunft und Sinn der zusätzlichen Eintragungen ungeklärt sind, denn die verschiedenen Numerierungen des zweiten Titelblatts können nicht mit irgendeiner bibliothekarischen Ordnung eines Besitzers in Verbindung gebracht werden, kann eine symbolische Deutung nur als Vermutung geäußert werden. Die Annahme liegt nahe, daß Bach auch hier die Zahlen als symbolische Hinweise auf die Ewigkeit (8) und den dreieinigen Gott (9 = 3 x 3) eintragen ließ.

Wenn man zunächst alle Zeichen beachtet, die auf den Tod und Jesu Erniedrigung gedeutet werden können, ergibt sich folgende Zahlenstruktur:

Titelseite der Partitur, gestrichene Bezeichnung negativ	3738 = 2 x 21 x 89
Titelseite des Textdrucks, Buchstabenwert der Jahreszahl	7293 = 3 x 11 x 13 x 17
Titelseite des Stimmumschlags von Johann Sebastian Bach Lesart *quatuor*	1325 = 5 x 5 x 53
Titelblatt des 1. Stimmumschlags von Carl Philipp Emanuel Bach Rückseite: umgekehrte Eintragungen negativ	3450 = 5 x 10 x 69
Titelseite des 2. Stimmumschlags von Carl Philipp Emanuel Bach Lesart *Konig*, ohne Bleistiftangabe No. 9	2261 = 7 x 17 x 19
Summe aller Titelblätter	18067 = 7 x 29 x 89

Diese Zahlen symbolisieren die Heilstaten Gottes (3), der seinen SOHN (2, 53) als den Messias (prophetischer Psalm 89) für unsere Sünde (11) in den Tod (13, 21 als Umkehrung der Christuszahl) gab, in die Höllenangst (prophetischer Psalm 69) unter der Macht Satans (5), um uns zu erlösen (17) und vor den Thron Gottes (19) zum ewigen Lobgesang (29 = SDG) zu führen. Während die Titelseite des Textdrucks den ganzen Weg über Sünde, Tod und Erlösung symbolisiert, zeigen die Titelseiten der musikalischen Handschriften eine fortlaufende Reihe vom Tod Christi bis hin zur ewigen Seligkeit.

Wenn man dann die umgekehrten und gestrichenen Worte positiv berechnet, auch die Bleistifteintragung und die fehlenden Buchstaben einbezieht, die alle Gott als Herrscher auf dem Thron ehren, im Wort *quattuor* das zweite *t* = 19, die richtige Schreibweise des Wortes *König* und die Potenz 9 = 3 x 3, dafür aber den Buchstabenwert der Jahreszahl als Zeichen der Menschwerdung ausschließt, ergibt sich folgende Gliederung:

Titelseite der Partitur	3996 = 3 x 12 x 111
Titelseite des Textdrucks	7224 = 7 x 24 x 43
Titelseite des Stimmumschlags von Johann Sebastian Bach Lesart *quattuor*	1344 = 12 x 112
Titelseite des 1. Stimmumschlags von Carl Philipp Emanuel Bach	3880 = 2 x 2 x 10 x 97
Titelseite des 2. Stimmumschlags von Carl Philipp Emanuel Bach Lesart *König*	2356 = 2 x 2 x 19 x 31
Alle Titelseiten	18800 = 4 x 47 x 100

Jetzt erscheinen Zahlen für Gott (3), CHRISTUS (2, 112), die Dreieinigkeit (111) in Verbindung mit den Symbolen für die Überwindung des Todes (31 als Umkehrung), die ewige Stadt (12), den Thron Gottes (19) und die 24 Ältesten, den Glauben (43) und das Lob Gottes in allen Ländern (prophetischer Psalm 97). In der Gesamtzahl wird der Allerhöchste (100) gepriesen als der HERR (47) der Welt (4). Diese Krönung seiner Symbolzahlen war Bach wohl sehr wichtig im Blick auf den Abschluß der Kantate, der sich an den weltlichen Kaiser wendet.

BWV 81 Jesus schläft, was soll ich hoffen

Die beiden Titelseiten für die Partitur und den Stimmumschlag bilden einen Zusammenhang, der Symbol ist für die Aussage des Textes in Beziehung zum Evangelium von der Stillung des Sturms (Matth. 8, 23–27). Zwei Schreiber haben die Titelseite des Stimmumschlags angelegt. Der erste, wohl Bachs Sohn Johann Christoph Friedrich, hat die Angabe des Sonntags geschrieben:

Dominica 4 post Epiphanie

Carl Philipp Emanuel hat dann den Namen des Vaters in derselben knappen Form hinzugesetzt wie auf dem Titelblatt der Kantate „Die Elenden sollen essen“ (BWV 75, s. S. 181):

von J. S. B.

Die stark verkürzte Fassung weist hin auf die Angst der Jünger, die nur den Tod vor Augen haben:

BWV 81, 1 Jesus schläft, was soll ich hoffen?
Seh ich nicht
mit erblaßtem Angesicht
schon des Todes Abgrund offen?

Daß zwei Schreiber beteiligt sind, soll wohl Sinnbild sein für die Schar der Jünger. Die Summen aus den von ihnen geschriebenen Zahlen und Buchstaben nach dem Zahlenalphabet symbolisieren ihre Not. Der Anteil Carl Philipp Emanuels führt zur Zahl 205 = 5 x 41; Tod (41 als Umkehrung) und Teufel (5) bedrängen den Menschen. 215 = 5 x 43 gilt für den ersten Schreiber und seine Eintragung: Der Teufel ficht seinen Glauben (43) an, wie es in der Arie des Tenors erklingt:

BWV 81, 3 Die schäumenden Wellen von Belials Bächen
verdoppeln die Wut...
Doch suchet die stürmische Flut
die Kräfte des Glaubens zu schwächen.

Das autographe Titelblatt mit vollständigen Angaben befand sich ursprünglich auf dem Stimmumschlag. Es ist anzunehmen, daß Bach selber es dort entfernt und der Partitur vorgeheftet hat. Das wäre eine der vielen sinnbildhaften Handlungen, die Bach an seinen Autographen vorgenommen hat. Nun ist der autographe Titel als Sinnbild für Gott und seinen Heilsplan nicht mehr zu sehen, wie es im Rezitativ zum Ausdruck kommt:

BWV 81, 2 Herr, warum trittest du so ferne?
Warum verbirgst du dich zur Zeit der Not?

Die Jünger fühlen sich allein gelassen, und als Gleichnis dafür läßt Bach seine jungen Söhne einen ganz ärmlichen Umschlagstitel für die Stimmen anfertigen.

Das jetzt zur Partitur gehörige Titelblatt hat folgenden Wortlaut:

Dominica 4 post Epiphan.
Jesus schläfft, was soll ich hoffen
a
4 Voci
2 Flauti é Hautb: d'Amour
2 Violini
Viola
e
Continuo
di
J: S: Bach

Die Summe aus Zahlen und Buchstaben dieser Seite ergibt mit allen Ergänzungen 1274 = 7 x 13 x 14: In der Kraft des Geistes (7) begibt sich Jesus selbst in die Gewalt des Todes (13) und stirbt für BACH (14), für alle Menschen. Gerade darum bleibt er für uns verborgen.

Die Gesamtsumme beider Titelseiten beträgt 1694 = 7 x 11 x 22: Jesus am Kreuz (22 als Zahl seines Leidenspsalms) hat alle unsre Sünden (11, dazu 7 als Zahl der Totalität) auf sich genommen. Nun brauchen wir die Wasserwogen, die in der Bibel Symbol sind für die „Bäche Belial" (Ps. 18, 5), die Gewalten der Hölle, nicht mehr zu fürchten. Davon singt der Schlußchoral:

BWV 81, 7 Ob gleich Sünd und Hölle schrecken,
Jesus will mich decken.

Die Kantaten BWV 102 und 81 sollen beispielhaft zeigen, wie Bach die Titelseiten der Partituren und der dazugehörigen Stimmumschläge symbolisch einander zugeordnet hat. Gleiches gilt wahrscheinlich für alle Kantaten, deren Titelseiten unter seiner Aufsicht entstanden sind. Welche Titelseiten dazu gehören, läßt sich – vor allem wegen des großen Anteils, den Carl Philipp Emanuel beigesteuert hat – nicht mit Sicherheit feststellen.

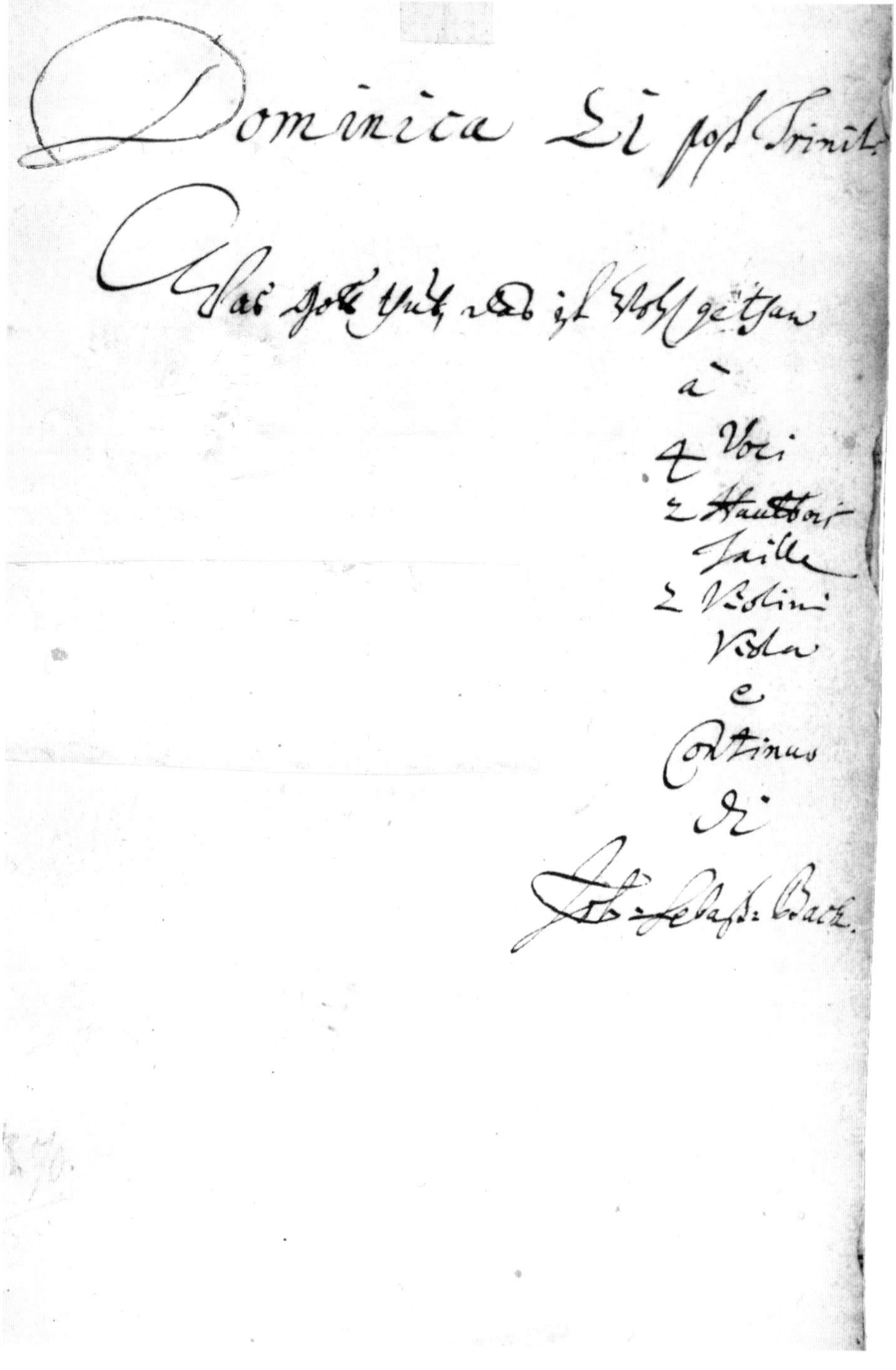

Dominica 21 post Trinit.
Was Gott thut, das ist Wohlgethan
à
4 Voci
2 Hautbois
Taille
2 Violini
Viola
e
Continuo
di
Joh. Sebast. Bach.

Titelseite der Partitur der Kantate BWV 98

Es sollen nun einige Kantaten mit gleichem Titel vorgestellt werden, die Bach offensichtlich auch durch gemeinsame Zahlenstrukturen zueinander in Beziehung gesetzt hat, zunächst die einzige Dreiergruppe BWV 98, 99, 100.

BWV 98 Was Gott tut, das ist wohlgetan

Der Aussage der Kantate, in der es um die Heilung vom Unglauben geht, entspricht sowohl der ungewöhnliche Abschluß ohne Choral als auch die Gesamtzahl 1251, die als Produkt nicht zu Faktoren führt, die sich als Symbole für den Text der Kantate deuten lassen. Allenfalls könnte das Zahlenbild einen Hinweis geben: Neben der Zahl 12 als Symbol für Christus steht die Zahl des Bußpsalms 51, der um ein reines Herz und einen neuen gewissen Geist bittet. Auch die letzte Arie spricht von einer Hoffnung, die auf ihre Erfüllung wartet:

BWV 98, 5 Meinen Jesum laß ich nicht,
bis mich erst sein Angesicht
wird erhören oder segnen.

BWV 99 Was Gott tut, das ist wohlgetan (Partitur, Facsimile S. 59)

Wenn man das Wort *Hautbois:* wegen des Abkürzungszeichens ergänzt durch den Zusatz *d'Amour*, wie es der Besetzung der Kantate entspricht, so ergibt sich als Gesamtzahl 1394 = 2 x 17 x 41: Der Sohn (2) Gottes führt Bach durch den Tod (41 als Umkehrung der Namenszahl für BACH) zur Erlösung (17). Damit werden die Gedanken des Schlußchorals aufgenommen:

BWV 99, 6 Es mag mich auf die rauhe Bahn
Not, Tod und Elend treiben,
so wird Gott mich ganz väterlich
in seinen Armen halten.

Eine Symbolzahl von größerer Leuchtkraft ergibt sich, wenn der zu einer 2 gestaltete u-Bogen über dem Wort *thut* einbezogen und die italienische Bezeichnung *d'Amore* gewählt wird: 1377 = 3 x 3 x 3 x 3 x 17; zur Zahl der Erlösung (17) tritt die hohe Potenz der Gotteszahl (3).

BWV 99, 4 Wenn man genug geweinet,
kommt endlich die Errettungszeit,
da Gottes treuer Sinn erscheinet.

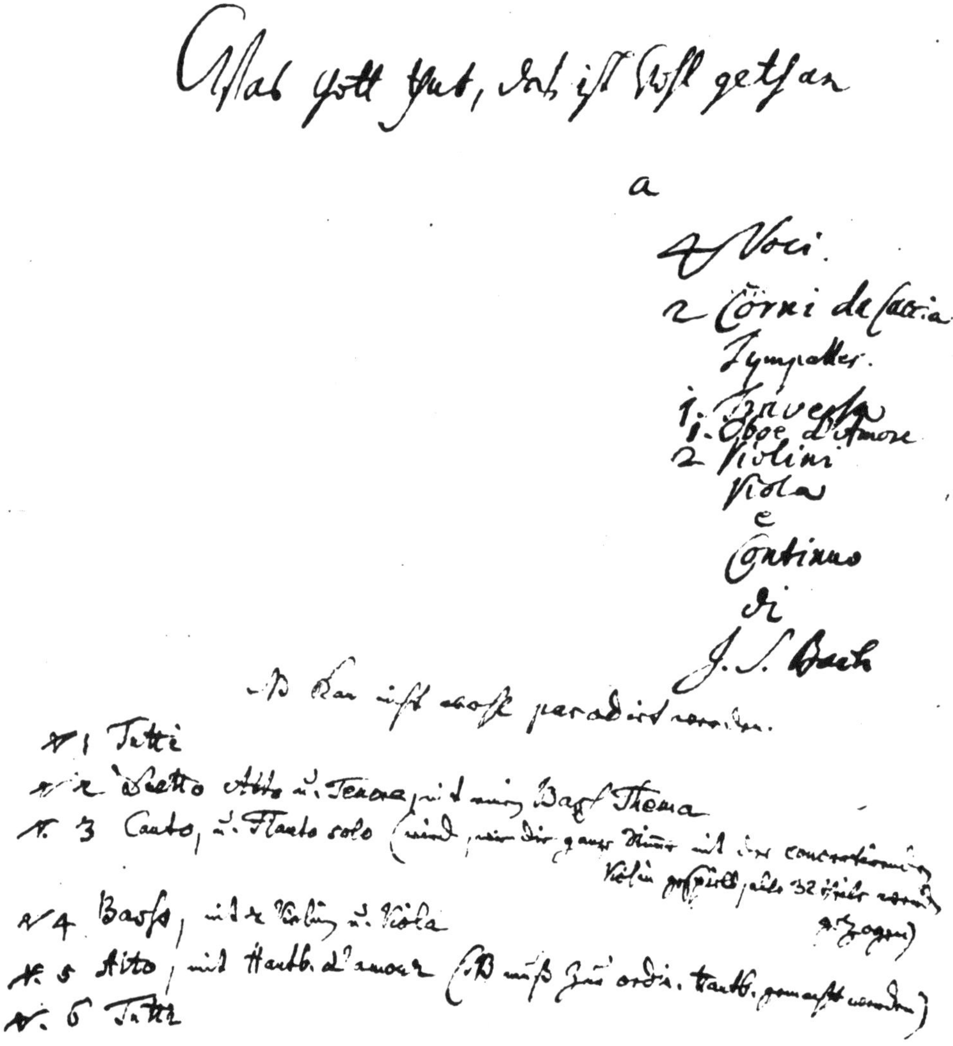

Titelseite der Partitur der Kantate BWV 100

BWV 100 Was Gott tut, das ist wohlgetan

Die Summe aller Buchstaben und Zahlen auf dem Titel der dritten und zuletzt geschaffenen Kantate mit demselben Liedvers als Text des Eingangssatzes beträgt 1202 = 2 x 601. Die Zahl 601 hat eine biblische Bedeutung, die kaum bekannt ist:

1. Mose 8, 13 Im sechshundertersten Jahr des Alters Noahs am ersten Tage des ersten Monats vertrocknete des Gewässer auf Erden. Da tat Noah das Dach von dem Kasten und sah, daß der Erdboden trocken war.

So ist 601 Symbol für den Zeitpunkt, an dem Gott die Bedrängung durch die Wasser des Verderbens enden wird:

BWV 100, 4 Es kommt die Zeit,
da öffentlich erscheinet,
wie treulich er es meinet.

Ergänzen wir nun die Bezeichnung *Voci.* zum lateinischen *Vocibus,* dann ist die Summe 1242 = 2 x 3 x 3 x 3 x 23 Symbol für den Sohn (2) des allmächtigen Gottes (3 in dritter Potenz), der uns als guter Hirte (23) beisteht, wie es der Schlußchoral sagt:

BWV 100, 6 So wird Gott mich
ganz väterlich
in seinen Armen halten.

Unter den autographen Titelangaben stehen ausführliche, eigenartige Zusätze von der Hand Carl Philipp Emanuel Bachs. Diese lassen nicht erkennen, zu welchem Zweck sie niedergeschrieben worden sind. Einige Hinweise darin könnten wohl als Notizen für eine Aufführung unter Bedingungen gedacht sein, die eine Änderung der Besetzung notwendig machten. Doch bleibt die Zielsetzung anderer Angaben unverständlich. Es gibt eine Reihe von Anhaltspunkten in dieser Niederschrift, die vermuten lassen, daß sie ein Sinnbild sein soll für das Eintreten Christi als Fürsprecher vor dem Jüngsten Gericht. Dazu gehören:

1. ihre Stelle am Ende der dritten autographen Titelseite der drei gleichnamigen Kantaten,
2. die Handschrift eines anderen, des Sohnes,
3. die Änderungen in der Besetzung der Soloinstrumente und
4. die Zahlensymbole, die sich aus den Summen der Zahlen und Buchstaben nach dem Zahlenalphabet ergeben.

Hinzu kommt die Erwägung, daß die meisten der abschließenden und zusammenfassenden Symbole im Werk und auf den Titelseiten Bachs eine Ausrichtung auf die Endzeit enthalten. Das soll nun im Einzelnen erläutert werden.

Die Überschrift *NB Kan nicht wohl parodirt werden* ergibt als Summe 363 = 3 x 11 x 11. Gott (3) sieht sich der übergroßen Sünde (11 als Potenz) gegenüber und ruft uns gleichsam zu: „Nota bene! Gib gut acht! Hier gibt es keine Ausrede (Parodie)!“

Es kann aber auch anders gedeutet werden: Gott selber nimmt alle Schuld auf sich. Das sollte der Sünder beachten, die Aussage der Kantate kann durch keine andere, keine Parodie, ersetzt werden. Das gilt von dem alle Strophen beginnenden Satz „Was Gott tut, das ist wohl getan“ und entspricht der Bestätigung des Schlußchorals:

BWV 100, 6 Dabei will ich verbleiben...
Drum laß ich ihn nur walten.

Die Abkürzung *Vs* für das Wort *Versus* vor jeder der Angaben zu den sechs Sätzen ist so geschrieben, daß sie zugleich das Zeichen X enthält. Mit dem Hinweis auf das Kreuz und den Namen Christi beginnt jeder Punkt der Fürsprache vor dem Richter.

1 Tutti: 185 = 5 x 37. Vor dem Jüngsten Gericht wird der Sünder durch den Teufel (5) verklagt. Dem begegnet Gott anders, als Menschen es erwarten, nicht in der Allmacht – *Tutti* -, sondern im Verzicht auf seine Stärke (37 als Umkehrung der 73 als Zahl für den mächtigen ZEBAOTH):

BWV 100, 1 Wie er fängt meine Sachen an,
will ich ihm halten stille.
Er ist mein Gott,
der in der Not
mich wohl weiß zu erhalten;
drum laß ich ihn nur walten.

2 Duetto Alto u. Tenore, mit einem Bass Thema: Die Bezeichnung *Bass Thema* meint eine ostinatoartige Generalbaßfigur, die eine ganze Tonleiter durchläuft. Diese Figur und die Symbolik des Instruments weisen hin auf die Allmacht Gottes:

BWV 100, 2 Er führet mich auf rechter Bahn...
er wird mein Unglück wenden,
es steht in seinen Händen.

Die Summe 504 = 3 x 12 x 14 symbolisiert: Gott (3) wendet sich in Christus (12) BACH (14) zu.

3 Canto, u. Flauto solo (wird, wie die ganze Stimme mit der concertirenden Violin gespielt, alle 32 Theile werden gezogen):

BWV 100, 3 Er als mein Arzt und Wundermann
wird mir nicht Gift einschenken
vor Arzenei.
Gott ist getreu,
drum will ich auf ihn bauen.

Während die ursprünglich vorgeschriebene Flöte den Einsatz des Menschen Jesus auf Erden symbolisierte, wird jetzt der *Wundermann* durch die Violine als Symbol des von Gottes Geist und Kraft erfüllten Heilands dargestellt, der den Kampf *concertierend,* streitend, disputierend, aufnimmt. Die Summe 1173 = 17 x 69 ist Symbol für die tiefste Not, die der prophetische Psalm 69 beschreibt in der Höllenangst Christi. Er schluckt das tödliche Gift, für uns wird es zur Arzenei, zur Erlösung (17).

Die Angabe *Alle 32 Theile* ist im Blick auf die musikalische Form zunächst völlig unverständlich. Wenn man von der symbolischen Verbindung der drei gleichnamigen Kantaten ausgeht, läßt sich jedoch eine Erklärung finden. Die Kantaten umfassen insgesamt 17 Sätze. In der Flötenstimme der Kantate BWV 100 fehlt aber der Schlußchoral, die dafür vorgesehenen Notenlinien sind leer. Das dürfte ein Sinnbild sein für den Tod des Menschen Jesus, den die Flöte symbolisiert. Statt der *Traversa* wird aber jetzt der *Violino concertino* eingesetzt: Jesu Tod bedeutet Kampf – *concertino* – und Sieg über den Tod. Für die Änderung der Flötenstimme sind also 16 Sätze zu berücksichtigen, die sowohl in den Partituren als auch in den Stimmen enthalten sind. Daraus ergibt sich die Zahl der *32 Theile,* die vom Violinsolisten aus der *Traversa*-Stimme, vom Dirigenten aus dem Flötensystem der Partitur heran*gezogen werden* müssen! In der Partitur ist freilich auch der 17. Satz, der Schlußchoral der Kantate BWV 100 im System der *Traversiere* eingetragen, doch der Dirigent wird verwundert aufhorchen, wenn der *Violino concertino* im Schlußchoral schweigt, weil der Satz in seiner Stimme fehlt. Der 33. der *Theile* kann nicht mehr *gezogen werden,* und das ist wieder ein Zahlensymbol: Im 33. Jahr seines Erdenlebens starb Jesus am Kreuz. Sicher hat Bach es mit Bedacht so eingerichtet, daß der Schlußchoral der 17. der Kantatenfolge geworden ist und mit dieser Zahl andeutet, daß das Sterben Jesu uns die Erlösung bringt.

4 Basso mit 2 Violinen und Viola: Hier ergibt die Summe nur ein Zahlenbild: 383, in dem die Zahl 83 für den IMMANUEL zunächst umgekehrt erscheint und sich dann wendet zur eigentlichen Symbolzahl. Als Zahlenbild ist sie nur eine Andeutung der Hilfe Gottes, die wir noch nicht erkennen können. Erst durch die Wende, die Christus durch seinen Tod heraufführt, wird deutlich: Der Getötete (38 als Umkehrung) ist der IMMANUEL (83), der „Gott mit uns“. Das Symbol entspricht der Liedstrophe:

BWV 100, 4 Es kommt die Zeit,
da öffentlich erscheinet,
wie treulich er es meinet.

5 Alto, mit Hautb. d'Amour (NB muß zur ordin. Hautb. gemacht werden): Die Liebe Christi – durch den Zusatz *d'Amour* symbolisiert – hat sich für den Menschen hingegeben, nun führt sie ihn in das ewige Leben, in eine neue Ordnung, was Bach durch die Bezeichnung *l'ordinaire* symbolisch anzuzeigen pflegt. In der Summe 872 = 8 x 109 erscheint die Zahl des prophetischen Psalms 109 als Symbol für Jesu bitteres Leiden, die Bosheit seines Jüngers Judas und dessen Verfluchung. Der Kampf gegen die Macht des Bösen steigert sich hier bis zur drohenden Verdammung. Doch das bittere Leiden des Heilands wandelt den Fluch zum Heil in der Ewigkeit (8), weil er alle Schuld auf sich nimmt und den bitteren Kelch bis zur Neige trinkt, den die Liedstrophe erwähnt:

BWV 100, 5 Muß ich den Kelch gleich schmecken,
der bitter ist nach meinem Wahn,
laß ich mich doch nicht schrecken,
weil doch zuletzt
ich werd ergötzt
mit süßem Trost im Herzen,
da weichen alle Schmerzen.

6 Tutti: Die Summe 190 = 10 x 19 ist Symbol für den Allmächtigen auf seinem Thron (19 multipliziert mit 10). Die Bedeutung das Wortes *Tutti* findet nun ihre volle Bestätigung, nachdem Christus den Teufel überwunden hat.

BWV 100, 6 Was Gott tut, das ist wohlgetan,
dabei will ich verbleiben...
So wird Gott mich
ganz väterlich
in seinen Armen halten.

Die Worte können wohl in diesem Zusammenhang so verstanden werden: Nun will und darf ich verbleiben vor dem Thron Gottes.

Punkt für Punkt der merkwürdigen Anordnungen Carl Philipp Emanuels lassen sich demnach als symbolische Hinweise deuten, die die Gedanken jeder Strophe weiterführen im Blick auf das Jüngste Gericht. Außerdem bestätigt der Vermerk *alle 32 Theile* meine Vermutung, daß Bach die drei Kantaten zu einer Gruppe zusammenfassen wollte. Dafür sprechen dann auch die symbolischen Zahlen, die sich durch die Verbindung aller Titelseiten ergeben.

BWV 98 – 99 – 100 Was Gott tut, das ist wohlgetan

Die Summe der drei Titelseiten beträgt, wenn man die Ergänzung des Wortes *Hautbois:* auf der zweiten (BWV 99) einen symbolischen Schritt weiterführt zur italienischen Bezeichnung *d'Amore,* 3910 = 10 x 17 x 23, eine Symbolzahl für die Gedanken des Schlußchorals der beiden Kantaten BWV 99 und 100 mit den Zahlen für den guten Hirten (23) und die Erlösung (17).

Noch ist hierbei nicht berücksichtigt der Zusatz Carl Philipp Emanuels auf der dritten Titelseite, das große Symbol für das Eintreten Christi für uns vor dem Jüngsten Gericht. Dazu ist es nötig, auch die drei Titelseiten der Stimmumschläge heranzuziehen. Dies fordert geradezu der Hinweis: *alle 32 Theile werden gezogen,* es ist aber auch aus inhaltlich-symbolischen Gründen geboten, da die Stimmen das Wirken Jesu sinnbildlich wiedergeben.

Die Titelseite des Stimmumschlags für die Kantate BWV 99 stammt von einem der Schreiber Bachs und trägt folgende Inschrift:

Dominica 15. post Trinit.
Was Gott thut, das ist wohlgethan
â
4.Voc:
1.Traversiere.
1.Hautbois.
2.Violini.
Viola
e
Continuo
di Sig^{l}
J. S. Bach

Diese Seite führt zu einer symbolischen Gesamtzahl, wenn man das Wort *Hautbois.* als Abkürzung liest und – entsprechend der tatsächlichen Besetzung – durch den französischen Zusatz *d'Amour,* dazu das Wort *Voc:* zum lateinischen *Vocibus* ergänzt. Dann ist die Zahl 1518 = 3 x 22 x 23 wieder ein Symbol des guten Hirten (23), der von Gott (3) in die tiefe Verlassenheit am Kreuz (22 als Leidenspsalm) gesandt wurde.

Die beiden anderen Stimmumschläge hat Carl Philipp Emanuel angelegt, vielleicht erst in späterer Zeit, da ihre Wasserzeichen in den Handschriften der Werke Bachs sonst nicht vorkommen. Damit erhebt sich die Frage, wieweit der Anteil des Sohnes auf den Titelseiten dieser drei Kantaten dem symbolischen Plan des Vaters entspricht und darum bei der Berechnung der Zahlenstruktur zu berücksichtigen ist. Endgültig wird sich dieses Problem wohl nicht klären lassen, doch gibt es einiges zu bedenken. Der Nachtrag auf der Titelseite der Partitur zur Kantate BWV 100 zeigt zwar schon die etwas zittrige spätere Schrift Carl Philipp Emanuels, könnte aber noch zu Lebzeiten des Vaters geschrieben worden sein, da Carl Philipp Emanuel schon vor 1744 starke Gichtbeschwerden durch eine Kur behandeln lassen mußte. Die teilweise eigentümlichen Anmerkungen lassen mit Sicherheit darauf schließen, daß sie auf Anweisung des Vaters geschrieben worden sind.

Die Titelseiten der Stimmumschläge zu den Kantaten BWV 98 und 100 unterscheiden sich in bemerkenswerter Weise. Während die erste den gleichen Wortlaut hat wie die Titelseite der Partitur zur Kantate BWV 98, lediglich anders abgekürzt, weicht die andere an drei Stellen deutlich vom Titel der Partitur zur Kantate BWV 100 ab: Das Wort *Voci* besitzt kein Abkürzungszeichen; statt *Tympalles* schreibt Carl Philipp Emanuel *Tamburi*, und statt *Corni da Caccia* nur *Corni.*

In zahlensymbolischer Hinsicht bedeutet das, daß sich für die erste Titelseite die gleiche Summe ergibt wie für die Titelseite der Partitur, 1251. Da sie kein Produkt symbolischer Zahlen ist, entspricht auch sie dem Sinnbild der unvollendeten Kantate, dem Warten auf die Erfüllung. Auch die Verbindung beider Titelseiten ändert daran nichts.

Auf der Titelseite des Stimmumschlags zur Kantate BWV 100 beträgt die Summe aus Zahlen und Buchstaben 1142, genau 100 weniger als die Summe des Titels der Partitur. Das dürfte symbolische Gründe haben. Zunächst kann diese Differenz so verstanden werden, daß der Stimmumschlag als Sinnbild für das Wirken Jesu darauf hinweisen soll, daß Jesus auf seine göttliche Macht verzichtet, wie sie in der Gotteszahl 1 und ihrer Multiplikation mit 100 symbolisiert wird.

Später werden wir sehen, daß sich aus der Verbindung aller Titelseiten große Symbolzahlen für die Aussagen der drei Kantaten ergeben. So müssen wir wohl damit rechnen, daß Carl Philipp Emanuel auch die beiden Titelseiten nach Anweisung seines Vaters geschrieben hat. Sollte er das erst nach dem Tod des Vaters getan haben, worauf vielleicht die Wasserzeichen des Papiers hindeuten, so wäre denkbar, daß er die beiden Titelseiten von älteren, vielleicht verschlissenen Stimmumschlägen abgeschrieben haben könnte und sich dabei genau an den vorliegenden Wortlaut gehalten hat; denn der symbolische Zusammenhang muß ihm als Schreiber des bedeutungsvollen Zusatzes auf der Titelseite der Partitur ja bekannt gewesen sein.

Die Summe 1142 der Titelseite des Stimmumschlags der Kantate BWV 100 ergibt, für sich genommen oder in Verbindung zur Titelseite der Partitur noch kein Produkt symbolischer Zahlen. Beachtet man aber die Anweisungen in dem Zusatz unter dem Titel der Partitur, *Oboe l'ordinaire* und *Violino concertino* an Stelle der *Traversa* einzusetzen, dann ergibt sich die Summe 1295 = 35 x 37. Der Stimmumschlag als Symbol für die Ausführung des Heilsplanes Gottes führt zu den Zahlen der Erniedrigung (37 als Umkehrung der Summe für ZEBAOTH) und den Tod des Gottessohnes (35 als Umkehrung der Summe für das Wort SOHN).

Bach hat sich nicht mit dieser wohlgeordneten Zahlenstruktur begnügt. Um die Bedeutung der Heilstat Jesu für seine eigene Seele in ein Symbol zu fassen, hat er für diese Kantate ein wohl einmaliges Sinnbild geschaffen.

Außer dem Satz der Stimmen, den einer der Schreiber Bachs geschrieben hat, fertigt er mit eigener Hand einen zweiten Satz von Stimmen an. Für diesen benutzt er als Umschlag einen gedruckten Bogen, auf dem Rektor und Consilium der Universität Leipzig die Verweisung des Rechtspflegers Gottfride Andreas Truxi von der Universität am Sonntag Palmarum 1737 öffentlich bekannt gegeben hatten.

RECTOR

ET

CONSILIVM ACADEMIAE LIPSIENSIS

PVBLICVM.

MAgnum ſine dubio pretium Academiis noſtris, illis doctrinae ſolidae, pietatis verae, omniumque artium ingenuarum domiciliis, iure quodam, eſt ſtatuendum. In his enim ſtudioſi iuuenes praeparantur, vt Eccleſia Chriſti et ſcholae bonos Doctores habeant, respublica autem ciuilis eos nanciſcatur viros, qui illam ſartam tectam conſeruare, pro virili ſua, elaborant. Neceſſe vero eſt, vt Academici quoque animos ſuos, ſolida rerum diuinarum atque humanarum cognitione, mature imbuant, et, quemadmodum ſcientia et eruditione rude atque ignarum vulgus antecellunt: ita et officiis in DEVM, officiis in alios, officiis in ſemet ipſos, quae ſana ratio et diuina reuelatio in dies ab illis exigunt, alios quoque homines longiſſime ſuperare annitantur. Haec officia etiam ab eis requirunt, vt magiſtratui Academico obtemperent, et quae ſanctiſſimo iureiurando promiſerunt, nullo tempore violare audeant. *Eſt* enim *iusiurandum*, vel pagano Philoſopho teſte, *affirmatio religioſa. Quod autem affirmate, quaſi Deo teſte, promiſeris: id tenendum eſt*, inquit idem CICERO L. III. de Officiis c. 29. Hoc tu non obſeruaſti

GOTTFRIDE ANDREAS TRVXI, Lipſienſis,

Iuris Cultor.

Sed quoniam *cautionem iuratoriam* violaſti, et arreſtum tibi indictum deſeruiſti, ad nos autem reuerſus Magiſtratum Academicum, qui delicta haud inulta patitur, latere non potuiſti: ex ſententia Iureconſultorum et Lipſienſium et Vittembergenſium, **per triennium**, ex hac Academia relegatus eſto. Diſce in poſterum iurisiurandi maiorem habere rationem, nunc autem DEVM, periuriorum vindicem, tibi reconcilia, ne hanc poenam humanam diuina ſequatur et aeterna. Diſcant etiam alii, vel tuo moniti exemplo, periuria vitare, ſi DEVM audire nolint, cui periuria ſunt inuiſa, quique eum non impunitum ſinit, qui eius nomen inaniter adhibuerit. P. P. Domin. Palmarum A. R. G. cIↃ IↃcc XXXVII.

Umschlag des zweiten Stimmensatzes der Kantate BWV 100

Für Bach kam sie offenbar gelegen als Gleichnis für das Schicksal, das Christus für uns auf sich genommen hat. Als Rechtspfleger – *Iuris Cultor* – hat er den Auftrag, den Menschen vor dem Jüngsten Gericht zur Gerechtigkeit zu verhelfen.

Dem Truxi wird als Schuld vorgeworfen: *Cautionem iuratoriam violasti, et arrestum tibi indictum deseruisti* – Du hast die Bürgschaft, die du beeidet hast, gebrochen und den über dich verhängten Arrest verlassen. Gleiches gilt für Christus, auch er ließ sich als Bürge für unsere Schuld gefangennehmen, auch ihn konnten die Fesseln des Todes, zu dem er verurteilt war, nicht halten.

Er kehrte zurück in den Himmel und steht nun, beladen mit der Schuld vor dem Gericht Gottes. Truxi hatte ähnlich gehandelt: *Ad nos autem reversus Magistratum Academicum, qui delicta haud inulta patitur, latere non potuisti* – zurückgekehrt zu uns, dem Magistrat der Akademie, der die Schulden nicht ungesühnt läßt, konntest du nicht verborgen bleiben.

Der Urteilsspruch lautet für Truxi: *per triennium ex hac Academia relegatus esto* – für drei Jahre sollst du von der Universität verwiesen werden. Als Gleichnis für Christus läßt sich der Zeitraum beziehen auf die drei Jahre, in denen er nach Gottes Willen den Himmel verlassen hatte.

Symbolisch gedeutet werden kann schließlich die Angabe des Datums am Ende der Verfügung: *Publice Publicatum Dominica Palmarum Anno Reparatae Gratiae MDCCXXXVII* – öffentlich bekannt gemacht am Sonntag der Palmen im Jahr der wiedererworbenen Gnade 1737. Die öffentliche Verkündigung findet eine Entsprechung im Text der Kantate:

BWV 100, 4 Es kommt die Zeit,
da öffentlich erscheinet,
wie treulich er es meinet.

Wenn man die letzte Zeile im Blick auf das ewige Leben deutet, läßt sich auch das Datum in gleichem Sinn verstehen: *Dominica Palmarum* ist dann Sinnbild für das Geschehen, das der Seher Johannes schildert:

Offb. 7, 9 Danach sah ich, und siehe, eine große Schar, welche niemand zählen konnte..., vor dem Thron stehend und vor dem Lamm, angetan mit weißen Kleidern und Palmen in ihren Händen.

Dann wird die Wiederherstellung der göttlichen Gnade, auf die sich die zur Zeit Bachs übliche Abkürzung *A. R. G.* bezieht, ihre große Erfüllung finden.

Bachs Scharfsinn dürfte es nicht entgangen sein, daß sich selbst die Jahreszahl in seine symbolische Deutung einfügen läßt, allerdings nur, wenn man die römischen Zahlen zusätzlich in ihrem Buchstabenwert berücksichtigt, wie ich das auch für die Titelseiten anderer Werke zeigen konnte (s. S. 119, 192ff.). Diese Buchstaben sind Sinnbild für das völlige Eingehen des Gottessohnes in die menschliche Natur und führen hier zur Summe 1890 = 3 x 3 x 10 x 21, ein Symbol der Verherrlichung Gottes (3 als Potenz) und des gekreuzigten Christus (21 als Umkehrung, multipliziert mit 10). Das entspricht der Fortsetzung der eben genannten Worte aus der Offenbarung des Johannes:

Offb. 7, 10 Die schrien mit großer Stimme und sprachen: Heil sei dem, der auf dem Thron sitzt, unserm Gott, und dem Lamm!

Daß dieses für Bachs symbolischen Plan so überaus geeignete Schriftstück in seine Hände gelangte, war es Zufall oder doch eine Fügung? Hat es vielleicht den Anstoß gegeben zur Vollendung der symbolischen Arbeit an den drei Kantaten, zur Niederschrift des zweiten, nun autographen Stimmensatzes für die dritte Kantate BWV 100 oder gar zur Komposition der Kantate?

Wie immer es sich ergeben hat, Bach legt in den Druckbogen den Satz selbstgeschriebener Stimmen ein, und diese sind im Gegensatz zu dem ersten, von seinem Schreiber angefertigten Stimmensatz völlig frei von Fehlern! Das ist ein schönes, klares Symbol seines Glaubens, daß er selbst vor dem Richterstuhl Gottes stehen wird, angetan mit dem weißen Kleid, so wie der außen weiße, auf der Vorderseite unbeschriebene Bogen die fehlerfreien Stimmen umgibt. Daß später Karl Friedrich Zelter auf die Außenseite des Bogens eine Titelaufschrift gesetzt hat, war eine zwar ahnungslose, jedoch völlig verfehlte Handlung.

Die von Bach selber geschriebenen Stimmen sind wohl frei von Fehlern, weisen aber einige Abweichungen von der Partitur auf. Dabei handelt es sich fast ausschließlich um Zeichen für die musikalische Gestaltung wie Bögen, Punkte, Triller und Bezifferung, die am Bestand der Noten und Töne nichts ändern.

Lediglich eine der Continuostimmen pausiert an verschiedenen Stellen. Die symbolische Bedeutung der Abweichungen ergibt sich aus der Form der Zeichen in Verbindung mit den Psalmworten, die durch die Zahl des Taktes und der Note innerhalb des Taktes herangezogen werden können (vgl. S. 16, Anm. 17). In ihnen spiegeln sich die Gedanken und Gebete der Seele, die vor ihrem Richter steht. Hier sollen nur einige der zwanzig Stellen als Beispiel wiedergegeben werden, die übrigen mag man aus den Angaben des Kritischen Berichtes der Neuen Bach-Ausgabe[63] entnehmen.

Satz 1, Takt 24, Continuo, Bögen von der 1. zur 2. sowie von der 3. zur 4. Note

Ps. 24, 1 Die Erde ist des Herrn und was darinnen ist, der Erdboden und was darauf wohnet.
3 Wer wird auf des Herrn Berg gehen und wird stehen an seiner heiligen Stätte?
4 Der unschuldige Hände hat und reines Herzens ist.

Die Bögen sind Zeichen der Verbindung Gottes zur Welt und der Menschen zu ihrem Gott.

Satz 2, Takt 10-11, Violone, Pausentakte

Ps. 10, 1 Herr, warum trittst du so ferne und verbirgst dich zur Zeit der Not?

Ps. 11, 1 Ich traue auf den Herrn, wie sagt ihr denn zu meiner Seele: Flieht wie ein Vogel auf die Berge!

Die Pausentakte in der tiefsten Continuostimme symbolisieren, daß Gott seine Macht aufgegeben hat. Dennoch braucht die Seele nicht ihr Vertrauen zu verlieren; denn gerade darauf gründet sich ihre Hoffnung auf das ewige Heil.

Satz 6, Takt 24, Continuo, die obere Generalbaßziffer über der 4. Note ist nicht erniedrigt und steht über der 5. Note.

Ps. 24, 4 Der unschuldige Hände hat und reines Herzen ist..,
5 der wird den Segen vom Herrn empfangen und Gerechtigkeit von dem Gott seines Heils.

Die fehlende Erniedrigung und das Weiterrücken der Generalbaßziffer ist Sinnbild dafür, daß der Weg des Gläubigen, der durch Christus von seiner Schuld befreit ist, nicht in die Tiefe, sondern voraus in das ewige Leben führt. Mit diesem Ausblick schließt die Reihe der Abweichungen und ihrer Psalmworte. Daß sie alle auch in Beziehung stehen zu den Gedanken des Textes, der an den betreffenden Stellen erklingt, soll hier nur erwähnt sein. Der Leser oder die Leserin kann selber auf diesem Gebiet noch viele Entdeckungen machen!

Zusammenfassung aller Titelblätter der Kantaten BWV 98, 99 und 100

Für die Berechnung der Gesamtzahl aller Titelblätter der drei Kantaten muß noch eine Geld- und Zahlenrechnung auf der rückwärtigen Außenseite der gedruckten Relegation berücksichtigt werden, die aus der Zeit Bachs stammt:

4	gl		2 6
3	18		3
	4	6	
	20	₵	
		3 ϑ	

Darunter steht der Name *Carl.*

Es fällt auf, daß die beiden Titelblätter, die eine Zahlenrechnung enthalten, in Beziehung stehen zu den biblischen Aussagen über das Jüngste Gericht. In der Kantate „Herr, deine Augen sehen nach dem Glauben“ (BWV 102, s. S. 189) stehen diese Gedanken im Mittelpunkt des Textes, hier in der Kantate BWV 100 bilden sie die Grundlage für die symbolischen Eintragungen auf der Titelseite der Partitur und die Verwendung der gedruckten Relegation als Stimmumschlag. Ich möchte daher versuchen, auch für diese Rechnung eine symbolische Deutung zu finden.

63 Johann Sebastian Bach, Neue Ausgabe sämtlicher Werke, Serie I, Bd. 34, Krit. Bericht, Kassel 1990, S. 115f.

Die rechnerische Bedeutung dieser Eintragung wird sich wohl nicht erschließen lassen. Sie enthält aber einige auffallende Hinweise, die sich als Symbole deuten lassen. Am Beginn steht die Angabe *4 Groschen,* die Zahl ist doppelt durchstrichen; unter der gleichfalls gestrichenen 6 beschließt die Angabe *3 Pfennig* den ersten Teil der Rechnung. Getilgt sind die Symbolzahlen für die Erde (4) und die geschaffene Welt (6), das könnte ein Hinweis auf das Ende der Schöpfung sein. Ganz unten steht die Zahl Gottes (3) mit der Münzangabe, die in lateinischer Form *Denar* als Symbol für die Währung des Gottesreiches gedeutet werden kann. Wahrscheinlich soll demnach die Eintragung ein Sinnbild sein für die letzte Abrechnung Gottes am jüngsten Tag.

Die Zahlensummen bestätigen diese Deutung. Wenn wir für das Zeichen ₰ die deutsche Währung *Pfennig* einsetzen und die gestrichenen Zahlen negativ berechnen, dabei die doppelt gestrichene 4 zweimal abziehen, beträgt die Summe der Zahlen und Buchstaben nach dem Zahlenalphabet 204 = 3 x 4 x 17. Das kann als Symbol gedeutet werden: Gott (3) hat menschliche Gestalt angenommen – wie es die deutsche Bezeichnung *Pfennig* andeutet –, die Welt (4) zu erlösen (17). Nehmen wir aber die Bezeichnung *Denar* und berechnen die gestrichenen Zahlen positiv als Sinnbild der neuen Schöpfung, ergibt sich die Summe 200 = 2 x 10 x 10 = 2 x 100. Wieder erscheint hier die Zahl des mächtigen Gottes (100) und die seines Sohnes (2). Die Potenz der Zahl 10 läßt auch an das Gesetz des Herrn und seine Gerechtigkeit denken.

Daß die Summe der Zahlen und Buchstaben nach dem Zahlenalphabet auf dem Druckbogen, 19756, eine Symbolzahl ergäbe, konnte Bach nicht erwarten. Durch die Einbeziehung der Zahlenrechnung auf der Rückseite läßt sich eine solche aber erreichen. Dabei genügt es freilich nicht, die Zahlen einfach zu addieren. Wenn man mit negativen gestrichenen Zahlen und dem Wort *Pfennig* rechnet, muß beachtet werden, daß auch die Relegation Zeichen enthält, die dann negativ zu werten sind: Der Drucker hat in der römischen Jahreszahl die Buchstaben *M* und *D* aus den Typen für *I, c* und das umgekehrte c zusammengesetzt. Diese Buchstaben können in ihrem Zahlenwert berechnet werden, dabei wird die Zahl für die umgekehrten Buchstaben abgezogen.

Schließlich muß auch der Name *Carl* mitgerechnet werden. Wie Alfred Dürr für die Namen der Söhne Bachs auf einigen anderen Titelblättern dargelegt hat[64], handelt es sich dabei um Angaben, wer den Notenbestand nach dem Tode Bachs erben sollte. Sicher können wir annehmen, daß Bach selber die Verteilung seiner Handschriften geregelt und die entsprechenden Vermerke auf bestimmten Titelblättern angegeben hat, war er doch in seinen letzten Jahren bemüht gewesen, seine Werke in eine letztgültige Ordnung zu bringen, und das galt nicht zuletzt im Blick auf deren Symbolik und Zahlenstruktur.

Es soll später gezeigt werden, daß die Namen der Bach-Söhne jeweils zu Zahlen führen, die zugleich als Symbol für Gott und seine Heilstaten gedeutet werden können. Das entspricht dem damals üblichen Brauch im Spiel mit symbolischen Zahlen, in dem „ein Wort mit einem anderen, dessen Buchstaben eben soviel in Zahlen als jenes in sich hält, erklärt" werden konnte[65].

Hier ergibt der Name *Carl* die Summe 32, die Umkehrung der Zahl für den guten Hirten (23) als Symbol für die Hingabe seines Lebens für seine Schafe. Das Wort steht unter der Rechnung wie eine Bestätigung, die der unbekannte Schreiber gleichsam im Auftrag Gottes unter das Symbol der Abrechnung vor dem Jüngsten Gericht gesetzt hat. Damit entspricht die Symbolzahl der letzten Eintragung auf den Titelblättern der drei Kantaten den abschließenden Gedanken der Kantate, daß Gott „mich ganz väterlich in seinen Armen halten" wird, wie es ein guter Hirte tut.

Nun beträgt die Summe für den Stimmumschlag mit gedruckter Relegation, Zahlenrechnung und Namenszug 20007 = 3 x 3 x 3 x 3 x 13 x 19: Symbol für den mächtigen Gott (3 als Potenz) auf dem Thron (19), der selbst in den Tod (13) gegangen ist.

Die Rückseite des Stimmumschlags – Zahlenrechnung und Name – ergibt jetzt bei positiver Rechnung der gestrichenen Worte und Einsetzung der Währung *Denar* die Summe 232 = 8 x 29, eine Symbolzahl, die gewaltig gesteigert wird in der Gesamtzahl, die sich nun erschließen läßt für die Gruppe aller Titelblätter der drei Kantaten.

Dabei müssen die Anweisungen beachtet werden, die Carl Philipp Emanuel unter den Titel der Partitur zur Kantate BWV 100 gesetzt hat: An die Stelle der *Oboe d'Amore* in der Kantate BWV 100 tritt jetzt die *Oboe l'ordinaire*. Für den Einsatz des *Violino concertino* statt der Traversflöte werden *alle 32 Theile*

---

[64] Johann Sebastian Bach, Neue Ausgabe sämtlicher Werke, Serie I, Bd. 15, Krit. Bericht, Kassel 1966, S. 205f.

[65] Johann Jacob Schmidt, Biblischer Mathematicus, Züllichau 1736, S. 10.

gezogen; das bedeutet, daß auch auf den Titelseiten der Kantate BWV 99 diese Änderung vorgenommen werden muß. Die Kantate BWV 98 dagegen weist keine Flötenstimmen auf. Im übrigen werden als Zeichen des Heils die Abkürzungen *Voci.* zu *Vocibus* (Partitur und Stimmumschlag BWV 99, Partitur BWV 100) und *Hautbois* zu *Hautbois d'Amore* (Partitur und Stimmumschlag BWV 99) ergänzt.

Da *alle 32 Theile gezogen* werden sollen, dringen wir gleich vor zur Gesamtsumme, die sich bei positiver Zählung der gestrichenenen Zahlen und Buchstaben ergibt: 31900 = 10 x 29 x 110. Sie ist Symbol für den erhöhten Herrn zur Rechten des Vaters – nach dem prophetischen Psalm 110, verstärkt durch die Multiplikation mit 10, dem der große Lobgesang (29 = SDG) dargebracht wird, in dem auch Bach (29 = JSB) mitwirken darf.

Der Gedankengang der drei Kantaten in der musikalischen und symbolischen Auslegung Bachs folgt der Aussage der Sonntagsevangelien für die Kantaten BWV 98 und 99. Er beginnt mit der Frage des Unglaubens, im Evangelium durch die Person des königlichen Hauptmanns dargestellt, in der Kantate BWV 98 symbolisiert durch den unvollkommenen Abschluß ohne Choral. Im Evangelium zur zweiten Kantate BWV 99 warnt Christus vor dem Kleinglauben und ruft seinen Jüngern zu:

Matth. 6, 33 Trachtet am ersten nach dem Reich Gottes und nach seiner Gerechtigkeit.

Daß Christus selber uns diese Gerechtigkeit erworben hat, davon zeugen die Zeichen und Symbole auf den Titelseiten.

Die dritte Kantate ist nicht für einen Sonn- oder Festtag bestimmt, als reine Choralkantate konzentriert sie sich ausschließlich auf den vollständigen Text des Kirchenliedes. Durch ihre formale Geschlossenheit und durch das große Sinnbild des Jüngsten Gerichts wird sie zum Gleichnis für das Ziel unsers Glaubens, die göttliche Herrlichkeit. Vermutlich hat Bach die Kantate vor allem deswegen komponiert, weil er die Folge der drei gleichnamigen Kantaten theologisch und symbolisch zur Vollendung führen wollte. Auch hier möchte ich fragen: War es nur Zufall oder doch eine Fügung, daß sie gerade die Zahl 100 bekommen hat?

BWV 44 und 183 Sie werden euch in den Bann tun

Von beiden Kantaten sind Titelseiten für Partitur und Stimmumschlag erhalten. Die Partitur der früheren Kantate BWV 44 besitzt einen Titel von der Hand Carl Philipp Emanuels, der so ungewöhnlich knapp gefaßt ist, wie ihn der Sohn von sich aus wohl nicht geschrieben hätte. Die symbolische Absicht des Vaters ist deutlich zu erkennen:

Exaudi
Von
J. S. Bach

Die Kürze, aber auch das Wort *Exaudi*, der Hilferuf: „Erhöre!“, entsprechen dem Text der Kantate nach dem Sonntagsevangelium (Joh. 15, 26 – 16, 4), in dem Jesus den Jüngern die Verfolgung durch die Feinde ankündigt:

BWV 44, 5 Es sucht der Antichrist,
das große Ungeheuer,
mit Schwert und Feuer
die Glieder Christi zu verfolgen.

Die Summe des kurzen Titels beträgt 266 = 14 x 19: Gott auf seinem Thron (19) wird BACH (14) beistehen. Davon spricht der Schlußchoral:

BWV 44, 7 Es gehe, wie es gehe,
dein Vater in der Höhe,
der weiß zu allen Sachen Rat.

Der Stimmumschlag derselben Kantate stammt von einem unbekannten Schreiber und hat folgenden Wortlaut:

Domin: Exaudi
Sie werden euch in den Bann thun *ρ*
à
4 Voc:
2 Hautbois
2 Violini
Viola
et
Continuo
di Sign:
J S. Bach

Diese Titelseite ergibt zunächst keine symbolisch zu deutende Gesamtzahl; das entspricht der trostlosen Lage, die den Jüngern als Nachfolgern auf dem Erdenweg Jesu vor Augen gestellt wird, und gerade dafür ist ja der Satz der Stimmen Symbol. Um eine Summe zu erreichen, die als Produkt symbolischer Zahlen gelten kann, müssen noch verschiedene Zeichen beachtet werden. Zunächst ist es das *perge*-Zeichen, wodurch das Christuswort des Titels fortgesetzt wird; es läßt die Bedrängnis der Jünger noch aussichtsloser erscheinen:

BWV 44, 2 Es kömmt aber die Zeit, daß wer euch tödtet, wird meynen, er thue Gott
einen Dienst daran.

Noch ergibt sich mit dieser Ergänzung keine Symbolzahl, doch Bach hat durch eine kleine Bleistiftnotiz auf der Rückseite des Blattes die Lösung angedeutet: *Muß in P. gesetzt w.* Vom Kompositionsvorgang her gesehen, ist der Hinweis, daß die Stimmen in die Partitur gesetzt werden sollen, eigentlich widersinnig, pflegt doch ein Komponist zuerst eine Partitur zu schreiben, aus der dann die Stimmen herausgezogen werden.

Genauso paradox ist aber auch das Geschehen, das durch diese Anweisung als Sinnbild wiedergegeben werden soll: Der Weg Christi und seiner Jünger führt durch die Erniedrigung zum Sieg, durch den Bann in die ewige Freiheit. Davon spricht der Kantatentext an verschiedenen Stellen:

BWV 44, 4 Der schmale Weg ist trübsalsvoll,
den ich zum Himmel wandern soll.
5 Allein, es gleichen Christen denen Palmenzweigen,
die durch die Last nur desto höher steigen.

Das Umsetzen der Stimmen in die Partitur ist Gleichnis für das Aufsteigen aus der irdischen Not – durch die Stimmen symbolisiert – in das Reich Gottes, dem die Partitur entspricht. Das kommt dann auch in der Summe für das Titelblatt zum Ausdruck, wenn man dabei die durch das *perge*-Zeichen zitierten Worte als Bild der großen Last, für den Aufstieg in den Himmel aber die Bleistiftnotiz auf der Rückseite und auch die Ergänzung der Abkürzung *Voci.* zum lateinischen *Vocibus* einbezieht.

Dann ist die Zahl 2288 = 8 x 13 x 22 Symbol für den Weg Christi, der durch die Verlassenheit am Kreuz (22) und den Tod (13) in die Ewigkeit (8) führt. Die Verbindung dieser Zahl mit der Summe für die Titelseite der Partitur, die man aufgrund der Bleistiftnotiz gern vornehmen möchte, ergibt jedoch keine geeignete Symbolzahl. Bach verzichtet hier auf einen krönenden Abschluß und folgt damit der Weisung des Schlußchorals:

BWV 44, 7 So sei nun, Seele, deine
und traue dem alleine,
der dich geschaffen hat...
Der weiß zu allen Dingen Rat.

Welchen Rat Gott für die Seinen gefunden hat, davon spricht die andere Kantate mit dem gleichen Titel.

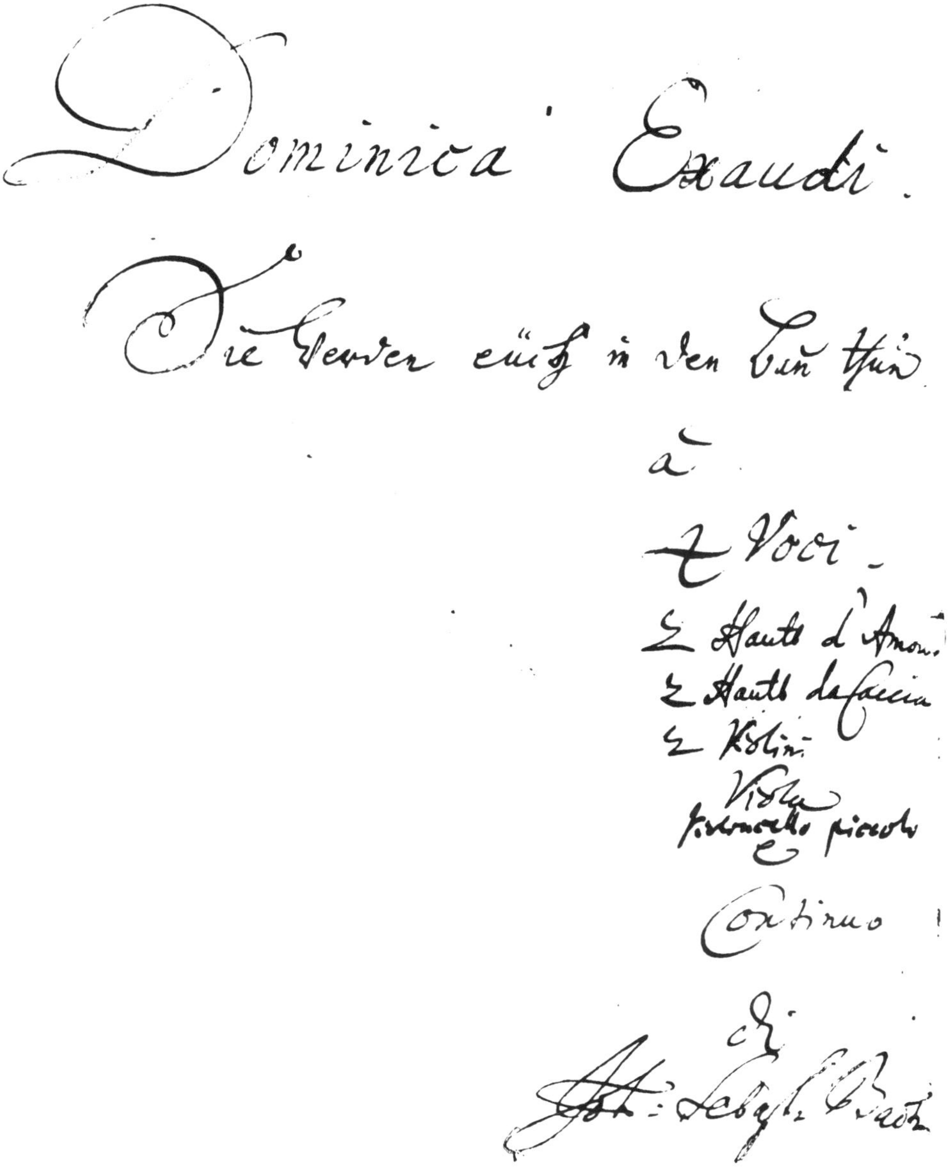

Titelseite der Partitur der Kantate BWV 183

Auf dem autographen Titelblatt der späteren Kantate BWV 183 ist die Angabe *Violoncello piccolo* nachgetragen. Ohne sie ergibt sich als Summe 1157 = 13 x 89 mit den Zahlen für den Tod (13) und den Messias (nach dem prophetischen Psalm 89). Dieses Symbol knüpft an die Darstellung der früheren gleichnamigen Kantate BWV 44 an, deren Titelseite in ihren Zahlensymbolen das Sterben Jesu in den Mittelpunkt stellt.

Das Violoncello hat bei Bach unter den Continuoinstrumenten als Symbolen des allmächtigen Gottes die Funktion des Heiligen Geistes[66]. Die nachgetragene Bezeichnung auf dieser Titelseite bezieht sich auf die Worte des Rezitativs:

BWV 183, 3 Ich bin bereit, mein Blut und armes Leben
vor dich, mein Heiland, hinzugeben...
Ich tröste mich, dein Geist wird bei mir stehen.

Die folgende Arie bittet um den Geist und läßt auch erkennen, warum Bach hier die verkleinerte Form des Violoncello einsetzt: Der Heilige Geist soll in die Schwachheit des Beters eingehen.

BWV 183, 4 Höchster Tröster, Heiliger Geist,
der du mir die Wege weist,
darauf ich wandeln soll,
hilf meine Schwachheit mit vertreten!

Will man das *Violoncello piccolo* einbeziehen, muß auch der zu einer *2* gestaltete u-Bogen über dem Wort *thun* berücksichtigt werden; diese Zahl bezeichnet ja den schwachen erniedrigten Gott, den Sohn, der auf die Erde kam. Als Gesamtzahl ergibt sich die Zahl 1353 = 3 x 11 x 41: Gott (3) nimmt die Sünde (11) und den Tod für BACH (41 als Umkehrung seiner Namenszahl) auf sich, er steht für seine Schwachheit ein.

Über dem Wort *Ban* setzt Bach ein unscheinbares Zeichen: Der Verdopplungsstrich über dem Buchstaben *n* ist nach unten gebogen. Das ist wohl ein Sinnbild dafür, daß der Bann aufgehoben ist. Es entfällt das zweite *n* mit seinem Zahlenwert 13, der Todeszahl. Der Strich gleicht nun dem u-Bogen, und so kann das ganze Wort als *Ba u* gelesen werden. Paulus gebraucht das Bild vom Bau mehrfach:

2. Kor. 5, 1 Wir wissen aber, so unser irdisch Haus dieser Hütte zerbrochen wird,
daß wir einen Bau haben, von Gott erbauet, ein Haus, nicht mit
Händen gemacht, das ewig ist, im Himmel.

Eph. 2, 19-22 So seid ihr nun nicht mehr Gäste und Fremdlinge, sondern Bürger mit den
Heiligen und Gottes Hausgenossen, erbaut auf dem Grund der Apostel und
Propheten, da Jesus Christus der Eckstein ist; auf welchem der ganze Bau
ineinandergefügt wächst zu einem heiligen Tempel in dem Herrn,
auf welchem auch ihr mit erbaut werdet zu einer Behausung Gottes im Geist.

Der Bann, den die Feinde Christus und seinen Jüngern auferlegen, wandelt sich zum Bau des heiligen Tempels: In einem kleinen Zeichen bringt Bach die großen Gedanken der Theologie des Paulus zum Ausdruck.

Als Gesamtsumme unter Beachtung aller Zeichen – und gerade hier darf auch die Ergänzung des Wortes *Voci.* zum lateinischen *Vocibus* nicht fehlen – ergibt sich 1387 = 19 x 73, ein Symbol für den Bau, den Gott erbaut hat, dort sitzt der mächtige ZEBAOTH (73) auf seinem Thron (19).

Symbole für die Hausgenossen Gottes ergeben sich, wenn man die anderen Titelseiten einbezieht, zunächst die des Stimmumschlags dieser Kantate. Sie ist zwar von Carl Philipp Emanuel geschrieben, sicher aber nach den Anweisungen seines Vaters; denn die Symbolzahlen zeigen, daß sie ein wichtiger Teil der symbolischen Zahlenstruktur der beiden Kantaten zum Sonntag Exaudi ist. Sie hat folgenden Wortlaut:

66 Ludwig Prautzsch, Die verborgene Symbolsprache Johann Sebastian Bachs, Bd. 2

Domin Exaudi
Sie werden euch in den Bann thun
a
4 Voci
2 Hautb. d'Amour
2 Hautb. d'Caccia
2 Viol.
Viola
Violonc. piccolo
e
Cont.
di
J. S. Bach

Die Summe dieser Titelseite beträgt 1344 = 12 x 112, Symbol für CHRISTUS (112) und die 12 Jünger, die ihm nachfolgen:

BWV 183, 2 Ich fürchte nicht des Todes Schrecken...,
denn Jesus' Schutzarm wird mich decken,
ich folge gern und willig nach.

Die Verbindung beider Titelseiten der Kantate BWV 183 ergibt die Summe 2691 = 23 x 117. Der prophetische Psalm 117, der nach Calov „vom Beruff der Heyden" spricht, weist hier auf die Berufung zur Nachfolge auf dem Wege Jesu, unseres guten Hirten (23) hin, der uns mit seinem „Schutzarm" vor den Feinden decken wird. Noch konnte für diese Zahl die Ergänzung des Wortes *Voci.* zum lateinischen *Vocibus* nicht vorgenommen werden. Diese hatte Bach offenbar der Zusammenführung aller vier Titelseiten der beiden Exaudi-Kantaten vorbehalten.

Dabei muß nun auch die Bleistiftnotiz vom Umsetzen der Stimmen in die Partitur berücksichtigt werden; sie bedeutet ja nichts anderes als die Erfüllung dessen, was das Wort *Bau* anzeigt. Ferner wird aufgrund des *perge*-Zeichens der vollständige Text des Eingangschors der Kantate BWV 44 einbezogen; denn seine Aussage trifft in einem höheren Sinne zu: Die Feinde tun Gott einen Dienst, ohne es wirklich zu verstehen. Sie schicken die Jünger in den Tod, und damit in die Nachfolge Jesu, die sie zu Gliedern des heiligen Tempels macht.

Schließlich ist auch das Wort *Signore* umzuwandeln zum Ehrentitel *Signor* für Bach als einen der Jünger. Nun ergibt sich die Summe 5280 = 2 x 24 x 110 als Symbol für den Gottessohn (2), der zur Rechten Gottes sitzt – nach den Worten des prophetischen Psalms 110 – und die Schar der 24 Ältesten, von denen Calov sagt: „durch diese Eltesten wird der gantze Hauffe der treuen Lehrer des Worts praesentiret".

Die beiden Exaudi-Kantaten sind ein schönes Beispiel für die Arbeitsweise Bachs, durch symbolische Zeichen und Zahlen übergreifende Zusammenhänge zu schaffen. Die Symbolik der Titelseiten ergibt eine fortlaufende Darstellung der Jünger in der Nachfolge auf dem Weg Jesu, beginnend mit der Bedrängnis und Angst, werden sie zum Blick auf Jesu Erniedrigung und Erhöhung geführt, dann mit dem Geist ausgerüstet, berufen zu Gliedern des heiligen Tempels und zu Boten Gottes, endlich aufgenommen in die ewige Seligkeit.

BWV 3 und 58 Ach Gott, wie manches Herzeleid (Facsimile S. 51)

Die Titelseiten der Partituren dieser Kantaten, beide autograph, wurden bereits einzeln dargestellt als Beispiele für die deutliche Beziehung ihrer Gesamtzahlen zu den Kantatentexten (s. S. 52 und 118f.). Jetzt gilt es, auch die beiden von anderen Schreibern angefertigten Titelseiten der Stimmumschläge einzubeziehen und die Zusammenfassung aller vier Titelblätter zu betrachten.

Die frühere Kantate BWV 3 besitzt auf dem Stimmumschlag eine Titelseite eines unbekanntem Schreibers mit folgendem Wortlaut:

Dominica 2 post Epiphan.
Ach Gott, wie manches Hertzeleÿd
â
4. Voci
2. Hautb: d'Amour
2. Violini
Viola
e
Continuo
di
J. S. Bach

Nach Ergänzung der abgekürzten Worte ergibt sich für diese Titelseite dieselbe Summe wie für die Titelseite der Partitur, 1161 = 3 x 3 x 3 x 43 als Symbol des Glaubens (43) an den mächtigen Gott (3 in dritter Potenz).

Der Stimmumschlag der späteren Kantate BWV 58 trägt folgende Titelaufschrift:

Domin: post Fest: Circumcis:
Dialogus
Ach Gott wie manches Hertzeleid
Nur Gedult, Gedult mein Hertze ρ
a
Soprano e
Basso.
3 Hautbois
2 Violini
Viola
e
Continuo

d. Sigℓ Joh. Seb. Bach

Die Kantate zum Evangelium von der Flucht nach Ägypten (Matth. 3, 13-23) richtet den Blick auf die Leiden, die Jesus bereits kurz nach seiner Geburt erdulden mußte. Die Gesamtzahl für die Titelseite beträgt 1775 = 5 x 5 x 71, Symbol für die Macht des Bösen (5 als Potenz), unter der schon das Kind in der KRIPPE (71) zu leiden hat. Davon spricht das erste Rezitativ:

BWV 58, 2 Verfolgt dich gleich die arge Welt,
so hast du dennoch Gott zum Freunde...
und wenn der wütende Herodes
das Urteil eines schmähen Todes
gleich über unsern Heiland fällt.

Im vollständigen Text der Arie im ersten Satz, der durch das *perge*-Zeichen herangezogen wird, erklingt aber schon das Wort der Verheißung:

BWV 58, 1 Nur Gedult, Gedult mein Hertze,
es ist eine böse Zeit,
doch der Gang zur Seeligkeit
führt zur Freude nach dem Schmerze.

Die Summe der Titelseite beträgt dann 2550 = 3 x 5 x 10 x 17 als Symbol für Gott (3), der uns aus der bösen Zeit unter dem Teufel (5) erlösen (17) will.

Die Zusammenfassung der Titelseiten zur Partitur und zum Stimmumschlag und schließlich aller Titelseiten der beiden Kantaten ist als Gleichnis zu verstehen: In unserem Herzeleid können wir uns dem Heiland zuwenden, der unsere Not auf sich genommen hat. Zunächst ergaben sich überall Gesamtzahlen mit dem Faktor 43, der Symbolzahl für den Glauben. Jetzt müssen die Zeichen des Heils beachtet werden: das *perge*-Zeichen und der Ehrentitel *Signor* auf der Titelseite des Stimmumschlags zur Kantate BWV 58.

BWV 3, beide Titelseiten	5763 = 3 x 17 x 113
BWV 58, beide Titelseiten	4165 = 7 x 17 x 35
BWV 3 und 58, alle Titelseiten	9928 = 8 x 17 x 73

Die Zahlen der Titelseiten zur Kantate BWV 3 besagen: Gott (3), der uns die Erlösung (17) schenkt, soll nach den Worten des prophetischen Psalms 113 gepriesen werden vom Aufgang der Sonne bis zu ihrem Niedergang; das bedeutet in diesem Zusammenhang: vom Beginn des Erdenweges Jesu bis zur Vollendung in der Ewigkeit.

BWV 3, 4 Mein Jesus wird mein Schatz und Reichtum sein.

Zur Kantate BWV 58 erscheinen die Symbole des Leidens Jesu (prophetischer Psalm 35) und der Erlösung und Seligkeit (17 und 7 als Zahl der Totalität).

BWV 58, 5 Zu dir ins Himmels Paradeis,
da ist mein rechtes Vaterland,
daran hast du dein Blut gewandt.

Die Zusammenfassung aller Titelseiten führt zum Symbol für das Ziel unseres Glaubens, die ewige (8) Seligkeit (17), darauf kann das HERTZ (73) in Geduld vertrauen.

BWV 58, 5 Nur getrost, getrost, ihr Herzen,
hier ist Angst, dort Herrlichkeit!

BWV 61 und 62 Nun komm, der Heiden Heiland (Facsimile S. 70 und 79)

Bach selber hat das Titelblatt der ersten dieser beiden Kantaten zum 1. Adventssonntag geschrieben. Die Gesamtzahl der Vorderseite beträgt 3266 = 2 x 23 x 71, sie ist Symbol für den Sohn (2), der als WORT (71), das Fleisch wurde (Joh. 1, 14), in der KRIPPE (71) lag:

BWV 61, 1 Nun komm', der Heiden Heiland,
der Jungfrauen Kind erkannt.
2 Der Heiland ist gekommen,
hat unser armes Fleisch und Blut
an sich genommen.

Als guter Hirte (23) sorgt er für die Seinen:

BWV 61, 2 Was tust du nicht
noch täglich für die Deinen?

Durch den zu einer *2* gestalteten u-Bogen über dem Wort *Nun* macht Bach deutlich, daß Gottes Sohn (2) jetzt schon – *nun* – gegenwärtig ist. Die Gesamtzahl erhöht sich dadurch auf 3268 = 4 x 19 x 43: Auf Erden (4) will Jesus seinen Thron (19) errichten in jedem, der sich ihm im Glauben (43) öffnet. Davon singt der Sopran in seiner Arie:

BWV 61, 5 Öffne dich, mein ganzes Herze,
Jesus kömmt und ziehet ein.
Bin ich gleich nur Staub und Erde,
will er mich doch nicht verschmähn,...
daß ich seine Wohnung werde.

Der Gedanke, daß Jesus im Herzen seinen Thron errichten will, wie er hier im Zahlensymbol erscheint, wird später im Weihnachtsoratorium auch im Text ausgesprochen:

BWV 248, 52 Ein Herz, das seine Herrschaft liebet,
und sich ihm ganz zu eigen gibet.
ist meines Jesu Thron.

Am Ende des Wortes *komm'* steht ein Apostroph. Wie in der Kantate „Ich hab' in Gottes Herz und Sinn" (BWV 92, S. 95) würde die Ergänzung eines ausgefallenen e das Versmaß der Liedstrophe stören, sie ist bei der Befehlsform *komm* auch nicht üblich. Zudem kämen die genau auf die Aussage der Kantate abgestimmten Symbolzahlen nicht zustande, sondern nur Zahlen, die keine symbolische Deutung zulassen.

Darum muß auch dieser Apostroph als ein Zeichen für die störende Macht des Teufels angesehen werden, zumal das e dessen Symbolzahl 5 hinzufügen würde. Er möchte verhindern, daß das kleine Kind als Gottes Sohn erkannt wird:

BWV 61, 1 Des sich wunder alle Welt,
Gott solch Geburt ihm bestellt.

Auf die Rückseite des Titelblattes hat Bach die Ordnung des Leipziger Gottesdienstes am 1. Adventssonntag geschrieben.

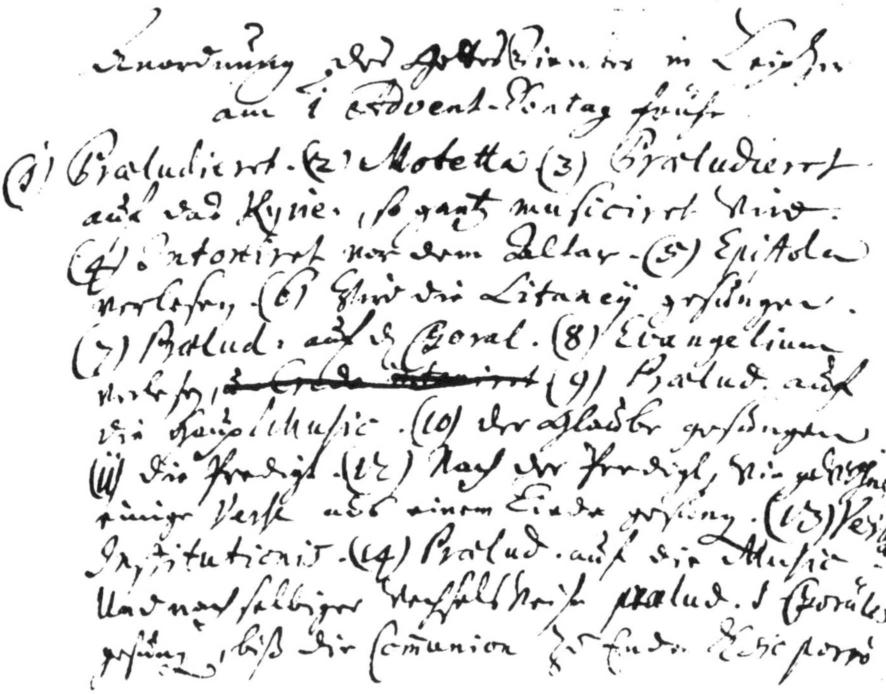
Anordnung des Gottesdienstes in Leipzig am 1. Advent-Sontag frühe
(1) Praeludieret. (2) Motetta. (3) Praeludieret auf das Kyrie, so gantz musiciret wird. (4) Intoniret vor dem Altar. (5) Epistola verlesen. (6) Wird die Litaney gesungen. (7) Praelud. auf den Choral. (8) Evangelium verlesen, ~~[illegible]~~ (9) Praelud. auf die Haupt Music. (10) der Glaube gesungen. (11) Die Predigt. (12) Nach der Predigt, wie gewöhnlich einige Verse aus einem Liede gesungen. (13) Verba Institutionis. (14) Praelud. auf die Music. Und nach selbiger wechselweise praelud. u. Choräle gesungen, biß die Comunion zu Ende. & sic porrò.

Alfred Dürr vermutet: „Es wird sich...dabei wohl um eine äußerliche Hervorhebung des Beginns eines neuen Kirchenjahres handeln“[67]. Das trifft sicher zu, reicht aber zur Erklärung dieser Eintragung und der fast gleichlautenden auf der Rückseite des Titelblattes der gleichnamigen Kantate BWV 62 nicht aus. Bach schließt sich dabei dem Text der Kantate an, der am Beginn des neuen Kirchenjahres nicht nur für die Kirche den Segen Gottes erbittet, sondern ausdrücklich auch für den Gottesdienst:

BWV 61, 3 Komm, Jesu, komm zu deiner Kirche
und gib ein selig neues Jahr!
Befördre deines Namens Ehre,
erhalte die gesunde Lehre
und segne Kanzel und Altar!

Die Ordnung legt besonderen Wert auf die musikalischen Teile des Gottesdienstes, andere werden nur gestreift – so Nr. *(4)* – oder gar nicht erwähnt, etwa der Ablauf der Abendmahlsfeier mit Sanctus, Vaterunser und Agnus Dei. Sehr knapp wird der Schluß des Gottesdienstes mit der Bemerkung *et sic porró,* und so weiter, abgetan. Bach erreicht damit eine Gliederung in 14 Abschnitte entsprechend der Zahl seines Namens. Daß die einzelnen Teile auch nach zahlenalphabetischen Gesichtspunkten abgefaßt sind, kann erst später gezeigt werden.

67 Alfred Dürr, Die Kantaten von Johann Sebastian Bach, Kassel 1971, S. 96.

Die Angabe *u Credo intoniret* hat Bach nachträglich gestrichen, da der merkwürdige Leipziger Brauch, das lateinische Credo zwar anzustimmen, aber nicht fortzuführen, am 1. Advent entfiel. Uns soll hier die Frage beschäftigen, ob Bach mit dieser Streichung inmitten dieser als Sinnbild eingetragenen Ordnung auch eine symbolische Absicht verknüpft haben könnte. Diese Vermutung liegt nahe; denn sonst hätte er in der zweiten Gottesdienstordnung zum 1. Advent auf der Rückseite des Titelblattes der Kantate BWV 62 nicht noch einmal dasselbe getan, zuerst die Angabe eingetragen und dann gestrichen!

Als lateinisches Stück weist das Credo hin auf das Reich Gottes. Am ersten Adventssonntag aber wird das Kommen Jesu angekündigt, der sein Reich verlassen hat. Die Zahlen bestätigen diese Deutung. Wenn man wie bei anderen gestrichenen Worten auf Bachs Titelseiten deren Summe negativ berechnet, beträgt die Gesamtzahl der *Anordnung* 5022 = 2 x 3 x 3 x 29 als Sinnbild für das Lob (29 = SDG) Gottes (3 als Potenz) und seines Sohnes (2). Dies ist Sinn und Inhalt jeden Gottesdienstes.

Dann müssen zusätzliche Zahlen beachtet werden. In der *Anordnung* auf der Rückseite ist der Schnörkel im *D* des Wortes *Dienstes* als 2 zu lesen, auch können wohl die u-Bögen über *auf* und *Haupt* in *(9)* als 2, über *auf* in *(3)* und *(14)*, über *u.* in *(8)*, sowie der Schnörkel am Beginn des Wortes *wird* in *(6)* als 3 betrachtet werden. Nun ergibt sich die Summe 5040 = 45 x 112, Symbol für CHRISTUS (112), den Bräutigam (nach Ps. 45).

Für die Zusammenfassung beider Seiten ist noch etwas zu beachten: In der unteren rechten Ecke der Titelseite ist winzig klein der Umfang der Handschrift angegeben: *3 B.* Ergänzt man das abgekürzte Wort *Bogen*, so ergeben sich folgende Gesamtzahlen: für die Titelseite 3312 = 23 x 144, für beide Seiten 8352 = 2 x 29 x 144, oder mit den gestrichenen Worten 8748 = 3 x 3 x 3 x 3 x 3 x 3 x 12. Dem Ganzen des Werkes entsprechen diese Symbolzahlen für den umfassenden, *vollen Segen*, wie es im Rezitativ Nr. 2 heißt, den der Gottessohn (2) und gute Hirte (23) durch sein Kommen mitbringt: In der ewigen Stadt (12) des großen Gottes (3 in hoher Potenz) werden die Erlösten (24, 144) in den großen Lobgesang (29 = SDG) einstimmen.

Die Titelseite der anderen Kantate über das Hauptlied des 1. Adventssonntags (BWV 62) hat Johann Andreas Kuhnau geschrieben, sie trägt folgende Inschrift:

Dom: 1 Advent: Christ(i)
Nun kom der Heÿden Heÿland
â
4 Voc:
2 Hautbois
2 Violini
Viola
con
Continuo

di Signor
J S Bach

Der hier eingeklammerte Buchstabe *i* paßte nicht mehr auf die Seite oder ist vielleicht abgeschnitten worden. So kann das verkürzte Wort Sinnbild sein für die kleine, geringe Gestalt Jesu, in der Gott nicht zu erkennen ist. Das könnte in seiner Zahl symbolisch zum Ausdruck kommen: Dem Namen fehlt der Buchstabe mit der Alphabetzahl 9 = 3 x 3 als Symbol für Gottes Macht (3 als Potenz). Ohne den fehlenden Buchstaben ergibt sich kein Produkt symbolischer Zahlen. Mit der Ergänzung zum Wort *Christi* ist die Summe 1162 = 14 x 83 Symbol für die Botschaft des Advents: Der IMMANUEL (83), der „Gott mit uns“, kommt zu den Menschen, zu BACH (14). Das bedeutet: Nur wenn wir Christus in seiner göttlichen Macht anerkennen, erfahren wir das Heil in seiner Geburt:

BWV 62, 3 Der Held aus Juda bricht herein,
den Weg mit Freudigkeit zu laufen
und uns Gefallne zu erkaufen.

Mit der lateinischen Bezeichnung der Stimmen *Vocibus* beträgt die Summe 1202 = 2 x 601 als Hinweis auf den Gottessohn (2), mit dessen Kommen das Jahr des Heils anbricht. Wie Noah im 601. Jahre aus der dunklen Arche wieder an das Licht kommen konnte, so bricht für uns der helle Glanz an:

BWV 62, 5 Die Dunkelheit verstört uns nicht,
und sehen dein unendlich Licht.

Auf die Rückseite hat Bach wieder die Ordnung des Gottesdienstes geschrieben:

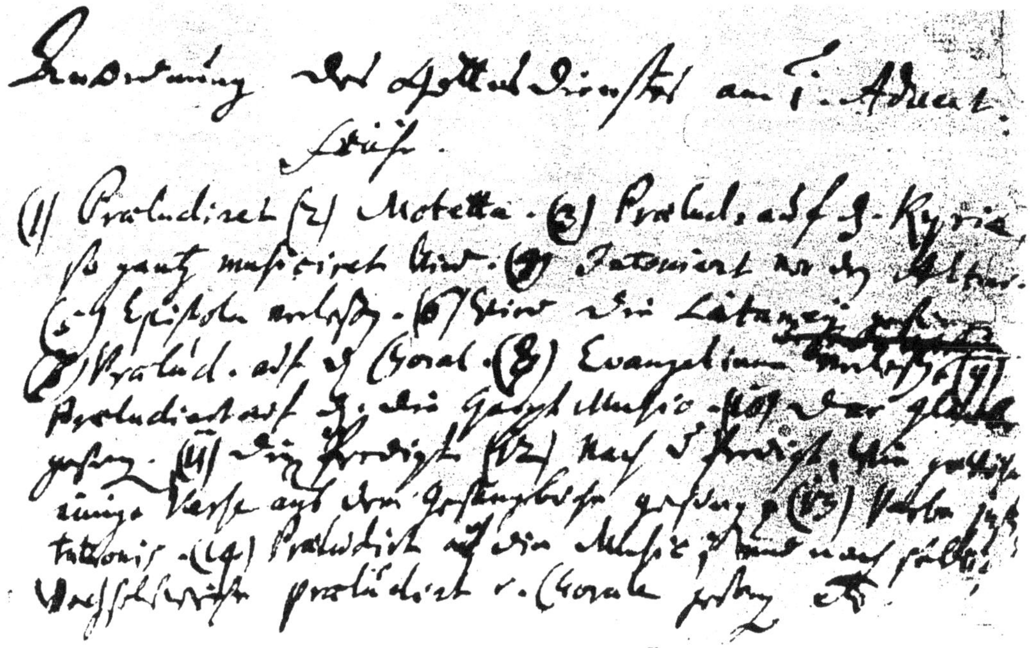

Inhaltlich gleicht diese Eintragung der *Anordnung* auf dem Titelblatt der Kantate BWV 61, doch gibt es eine Reihe von Abweichungen. So heißt es unter *(12)* nicht *aus einem Liede,* sondern *aus dem Gesangbuche,* und der Schluß ist wesentlich kürzer gefaßt. Unter *(9)* ist ein fälschlich eingetragenes *ds. (= das)* unkorrigiert stehen geblieben. Vor allem sind einige Worte anders geschrieben als in der früheren *Anordnung*: unter *(1) Praeludiret, (4) Intoniert, (5)* und wohl auch *(8) verleßen, (14) Chorale* und zweimal *Praeludirt.* Schließlich sind die Zahlen *(4), (7)* und *(8)* über *(3), (6)* und *(7)* geschrieben, was noch gut zu erkennen ist.

Alle Fehler und Abweichungen können als Sinnbild verstanden werden für Schuld und Verfehlungen, die auch die Kirche und ihren Gottesdienst belasten. Die Wendung *aus dem Gesangbuche* ist ein bemerkenswerter Hinweis: Hier auf Erden geschieht nur, was kirchenamtlich angeordnet ist! Doch der Gottessohn ist herabgekommen in diese Welt und die Kirche in ihrer schwachen Gestalt. Dafür sind die drei falschen Zahlen Symbol; als Zahlen sind sie Zeichen für das Reich Gottes, durch ihre Summe 16 = 4 x 4 symbolisieren sie die Erde (4), auf der mit dem Kommen Jesu das Reich Gottes angebrochen ist; als fehlerhafte Zeichen weisen sie auf die Schuld der Welt hin, den Anlaß für Jesu Menschwerdung.

Die geänderten Zahlen stellen die ursprüngliche Ordnung wieder her, ihre Summe 19 als Zahl des Thrones Gottes ist Symbol, daß Gottesdienst und Kirche wieder unter die Herrschaft Gottes gestellt werden, ja, daß sie einst in die Herrlichkeit vor dem Thron Gottes eingehen werden. In seinen Symbolen gibt Bach die Gedanken des Kantatentextes wieder:

BWV 62, 4 Streite, siege, starker Held!
Sei vor uns im Fleische kräftig!
Sei geschäftig,
das Vermögen in uns Schwachen
stark zu machen!
5 Wir ehren diese Herrlichkeit...
Die Dunkelheit verstört uns nicht
und sehen dein unendlich Licht.

Um die Symbolzahlen der fehlerhaften Gestalt dieser *Anordnung* zu erkennen, muß man die gestrichenen Worte negativ berechnen, die falschen Zahlen einbeziehen und auf die Ergänzung der Abkürzungen verzichten. Dann beträgt die Summe dieser Seite 4355 = 5 x 13 x 67 = 65 x 67. Das ist ein erschreckendes

Symbol für die Folgen des falschen Gottesdienstes: Die Kirche wird zum TEMPEL (67) der SÜNDE (65), in dem Tod (13) und Teufel (5) regieren. Davor warnen schon die Propheten (Amos 5, 21-23), und Jesus sagt, als er die Wechsler und Händler aus dem Tempel treibt:

Matth. 21, 13 Mein Haus soll ein Bethaus heißen, ihr aber habt eine Mördergrube daraus gemacht.

Nur Jesus, der sich selbst in den Tod gibt, kann uns aus dieser Not befreien. Verbinden wir darum die Titelseite in ihrer unfertigen Form, ohne den fehlenden Buchstaben des Wortes *Christ(i)*, mit der gleichfalls fehlerhaften *Anordnung des Gottesdienstes*, dann beträgt die Summe 5508 = 3 x 3 x 3 x 12 x 17 als Symbol der Erlösung (17) durch Christus (12) in der Herrlichkeit Gottes (3 als Potenz).

Die Beziehung zwischen den beiden Eintragungen auf den Rückseiten muß noch genauer untersucht werden. Fassen wir beide zusammen, so lassen sich für die einzelnen Abschnitte gemeinsame Zahlensymbole feststellen, die dem jeweiligen Teil des Gottesdienstes entsprechen. In der folgenden Aufstellung werden nur die Formulierungen der ersten *Anordnung* genannt, wesentliche Abweichungen der zweiten erscheinen in Klammern. Die Abkürzung *Praelud.* wird jetzt stets in der vollständigen Fassung *Praeludieret* berechnet.

Anordnung des Gottesdienstes in Leipzig am 1. Advent-Sontag frühe: 1053 = 3 x 3 x 117. Durch das Kommen des Heilands will Gott (3) die Heiden, wie es der prophetische Psalm 117 und auch der Titel der Kantate sagt, in sein Reich rufen.

(1) Praeludieret: 253 = 11 x 23. Der gute Hirte (23) trägt unsere Schuld (11). Das Vorspiel steht an der Stelle des Sündenbekenntnisses, das nach altkirchlichem Brauch dem Gottesdienst voranging.

(2) Motetta: 182 = 13 x 14, Symbol für BACH (14), den Menschen, in der Angst vor dem Sterben (13). Die Motette des Chores war eine Vertonung des Introituspsalmes am 1. Advent:

Ps, 25, 1–2 Nach dir, Herr, verlangt mich. Mein Gott, ich hoffe auf dich, laß mich nicht zu Schanden werden!

(3) Praeludieret auf das Kyrie, so gantz musiciret wird: 1008 = 3 x 112 x 3, Symbol für den Kyrie-Ruf, in dem Gott (3), dann CHRISTUS (112) und wieder der Herr (3) angerufen wird.

(4) Intoniret vor dem Altar: 686 = 14 x 49. Mit der Gloria-Intonation, der Bach einen eigenen Abschnitt widmet, obwohl sie doch in den Abschnitt *(3)* gehört, in das *Kyrie, so gantz musiciret wird* und damit auch das Gloria umfaßt[68], tritt der Liturg zum ersten Mal vor den ALTAR (49); ein Mensch wie BACH (14) wird gewürdigt, diesen priesterlichen Dienst zu tun. Berücksichtigt man auch die fehlerhafte *(3)*, so ist die Summe 689 = 13 x 53 Symbol für den SOHN (53), der durch seinen Tod (13) die Schuld der Menschen gebüßt und sie zu seinen Priestern gemacht hat. Auf den Ursprung des Priesteramtes weist der große Lobgesang hin, den die Ältesten vor dem Thron Gottes in der Ewigkeit dem Lamm darbringen:

Offb. 5 , 9–10 Du bist erwürget und hast uns Gott erkauft...und uns unserm Gott zu Priestern und Königen gemacht.

Das Lamm Gottes wird auch im Gloria angebetet, das der Priester vor dem Altar intoniert, und so ist die Einbeziehung der fehlerhaften Zahl als Hinweis auf die Sünde, die das Lamm trägt, eine wichtige Interpretation dieses liturgischen Stückes.

(5) Epistola verlesen: 406 = 14 x 29. Beide Faktoren sind Symbolzahlen für die Person Bachs, 14 für den irdischen, leiblichen Menschen, 29 für den, der für Gott gewonnen wurde und im Kreis der Seligen am großen Lobgesang teilnehmen darf (29 = SDG = JSB). Das Nebeneinander beider Symbole entspricht den Worten der Epistel am 1. Adventssonntag:

Röm. 13, 12 Lasset uns ablegen die Werke der Finsternis und anlegen die Waffen des Lichts!

(6) Wird die Litaneӱ gesungen: 498 = 2 x 3 x 83. Das große Bittgebet der Litanei war in den Leipziger Gottesdiensten ein Kennzeichen der Adventszeit[69], und so setzt Bach hier Symbolzahlen ein, die den Sohn (2) Gottes (3) als IMMANUEL (83) preisen, den „Gott mit uns“, wie ihn der Engel nennt, der sein Kommen dem Joseph ankündigt (Matth. 1, 23). Auch die Litanei spricht davon: Durch deine heilige Geburt – erhör uns, lieber Herre Gott!

68 Günther Stiller, Johann Sebastian Bach und das Leipziger gottesdienstliche Leben seiner Zeit, Berlin 1970, S. 77.

69 a. a. O., S. 50.

(7) Praeludieret auf den Choral: 476 = 2 x 14 x 17. Das Graduallied des Sonntags, das an dieser Stelle gesungen wird, ist im Titel beider Kantaten genannt. Es singt von der Menschwerdung (14 = BACH) des Gottessohnes (2) und unserer Erlösung (17):

> Die Krippen glänzt hell und klar...
> Der Glaub bleibt immer im Schein.

Beachtet man aber die Abweichungen der zweiten *Anordnung,* die falsche Zahl *(6)* und ergänzt die Abkürzungen zur kürzeren Fassung, wie sie auf dieser Seite gebraucht wird: *Praeludiret,* so ist die Summe 472 = 4 x 118 Symbol für den Stein, den die Bauleute auf Erden (4) verworfen haben, der zum Eckstein des heiligen Tempels geworden ist. Dieser Gedanke aus dem prophetischen Psalm 118 entspricht der Darstellung der Liedstrophe:

> Sein Lauf kam vom Vater her
> und kehrt wieder zum Vater,
> Fuhr hinunter zu der Höll'
> und wieder zu Gottes Stuhl.

(8) Evangelium verlesen ~~und Credo intoniret~~. Wenn man die gestrichenen Worte negativ berechnet, ergibt die Summe 38 = 2 x 19 ein Symbol für den Gottessohn (2) auf seinem Thron (19), addiert man noch die falsche *(7),* dann ist die Zahl des prophetischen Psalms 45 ein Hinweis auf den König, der für die Seinen eintritt. Im Evangelium vom Einzug Jesu in Jerusalem (Matth. 21, 1.9) wird er als irdischer König begrüßt, sein Himmelreich – durch das lateinische *Credo* symbolisiert – hat er verlassen. Setzt man aber die gestrichenen Worte positiv ein, so ergibt sich als Summe 830 = 10 x 83: Der hier einzieht, ist in Wirklichkeit der IMMANUEL (83), „Gott mit uns" in seiner Herrlichkeit (Multiplikation mit 10).

(9) Praeludiret auf (das) die Haupt Music: 632 = 4 x 158: Die Zahlen für JOHANN SEBASTIAN BACH (158) und die Erde (4) bezeichnen die Hauptmusik, die Kantate, als ein irdisches Werk, für das Bach persönlich verantwortlich ist, auch für die Fehler, die darin vorkommen und durch das falsche *das* symbolisiert werden. Würde man dieses Wort herausnehmen, dann ergäbe sich als Summe für diesen Abschnitt 609 = 3 x 7 x 29: Gott (3) macht durch seinen Geist (7) die Musik Bachs (29 = JSB) zum Lobgesang Soli Deo Gloria (29 = SDG). Es ist derselbe Gedanke, den Bach in seine Bibel eingetragen hat (s. S. 20).

(10) Der Glaube gesungen: 340 = 2 x 10 x 17. Das Glaubensbekenntnis in der Form des Lutherliedes, wie es in Leipzig üblich war, schließt:

> Nach diesem Elend ist bereit
> uns ein Leben in Ewigkeit.

Dafür sind die Zahlen der ewigen Erlösung (17 x 10) durch den Gottessohn (2) Symbol.

(11) Die Predigt: 210 = 3 x 70 = 10 x 21. Nach den Worten des Apostels Paulus ist es die Aufgabe des Predigers, JESUS (70) Christus, den Gekreuzigten (21 als Umkehrung der Christuszahl 12) zu verkündigen (1. Kor. 1, 23).

(12) Nach der Predigt, wie gewöhnlich, einige Verse aus einem Liede (aus dem Gesangbuche) gesungen: 1224 = 3 x 17 x 24. Das Lied nach der Predigt ist die Antwort der Gemeinde auf die Botschaft von der Erlösung (17), die sie einst zum Lobgesang der 24 Ältesten vor Gott (3) in der Ewigkeit führen wird.

(13) Verba Institutionis: 494 = 2 x 13 x 19. Paulus überliefert die Einsetzungsworte des heiligen Abendmahls im 1. Korintherbrief und fährt dann fort:

> 1. Kor. 11, 26 Denn so oft ihr von diesem Brot esset und von diesem Kelch trinket, sollt ihr des Herrn Tod verkündigen, bis daß er kommt.

Christus selbst sagt nach der Einsetzung des Abendmahls:

> Matth. 26, 29 Ich werde von nun an nicht mehr von diesem Gewächs des Weinstocks trinken, bis daß ichs neu trinken werde mit euch in meines Vaters Reich.

Bachs Symbole schließen sich an diese Worte an mit den Zahlen für den Tod (13) des Gottessohns (2) und den Thron (19) des Herrn in der Ewigkeit.

(14) Praeludieret auf die Music. Und nach selbiger wechselsweise praeludieret und Choräle gesungen, biß die Com(m)union zu Ende et sic porrò (etcetera): 2130 = 3 x 10 x 71. Die Summe für das WORT (71) faßt als Symbol zusammen, was die Gemeinde im Abendmahl erfahren hat, die Gegenwart ihres Herrn, so wie es in der katholischen Messe das Schlußevangelium nach der Eucharistie sagt:

Joh. 1, 1 Im Anfang war das Wort (71), und das Wort war bei Gott (3).
14 Und das Wort ward Fleisch und wohnte unter uns, und wir sahen seine Herrlichkeit (Multiplikation mit 10).

Die Gedanken, die Bach bei der Gestaltung dieses Abschnitts bewegt haben, gehen noch weiter und tiefer. Zu beachten ist der merkwürdige Akzent auf dem Wort *porrò.* Die lateinische Sprache kennt solche Akzente nicht, könnte er nicht, wie so oft auf Bachs Titelseiten, ein Hinweis auf eine ausstehende Ergänzung sein?

Ursprünglich stammt das Wort aus dem Griechischen, dort steht der Akzent allerdings auf der ersten Silbe. Im Neuen Testament gibt es aber das erweiterte Wort πορρώτερον [porróteron], weiter, fernerhin. Es erscheint nur ein einziges Mal im Neuen Testament, in der Erzählung von den beiden Jüngern, denen Jesus nach seiner Auferstehung auf dem Weg nach Emmaus begegnet, ohne daß sie ihn erkennen. In Emmaus stellt sich Jesus, als wollte er weiter – πορρώτερον – gehen (Luk. 24, 28). Heinrich Müller, dessen Predigtbände in Bachs Bibliothek standen, erläutert diese Stelle so: „Auch wolt er hiemit zu verstehen geben / daß er nicht bey ihnen auf Erden bleiben / sondern noch fern in das Himmel-Land ziehen / und da sein Reich einnehmen wolle“[70]. In dieser Erzählung ereignet sich, was in der Kantate BWV 61 als ein Wort Jesu nach einem Vers aus der Offenbarung als Baß-Rezitativ erklingt:

BWV 61, 4 So jemand meine Stimme hören wird und die Tür auftun, zu dem werde ich eingehen und das Abendmahl mit ihm halten und er mit mir (Offb. 3, 20).

Die beiden Jünger bitten Jesus, bei ihnen zu bleiben; er geht mit ihnen hinein in das Haus, hält das Mahl und bricht das Brot. Doch als sie ihn darüber erkennen, verschwindet er vor ihren Augen.

In diesem Sinn muß wohl der kleine Akzent am Schluß der ersten *Anordnung* gedeutet werden; folgt er doch unmittelbar, nachdem die *Com(m)union zu Ende* ist, in der die Gemeinde Jesu Gegenwart erfahren hat. Wir können darum die fehlende griechische Ergänzung –τερον [–teron] mitrechnen. Dabei muß hier die Zählung nach dem griechischen Alphabet beachtet werden. Wie auf dem Titelblatt der Johannisfestkantate „Freue dich, erlöste Schar“ (BWV 30, s. S. 222) bedeutet der Übergang von der lateinischen in die griechische Sprache, daß uns Jesus begegnet, der Gottessohn des Neuen Testaments, wie es der Schlußchoral der Kantate erbittet:

BWV 61, 6 Amen, amen!
Komm, du schöne
Freudenkrone,
bleib nicht lange!
Deiner wart ich mit Verlangen.

Die Summe der griechischen Ergänzung beträgt genau 70 = JESUS, dadurch erreicht der letzte Abschnitt die Gesamtzahl 2200 = 2 x 10 x 110, ein eindrucksvolles Symbol der Verherrlichung des Gottessohnes (2 x 10), der in seinem Reich zur Rechten des Vaters sitzen wird (nach dem prophetischen Psalm 110).

Durch die Eintragungen auf den Rückseiten der Titelblätter sind die beiden Adventskantaten BWV 61 und 62 eng miteinander verknüpft. Besingt die erste in seliger Freude das Kommen Jesu zu seiner Kirche und der gläubigen Seele, so macht die zweite deutlich, daß selbst die Gemeinde der Gläubigen samt ihrem Gottesdienst in Schuld verstrickt ist. Daraus kann sie nur Jesus durch sein Leiden und Sterben erlösen.

Bevor wir nun daran gehen können, Gesamtzahlen für die Verbindung der Titelblätter untereinander zu berechnen, muß noch die Titelseite des Stimmumschlags für die Kantate BWV 62 berücksichtigt werden, die ein unbekannter Schreiber angefertigt hat, während für die erste Kantate BWV 61 kein Stimmumschlag existiert. Sie trägt folgende Aufschrift:

70 Heinrich Müller, Evangelische Schlußkette, Frankfurt am Main, 3. Aufl. 1701, S. 1144.

Dom. 1. Advent. Christi
Nun kom(m) der Heÿden Heyland
a
4 Voc
2 Hautbois
2 Violini
Viola
e
Continuo

d. Sigl. Joh. Seb. Bach

Auf dieser Titelseite trägt das *ÿ* im Wort *Heÿden* zwei Striche, im folgenden *Heyland* aber nicht. Das ist ein deutlicher Hinweis, daß hier eine symbolische Gestaltung beabsichtigt ist, die sich auf die zahlensymbolische Summe auswirkt. Diese beträgt 1147 = 31 x 37: Der Heiland, der sich erniedrigt hat (37 als Umkehrung), bringt das Leben (31 als Umkehrung), das „unendliche Licht", wie es in der Kantate gesagt wird.

Für eine Verbindung der Summen aller Titelblätter müßten auch die zusätzlichen Zahlen berücksichtigt werden, die Bach auf der Titelseite der Kantate BWV 61 und in beiden *Anordnungen* an Buchstaben angebracht hat. In der zweiten *Anordnung* ist bezeichnend, daß im *D* des Wortes *Dienstes* kein Zahlensymbol erscheint. Die erste Ordnung symbolisiert den vollkommenen Gottesdienst, wie er im Namen Gottes durchgeführt wird. Ob auch der Gottesdienst der anderen, fehlerhaften Ordnung in seinem Namen geschieht, ist fraglich!

Im Übrigen bleiben besonders in dieser *Anordnung* manche Stellen unklar, so daß eine Gesamtzahl aller Titelblätter der beiden Kantaten nicht mit Sicherheit festzustellen ist. Immerhin mag eine Zahl genannt werden, die erreicht wird, wenn man alle möglichen Ergänzungen vornimmt, auch *πορρωτερον* und *Vocibus*, und in der zweiten *Anordnung* zusätzliche Ziffern mit der Summe 6 berechnet. Dann ist die – vermutete – Gesamtzahl 16227 = 3 x 3 x 3 x 601 Symbol für den mächtigen Gott (3 in dritter Potenz), der uns aus der Flut der Sünde erlöst wie einst den Noah.

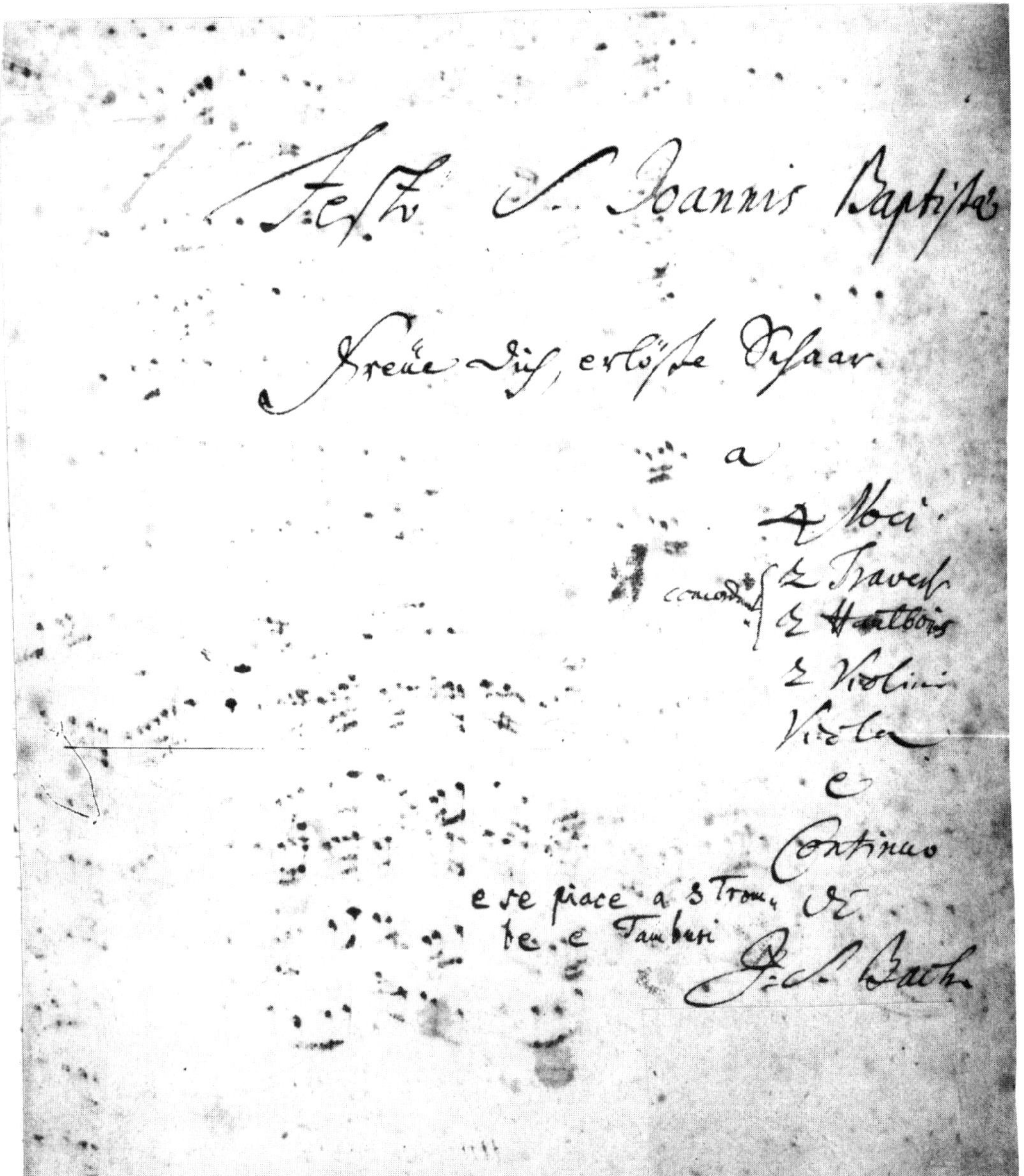

Titelseite der Partitur der Kantate BWV 30

BWV 30 Freue dich, erlöste Schar

Ein bemerkenswertes Zeichen der Titelseite zum Fest Johannis des Täufers ist die Umwandlung der letzten Buchstaben des Wortes *Baptistae* (des Täufers). An die Stelle des e hat Bach einen weiten Bogen gesetzt, der durch starken Federstrich noch hervorgehoben wird. Offenbar hat er dabei das Bild eines Taufbeckens vor Augen gehabt. Als *ae* kann man die beiden letzten Buchstaben nicht mehr lesen, wohl aber als Genitivendung *-ου* des ursprünglich griechischen Wortes βαπτιστοῦ [baptistû], des Täufers. Der Zirkumflex darüber ist zur Zahl *9* geworden. Bach hat das Schlangenzeichen des Teufels zur Zahl des dreieinigen Gottes (9 = 3 x 3) umgewandelt und weist damit auf die Feier des Sakramentes hin, das mit der Absage an den Teufel beginnt und zur Taufe im Namen des dreieinigen Gottes führt. Das Wissen darum, das wir getaufte Christen sind, steht hinter den Aussagen der Kantate:

BWV 30, 7 So hast du denn, mein Heil, bedacht,
den Bund, den du gemacht
mit unsern Vätern, treu zu halten.

Daß Bach dem Titel des Täufers ein Symbol in der Sprache des Neuen Testaments gegeben hat, soll wohl daran erinnern, daß die Taufe auf den Befehl Jesu zurückgeht.

Bach bekennt sich zu seinem Taufbund, indem er dem *J* seines Vornamens ein schräges Kreuz hinzufügt. Mit diesem Zeichen – Symbol des Namens (als griechischer Buchstabe Chi) und des Kreuzes Christi – empfing er in der Taufe seinen Namen und den heiligen Geist:

BWV 30, 9 Solang ein Tag den andern folgen läßt,
so lange will ich steif und fest,
mein Gott, durch deinen Geist
dir ganz und gar zu Ehren leben.
Dich soll sowohl mein Herz und Mund
nach dem mit dir gemachten Bund
mit wohl verdientem Lob erheben.

Die Noten, die hier wie auf keinem anderen Titelblatt in reicher Fülle im freien Raum schweben, haben sich wohl von einem anderen, noch tintenfeuchten Notenblatt abgedrückt. Sie dürften aber ein bewußt von Bach gesetztes Zeichen sein für den Heiligen Geist, der zum Lobgesang führt. Ein ähnliches Zeichen ist uns schon begegnet, und zwar auf der Titelseite der Kantate „Es ist euch gut, daß ich hingehe" (BWV 108, s. S. 154).

Die Summe aus den von Bach selbst auf diese Titelseite geschriebenen Zahlen und Buchstaben – noch ohne die *9* als besonderes Zeichen – beträgt 1264 = 8 x 158: JOHANN SEBASTIAN BACH (158) gehört nun zur „erlösten Schar", ihm ist das Leben in der Ewigkeit (8) zugesagt, wie es bereits der Eingangschor besingt:

BWV 30, 1 Freue dich, erlöste Schar,
freue dich in Sions Hütten!

Mit der Zahl Gottes über dem Bild des Taufbeckens sind es 1273 = 19 x 67, Symbol für die Hütten Sions als Zahl des Thrones (19) Gottes in seinem heiligen TEMPEL (67).

Carl Philipp Emanuel hat dann zusätzliche Angaben auf das Titelblatt geschrieben: *concordant* mit einer Klammer neben die Bezeichnungen der Flöten und Oboen, dann am Ende der Besetzungsangaben: *e se piace a 3 Trombe e Tamburi.* Ohne Zweifel hat er das auf Geheiß seines Vaters getan; denn eine Bemerkung wie *concordant* – sie stimmen überein – hätte er kaum von sich aus auf eine Titelseite geschrieben, zumal sie in dieser Kantate gar nicht überall zutrifft! Auch die klare Form der Handschrift, die noch nicht die Spuren seiner späteren Gichterkrankung zeigt, beweist, daß er den Zusatz noch in seinen jungen Jahren geschrieben haben muß.

Die Besetzung mit Trompeten und Pauken *e se piace* – wenn es beliebt – wirft neue Fragen auf. In der Partitur ist sie nicht vorgesehen, wohl aber in der Urfassung, der Huldigungskantate für Johann Christian von Hennicke: „Angenehmes Wiederau" (BWV 30a). Die Stimmen dieser Kantate für Streicher, Flöten und Oboen hat Bach für die Johannisfestkantate wiederverwandt, Trompeten- und Paukenstimmen aber sind nicht erhalten. Nun hat Carl Philipp Emanuel nach dem Tod des Vaters Partitur und Stimmen der Johannisfestkantate geerbt, nicht aber die Partitur der Huldigungskantate; denn diese ist in seinem

Nachlaßverzeichnis nicht enthalten. Von der Besetzung mit drei Trompeten und Pauken kann er daher nur in seiner Leipziger Zeit durch den Vergleich mit der Urfassung BWV 30a etwas erfahren haben.

Unter den Stimmen befinden sich nur diejenigen für 2 Trompeten und Pauken – eine gegenüber der Urfassung BWV 30a sehr vereinfachte Fassung – , die sein Bruder Wilhelm Friedemann geschrieben und wohl auch komponiert hat.

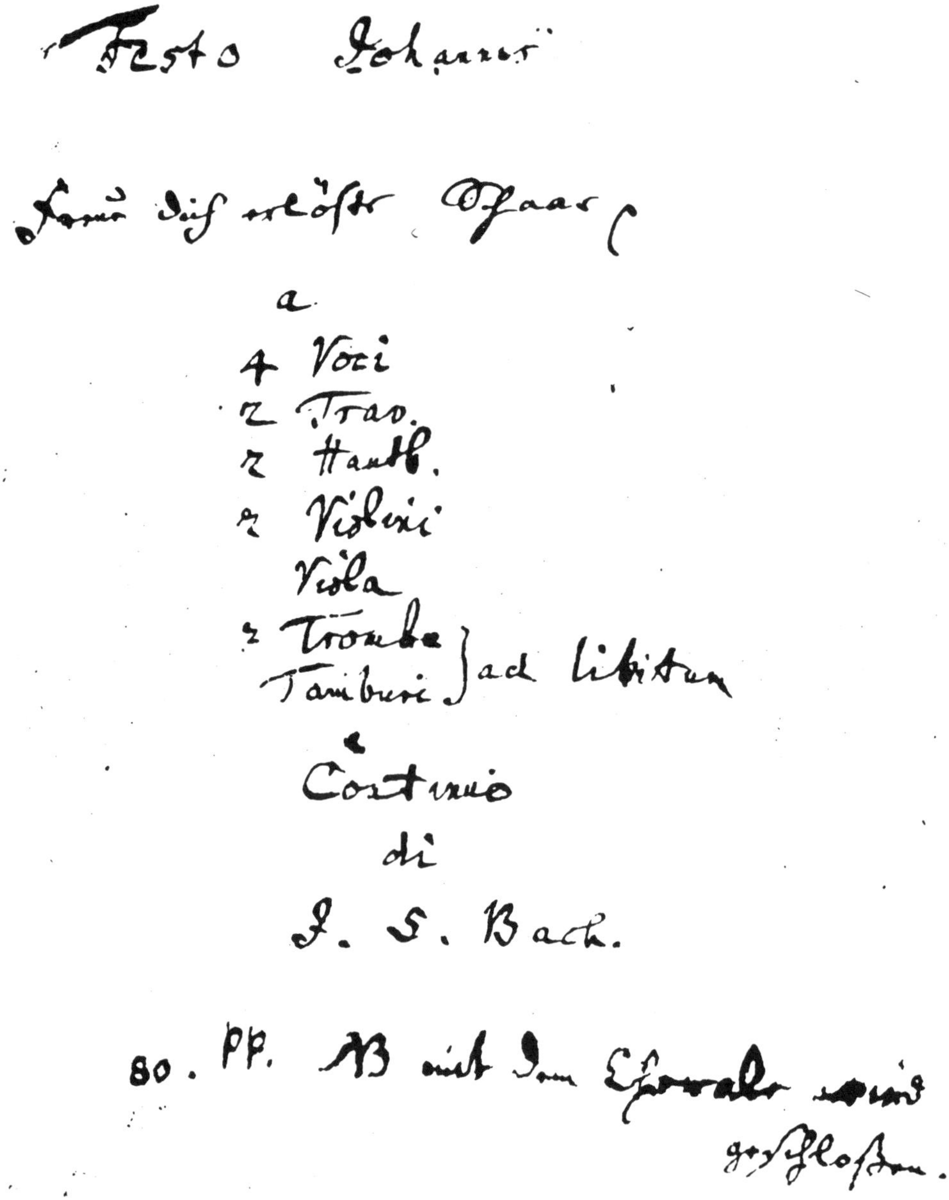

Festo Johannis

Freue dich erlöste Schaar

a

4 Voci
2 Trav.
2 Hautb.
2 Violini
Viola
2 Trombe
Tamburi] ad libitum

e

Continuo

di

J. S. Bach.

80. PP. NB mit dem Chorale wird geschloßen.

Titelseite des Stimmumschlags der Kantate BWV 30

Auf dem Stimmumschlag hat Carl Philipp Emanuel zunächst in Übereinstimmung mit dem Zusatz auf der Titelseite der Partitur *3 Trombe Tamburi ad libitum* angegeben. Später wurde durch Rasur[71] aus der *3* eine *2,* wie es den tatsächlich vorhandenen Stimmen entsprach. Der komplizierte Sachverhalt läßt sich wohl nur von der Symbolik her umfassend erklären, dies will ich im folgenden versuchen. Dabei gehe ich von der Titelseite der Partitur aus.

Trompeten und Pauken sind Symbole für regierende Fürsten. Wenn Bach sie in einer Huldigungskantate für den Herrn von Hennicke auf Wiederau einsetzt, mag dieser sich wohl geschmeichelt gefühlt haben, Bach aber hat diese Instrumente sicher als Hinweis auf die Königsmacht Gottes verstanden, von dem aller Segen kommt, der im Eingangs- und Schlußchor mit dem festlichen Trompetenklang dem herrschaftlichen Sitz Wiederau verheißen wird. Die Zahl der 900 = 3 x 3 x 100 Töne, die Trompeten und Pauken in jedem der beiden Sätze zu spielen haben, ist eine eindrucksvolle Bestätigung meiner Annahme.

In der Johannisfestkantate ist der von Gott verhießene König Jesus Christus noch nicht erschienen, Johannes prophezeit sein Kommen:

BWV 30, 4 Der Herold kömmt und meldt den König an.

Dem entspricht es, daß Trompeten und Pauken zunächst nicht vorhanden sind. Die Zusätze jedoch von der Hand Carl Philipp Emanuel symbolisieren den, dessen Ankunft bevorsteht. *E se piace* fordert zur Entscheidung auf: Wenn es uns gefällt, können wir die Zeichen der Königsmacht Christi der Partitur hinzufügen, das wäre ein Zeichen unsers Glaubens!

Auf den Heiland beziehen sich auch die Klammer, die Flöten und Oboen verbindet, und das Wort *concordant.* Die Instrumente symbolisieren das Wesen Christi, seinen Leib und seine Seele. In der Person Jesu bilden beide eine Harmonie im Gegensatz zu den Menschen, deren Geist wohl willig, das Fleisch aber schwach ist:

BWV 30, 9 Und obwohl der Unverstand
den schwachen Menschen ist verwandt...

Darum ruft Johannes zur Buße:

BWV 30, 6 Eine Stimme läßt sich hören...,
alle Menschen zu bekehren,
macht dem Herrn den Weg bereit!

Die Übereinstimmung der Holzblasinstrumente muß nun auch in ihrer sprachlichen Form beachtet werden, wenn man die richtigen Gesamtzahlen finden will. In den verschiedenen Stufen der Sprachsymbolik spiegelt sich das Wachsen der Seelen in der Heiligung. Mit französischen Bezeichnungen, *Traversières* und *Hautbois,* ergibt sich als Summe für die Titelseite 1584 = 11 x 144: Auch die erlöste Schar (144) steckt noch tief in der Sünde (11):

BWV 30, 5 Kommt, ihr angefochtnen Sünder,
eilt und lauft, ihr Adamskinder,
euer Heiland ruft und schreit!

Wenn wir dazu die Zahl *9* über dem Bild des Taufbeckens einbeziehen und das Wort *Voci.* zum lateinischen *Vocibus* ergänzen, ergibt sich die Summe 1633 = 23 x 71 als Symbol für den Heiland, den Johannes ankündigt: Jesus als das WORT (71), das Fleisch wurde und in der KRIPPE (71) lag, als guter Hirte (23), der seine Schafe nach dem prophetischen Psalm 23 zur grünen Aue führen wird, die in der Kantate mehrfach erwähnt wird:

BWV 30, 4 Eilt dieser Stimme nach!
Sie zeigt den Weg, sie zeigt das Licht,
wodurch wir jene selgen Auen
dereinst gewißlich werden schauen.
5 Kommet, ihr verlornen Schafe,
stehet auf vom Sündenschlafe,
denn itzt ist die Gnadenzeit!
12 Freue dich in Sions Auen!

---

71 Diese Beobachtung teilt Wilhelm Rust im Kritischen Bericht der Ausgabe der Bach-Gesellschaft, Bd. V, mit. Sie fehlt im Kritischen Bericht der Neuen Bach-Ausgabe.

Wählen wir aber die italienische Bezeichnung *Traversi,* dann muß nach der Angabe *concordant* auch *Hautbois* in *Oboi* geändert werden. Die krönende Gesamtzahl beträgt nun 1536 = 8 x 8 x 24 als Symbol für die Auserwählten (24) in ihrem Lobpreis vor Gottes Thron und für die Unendlichkeit (8 als Potenz). Die Zahl findet ihre Entsprechung im Bild der Titelseite – bis an den Rand voller Noten – und im Schlußchor:

BWV 30, 12 Freue dich, erlöste Schar...
Deiner Freude Herrlichkeit
wird die Zeit kein Ende setzen.

Die von Carl Philipp Emanuel geschriebene Titelseite des Stimmumschlags und die Stimmen von der Hand Wilhelm Friedemanns lassen vermuten, daß der Vater sich später wieder mit der symbolischen Gestalt der Kantate beschäftigt hat und dabei die Handschriften seiner Söhne einsetzte als Sinnbild für den König, der durch die Trompeten angekündigt wird. Auf dem Stimmumschlag, dessen Symbolik wie stets auf das Wirken Christi hinweist, muß auch die letzte Zeile, die vielleicht später hinzugesetzt worden ist, berücksichtigt werden. Wir sahen bereits, daß auch solche Schriftstücke noch auf Anweisungen des Vaters zurückgehen können (s. S. 210), und zwar dann, wenn sie Angaben enthalten, die sich nur durch den symbolischen Zusammenhang der betreffenden Titelseite erklären lassen.

Die Bemerkung *NB. mit dem Chorale wird geschloßen.* läßt sich wohl in Verbindung bringen mit einer Aufführung nur des ersten Teils der Kantate, die für die Hamburger Zeit Carl Philipp Emanuels angenommen wird und für die einige Zweitstimmen ausgeschrieben wurden[72]. Unverständlich sind aber die Angaben *80. PP.* am Beginn der letzten Zeile, so daß ich annehme, daß die ganze letzte Zeile der Titelseite zunächst eine symbolische Bedeutung haben sollte, für die Johann Sebastian Bach verantwortlich ist. Der Abschluß mit dem Choral läßt die Kantate münden in einen ernsten Bußruf:

BWV 30, 6 Eine Stimme läßt sich hören
in der Wüste weit und breit,
alle Menschen zu bekehren.
Macht dem Herrn den Weg bereit!

Dem dürften die beiden groß geschriebenen Buchstaben als Abkürzung für *Perge! Perge!* – Fahre fort, mach dich auf! – entsprechen, ebenso die Zahl 80 = 2 x 40 mit den Symbolen für den Gottessohn (2) und die Buße (40).

Der Aussage der verkürzten Kantate entspricht es auch, daß am Schluß der festliche Klang der Trompeten fehlt. Die verringerte Zahl der Trompeten und die sehr vereinfachte Fassung der von Wilhelm Friedemann geschriebenen Stimmen sind Symbol, daß der mächtige Gott – durch die Zahl 3 symbolisiert – in der armen Gestalt seines Sohnes auf Erden erscheint, wofür die Zahl der 2 Trompeten steht. Die Zahl ihrer Töne, wie sie niedergeschrieben sind, also ohne Dacapo, beträgt 574 = 14 x 41: Gott wird ein Mensch wie BACH (14) und nimmt auch dessen Tod (41) auf sich. Die Handschrift Wilhelm Friedemanns kann dann als Sinnbild für den Herold, Johannes den Täufer, verstanden werden, der den König in seiner geringen Gestalt ankündigt.

Bemerkenswert ist auch die Symbolik der Sprachen in den Angaben Carl Philipp Emanuels. Das lateinische Wort *concordant* weist darauf hin, daß die Einheit von Leib und Geist Jesus als dem Sohn des himmlischen Vaters eigen ist. Der italienische Zusatz *e se piace* bezieht sich auf Jesu Kommen zu seiner Kirche auf Erden, wird sie ihn als ihren Herrn und König erkennen, wie ihn die 3 Trompeten symbolisieren, obwohl nur zwei erklingen?

Auf dem Stimmumschlag, dem Sinnbild für das Wirken Christi, wird dieselbe Angabe lateinisch wiedergegeben: *ad libitum;* durch das Wörtchen *ad* ist sie auf ein Ziel ausgerichtet. Dieses Ziel ist eben die Erfüllung des *libitum,* des Wunsches, wie sie der Schlußchor zum Ausdruck bringt:

BWV 30, 12 Deiner Freude Herrlichkeit,
deiner Selbstzufriedenheit
wird die Zeit kein Ende setzen.

---

72 Diese und andere Angaben über die Kantate verdanke ich dem Kritischen Bericht von Frieder Rempp in der Neuen Bach-Ausgabe, Serie I, Bd. 29, Kassel 1984.

Auf diesen König, auch in seiner niederen Gestalt, seine Hoffnung zu setzen, ist für uns der einzige Weg, wieder in das Reich des Vaters zu gelangen, das durch die lateinische Fassung symbolisiert wird.

Die Verbindung der beiden Titelseiten führt zu zwei Symbolzahlen, die meine Deutung bestätigen und zugleich erkennen lassen, warum Johann Sebastian Bach später auf der Titelseite des Stimmumschlags noch eine Zeile hinzufügen ließ. Durch die Fortsetzung des *perge*-Zeichens, oben *ρ*, unten *PP.*, sollen wohl alle Sätze bis zum Choral in ihrem vollen Wortlaut mitberechnet werden. Zugrunde gelegt wird hier die Rechtschreibung der Partitur, ausgenommen die erste Zeile, die Carl Philipp Emanuel auf die Titelseite des Stimmumschlags geschrieben hat:

BWV 30, 1 Freue dich, erlöste Schaar,
freüe dich in Sions Hütten.
Dein Gedeyen hat ietzund
einen rechten festen Grund,
dich mit Wohl zu überschütten.
2 Wir halten Rast
und des Gesetzes Last
ist abgethan.
Nichts soll uns diese Ruhe stören,
die unsre liebe Väter offt
gewünscht, verlanget und gehofft.
Wohlan, es freue sich, wer immer kann
und stimme seinem Gott zu Ehren
ein Loblied an,
und das im höhern Chor,
ja, singt einander vor!
3 Gelobet seÿ Gott, gelobet sein Nahme,
der treülich gehalten Versprechen und Eÿd.
Sein treüer Diener ist gebohren,
der längstens darzu auserkohren,
daß er den Weg dem Herrn bereit.
4 Der Herold kömmt und meldt den König an.
Er rufft, drum säumet nicht
und macht eüch auf
mit einem schnellen Lauff,
eilt dieser Stimme nach!
Sie zeigt den Weg, sie zeigt das Licht,
wodurch wir jene seelge Auen
dereinst gewißlich können schauen.
5 Kommt, ihr angefochtnen Sünder,
eilt und laufft, ihr Adamskinder,
eüer Heyland rufft und schreÿt!
Kommet, ihr verirrten Schaffe,
stehet auf vom Sündenschlaffe,
denn itzt ist die Gnadenzeit!
6 Eine Stimme läßt sich hören
in der Wüsten weit und breit,
alle Menschen zu bekehren,
macht dem Herrn den Weg bereit!
Machet Gott ein ebne Bahn,
alle Welt soll heben an,
alle Thäler zu erhöhen,
daß die Berge niedrig stehen.

Wenn man auf beiden Titelseiten die Bezeichnung der Holzbläser in französischer Fassung einsetzt: *Traversières, Hautbois,* führt dieses Zeichen der tiefsten Erniedrigung Jesu zur Summe 14220 = 9 x 10 x 158. Das ist ein Symbol der Taufe für JOHANN SEBASTIAN BACH (158), der seine Namen empfangen hat, als ihm der Segen des dreieinigen Gottes (9 = 3 x 3) mit dem Zeichen für den Tod des Heilands zugesprochen wurde, so wie es die Zahl *9* über dem Sinnbild des Taufbeckens im Wort *Baptistou* anzeigt und die französischen Bezeichnungen symbolisieren.

Setzen wir aber auf der Titelseite der Partitur die Worte *Traversae* und *Oboi* ein als Zeichen der Erhöhung Christi, so ergibt sich die Summe 14210 = 7 x 29 x 70 = 10 x 29 x 49: Johann Sebastian Bach (29 = JSB) darf durch den Beistand des Heiligen Geistes (7) JESUS (70) den großen Lobgesang (29 = SDG), das HEILIG (49), singen.

Durch die später angefügte Zeile auf dem Titel des Stimmumschlags erreicht Bach zwei Symbolzahlen, die seinen Glauben im Blick auf seine eigene Taufe bezeugen. Auf dem Stimmumschlag bleiben dabei die französischen Bezeichnungen für Flöten und Oboen stehen. Er gibt dieses Zeichen der tiefsten Erniedrigung Christi nicht auf; denn er weiß aus den Worten des Apostels Paulus:

Röm. 6, 3 Alle, die wir in Jesus Christus getauft sind, die sind in seinen Tod getauft.

BWV 132 Bereitet die Weg, bereitet die Bahn (Facsimile S. 76)

Neben der Titelseite der Partitur (s. S. 77 und 121) hat Bach noch eine zweite auf der einzigen erhaltenen Stimme, der für den Violono, angelegt. Von seinem Sohn Carl Philipp Emanuel stammt die Angabe des Sonntags:

Doĩca 4 Adventus Xsti

Der Vater schrieb alles übrige: *Concerto,* die Angabe der Instrumente und Stimmen sowie seinen Namen. Ähnlich wie in der Kantate „Gleichwie der Regen und Schnee von Himmel fällt" (BWV 18, S. 132) soll der Titel auf der tiefsten Continuostimme darauf hinweisen, daß der Allmächtige hinter dem Bußruf des Täufers Johannes in dieser Kantate steht. Die Summe für den Anteil Johann Sebastian Bachs beträgt 1157 = 13 x 89: Symbol für den kommenden Messias (nach dem Psalm 89), der die Sünde mit dem Tod (13) straft. Die Handschrift des Sohnes ist Sinnbild für den, der zur Hilfe kommt: Sie weist hin auf den Herrn (*Dominica*), auf die Ankunft (*Adventus*), Namen und Kreuz (*X*) Christi. Die Summe 252 = 2 x 3 x 3 x 14 symbolisiert: Gott (3) kommt in seinem Sohn (2) zu BACH (14). Die ganze Titelseite ergibt nun, wenn man das Wörtchen *è* zum lateinischen *et* ergänzt, wieder eine Messiaszahl: 1424 = 4 x 4 x 89, dazu die Potenz der 4 als Zahl der Erde, wo ihm der Weg bereitet werden soll.

Die Verbindung beider Titelseiten führt nur dann zu einer Symbolzahl, wenn auf beiden die italienischen Vornamen Bachs, das Sinnbild des alten, sündigen Menschen berücksichtigt werden. Der neue Mensch - auf der Titelseite der Partitur durch die deutschen Namen angedeutet - ist noch nicht geboren:

BWV 132, 3 Wer bist du? - Ein Kind des Zorns in Satans Netze,
ein falscher heuchlerischer Christ

Als eindrucksvolles Zeichen dafür hat Bach über dem Beginn der Kantate die Bitte *J. J.. - Jesu, juva!* - Jesus, hilf! - fortgelassen, die in keiner anderen Kantate fehlt, und am Ende auch das *S. D. G. - Soli Deo Gloria* - Gott allein die Ehre - und den Schlußchoral, obwohl er in der Dichtung Salomo Francks vorgesehen ist:

(BWV 132, 6 Ertöt uns durch dein Güte,
erweck uns durch dein Gnad!
Den alten Menschen kränke,
daß der neu leben mag
und hier auf dieser Erden
den Sinn und alls Gebärden
und Gdanken hab zu dir!)

Der fehlende Choral ist die figura muta, die stumme Figur für den Menschen, der *ertötet* werden soll, der nicht Jesus anruft und Gott die Ehre gibt. Die Gesamtzahl 4832 = 2 x 4 x 4 x 151 aber symbolisiert den, der schon *hier auf dieser Erden* (4 x 4) in das neue Lied (151) zum Lobe des Gottessohns (2) einstimmen kann.

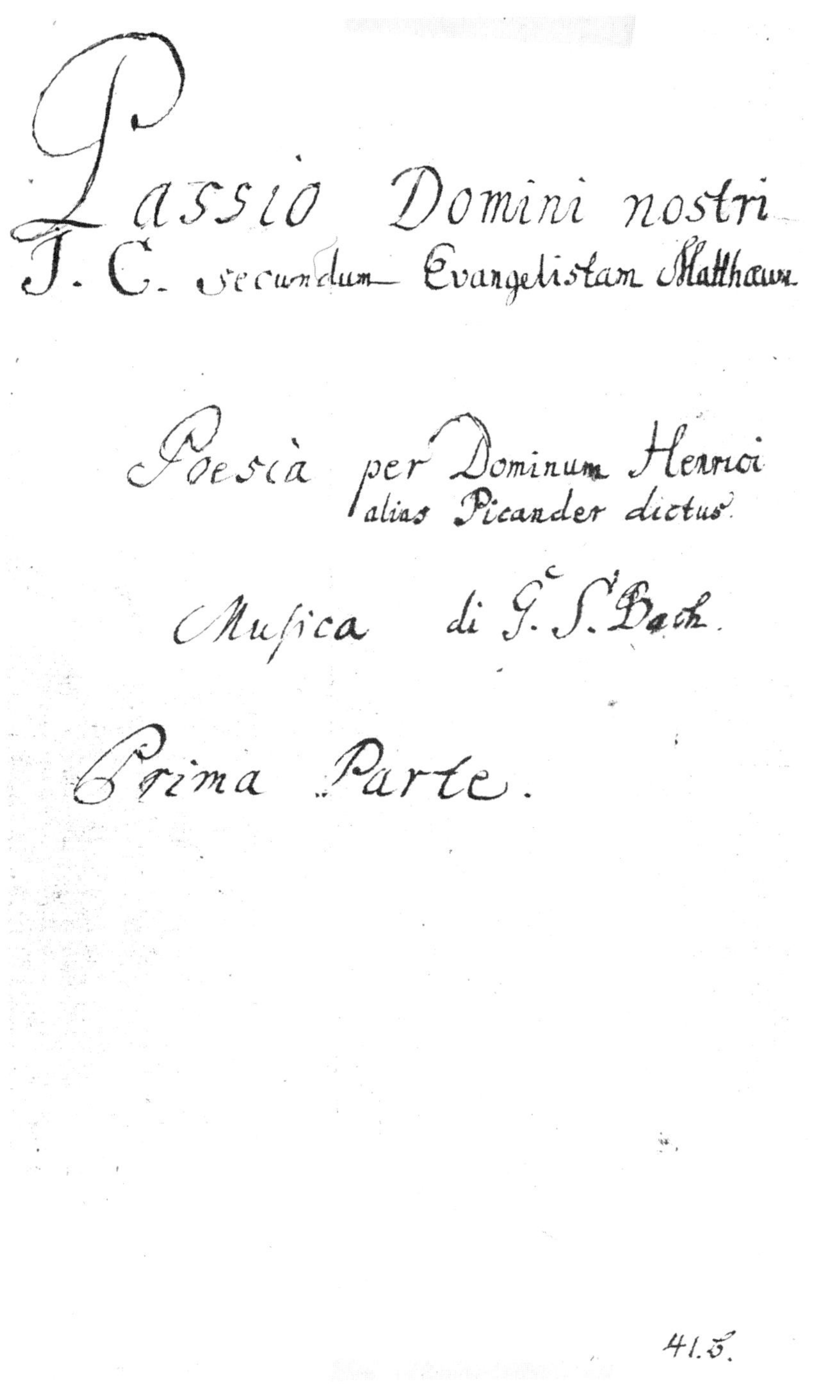

Passio Domini nostri
J. C. secundum Evangelistam Matthæum

Poesià per Dominum Henrici
alias Picander dictus.

Musica di G. S. Bach.

Prima Parte.

41.5.

Titelseite der Partitur des ersten Teils der Matthäuspassion BWV 244, I

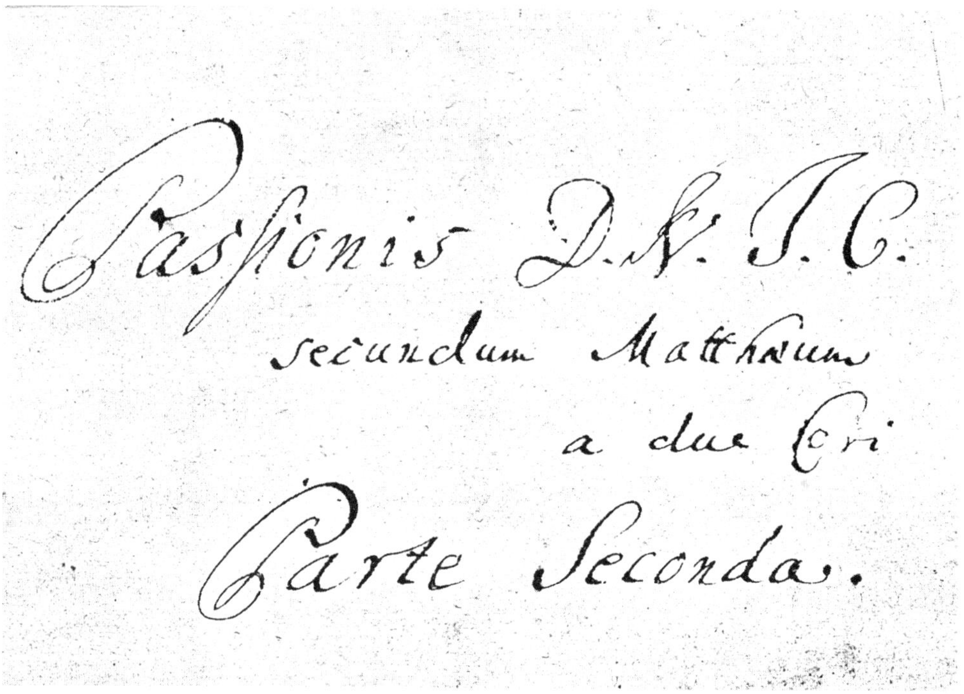

Titelseite der Partitur des zweiten Teils der Matthäuspassion BWV 244, II

BWV 244 Matthäuspassion

Als einzige unter den Bachschen Titelseiten nennt die erste der Matthäuspassion neben dem Komponisten auch den Textdichter und erwähnt dabei sogar seinen Dichternamen *Picander*. Diesen hatte sich Christian Friedrich Henrici zugelegt, als er sich 1724 zum ersten Male der geistlichen Dichtung zuwandte, nachdem er vorher nur als Satiriker bekannt geworden war. Für Bach war dieser Sinnes- und Namenswandel offenbar der Anlaß, ihn als Gleichnis in der Zahlensymbolik seiner Titelseite zu verwenden. Die erste Zeile der Angabe des Dichters ergibt als Zahlensumme 247 = 13 x 19, Symbol dafür daß Gott auf seinem Richterstuhl (19) über den alten Menschen – durch den eigentlichen Namen symbolisiert – den Tod (13) verhängt hat. Mit der zweiten Zeile, die den neuen Namen enthält, wird daraus die Summe 427 = 7 x 61; dem Menschen werden die sieben Gaben des heiligen Geistes und der neue Name ISRAEL (61) zuteil.

In seinem eigenen Namen deutet Bach ähnliche Wandlungen an. Auf den ersten Blick erkennt man die Abkürzung der Vornamen in italienischer Fassung *Giovanni Sebastiano,* wie er sie als junger Musiker in Mühlhausen und Weimar auf seine Kantatentitel zu setzen pflegte. Als er in Leipzig die Matthäuspassion schrieb, lag diese Zeit längst hinter ihm, nachdem er bereits in der Weimarer Periode auf einige Kantatentitel nur seine deutschen Vornamen geschrieben hatte. Darum muß es überraschen, daß er ausgerechnet auf dem Titelblatt der Matthäuspassion den alten Brauch wieder aufnahm, der jugendliches Geltungsbedürfnis und künstlerisches Selbstbewußtsein verriet.

In zwei Kantatentiteln ist der Übergang von der italienischen zur deutschen Form der Vornamen sichtbar, und zwar als Sinnbild für Sündenerkenntnis und Buße: BWV 132 (s. S. 121) und BWV 185 (s. S. 184). Hier wollte Bach offenbar das gleiche Symbol setzen für das Bewußtsein seiner Schuld, wie es ja auch in den Arien, Rezitativen und Chorälen der Passion zum Ausdruck kommt. So schließt sich der Text der Arie

BWV 244, 6 Buß und Reu
knirscht das Sündenherz entzwei.

eng an die Gedanken der Kantate „Barmherziges Herze der ewigen Liebe“ an:

BWV 185, 1 Errege, bewege mein Herze durch dich.. ,
o Flamme der Liebe, zerschmelze du mich!

Die Erwähnung der Musik und ihres Schöpfers auf der Titelseite der Passion führt zu einer vielfältigen symbolischen Zahlenstruktur, in der sich zeigt, wie sich Bach in die Gedanken an die Passion Jesu vertieft hat. Die Worte *Musica di Giovanni Sebastiano Bach* ergeben zunächst die Summe 276 = 12 x 23, Symbol für den guten Hirten (23) und die Schar seiner 12 Jünger. So erleben sie ihren Meister in der Zuwendung zu dem Weib, das ihm die Füße salbt, im Abendmahl, im Gang zum Ölberg, wo Christus ihnen dann die entscheidenden Prophetenworte sagen muß:

BWV 244, 14 In dieser Nacht werdet ihr euch alle ärgern an mir. Denn es stehet geschrieben: Ich werde den Hirten schlagen, und die Schafe der Herde werden sich zerstreuen.

Die folgenden Ereignisse in Gethsemane und im Hof des Hohenpriesters zeigen, daß trotz aller Beteuerungen keiner der Jünger diese Worte wirklich verstanden hatte. Auch Bach gesteht das ein; denn zur Symbolzahl für den guten Hirten tragen seine Vornamen in der italienischen Fassung bei, die seine Bindung an das Wesen dieser Welt kennzeichnen.

Die Gesamtzahl für die Titelseite mit den italienischen Vornamen beträgt 1488 = 4 x 12 x 31. Sie ist Symbol für das Leben (31), das der Heiland (12) den Menschen auf Erden (4) gebracht hat, und entspricht dem Schlußchoral des ersten Teils, der die Heilsgeschichte zurückverfolgt bis zur Geburt Jesu und dann seine Taten auf Erden erwähnt:

BWV 244, 29 O Mensch, bewein dein Sünde groß,
darum Christus seins Vaters Schoß
äußert und kam auf Erden.
Von einer Jungfrau rein und zart
für uns er hie geboren ward,
er wollt der Mittler werden.
Den Toten er das Leben gab
und legt dabei all Krankheit ab.

Die Gesamtzahl der zweiten Titelseite 781 = 11 x 71 knüpft eine enge Beziehung zum ersten Teil, wie es auch der Formulierung des Titels entspricht: *Der Passion...zweiter Teil.* Die Symbolzahlen für die Sünde (11) und die KRIPPE (71) beziehen sich auf den Schlußchoral des ersten Teils, der ja an der Verbindungsstelle beider Teile steht und die Sünde als Grund für Jesu Menschwerdung nennt. Das Titelblatt mit der Symbolzahl für Christus als den Mittler zwischen Gott und den Menschen hat Bach in der Anordnung seiner Partitur genau in die Mitte gesetzt als das 42. der insgesamt 83 Blätter. Diese Symbolik der Form ist für Bach wohl der eigentliche Anlaß gewesen, die große Choralbearbeitung, die er ursprünglich als Eingangschor für die zweite Fassung der Johannespassion geschaffen hatte, in die Mitte der Matthäuspassion zu stellen.

Beide Titelseiten zusammen ergeben als Gesamtzahl, wenn man die italienische Fassung der Bachschen Vornamen einsetzt, die Summe 2269. Das ist kein Produkt symbolischer Zahlen, sondern läßt sich nur als Zahlenbild deuten aus den Zahlen der prophetischen Psalmen 22 und 69, die nach Calov „von seinem bittern Leiden / und Creutzigung" und „von seiner Höllen-Angst / und sonderbaren Empfindung des euserlichen Leidens" sprechen.

Damit gibt die Zahl die Anschauung eines Menschen wieder, wie er durch die italienischen Vornamen gekennzeichnet wird: oberflächlich und selbstsicher. Er sieht nur den Menschen Jesus am Kreuz in Angst und Not und erkennt nicht die tiefe Bedeutung dieses Sterbens für ihn selbst.

Nun läßt sich der zweite Vorname Bachs ohne weiteres deutsch lesen als *Sebastian,* der erste zunächst nicht. Betrachtet man aber den Anfangsbuchstaben *G* genau, dann fällt auf, daß die sorgfältig geschriebene Unterlänge recht hoch gesetzt ist. Man kann sie auch als *J.* lesen, das einen großen Bogen trägt, der als *C*-Zeichen auf Christus hinweist: Der Bogen, der zunächst den Namen zum Inbegriff des Sünders macht, ist jetzt zum Zeichen für den Heiland geworden. Christus ist „für uns zur Sünde gemacht" (2. Kor. 5, 21). Über dem großen *C* schwebt noch ein kleines *c*-Zeichen: Das Wirken Christi, um uns die Last der Sünde abzunehmen, begann mit seinem Kommen als kleines Kind auf die Erde, wie es der Schlußchoral des ersten Teils sagt.

Die Angaben über die Musik und ihren Komponisten führen mit deutschen Vornamen zur Summe 234 = 2 x 3 x 3 x 13 = 2 x 117. Darin zeigen sich Symbole für eine tiefere Erkenntnis der Jünger: Ihr Meister, der

Sohn (2) des mächtigen Gottes (3 als Potenz), geht dem Tode (13) entgegen! Die andere Teilung der Zahl stellt neben die Zahl des Gottessohnes (2) die des prophetischen Psalms 117, der von der Berufung der Heiden spricht. Das bezieht sich offenbar auf die Fortsetzung der oben genannten Worte Jesu an seine Jünger:

BWV 244, 14 Wenn ich aber auferstehe, will ich vor euch hingehen in Galiläam.

In Galiläa wird Jesus nach seiner Auferstehung Petrus und andere Jünger durch das Wunder des großen Fischfangs und die Weisung: „Weide meine Schafe!" (Joh. 21) auf ihre neue Aufgabe vorbereiten, Menschen zu gewinnen für das Evangelium.

Nun können in die Gesamtzahl der beiden Titelseiten die deutschen Vornamen eingesetzt werden. Für die erste Titelseite allein hätte sich noch keine geeignete Symbolzahl ergeben. Erst die Verbindung zur Titelseite des zweiten Teils führt zu einer Symbolzahl für die Hoffnung auf das neue Leben, wie es dem gewandelten Namen entspricht: 2227 = 17 x 131; zur Zahl der Erlösung (17) tritt die 131, in der sich die Todeszahl wendet zur Zahl des Lebens.

Wir haben den Vornamen *Johann* bereits kennen gelernt als Symbol für Herz und Seele Bachs (s. S. 73). Das wird auch durch diese Zeichen und Zahlen bestätigt. Durch den Tod Jesu, der im zweiten Teil berichtet wird, werden Herz und Seele befreit vom weltlichen, sündlichen Wesen:

BWV 244, 64 Ach, liebe Seele, bitte du,
geh, lasse dir den toten Jesum schenken!
65 Mache dich, mein Herze, rein,
ich will Jesum selbst begraben,
denn er soll nunmehr in mir...
seine süße Ruhe haben.
Welt, geh aus, laß Jesum ein!

Diese Worte sind der eigentliche Schlüssel für die Bedeutung der Wandlung des weltlichen *G.* zum *J.* mit dem Christuszeichen!

Doch ist dies noch nicht die letzte Zahl, die erschlossen werden kann. Am unteren Rand der ersten Titelseite steht die Angabe der Bogen, die die Partitur enthält: *41 B.* Hier erscheint die Zahl für den Tod Bachs, und es ist sicher kein Zufall, daß das ausgeschriebene Wort *Bogen* auch die Summe 41 besitzt und damit den ganzen Vermerk zur Zahl 82 = 2 x 41 führt: Der Gottessohn (2) stirbt für Bach (41). Ganz klein steht dieses Zeichen in der äußersten Ecke wie der Stein, den die Bauleute verworfen haben, doch er wird zum Eckstein für den neuen Tempel. Der Schlußchor gebraucht dafür das Bild vmn Leichenstein:

BWV 244, 68 Ruht, ihr ausgesognen Glieder!
Euer Grab und Leichenstein
soll dem ängstlichen Gewissen
ein bequemes Ruhekissen
und der Seelen Ruhstatt sein.

Der aufmerksame Leser wird bereits bemerkt haben, daß die Zahl der Bogen nicht genau zutrifft. Die Partitur besitzt noch einen halben Bogen mehr, eine ungerade Anzahl von Blättern war ja auch die Voraussetzung, die Titelseite des zweiten Teils genau in der Mitte anzuordnen. Zählt man den angefangenen 42. Bogen hinzu, gleichsam als Sinnbild des Glaubens, der auf das noch nicht Sichtbare ausschaut, dann ist nunmehr für das Zeichen des Leichensteins die Symbolzahl 83 für den IMMANUEL hinzuzurechnen, den „Gott mit uns", und es ergibt sich als krönende Gesamtzahl 2310 = 21 x 110. Den Gekreuzigten (21) werden wir sehen, sitzend zur Rechten Gottes, wie es der prophetische Psalm 110 schildert.

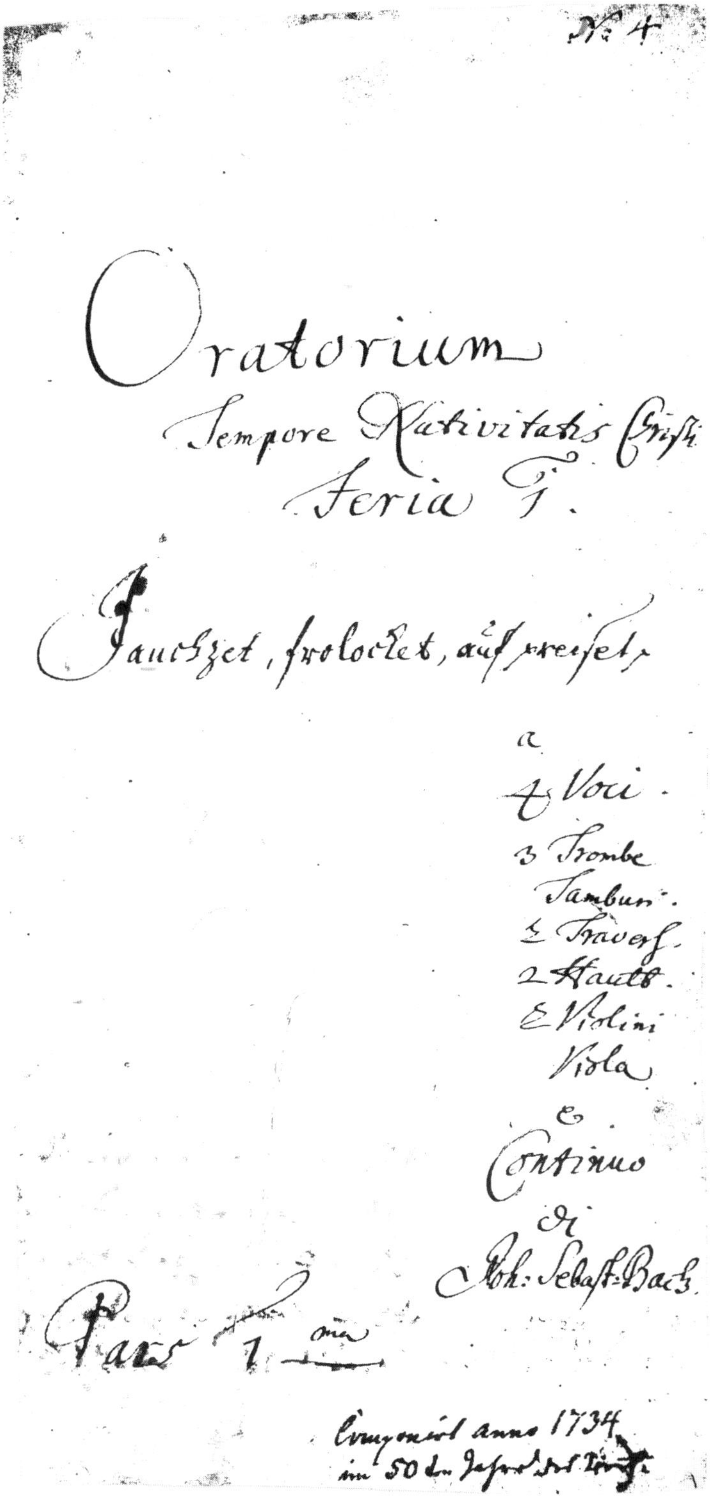

Nº 4.

Oratorium
Tempore Nativitatis Christi
Feria I.

Jauchzet, frolocket, auf preiset,

a
4 Voci.
3 Trombe
Tamburi.
2 Travers.
2 Hautb.
2 Violini
Viola
e
Continuo
di
Joh: Sebast: Bach.

Pars 1ma

Componirt anno 1734.
im 50ten Jahre des Verf.

Titelseite des Stimmumschlags des ersten Teils des Weihnachtsoratoriums BWV 248, I

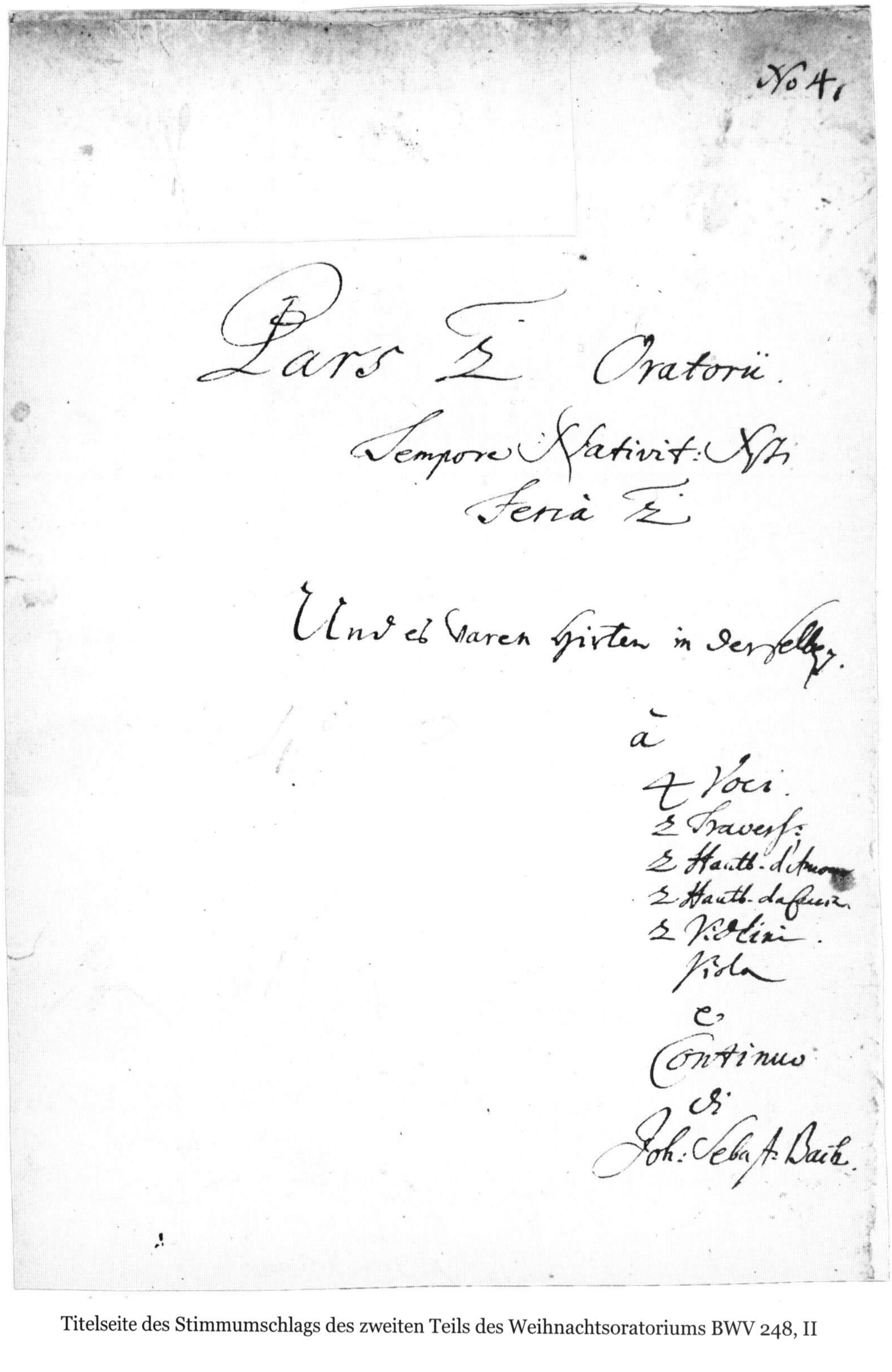

Titelseite des Stimmumschlags des zweiten Teils des Weihnachtsoratoriums BWV 248, II

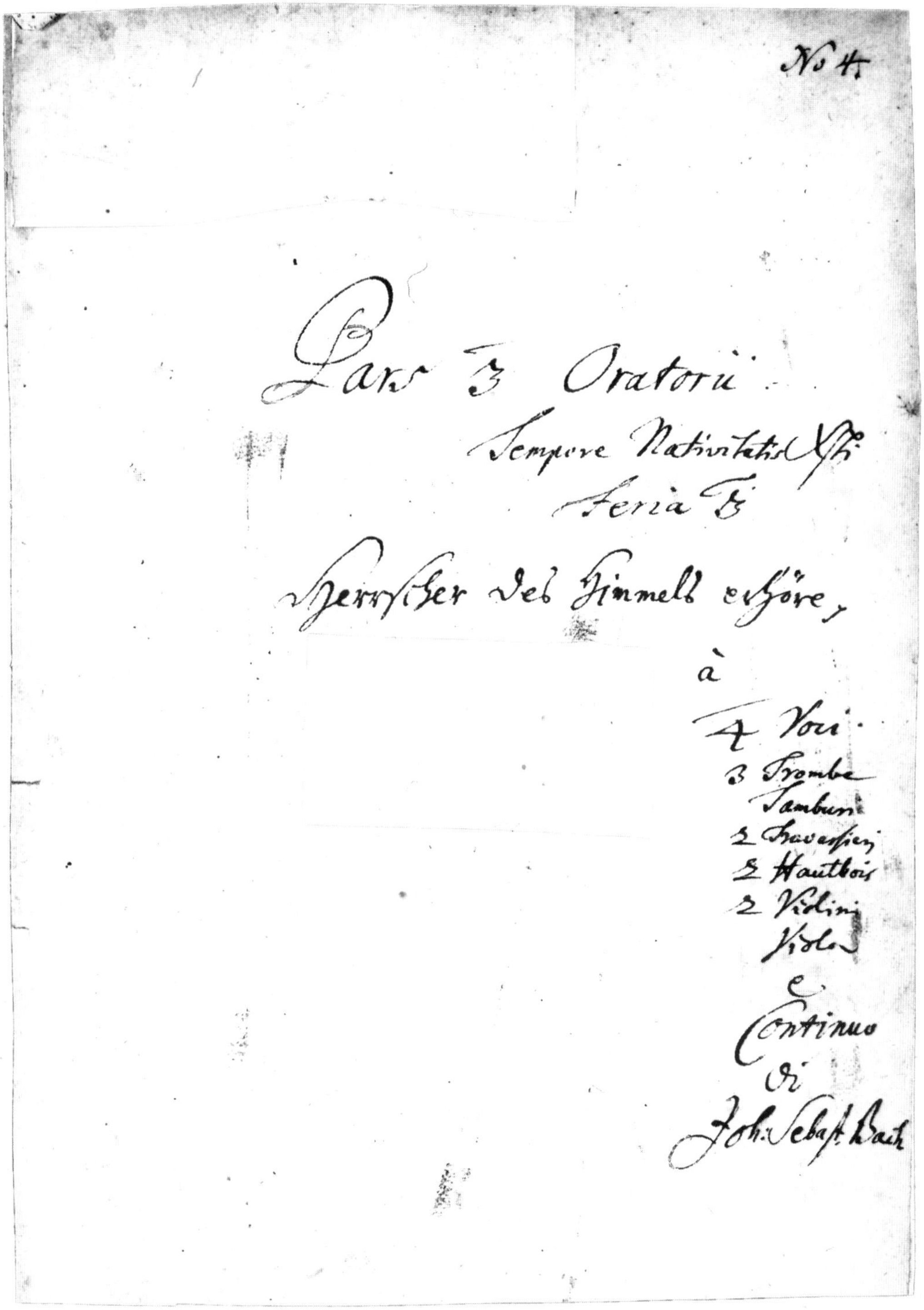
No 4.
Pars 3 Oratorii
Tempore Nativitatis Xsti
Feria 3
Herrscher des Himmels erhöre,
à
4 Voci.
3 Trombe
Tamburi
2 Traversieri
2 Hautbois
2 Violini
Viola
e
Continuo
di
Joh: Sebast. Bach

Titelseite des Stimmumschlags des dritten Teils des Weihnachtsoratoriums BWV 248, III

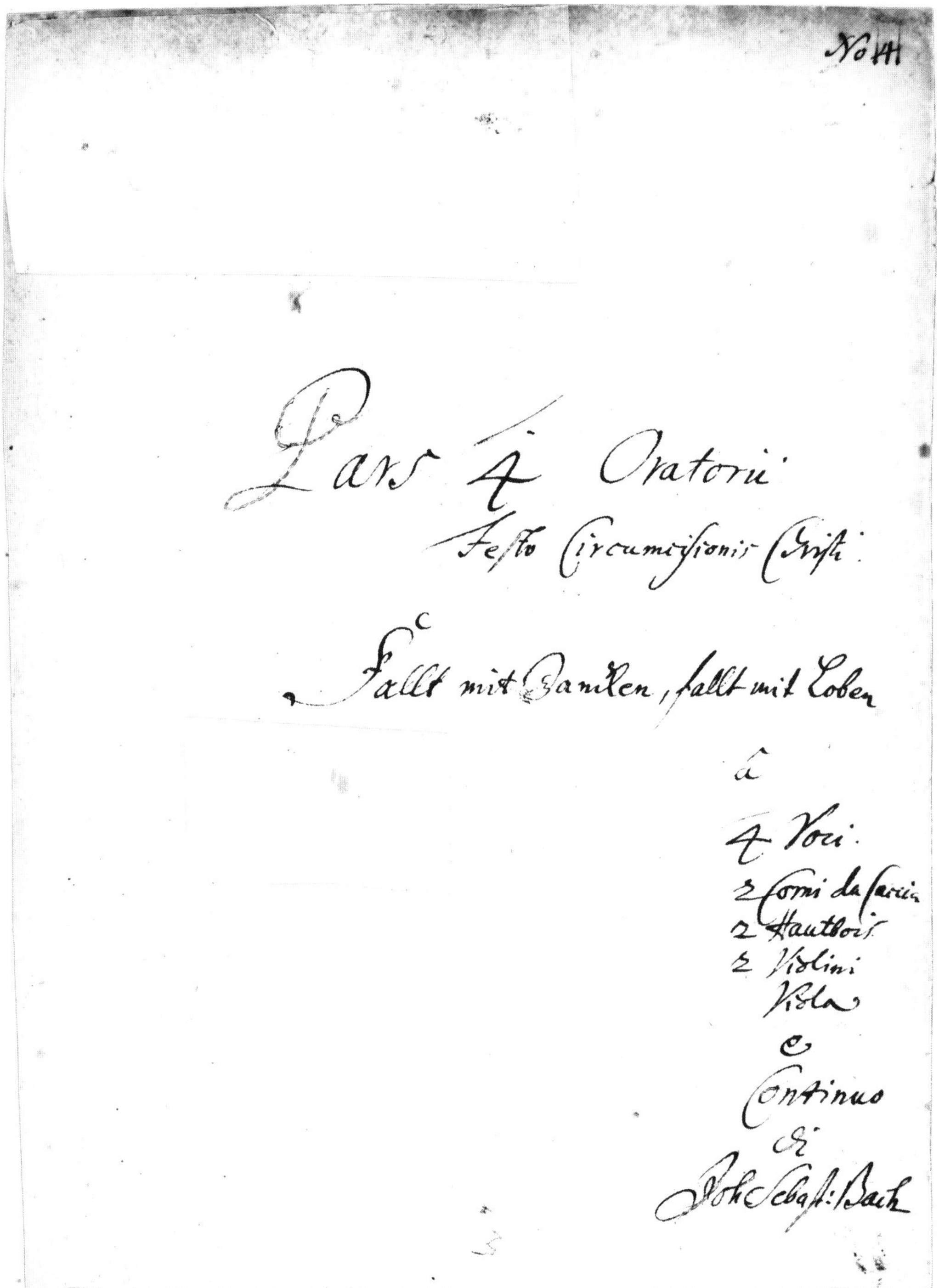
No 41

Pars 4 Oratorii
Festo Circumcisionis Christi.

Fällt mit Danken, fällt mit Loben

à

4 Voci.
2 Corni da caccia
2 Hautbois.
2 Violini
Viola
e
Continuo
di
Joh: Sebast: Bach

Titelseite des Stimmumschlags des vierten Teils des Weihnachtsoratoriums BWV 248, IV

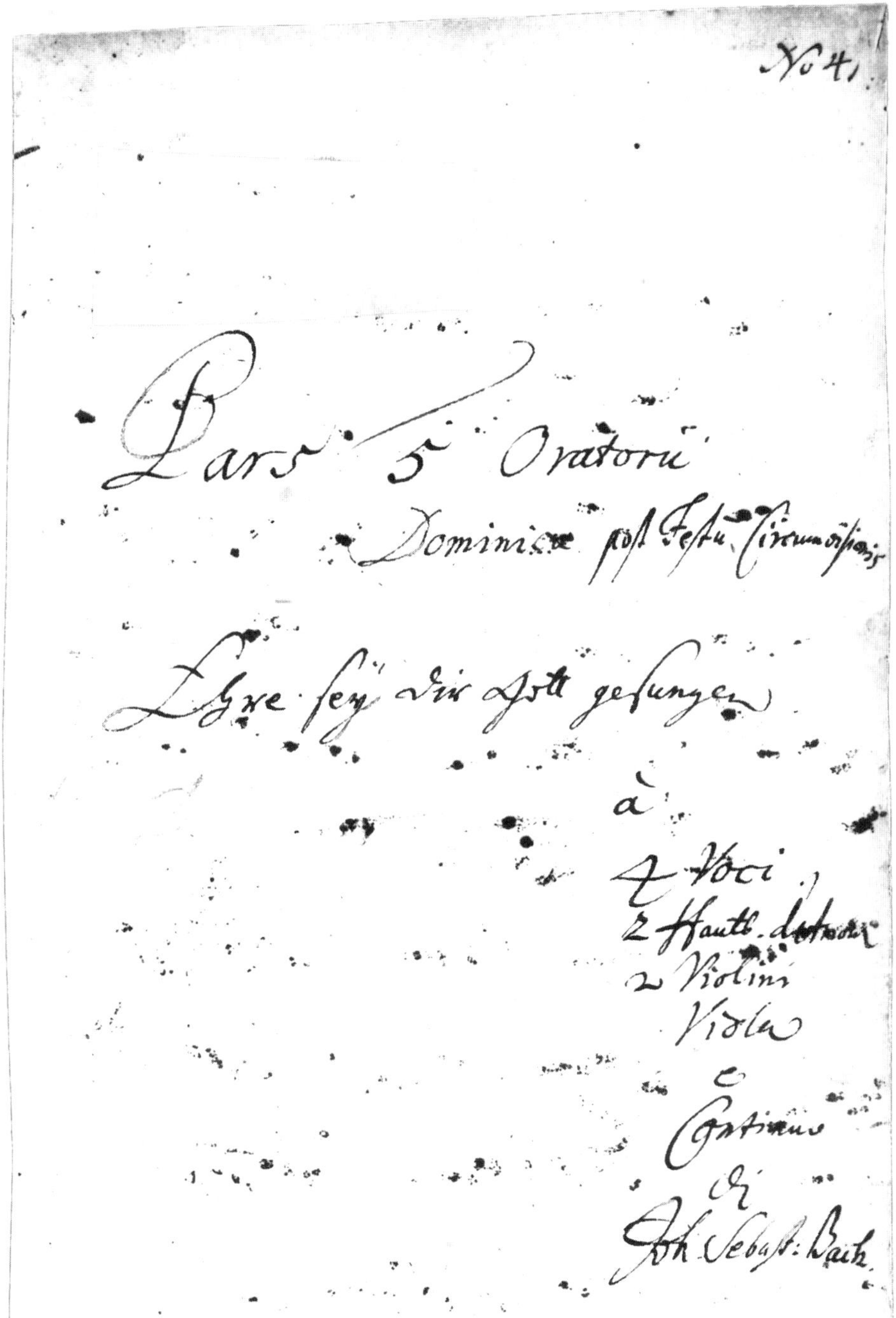

Titelseite des Stimmumschlags des fünften Teils des Weihnachtsoratoriums BWV 248, V

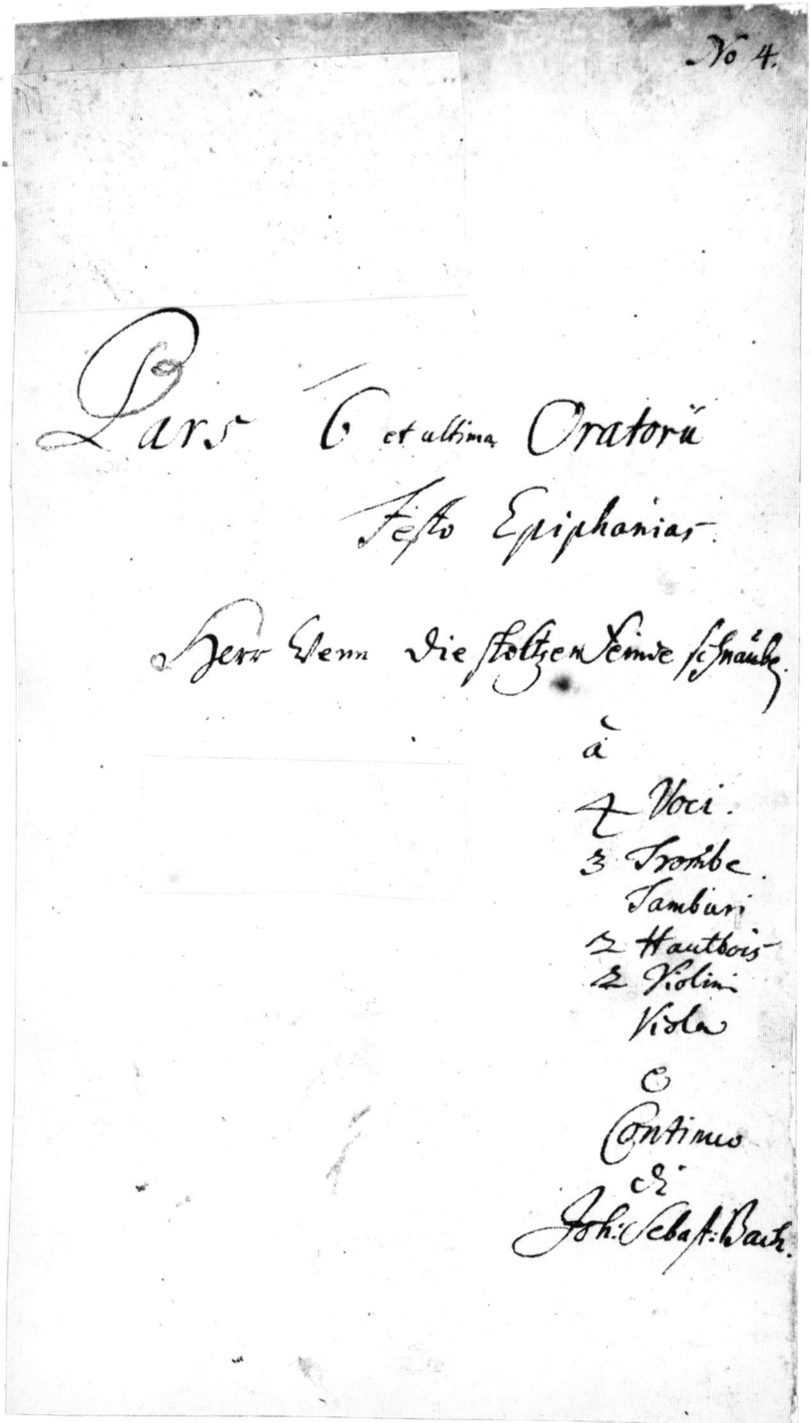

Titelseite des Stimmumschlags des sechsten Teils des Weihnachtsoratoriums BWV 248, VI

BWV 248 Weihnachtsoratorium

Einen der größten Zyklen von Titelseiten enthalten die sechs Stimmumschläge des Weihnachtsoratoriums. Ähnlich wie die der h-Moll-Messe sind sie nicht nach dem gleichen Schema gestaltet.

Auf der ersten Titelseite hat Bach – ein ganz seltener Fall auf seinen Titeln – an eine Zahl die letzte Silbe des lateinischen Zahlwortes angehängt; *Pars 1ma*. Die Zahl Gottes geht über in die Buchstaben des irdischen Wortes: ein Symbol der Menschwerdung Christi. Die Zahlensummen erläutern dieses Zeichen: Die Zahl *1* steht für die Silbe *pri-* = 41, die Umkehrung der Namenszahl 14 für BACH. Die Buchstaben der Silbe *-ma* ergeben 13, die Zahl des Todes. So symbolisiert Bach in der ersten Zahl dieser Titelreihe den Weg Gottes bis zum Ende: Für Bach geht er in den Tod. In der Musik setzt er als Zeichen dafür den ersten und den letzten Choral in der Melodie des Passionsliedes „O Haupt voll Blut und Wunden".

BWV 248, 1 Wie soll ich dich empfangen?
64 Nun seid ihr wohl gerochen...,
denn Christus hat zerbrochen,
was euch zuwider war.
Tod, Teufel, Sünd und Hölle
sind ganz und gar geschwächt.

Der Name *Christi* wird nur auf der zweiten und dritten Titelseite mit dem griechischen *X* als Abkürzung für die erste Silbe geschrieben. Nur den Hirten, die im zweiten und dritten Teil auftreten, wird der Name Christus und seine Bedeutung im Evangelienbericht verkündet:

BWV 248, 13 Denn euch ist heute der Heiland geboren, welcher ist Christus, der Herr.

Für die Berechnung der Gesamtzahlen sind einige andere Zeichen von Wichtigkeit. Nur auf den ersten drei Titelseiten wird durch das *perge*-Zeichen die Fortsetzung des jeweils ersten Satzes ermöglicht. Auf den letzten vier Titelseiten ist der Buchstabe *P* des Wortes *Pars* durch eine Schlinge so geformt, daß man im oberen großen Bogen auch ein *B* oder auch eine *3* lesen kann. Eine Schlinge ist auf der ersten Titelseite bereits angedeutet, aber erst von der dritten ab sind *B* und die Zahl *3* deutlich zu erkennen. Diese Zeichen bilden eine zusammengehörige Symbolreihe. Durch das *perge*-Zeichen werden Texte herangezogen, die an die notvolle Lage der Menschen erinnern. „Lasset das Zagen, verbannet die Klage" heißt es im Eingangschor des ersten Teils, die Hirten auf dem Felde „furchten sich sehr", und im Eingangschor zum dritten Teil ist noch vom „Lallen" und den „matten Gesängen" die Rede.

Die Schlinge im Wort *Pars* soll wohl auf die Gebundenheit hinweisen, in die sich Jesus durch sein Kommen auf die Erde begibt. Daß bereits auf dem zweiten Titelblatt in der Schlinge das Kreuz erscheint, steht in Beziehung zu den Aussagen im zweiten Teil, die das Leiden Christi andeuten:

BWV 248, 12 Daß dieses schwache Knäbelein
soll unser Trost und Freude sein,
dazu den Satan zwingen.

19 Wache nach diesem für aller Gedeihen!

Im dritten Teil treten dann zum ersten Mal Menschen von draußen an die Krippe und nehmen das Wunder wahr, daß Gott Mensch geworden ist:

BWV 248, 35 Seid froh dieweil,
daß euer Heil
ist hie ein Gott und auch ein Mensch geboren.

Bach setzt als Sinnbild dafür im Wort *Pars* die Zahl Gottes (3) ein, die zugleich dazu beiträgt, den Anfangsbuchstaben seines Namens zu bilden; denn Gott ist unser *Pars*, unser Teil geworden, wie es dann im vierten Teil auch ausgesprochen wird:

BWV 248, 40 Jesu, meine Freud und Wonne,
meine Hoffnung, Schatz und Teil.

Pars 1 Jauchzet, frohlocket, auf preiset die Tage

Die Abkürzungen *Travers.* finden wir nur auf den ersten beiden Titelseiten, *Hautb.* nur auf der ersten. Sie ermöglichen Ergänzungen in verschiedenen Sprachen, von denen einige in ihren Zahlenbeziehungen gezeigt werden sollen:

Mit der französischen Form *Traversières* ergibt sich für die Titelseite eine Summe, die das tiefe Absteigen Jesu symbolisiert: 1750 = 5 x 5 x 70, Zahlen für die Macht des Teufels (5 als Potenz) und den Namen JESUS (70). Das Gegenteil ist die lateinische Fassung *Traversae*, mit ihr ergibt sich die Summe 1702 = 2 x 851 = 2 x 23 x 37: Der Gottessohn (2) möge zu JOHANN SEBASTIAN BACH (158) selber kommen, wie es die Worte des Schlußchorals erbitten:

BWV 248, 9 Ach mein herzliebes Jesulein,
mach dir ein rein sanft Bettelein,
zu ruhn in meines Herzens Schrein,
daß ich nimmer vergesse dein!

Doch Jesus muß das Herz umwandeln, und darum erscheint die Namenszahl Bachs umgekehrt. In der Teilung aber ergeben sich die Zahlen für den guten Hirten (23) und die Erniedrigung Jesu, der seine Macht aufgegeben hat (37 als Umkehrung der Zahl für ZEBAOTH).

Über dem Wort *auf* ist der u-Bogen zu einer *2* geformt; damit lenkt das Wort den Blick auf den Gottessohn. Die Summe erhöht sich damit auf 1704 = 2 x 12 x 71, Symbol für den Gottessohn (2) in der KRIPPE (71). Kehren wir jetzt wieder zur französischen Bezeichnung zurück, so erhalten wir die Summe 1752 = 2 x 12 x 73: Der Gottessohn kommt in das HERTZ (73). Die Symbolik der Sprache weist darauf hin, daß Jesus sich dafür noch tiefer erniedrigen muß.

Für die Abkürzung der Oboen sind auch die Ergänzungen *d'Amour* oder *d'Amore* möglich; denn diese Instrumente werden im ersten Teil eingesetzt. Das mag nur an einem Beispiel gezeigt werden. Die französische Form führt zur Gesamtzahl 1825 = 5 x 5 x 73: Das HERTZ (73) steht unter der Macht des Satans (5 als Potenz), aber Christus tritt ihr als ZEBAOTH (73) gegenüber. Die italienische Bezeichnung *d'Amore* ergibt die Summe 1806 = 3 x 14 x 43: Gott (3) führt BACH (14) zum Glauben (43).

Durch das *perge*-Zeichen kann nun der Text des Eingangschors vollständig herangezogen werden:

BWV 248, 1 Jauchzet, frolocket, auf preiset die Tage,
rühmet, was heute der Höchste gethan,
laßet das Zagen, verbannet die Klage,
stimmet voll Jauchzen und Fröligkeit an!
Dienet dem Höchsten mit herrlichen Chören,
laßt uns den Nahmen des Herrschers verehren!

In der Partitur steht außerdem noch der Textbeginn der Huldigungskantate für die Königin Maria Josepha (BWV 214), aus der dieser Chor neben anderen Sätzen durch Parodierung gewonnen wurde:

BWV 214, 1 Thönet, ihr Paucken, erschallet Trompeten,
gestimmete

Bach hat diesen Text dann durchgestrichen und den richtigen über die Noten geschrieben. Die Tatsache, daß er später nach über 30 Takten, die nur den Weihnachtstext enthalten, wieder mit dem Huldigungstext beginnt, läßt vermuten, daß er sich nicht versehen, sondern in voller Absicht gehandelt hatte. Er wollte damit wohl ein Zeichen setzen: Nicht weltliche Herrscher sollen verehrt werden, sondern der König Jesus Christus in seiner Niedrigkeit.

Für diese Annahme spricht nicht zuletzt die Symbolzahl des Huldigungstextes in seiner fragmentarischen Form: Die Zahl 512 = 2 x 4 x 4 x 4 x 4 symbolisiert den Gottessohn (2), der auf dieser Erde (4 in vierter Potenz) erschienen ist; die Verehrung, die ihm gebührt, bricht mit seinem Leiden und Sterben ab.

Für die Berechnung der Gesamtzahl ist noch das Zeichen der umgekehrten *3* von Bedeutung, das Bach im *D* des Wortes *Dienet* angebracht hat, aber nur im ersten Einsatz dieses Motivs im Tenor. Dies ist ein deutlicher Hinweis, daß Bach es als symbolisches Zeichen gedacht hat:

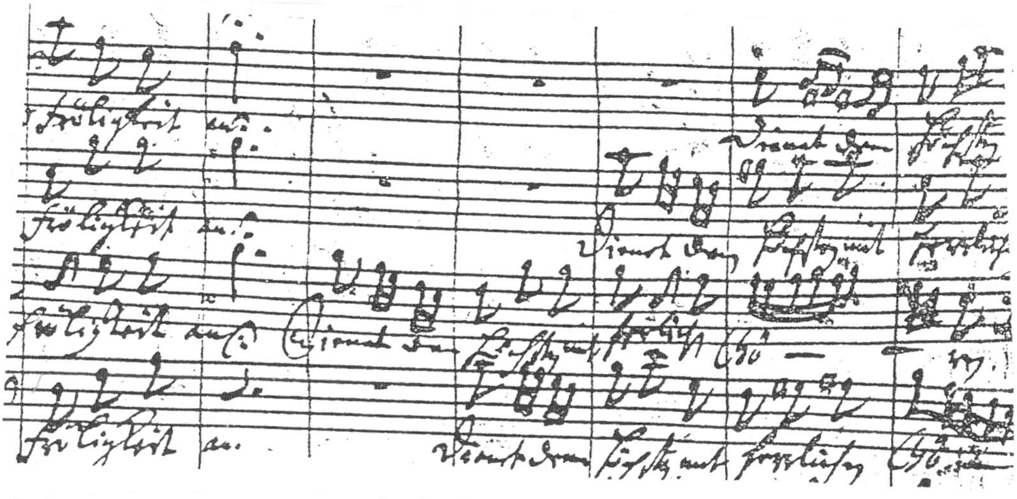

Wenn wir jetzt den vollen Text des Eingangschors einbeziehen, der auch die Not der Menschen zum Ausdruck bringt, sollten wir zunächst die umgekehrte *3* und die Summe der gestrichenen Worte wie auf anderen Titelseiten negativ berechnen. Auch das Dacapo findet jetzt keine Berücksichtigung. Umkehrung und Streichung symbolisieren, daß Gott in den Tod ging um der Sünde der Menschen willen, und dementsprechend sollte auch die französische Bezeichnung *Traversieres* eingesetzt werden, während *Hautbois* ohne Zusatz bleibt. Die. Gesamtzahl unter diesen negativen Zeichen beträgt 3124 = 2 x 22 x 71, Symbol für den Gottessohn (2), dessen Erdenweg von der KRIPPE (71) bis zum Kreuz führt, in die Gottverlassenheit (nach dem prophetischen Psalm 22).

Wandeln wir die negativen Zahlen in positive um als Symbol für den Sieg Christi und beachten dazu alle Zeichen des Heils, die lateinischen Bezeichnungen *Vocibus* und *Traversae*, den italienischen Zusatz *d'Amore*, dann erhalten wir als Gesamtzahl 4200 = 3 x 14 x 100. Auch dieses Zahlensymbol steht in Beziehung zum Schlußchoral: Es ist der allmächtige Gott selber (3 x 100), den BACH (14) bittet, bei ihm einzukehren. Ihn preisen darum auch in den Zwischenspielen des Chorals die Instrumente des Herrschers, Trompeten und Pauken.

Pars 2 Und es waren Hirten in derselben Gegend

Auf der zweiten Titelseite beträgt die Gesamtsumme, wenn man die italienische Bezeichnung *Traversi* wählt, 1652 = 2 x 14 x 59: GOTT (59) kommt als MENSCH (59) in seinem Sohn (2) zu uns, zu BACH (14), wie es der Engel verkündigt:

BWV 248, 13 Euch ist heute der Heiland geboren.

Durch die lateinische Bezeichnung *Traversae* als Symbol dafür, daß dem Heiland Menschen gegenüberstehen, die ihres Heils gewiß sind, ergibt sich die Summe 1649 = 17 x 97. Die Symbolzahlen für Christus, der nach den Worten des prophetischen Psalms 97 in allen Ländern hoch gepriesen wird aus Dankbarkeit für die Erlösung (17), die der Engel verheißen hat, geben die Gedanken des Textes im Blick auf den Schlußchoral wieder:

BWV 248, 13 Siehe, ich verkündige euch große Freude, die allem Volk widerfahren wird.
23 Wir singen dir in deinem Heer
aus aller Kraft Lob, Preis und Ehr,
daß du, o lang gewünschter Gast,
dich nunmehr eingestellet hast.

Durch das *perge*-Zeichen wird der Text des ersten Rezitativs vollständig einbezogen:

BWV 248, 11 Und es waren Hirten in derselben Gegend auf dem Felde bey den Hürten, die hüteten des Nachts ihre Heerde. Und siehe, des Herren Engel trat zu ihnen, und die Klarheit des Herren leüchtet um sie, und sie furchten sich sehr.

Zu beachten ist, daß Bach die u-Bogen über dem Worte *auf* sowie beim zweiten und dritten *und* zur *3* oder *2* gestaltet hat.

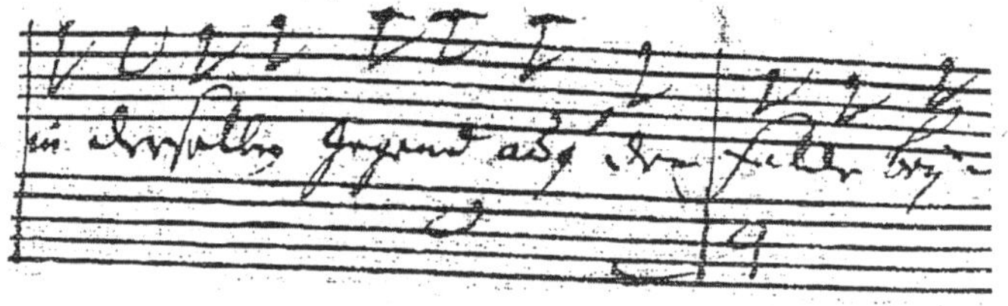

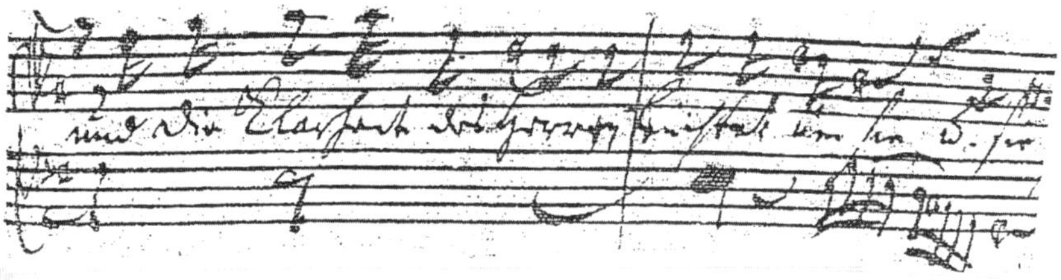

Als Symbol dafür, daß die Hirten zu freudiger Gewißheit geführt werden, kann auch das Wort *Voci.* zum lateinischen *Vocibus* ergänzt werden. Mit der italienischen Form *Traversi* beträgt die Gesamtsumme 3243 = 3 x 23 x 47. Die Zahl 23 kann in diesem Zusammenhang sicher auch als Hinweis auf die Hirten verstanden werden, denen Gott in seinem Heilsplan eine besondere Stellung zugedacht hat:

BWV 248, 14 Was Gott dem Abraham verheißen,
das läßt er nun dem Hirtenchor
erfüllt erweisen.
Ein Hirt hat alles das zuvor
von Gott erfahren müssen.
Und nun muß auch ein Hirt die Tat,
die er damals versprochen hat,
zuerst erfüllet wissen.

Doch gilt die Zahl 23 auch Jesus, dem guten Hirten; in ihm erkennen die Hirten von Bethlehem ihren Gott (3) und HERRen (47).

Zur Krönung für diese Titelseite führt dann die lateinische Bezeichnung *Traversae*: Die Summe 3240 = 3 x 3 x 3 x 10 x 12 ist eine Verherrlichung Gottes (3 in dritter Potenz, multipliziert mit 10) in seiner heiligen Stadt (12) gleich dem Lobgesang der Engel:

BWV 248, 21 Ehre sei Gott in der Höhe!

Pars 3 Herrscher des Himmels, erhöre das Lallen

Auf der dritten Titelseite ist die Gesamtsumme 1633 = 23 x 71 Symbol für die Hirten (23) vor der KRIPPE (71), wie es der Evangelist berichtet:

BWV 248, 30 Und sie kamen eilend und fanden beide, Mariam und Joseph, dazu das Kind in der Krippe liegen.

Durch das *perge*-Zeichen wird der vollständige Text des Eingangschors einbezogen:

BWV 248, 24 Herrscher des Himmels, erhöre das Lallen,
laß dir die matten Gesänge gefallen,
wenn dich dein Zion mit Psalmen erhöht!
Höre der Hertzen frolockendes Preisen,
wenn wir dir itzo die Ehrfurcht erweisen,
weil unsre Wohlfarth befestiget steht!

Zu beachten ist nun auch die *3* im *P* des Wortes *Pars*. Als Gesamtzahl ergibt sich damit 3525 = 47 x 75: In BETHLEHEM (75) finden die Hirten, was ihnen der HERR (47) verkündigen ließ:

BWV 248, 26 Laßt uns nun gehen gen Bethlehem und die Geschichte sehen, die da geschehen ist, die uns der Herr kundgetan hat!

Die Ergänzung des Wortes *Voci.* zum lateinischen *Vocibus* führt zur Summe 3565 = 5 x 23 x 31. Daß in dieser Zahl das Symbol des Teufels (5) erscheint, entspricht dem Schluß des Evangelienberichts in diesem Teil: Die Hirten (23) kehren wieder um, sie bleiben in ihrem Alltag angefochtene, vom Bösen bedrohte Menschen, die ihr Lob nur als *Lallen* in *matten Gesängen* zum Ausdruck bringen können. Doch sie wissen, daß ihr guter Hirte (23) Jesus den Tod für sie überwunden hat (31 als Umkehrung der Todeszahl).

Pars IV Fallt mit Danken, fallt mit Loben

Für die Gesamtzahlen des vierten Titelseite ist die Berechnung der umgekehrten *3* im Wort *Dancken* von Bedeutung. Man kann sie – ähnlich den gestrichenen Worten im Eingangschor des ersten Teils – als Negativzahl abziehen. Das ist ein Sinnbild für Gott, der für uns in den Tod gegangen ist. Dann ergibt sich die Summe 1376 = 32 x 43, Symbol des Glaubens (43) an den guten Hirten, der sich für die Seinen hingegeben hat (32 als Umkehrung). Dieser Gedanke wird mehrfach ausgesprochen:

BWV 248, 38 Mein Jesus hat sich mir ergeben...
Der du dich vor mich gegeben
an des bittern Kreuzes Stamm.
40 Hirt und König, Licht und Sonne,
ach! wie soll ich würdiglich,
mein Herr Jesu, preisen dich?

Vom Leben aus dem Glauben sprechen fast alle Sätze dieses Teils; nur einige seien zitiert:

BWV 248, 40 Wohlan, dein Name soll allein
in meinem Herzen sein!
41 Ich will nur dir zu Ehren leben,
mein Heiland, gib mir Kraft und Mut,
daß es mein Herz recht eifrig tut!
42 Jesus sei mir in Gedanken,
Jesu, lasse mich nicht wanken!

Mit der Ergänzung der Bezeichnung *Voci.* zum lateinischen Wort *Vocibus* wird auch die umgekehrte *3* als vollgültige Zahl mitgerechnet. Wir erhalten nun die Gesamtzahl 1422 = 3 x 3 x 158: Bach denkt anläßlich der Namensgebung Jesu an seine eigene Taufe, bei der ihm sein voller Name JOHANN SEBASTIAN BACH (158) als Name eines Christen gegeben wurde und preist Gott dafür (3 zum Quadrat erhoben):

BWV 248, 38 Dein Name steht in mir geschrieben,
der hat des Todes Furcht vertrieben.
41 Stärke mich,
deine Gnade würdiglich
und mit Danken zu erheben!

Nehmen wir noch die Zahl *3* im Wort *Pars* hinzu, so ist die Summe 1425 = 19 x 75 Symbol für den Thron (19), den Gnadenthron Gottes, der am Tage der Beschneidung Jesu in BETHLEHEM (75) sichtbar geworden ist:

BWV 248, 36 Fallt mit Danken, fallt mit Loben
vor des Höchsten Gnadenthron!

Pars V Ehre sei dir, Gott, gesungen

Auf der fünften Titelseite ergibt sich zunächst nur ein Zahlenbild: 1429. Der fünfte Teil schildert die Weisen aus dem Morgenland, die auf dem Weg sind, aber ihr Ziel noch nicht erreicht haben. Am Ende des Evangelienberichts befinden sie sich gar am Hofe des Königs Herodes – an der falschen Stelle! Darum läßt Bach diesen Teil nur mit einem schlichten Choralsatz schließen im Unterschied zu allen anderen

Teilen. Dieser beschreibt die Not des Menschenherzens, das noch auf das erlösende Licht hofft, so wie den Weisen der Stern den rechten Weg zum Stall in Bethlehem erst noch zeigen muß:

BWV 248, 53 Zwar ist solche Herzensstube
wohl kein schöner Fürstensaal,
sondern eine finstre Grube;
doch sobald dein Gnadenstrahl
in demselben nur wird blinken,
wird es voller Sonnen dünken[73].

Das Zahlenbild enthält die Zahlen für Bach, der sich wie die Weisen auf dem Wege befindet, als irdischer Mensch BACH (14) hofft er, zur ewigen Seligkeit zu gelangen (29 = JSB = SDG).

Die Ergänzung des Wortes *Voci.* zum lateinischen *Vocibus* – bezeichnenderweise auf dieser Titelseite nur schwach durch einen Punkt angedeutet – ergibt zwar ein symbolisches Zahlenprodukt, doch auch darin stehen die Symbole für die Finsternis des Todes (13) und für den Weg Christi, der nach dem prophetischen Psalm 113 gepriesen wird vom Aufgang der Sonne bis zu ihrem Niedergang, nebeneinander: 1469 = 13 x 113. Die Zahlen geben den zwiespältigen Charakter des Schlußchorals wieder: Im finsteren Herzen geht die Sonne Christi auf.

Erst die Einbeziehung der *3* im Wort *Pars* als Symbol für die Gewißheit, daß Gott unser Teil ist, wird eine Summe erreicht, in der alles „voller Sonnen" ist: 1472 = 8 x 8 x 23. Der gute Hirte (23) läßt das Licht der Ewigkeit (8 als Potenz) aufleuchten.

BWV 248, VI Herr, wenn die stolzen Feinde schnauben

Auf der sechsten Titelseite beträgt die Gesamtzahl zunächst 1495 = 5 x 13 x 23, Symbol für den guten Hirten (23), dem die bösen Mächte Tod (13) und Teufel (5) gegenüberstehen. Mit diesem Gedanken beginnt der Eingangschor:

BWV 248, 54 Herr, wenn die stolzen Feinde schnauben,
so gib, daß wir im festen Glauben
nach deiner Macht und Hülfe sehn!

Durch die Zahl *2* im u-Bogen über dem Wort *schnauben* und die Ergänzung des Wortes *Voci.* zum lateinischen *Vocibus* erhöht sich die Summe auf 1537 = 29 x 53. Wenn wir mitten im Schnauben der Feinde in dem kleinen Jesus (2) den SOHN (53) des Allmächtigen erkennen, werden wir zur Seligkeit geführt, zum großen Lobgesang (29 = SDG), an dem auch Bach (29 = JSB) teilnehmen darf.

Als Sinnbild dafür erscheint im Wort *Pars* die Zahl Gottes, die zugleich das *B*, als Zeichen für Bach erkennen läßt. Durch die *3* erhöht sich die Gesamtsumme auf 1540 = 2 x 7 x 110 = 14 x 110. Sie symbolisiert als Hinweis auf den prophetischen Psalm 110 den vollkommenen (7 als Zahl der Totalität) Sieg des Gottessohnes (2) über seine Feinde, der BACH (14) und damit den Menschen den Platz an der Seite Gottes (110) erwirbt, wie es der Schlußchoral beschreibt:

BWV 248, 64 Denn Christus hat zerbrochen,
was euch zuwider war.
Tod, Teufel, Sünd und Hölle
sind ganz und gar geschwächt.
Bei Gott hat seine Stelle
das menschliche Geschlecht.

Alle Titelseiten des Weihnachtsoratoriums

Für die Zusammenfassung aller sechs Titelseiten hat Bach noch ein besonderes Zeichen geschaffen. In der oberen Ecke jeder dieser Seiten steht *No 4.* Nach dem Kritischen Bericht der Neuen Bach-Ausgabe[74] soll diese Angabe „aus sehr früher Zeit" stammen. Die zahlensymbolische Berechnung macht es wahr-

---

73 Zu den unterschiedlichen Textfassungen in Partitur und Stimmen und ihrer symbolischen Bedeutung vgl. Ludwig Prautzsch, Finstre Grube oder Fürstensaal?, in: Musik und Kirche, 56. Jg., Kassel 1986, S. 300.

74 Johann Sebastian Bach, Neue Ausgabe sämtlicher Werke, Serie II, Bd. 6, Krit. Bericht. Kassel 1962, S. 81.

scheinlich, daß sie auf Bach selbst zurückgeht, zumal sie auf andere Weise nicht zu erklären ist. Die Zahl 4 = 2 x 2 weist hin auf die Erde, hier ist Gottes Sohn (2) erschienen. Herausgehoben aus den übrigen Titelseiten ist im Blick auf diese Angabe die vierte; dort steht sowohl nach der Abkürzung *No.* als auch hinter der *4.* je ein Punkt. Beide Punkte sind durch eine Tintenverwischung nach oben zu Strichen geworden, die die *4.* einrahmen. Man kann vermuten, daß Bach damit ein Sinnbild des Gnadenthrones schaffen wollte, der im Eingangschor genannt wird. Die Zahl kann jetzt auch als *141* gelesen werden, sie ist das Produkt aus den Symbolzahlen für den, der auf dem Thron sitzt: Gott (3) der HERR (47).

Die Titelseite des vierten Teils, der ja auch durch die Tonart F-Dur mit einem b-Vorzeichen von allen anderen Teilen in Kreuztonarten abgehoben ist, führt mit dem Zeichen des Gnadenthrons zur Summe 1647 = 3 x 3 x 3 x 61. In Verbindung mit der Symbolzahl für Gott in seiner Herrlichkeit (3 in dritter Potenz) erscheint hier die Zahl für den Namen der Auserwählten, ISRAEL (61): Wie Jesus am Tage der Beschneidung seinen Namen empfing, so erhalten wir durch ihn den Namen derer, denen sich Gott – nach der Erläuterung Luthers – ergeben hat[75]. Davon spricht das Baß-Rezitativ:

BWV 248, 38 Mein Jesus hat sich mir ergeben...
Mein Jesus, wenn ich sterbe,
so weiß ich, daß ich nicht verderbe.
Dein Name steht in mir geschrieben,
der hat des Todes Furcht vertrieben.

So wird der vierte Teil zum eigentlichen Mittelpunkt des Werkes. Die anderen Teile lassen sich mit Einbeziehung der Angaben *No. 4* in Gruppen zusammenfassen. Die Titelseiten der Teile 2, 3, 5 und 6 besitzen einen Punkt hinter der Zahl. Ihre Summe beträgt 10057 = 89 x 113; das sind die Zahlen der prophetischen Psalmen 89 und 113, die von der Hoheit und dem Amt des Messias sprechen, der gepriesen wird vom Aufgang der Sonne bis zu ihrem Niedergang.

Diese vier Teile, die den Teil 4 umrahmen, handeln von den Menschen, die zur Krippe kommen. Die beiden Teile, die sich auf die Hirten beziehen, ergeben die Summe 6975 = 3 x 31 x 75: In BETHLEHEM (75) ist Gott (3) geboren, der das Leben (31 als Umkehrung) schenkt.

Die beiden letzten Teile, die von den Weisen berichten, führen zur Summe 3182 = 2 x 37 x 43. Der Schluß des Oratoriums führt uns wieder in unseren Alltag hinaus, wo uns der Glaube (43) geleiten soll:

BWV 248, 54 So gib, daß wir im festen Glauben nach deiner Macht und Hülfe sehn!

Niemand anders als der Gottessohn (2), der auf seine Allmacht verzichtete (37 als Umkehrung der Zahl für ZEBAOTH), wird uns Hilfe bringen.

Eine Sonderstellung nimmt der erste Teil ein, seine Titelseite zeigt als einzige hinter der Angabe *No 4* keinen Punkt. Vor der Rahmenordnung der anderen Teile, die den Gnadenthron auf der vierten Titelseite umgeben, berichtet der erste Teil von der Geburt Jesu als dem grundlegenden Ereignis des ganzen Evangeliums.

Bei der Berechnung entfallen jetzt, wo es um den Zusammenhang des ganzen Werkes und damit um den Ausblick auf das letzte Ziel geht, die Bezeichnungen, die sich auf das irdische Wirken des Heilands beziehen, der Zusatz *d' Amore* und die französischen oder italienischen Bezeichnungen der Flöten, diese werden nun mit dem lateinischen Namen *Traversae* berechnet.

Ganz unten am Ende der ersten Titelseite hat Bach noch ein kleines Zeichen angebracht, das ich darum auch erst am Schluß meiner Betrachtung erwähne. Es soll wohl auf das Ende des Lebens hinweisen: Den abschließenden Bogen im letzten Buchstaben seines Namens hat Bach zu einer *3* umgebildet, wie er es sonst nirgends getan hat, so daß wir diese Zahl als Sinnbild deuten müssen: Gott hat Wohnung in ihm genommen, nun kann er ihn „nimmer vergessen" – wie es im Schlußchoral dieses Teils heißt – und sich am Jüngsten Tag auf ihn berufen.

Als Summe für die Titelseite ergibt sich nun 5476 = 2 x 2 x 37 x 37. In diesen Zahlen wird der Gottessohn (2), der sich erniedrigte (37 als Umkehrung) verherrlicht, darum sind beide Zahlen zum Quadrat erhoben.

75 Johann Olearius, Biblische Erklärung, Leipzig 1678, Bd. I, S.252.

Die krönende Gesamtzahl aller sechs Titelseiten beträgt 17280 = 10 x 12 x 144. Die Zahlen für die heilige Stadt Gottes mit ihren zwölf Toren (12 x 10) und die Schar der Auserwählten (144) im ewigen Leben geben die Gedanken der letzten Worte des Oratoriums wieder:

BWV 248, 64 Bei Gott hat seine Stelle
das menschliche Geschlecht.

Auf der ersten Titelseite steht am unteren Rand noch folgender Nachtrag von der Hand Carl Philipp Emanuel Bachs:

Componirt anno 1734 im 50ten Jahre des Verf.

Die Abkürzung *Verf.* deutet auf den Tod Bachs hin. Wenn man sie ergänzt zum Wort *Verfaßers*, dann beträgt die Summe der nachgetragenen Zeilen 2197 = 13 x 13 x 13. Sie ist Symbol für die Angst, daß der Weg des Verfassers nach seinem Sterben in den allumfassenden Tod (13 als dritte Potenz) führen wird. Doch die unterdrückten Buchstaben ergeben die Zahlensumme 83, die gleiche wie für den IMMANUEL, den „Gott mit uns". Bach muß diesen Weg nicht selber gehen, der Immanuel nimmt ihm den ewigen Tod ab. Der verbleibende, sichtbare Text dieses Nachtrags führt zur Zahl 2114 = 14 x 151 = 2 x 7 x 151: BACH (14) darf hoffen, daß sein *Componiren* zum neuen Lied (151) in der Ewigkeit wird. So wie Bach im Alter von 41 Jahren an sein Lebensende dachte (s. S. 173), eröffnet ihm das 50. Jahr die Aussicht auf das große Pfingstfest (50) durch den Gottessohn (2) und den Geist, der das neue Leben schafft (7).

So kann der Zusatz als Sinnbild für das Gebet angesichts des Todes verstanden werden. Die Todesangst, die daraus spricht, hat ihren Grund in der Sünde. Unter diesem Aspekt läßt sich nun die Summe des Nachtrags mit der oben gezeigten Gesamtzahl der sechs Titelseiten verbinden. Dazu muß das große Symbol menschlicher Schuld im ersten Teil der Partitur, die gestrichenen Worte der Huldigung für das irdische Königtum, auch im Dacapo mitgezählt werden. Deren Summe beträgt dann 1024 = 4^5 und ist Symbol für die Erde (4) unter der Macht des Satans (5 als Hochzahl). Als Sinnbilder für die Hilfe des Heilands werden dann der vollständige Nachtrag Carl Philipp Emanuels und das Zeichen der Liebe Christi, der Zusatz *d'Amore*, einbezogen. Das ergibt die Summe 20043 = 3 x 3 x 17 x 131: Gott (3 als Potenz) wird uns erlösen (17) vom Tod (13, umgekehrt zur 31).

BWV 232 Messe in h-Moll (Facsimiles S. 10–13)

1. Missa

Auf der ersten Titelseite muß noch ein umfangreiches symbolisches Zeichen vorgestellt werden. Am Anfang dieses Buches hätte man es kaum für möglich gehalten, daß der große Wasserfleck, der sich in der Partitur der *Missa* vom rechten Rand her auf das Titelblatt und die folgenden Seiten ausgebreitet hat, ein symbolisches Zeichen ist, das Bach bewußt eingesetzt hat.

Doch nachdem wir mehrfach Tintenflecke gesehen haben, die in genau berechnetem Umfang in die Gestaltung von Titelblättern einbezogen waren als Symbole des Blutes Jesu, liegt die Deutung dieses Fleckens auf der Hand: Er stellt die Sintflut dar, die die sündige Menschheit ersäufen soll. Von dem Sinnbild der Sintflut erfaßt ist der Name *Bach* – er bekennt sich schuldig und muß der Strafe Gottes gewärtig sein. Doch außerdem befinden sich Buchstaben von Instrumentennamen innerhalb des Fleckens, ihr Wert nach dem Zahlenalphabet beträgt 63 = 3 x 21: Gott (3) läßt seinen Sohn für die Sünde der Menschen ans Kreuz schlagen (21 als Umkehrung der Christuszahl 12). Insgesamt führen die Buchstaben im Fleck zur Summe 77 = 7 x 11, Symbol für alle Sünden (11, dazu die 7 als Zahl der Totalität) der Menschheit.

Doch auch der vom Wasser verschonte Teil ist nicht frei von Schuld. Die Summe seiner Buchstaben beträgt einschließlich der Ergänzung der abgekürzten Worte 1100 = 11 x 100. Damit wird die Welt geradezu als Reich der Sünde gekennzeichnet. 100 kann auch als Produkt aus 10 x 10 gelesen werden: Zehn Gebote hat Gott in die Welt der Sünde hinein gegeben.

Durch eine Tintenverwischung ist die erste Silbe des Wortes *Soprani* gestrichen: In der Knabenstimme Sopran wird damit Jesus symbolisiert, der als Mensch auf die Erde kam und darauf verzichtete, über (= sopra) den Menschen zu stehen. Er war gewiß nicht der „Superstar", als den ihn die Menschen auch heute gern hinstellen und verehren möchten. Durch die Verwischung sind Buchstaben im Zahlenwert 47 gelöscht, das entspricht der Summe des Wortes HERR. Das Titelblatt des ersten Teils der Messe besitzt dann die Gesamtzahl 1053 = 3 x 3 x 117 = 3 x 3 x 3 x 3 x 13, Symbol für Gott in seiner Macht (3 als Potenz), der in den Tod (13) ging. Dazu kommt die Zahl des prophetischen Psalms 117, der nach Calov „von dem Beruff der Heiden" spricht, der Berufung der Ungläubigen, der Sünder.

Durch den Tod Christi haben sich auch für uns die Wasser der Sintflut verzogen, dementsprechend können wir die Buchstaben innerhalb des Fleckens, auch den Namen *Bach* wieder hinzurechnen. Dann ergibt sich die Summe 1130 = 10 x 113 als Symbol für Christus, der nach den Worten des prophetischen Psalms 113 gepriesen wird vom Aufgang der Sonne bis zu ihrem Niedergang. Diese Worte wurden gern als Sinnbild gesehen für den Heilsweg Jesu.

Bach hat das große Sintflutsymbol an den Anfang des Werkes gestellt; denn die Begegnung der Menschen mit Gott erfolgt immer im Bewußtsein ihrer Schuld, angefangen vom Sündenfall im Paradies. Darum beginnt jede Messe nach dem Introitus, dem Einzug der Priester, mit dem *Kyrie eleison*, darum auch stellt Bach an den Anfang der Messe diesen Ruf aus der Tiefe der Not aller Menschen im gemeinsamen, homophonen Einsatz von Chor und Orchester, während auf den ersten Seiten der Partitur noch das Symbol der Sintflut zu sehen ist!

Die Ergänzung des Wortes *Voci.* zum lateinischen *Vocibus* als Symbol für die Schar der Erlösten führt zur Summe 1170 = 10 x 117, wieder ein Hinweis auf den prophetischen Psalm 117, der die Heiden, die Christus in sein Reich gerufen ha, auffordert zum Lobpreis:

> Ps. 117, 1 Lobet den Herrn, alle Heiden!

2. Symbolum Nicenum

Der zweite Teil schildert in den Worten des Glaubensbekenntnisses die Heilstaten Gottes. Die Symbolzahlen der Titelseite begleiten ebenso wie die symbolischen Zeichen (s. S. 15) diese Darstellung.

Ergänzt man die Abkürzung *Fl.* zum französischen *Flutes,* so beträgt die Summe der Seite 1422 = 3 x 3 x 158: Gott (3 als Potenz) wird ein Mensch wie JOHANN SEBASTIAN BACH (158). Betrachtet man die umgekehrte *3,* die durch ein zusätzliches kleines *c* am Wort *Continuo* entsteht, als Zeichen für den Tod Gottes und zieht sie darum von der Gesamtzahl ab, so ist 1419 = 3 x 11 x 43 ein Symbol für das *Symbolum Nicenum* als CREDO (43) an den Gott (3), „der für uns zur Sünde (11) gemacht ist" (2. Kor. 5, 21). Damit bekennt Bach, daß sich Christus tief zu ihm herabneigen muß um seiner Sünde willen; denn die französische Bezeichnung symbolisiert die völlige Verstrickung in das weltliche Wesen.

Mit der Ergänzung des Wortes *Voci.* zum lateinischen *Vocibus* ergibt sich 1462 = 2 x 17 x 43. Die Zahl kennzeichnet das *Symbolum Nicenum* als CREDO (43), als Glaubensbekenntnis an den Gottessohn (2), der uns die Erlösung (17) erworben hat, wie es dem Sinnbild der lateinisch bezeichneten Singstimmen entspricht.

Setzt man die italienische Form *Flauti* ein, dann beträgt die Summe 1449 = 3 x 3 x 7 x 23 mit den Zahlen für Gott (3), Christus als den guten Hirten (23) und den Heiligen Geist (7) als Symbol des dreieinigen Gottes, den das *Symbolum Nicenum* bekennt.

Das italienische Bindewort *e,* das durch ein *c*-Zeichen mit dem Wort *Continuo* verbunden ist, ließ zunächst an eine umgekehrte *3* denken. Doch bei der Addition aller Titelseiten der h-Moll-Messe ergeben sich mit einer zusätzlichen 3 keine geeigneten Symbolzahlen. Betrachtet man den veränderten Buchstaben als ein vergrößertes griechisches *ε,* ändert sich an der eben gefundenen Zahl für diese Titelseite nichts. Der griechische Buchstabe erinnert an die Sprache des Neuen Testaments, in dem die Taten Gottes geschrieben stehen, auf die sich unser Glaube gründet: Der allmächtige Gott – symbolisiert durch den *Continuo* – hat sich unter die Gewalt des Satans – dargestellt durch den auf dem großen *C* lastenden Buchstaben *ε* mit der Teufelszahl 5 – begeben.

Die Symbolzahlen dieser Titelseite und ihrer Verbindung mit allen Titelseiten der Messe bestätigen diese Deutung. Dafür spricht auch die Überlegung, daß die theologisch bedeutsame griechische Sprache, die Bach sehr selten verwendet, in diesem Werk wohl nicht fehlen durfte, mit dem Bach sein kirchenmusikalisches Schaffen krönt und abschließt. Nun erscheint sie sowohl in der Partitur (s. S. 43ff.) als auch auf der Titelseite, beide Male im *Symbolum Nicenum* als Hinweis auf den Jesus des Neuen Testaments, der gekommen ist in die Niedrigkeit – *ε* – und wiederkommen wird in Herrlichkeit – *Tymbali.*

3. Sanctus

Auf dem Titelblatt zum dritten Teil hat Bach aus der Abkürzung *No.* durch Umformung des Schlangenzeichens das Kürzel für das Wort *nicht* gemacht. Dieses besitzt nach dem Zahlenalphabet die gleiche Summe 52 wie das Wort SATAN. Setzt man diese Zahl anstelle der Summe für die eigentlich fehlenden Buchstaben UMERO (68 = 2 x 2 x 17) ein – die Ergänzung, die die Erlösung (17) durch den Gottessohn (2) symbolisieren würde –, dann ergibt sich als Gesamtzahl der Titelseite 1111. Das ist nur ein Zahlenbild, wie es dem Zeichen der Ablehnung Gottes entspricht; hier erscheint zweimal die Zahl der Sünde (11).

Wenn man aber das *nicht*-Zeichen außer Kraft setzt als Gleichnis dafür, daß der Satan überwunden ist, dann beträgt die Gesamtzahl 1127 = 23 x 49 als Symbol für den guten Hirten (23), dem das HEILIG (49) gesungen wird.

4. Osanna – Benedictus – Agnus Dei

Die Summe für die vierte Titelseite beträgt zunächst 1582 = 2 x 7 x 113 = 14 x 113. Dabei ist die verblassende, unvollendete Bezeichnung *2 Tenor* zum deutschen Begriff *2 Tenöre* ergänzt worden. Dieser bezieht sich auf Bach, ebenso wie die Gesamtzahl mit den Symbolen für BACH (14), der den Gottessohn (2) mit den Worten des prophetischen Psalms 113 vom Aufgang der Sonne bis zu ihrem Niedergang preist in seiner umfassenden Macht (7 als Zahl der Totalität).

Damit wird gleichsam im Rückblick der ganze Heilsweg Christi symbolisiert, der sich jetzt vor dem Richterstuhl Gottes vollendet, wie es der Aussage des vierten Teils der Messe entspricht. Das Symbol bezieht sich auf eine bemerkenswerte Figur im *Osanna,* die Aufgang und Niedergang sowohl für den Betrachter der Partitur wie auch für den Hörer nachzeichnet:

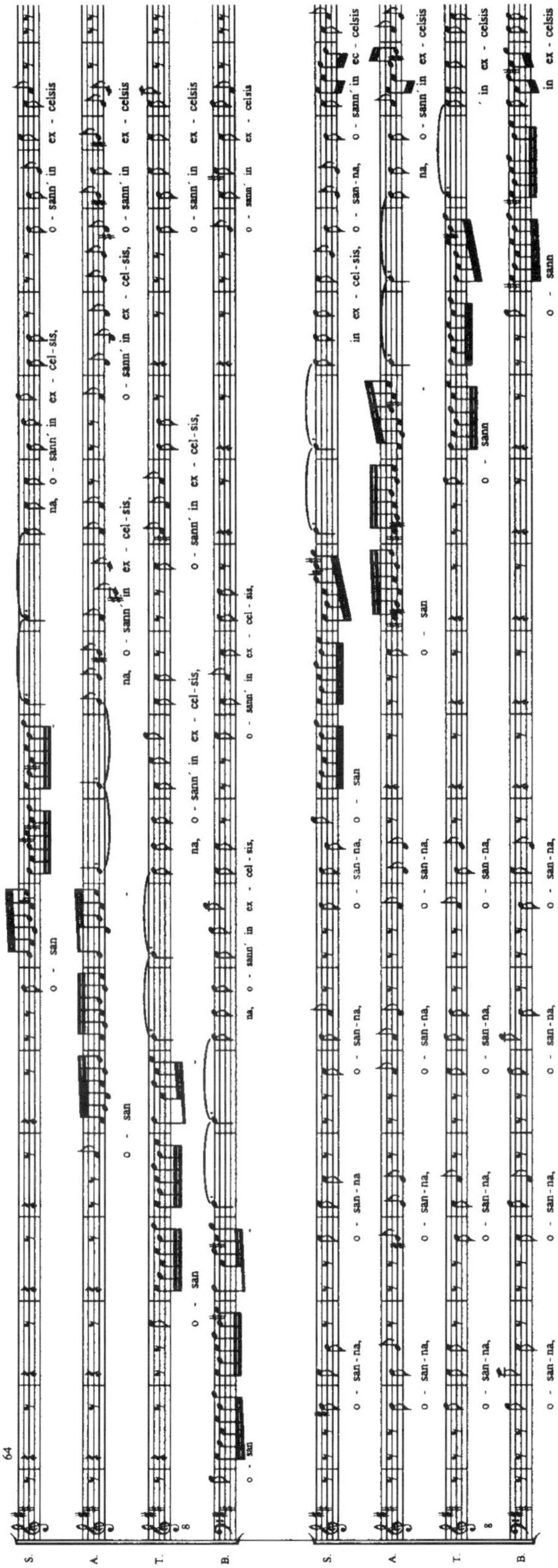
64
S.
A.
T.
B.
o - san
o - san-na,
o - sann' in ex - cel-sis,
o - sann' in ex - celsis

Ein Motiv beginnt im Baß des ersten Chors und wandert dann im Fugato aufsteigend durch alle Stimmen. Anschließend übernimmt es der zweite Chor im Sopran und läßt es durch alle Stimmen absteigen. Es fängt in e-Moll an und erklingt dann im diatonischen Quintenzirkel auf jeder Stufe der D-Dur-Tonart, in der das Osanna steht. Der Kreislauf endet wieder auf e, aber jetzt erklingt das Motiv in E-Dur: Christus kehrt als Sieger wieder auf den Thron des Vaters zurück.

Wenn man die beiden *perge*-Zeichen berücksichtigt, werden *Osanna* und *Benedictus* in ihrem vollen Wortlaut einbezogen:

BWV 232, 22 Osanna in excelsis!
23 Benedictus, qui venit in nomine Domini.
Osanna in excelsis!

Als Gesamtzahl ergibt sich damit 2128 = 19 x 112: CHRISTUS (112) auf dem Thron (19) Gottes. Er ist der Richter, er erscheint aber auch als Fürsprecher; an ihn richten sich die letzten Worte der Messe:

BWV 232, 25 Dona nobis pacem!

Alle Titelseiten der h-Moll-Messe

Die Zusammenfassung der Summen aller vier Titelseiten läßt sich in zwei Stufen darstellen. Die erste Stufe umfaßt alle auf den Titelseiten niedergeschriebenen Zahlen und Buchstaben, wobei das *o* in *No.* auf der dritten Titelseite nicht als Buchstabe, sondern als Teil des Zeichens ⊙ zu betrachten ist und darum nicht berechnet wird. Die Summe beträgt 4500 = 45 x 100, eine Verherrlichung (100) des Königs und Bräutigams nach dem prophetischen Psalm 45, in dem er aufgefordert wird, sein Heilswerk zu beginnen:

Ps. 45, 5 Zeuch einher, der Wahrheit zugut, und die Elenden bei Recht zu behalten, so wird deine rechte Hand Wunder beweisen.

Dieser Gedanke entspricht der mit ihren Abkürzungen noch unfertigen, gleichsam jungfräulichen Gestalt der Titelseiten, denen die Vollendung noch zuteil werden muß als Sinnbild der Erlösung zum ewigen Leben.

In der zweiten Stufe werden statt der Zeichen für die Sünde die Zeichen für die Erlösung berücksichtigt.

No. 1	*Missa,* mit der Ergänzung *Vocibus* und den Worten im Wasserfleck, aber ohne die verwischten Buchstaben *Sop*	1170 = 10 x 117
No. 2	*Symbolum Nicenum,* mit der Ergänzung *Vocibus* und der französischen Bezeichnung *Flutes*	1462 = 2 x 17 x 43
No. 3	*Sanctus,* mit dem Zeichen ⊙ = *-umero*	1127 = 23 x 49
No. 4	*Osanna ρ Benedictus ρ Agnus Dei et Dona nobis Pacem,* mit Berücksichtigung der *perge*-Zeichen	2128 = 19 x 112
	Alle Titelseiten	5887 = 7 x 29 x 29

Diese Summe ist Symbol für den lebensschaffenden Heiligen Geist (7), der Bach (29 = JSB) zum ewigen Lobgesang (29) führt.

Noch ist in diesen Summen nicht die Zahl der drei verwischten Buchstaben auf der ersten Titelseite enthalten. Ihre Summe, 47 = HERR, weist wohl darauf hin, daß ihre Einbeziehung ein Sinnbild sein wird für die Erhöhung Christi am Ende aller Zeiten und darum nur in der Gesamtzahl vorgenommen werden kann. Rechnen wir diese Zahl hinzu, so ist 5934 = 2 x 3 x 23 x 43 ein Symbol für das letzte Ziel, das wir nur im Glauben (43) schauen können, wenn Gott (3), „der von den Toten ausgeführt hat den großen Hirten (23) der Schafe“ (Hebr. 13, 20), seinen Sohn (2), ihm „alles unter seine Füße“ legen wird (1. Kor. 15, 25).

Die beiden letzten Summen bleiben auch dann die gleichen, wenn man die beiden Bezeichnungen, die noch verändert werden können, *Flutes* auf der zweiten, *Tenöre* auf der vierten Titelseite, als Symbol ewiger Vollendung gemäß der Bachschen Symbolik in die jeweils höhere Sprache überträgt: *Flauti* und *Tenores.* Dann wird der Zahlenwert 13 von den Tenören genommen und den Flöten zugelegt: Christus, durch die Flöten symbolisiert, nimmt den Menschen den Tod (13) ab.

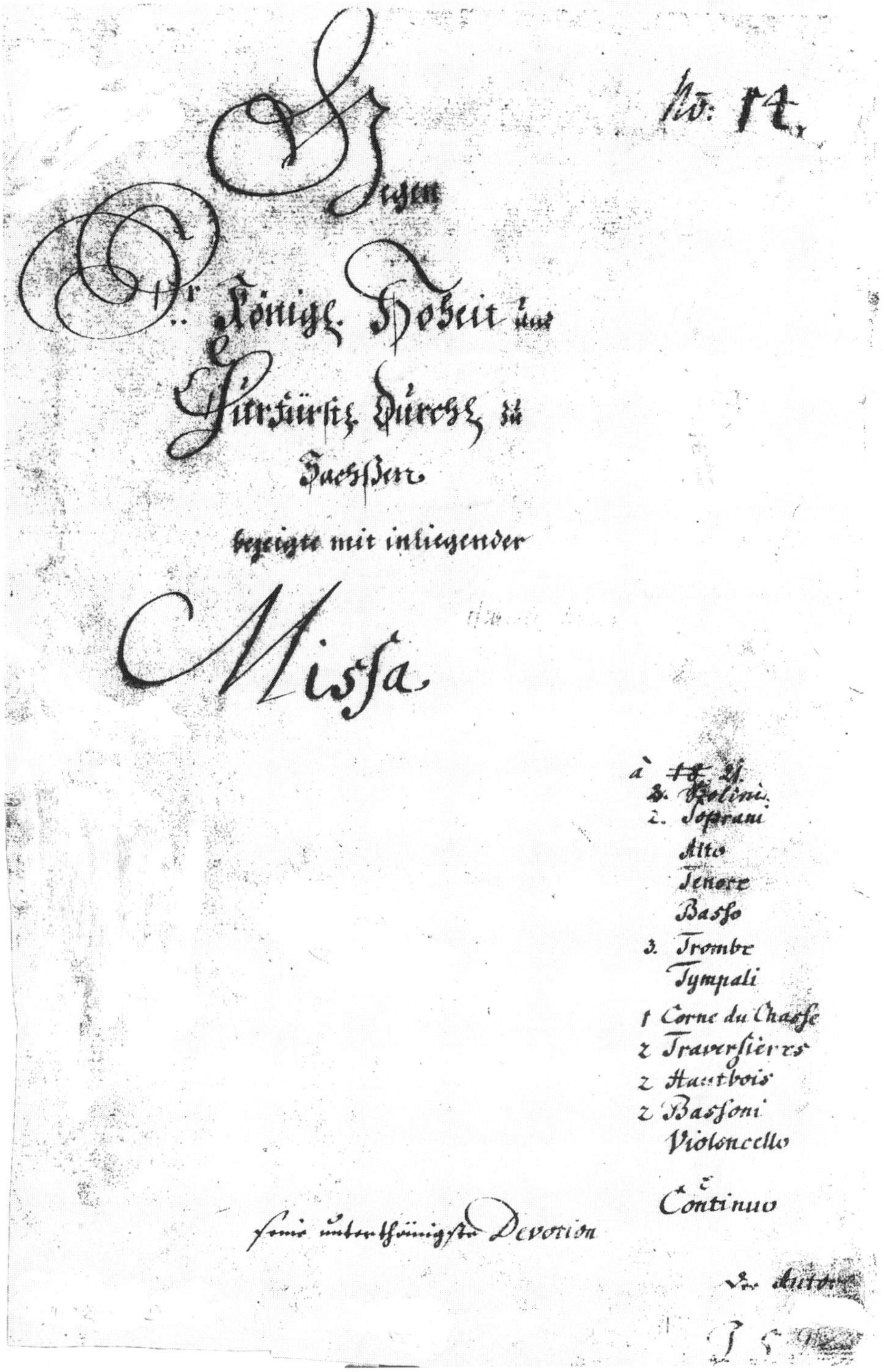

No: 14.

Gegen Sr. Königl. Hoheit und Churfürstl. Durchl. zu Sachßen

bezeigte mit inliegender

Missa

à ~~14~~ 21.
2. Violini
2. Soprani
Alto
Tenore
Basso
3. Trombe
Tympali
1 Corne du Chasse
2 Traversieres
2 Hautbois
2 Bassoni
Violoncello
e
Continuo

seine unterthänigste Devotion

der Autor

J. S. Bach

Titelseite des Stimmumschlags der Missa BWV 232

BWV 232 Widmungsexemplar der Stimmen zur Missa

Der Umschlag der Stimmen zur *Missa,* die Bach 1733 dem neuen Kurfürsten Friedrich August III. kurz nach dessen Regierungsantritt übersandt hat, besitzt ein sorgfältig kalligraphisch gestaltetes Titelblatt. Bachs Handschrift zeigen nur die Zeilen am unteren Ende: *seine unterthänigste Devotion / der Autor / J. S. Bach.* Diese Eintragung des Komponisten ist heute von einem Papierstreifen überklebt.

Auffallend ist, daß gerade der kalligraphische Teil mehrere Fehler enthält. Die zunächst eingetragene Stimmenzahl *18* traf nicht zu, weil Violinen und Viola in der Aufstellung fehlten, und mußte durchgestrichen werden. Die Violinen wurden nachgetragen, für die Viola aber war kein Platz, so daß zwar die neue Stimmenzahl *21* richtig ist, die Viola aber mußte bei den Violinen mitgezählt werden, was eine zweite Änderung erforderte: Über die Zahl 2 wurde die 3 geschrieben.

Ob Friedrich Smends Überlegungen zur Entstehung der Fehler[76] zutreffen, ist für meine Fragestellung nicht entscheidend. Überraschend ist es in jedem Fall, daß Bach es gewagt hat, einen so fehlerhaften Umschlag als Widmungsexemplar an den Kurfürsten zu senden, zumal er sich ja damit den Titel eines Hofkomponisten verdienen wollte. Man wird ihm, der so großen Wert auf eine genau berechnete Gestaltung seiner Titelblätter legte, nicht unterstellen dürfen, daß er beim Unterzeichnen der Seite einen so schwerwiegenden Fehler wie das Auslassen der Streichinstrumente vor der Korrektur nicht bemerkt habe. Wir müssen daher nach einer symbolischen Deutung fragen.

Es fällt auf, daß die Präposition *Gegen,* die die Widmung an den Kurfürsten einleitet, mit dem Dativ verbunden ist: *Gegen Seiner Königl. Hoheit und Churfüstl. Durchlaucht.* Die Verbindung mit dem Dativ ist zwar in der deutschen Sprache die ursprüngliche gewesen, war aber längst der Verbindung mit dem Akkusativ gewichen[77]. Nur sehr selten erscheint im 18. Jahrhundert *gegen* mit dem Dativ im Sinne von *gegenüber.* Die Präposition war inzwischen an die Stelle von *wider* getreten und bezeichnete die feindliche oder doch abweichende Haltung. Bach hat in seinen Briefen und Eingaben *gegen* stets mit dem Akkusativ gebraucht[78], in seinen Werken finden sich außer diesem Stimmumschlag nur sehr wenige Stellen, wo *gegen* mit dem Dativ erscheint. In der Geburtstagskantate für den Kurfürsten und König Friedrich August III / II., dem auch die *Missa* gewidmet ist, „Schleicht, spielende Wellen" (BWV 206), wendet sich die Weichsel als Vertreterin des Königreiches Polen an den im gleichen Jahr 1734 gekrönten Landesherren:

BWV 206, 3 Nächst den dir getanen Schwüren
treibt allein, Herr, deine Güte
unser reuiges Gemüte
zum Gehorsam gegen dir.

Auch wenn die Güte des neuen Herrn erwähnt wird, Begeisterung und Zuneigung spricht nicht aus diesen Worten. Diese Arie und noch mehr das vorausgegangene Rezitativ sprechen von der Not und den Kämpfen, die die durch russische Waffen erzwungene Wahl Friedrich Augusts zum König dem polnischen Volk gebracht haben, und die gerade im Jahr 1734 noch in voller Schärfe das Land erschütterten. Polen hat sich zum Gehorsam bequemen müssen gegenüber dem Fürsten, „vor dessen Zepter ich mich bücke" (BWV 206, 2) – das lassen die Worte der Weichsel deutlich spüren.

Darum wohl hat der Dichter, sicher im Einvernehmen mit Bach, die altertümliche Form *gegen dir* gebraucht. Sie bezeichnet den Gehorsam als schuldige Pflicht, deutet aber im Doppelsinn der Präposition Widerwillen und Ablehnung der fremden Herrschaft an, hatten die Polen doch zunächst einen polnischen Grafen gewählt[79]!

In gleichem Sinn ist der Dativ in der Widmung der *Missa* zu verstehen: Die *Devotion* ist eine überkommene Pflicht der Untertanen gegenüber dem Landesherrn, sie ist gepaart mit der verhaltenen Kritik an der Machtpolitik des Kurfürsten, die auch in den anderen Huldigungskantaten zu spüren ist, die Bach in

---

76 Johann Sebastian Bach, Neue Ausgabe sämtlicher Werke, Serie II, Bd. 1, Krit. Bericht, Kassel 1956, S. 120ff.

77 Hermann Paul, Deutsches Wörterbuch, 9. Auflage, Tübingen 1992, S. 320.

78 Johann Sebastian Bach, Leben und Werk in Dokumenten, Kassel 1975, S. 49 u. a. m.

79 Daß Bach seine kritischen Gedanken durch symbolische Zeichen in der Partitur der Kantate BWV 206 nachdrücklich zum Ausdruck gebracht hat, werde ich in einer Veröffentlichung unter dem Titel „Bachs Weihnachtsoratorium und die polnische Königswahl" darstellen. Vgl. auch: Ludwig Prautzsch, Bibel und Symbol in den Werken Bachs, Schriftenreihe des Thomas-Morus-Bildungswerks, Bd. 4, Schwerin 2000, S. 32ff.

den Jahren 1733 und 1734 der kurfürstlichen Familie widmete: „Laßt uns sorgen, laßt uns wachen" (BWV 213), „Tönet, ihr Pauken" (BWV 214) und „Preise dein Glücke, gesegnetes Sachsen" (BWV 215). Aus diesen Kantaten entnimmt er dann wesentliche Teile als Parodien für das Weihnachtsoratorium (BWV 248), um noch im Jahr 1734 für seine Gemeinde an die Stelle der Verehrung irdischer Fürsten die Anbetung des wahren Königs Jesus Christus zu setzen.

Diese Absicht ist bereits auf der Titelseite zur *Missa* zu erkennen. Bach stellt sich persönlich hinter den versteckten Vorwurf, der in dem doppeldeutigen *Gegen* liegt: Im ersten Buchstaben der Titelseite, im *G* dieses Wortes, ist das Monogramm *JSB* angebracht; es ist anscheinend durch nachträgliche Verstärkung des *J* und des *B* kenntlich gemacht worden. Das Monogramm hilft uns, die Rahmenform der Inschrift zu erkennen, die hier mit Ergänzung der abgekürzten Worte wiedergegeben wird.

JSB
Gegen

Seiner Königlichen Hoheit und
Churfürstlichen Durchlaucht zu
Sachßen

bezeigte mit inliegender

Missa

à ~~18~~ 21
3[2] Violini
2 Soprani
Alto
Tenore
Basso
3 Trombe
Tympali
1 Corne du Chasse
2 Traversières
2 Hautbois
2 Bassoni
Violoncello
e
Contiuno

seine untertänigste Devotion

der Autor
Johann Sebastian Bach

Die Rahmenordnung beginnt und endet mit dem Namen Bachs. Dieser bildet mit den dazu gehörigen Worten *Gegen* und *der Autor* den äußersten Rahmen und führt zur Summe 292 = 4 x 73 als Symbol für den wahren Herrn der Erde (4), den Gott ZEBAOTH (73).

Gott aber übt sein Königtum nicht durch Macht und Gewalt aus wie Friedrich August, sondern in der Erniedrigung und Hingabe für sein Volk. Darum hat Bach wohl ganz bewußt im Duett „Domine Deus", in dem Christus auch als „Agnus Dei" verehrt wird, der Anrede „Jesu Christe" das Wort „altissime", Höchster, hinzugesetzt, wie es im Leipziger Gottesdienst üblich war, nicht aber in der katholischen Liturgie, und darum in der Messe der Dresdener Hofkirche fremd wirken mußte[80].

Den nächsten Rahmen bilden die Zeilen, die sich auf den Kurfürsten und die ihm gebührende Verehrung beziehen. Daß sich aus diesen Worten zunächst kein Produkt symbolischer Zahlen ergibt, ist nicht verwunderlich, sondern zeugt davon, wie folgerichtig Bach seine Zahlensymbole einsetzt. Durch die Verbindung des Dativs mit der zweideutigen Präposition *Gegen* ist die Summe der Buchstaben nach dem Zahlenalphabet um 43 höher, als sie bei der Verwendung des Akkusativs sein würde. Das ist die Zahl des

80 Philipp Spitta, Johann Sebastian Bach, Bd. II, Leipzig 1873, S. 518.

Glaubens (43 = CREDO). Damit will Bach wohl zum Ausdruck bringen, daß es ein schwerer Irrtum ist, sich zu einem Fürsten wie zu seinem Gott zu bekennen. Dieses Zeichen dürfte Bach sehr am Herzen gelegen haben, hatte er doch sieben Jahre vorher in der Kantate „Ihr Häuser des Himmels" zum Namenstag Augusts des Starken die Worte vertonen müssen:

BWV 193a, 2 Nenne deinen August: Gott![81]

Wenn man in den Zeilen der zweiten Rahmengruppe die Titel des Fürsten in den Akkusativ umwandelt und damit den Widerspruch zum Ausdruck bringt, den Bach in der zweideutigen Präposition als Möglichkeit doch wohl angedeutet hatte, ergibt sich auch eine Symbolzahl für die Summe aus den Buchstaben: 987 = 21 x 47. Sie weist auf den Gekreuzigten (21 als Umkehrung der Christuszahl) hin, er ist der HERR (47), dem alle Verehrung gebührt, die Bach in seiner Missa darbringen will.

In der dritten Rahmengruppe sind die Angaben zur Komposition enthalten mit ihren Fehlern und Korrekturen. Bei genauem Zusehen erweisen sie sich als Sinnbild für den falschen Weg, der berichtigt werden muß. Auf die Streichinstrumente zu verzichten, wie es die ursprüngliche Niederschrift andeutete, hieße ja im symbolischen Sinn, die göttliche Herkunft und Kraft Jesu zu leugnen. Vielmehr gilt es, gerade den Heiland in seiner Niedrigkeit als Herrn zu verehren.

An die Stelle der Zahl 18 = 2 x 3 x 3 tritt 21: Der Gottessohn (2) verzichtet auf seine göttliche Macht (3 als Potenz) und läßt sich ans Kreuz schlagen (21 als Umkehrung). Im übrigen sind die Streichinstrumente, Violinen und Viola, betroffen. Die Viola, die Bach in besonderer Weise als Symbol des leidenden und sterbenden Gottessohnes einsetzt, ist überhaupt nicht genannt.

Die übereinander geschriebenen Zahlen *2* und *3* sind ein ähnliches Zeichen, wie wir es auf der Titelseite der Kantate „Gott soll allein mein Herze haben" (BWV 169) gesehen haben (s. S. 122f.). Dort ist die Zahl der *3* Oboen in eine *2* verändert worden: Gott will in seinem Sohn erkannt werden, dessen Wirken auf Erden die Oboen symbolisieren. Hier ist es umgekehrt: Die *3* über der *2* symbolisiert, daß wir in dem Sohn den dreieinigen Gott sehen, dessen Macht durch die Violinen bezeichnet wird. Beide Zahlen sind darum für die krönende Gesamtzahl zu berechnen.

Die Summe des inneren Rahmens beträgt, wenn man die Zahl *18* positiv berechnet und die *2,* die eigentlich gelöscht werden müßte, einbezieht, 1456 = 13 x 112 als Hinweis auf CHRISTUS (112), der in den Tod (13) ging.

Als Mittelpunkt der Rahmenordnung erscheint das Wort *Missa* mit der Summe seiner Buchstaben 58 = 2 x 29. Sie ist Symbol für den KÖNIG (58), dem Bach seine *Devotion,* seine Anbetung darbringen will: dem Gottessohn (2), dem allein die Ehre gebührt (29 = SDG, Soli Deo Gloria).

Für die ganze Titelseite läßt sich ein Zahlenkosmos erkennen, der sich auf der Symbolzahl für den Thron Gottes, 19, aufbaut, allerdings nur, wenn statt des Dativs als Zeichen der Fürstenverehrung der Akkusativ eingesetzt wird.

Auch muß die Angabe in der rechten oberen Ecke der Titelseite *No: 14* beachtet werden. Da in der Sächsischen Landesbibliothek, in der sich die Handschrift befindet, kein Register bekannt ist, auf das sich diese Numerierung beziehen könnte[82], muß damit gerechnet werden, das sie – wie in einer Reihe anderer Bach-Autographe – ein zusätzliches Zahlensymbol sein soll, das Bach veranlaßt hat. Hier kann seine Namenszahl als Unterstreichung der persönlichen Aussagen verstanden werden, die er auf dieser Titelseite im Wortlaut und in seinen Symbolen niedergeschrieben hat, die Ablehnung der Fürstenverehrung und sein Bekenntnis zu Gott.

Dazu kommt das Wort *Numero,* als Begriff der Zahl und durch seine Summe 81 = 3 x 3 x 3 x 3 Symbol für Gott und sein Reich. Dann ergibt sich als krönende Gesamtsumme der Seite 2888 = 8 x 19 x 19, Symbol für den gewaltigen Thron (19 als Potenz) Gottes in der Ewigkeit (8).

Nun ergibt sich die Frage: Läßt sich die Titelseite der *Missa* mit der Summe der vier Titelseiten der h-Moll-Messe zu einer Gesamtzahl verbinden? Das ist nur denkbar unter der Voraussetzung, daß sich Bach seinen Entwurf oder eine Abschrift der Titelseite der *Missa* aufbewahrt hatte bis zur Niederschrift der h-Moll-Messe. Da er ja die Stimmen der *Missa* wiederverwendet hat, ist es ohnehin anzunehmen.

---

81 Facsimile in: Werner Neumann, Sämtliche von Johann Sebastian Bach vertonte Texte, Leipzig 1974, S. 394. Es läßt sich freilich nicht nachweisen, daß Bach diese für den Namenstag bestimmte Kantate komponiert hat.

82 Für diese Auskunft danke ich Frau Ute Härtwig, Sächsische Landesbibliothek, Dresden.

Untersucht man die Zahlen für alle Titelseiten, ergibt sich eine zusammenfassende Symbolzahl nur, wenn man auf der ersten Titelseite der h-Moll-Messe die verwischte Silbe *Sop* unberücksichtigt läßt, das Sinnbild für den, der auf seine Würde als HERR (47) verzichtet hat. Eben diesem Gedanken entspricht die Summe aller fünf Titelseiten: 8775 = 3 x 45 x 65 = 3 x 5 x 13 x 45: Gott (3) trägt als der Bräutigam (Psalm 45) alle SÜNDE (65), er geht hinein in den Tod (13) und unter die Macht des Bösen (5). Nichts anderes besagt ja auch die Verbindung der Partitur mit den Stimmen, die als solche das Wirken des erniedrigten Heilands wiederspiegeln.

Christuszeichen und Bach-Monogramm

Können die Zeichen, die als Initialen auf die Namen Christus, Jesus und Johann Sebastian Bach hinweisen, genauso wie die zusätzlichen Zahlen, die meistens in u-Bogen angebracht sind, mitberechnet werden in der Summe ihrer Buchstaben nach dem Zahlenalphabet? Das soll an der Titelseite eines unbekannten Schreibers untersucht werden.

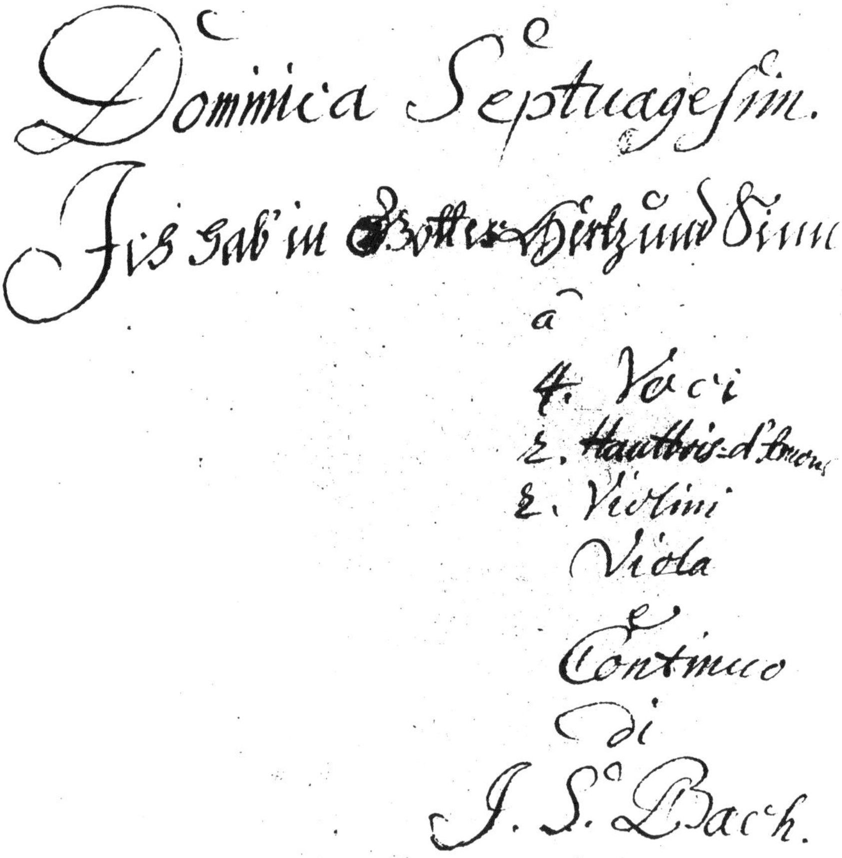
Dominica Septuagesim.
Jch hab' in Gottes Hertz und Sinn
à
4. Voci
2. Hautbois d'amour
2. Violini
Viola
e
Continuo
di
J. S. Bach.

Titelseite des Stimmumschlags der Kantate BWV 92

BWV 92 Ich hab' in Gottes Herz und Sinn

Der Apostroph am Ende des Wortes *hab´* ist genauso zu deuten, wie auf der Titelseite der Kantate „Nun komm, der Heiden Heiland" (BWV 61, s. S. 71). Eine Ergänzung des Buchstabens *e* würde das Versmaß der Liedstrophe stören, die hinzukommende Zahl 5 wäre ein Symbol der bösen Mächte. Von den Anfechtungen, unter denen der Christ zu leiden hat, sprechen alle Sätze der Kantate, einige seien angeführt:

BWV 92, 2 Wenn mich die Wellen schon ergreifen,
und ihre Wut mit mir zum Abgrund eilt...
3 Laß Satan wüten, rasen, krachen.
9 Soll ich denn auch des Todes Weg
und finstre Straße reisen...

Doch daran soll sich der Christ nicht kehren, und zum Zeichen dafür bleibt der Apostroph unberücksichtigt. Als Summe dieser Titelseite ergibt sich dann 1140 = 2 x 3 x 10 x 19 = 2 x 10 x 57, Symbol für den mächtigen Gott (3 x 10) und seinen Sohn (2) auf dem Thron (19) im HIMMEL (57). Die Zahlen entsprechen den Gedanken des Eingangschors:

BWV 92, 1 Ich bin ein Sohn des, der den Thron
des Himmels aufgezogen.

Die 2 kann hier wohl auch als Symbolzahl des Menschen als Gottes Kind gedeutet werden.

Merkwürdig ist das Abkürzungszeichen nach dem Wort *Hautbois:*. Da die Bezeichnung keiner Ergänzung bedarf, kann es wohl nur gedeutet werden im Sinne einer Weiterführung zur höheren Stufe der Sprachsymbolik, zum italienischen Zusatz *d'Amore* – statt des französischen *d'Amour* – als Zeichen dafür, daß hier ein Mensch vor Gott steht, der vom Glauben erfüllt ist. Er ist gewiß:

BWV 92, 2 Es kann mir fehlen nimmermehr,
mein Vater muß mich lieben.

Mit dem italienischen Zusatz beträgt die Summe 1121 = 19 x 59, Symbol für GOTT (59) auf seinem Thron (19), aber auch für das Wort GLORIA (59), die Ehre Gottes:

BWV 92, 7 Daß schon auf dieser Erden...
dein Himmelreich sich in mir zeigen muß
und deine Ehr
je mehr und mehr
sich in ihr selbst erhöhe.

Wenn man nun die Buchstabenzeichen heranziehen will, muß geklärt werden, wieviel dazu gehören. Sie sind – wie bei den meisten Titelseiten, die von Bachs Schreibern angelegt sind – recht häufig, aber nicht immer eindeutig als Zeichen zu erkennen. Zu beachten ist wohl auch hierbei, ob die Worte, an denen sie angebracht sind, zu dem betreffenden Zeichen in Beziehung stehen. In manchen Fällen kann die Frage nur entschieden werden durch die Summe, die sich mit den Zeichen für die Titelseite ergibt, als Symbol für den Text der Kantate.

Deutlich ist das Monogramm Bachs im Buchstaben *G* des Wortes *Gottes* zu erkennen (s. S. 94), ebenso die vier senkrechten Striche, die auf den Namen Jesus hinweisen. Sie stehen zweimal in Worten, die sich auf Gott beziehen: im *H* des Wortes *Hertz* und im *C* des Wortes *Continuo.* Zweimal finden wir sie in den Bezeichnungen für die Menschen: im *o* des Wortes *Voci* und im *B* des Namens *Bach.* Daß sie offenbar symbolisch gemeint sind, dürfte daraus zu ersehen sein, daß derselbe Schreiber diese Buchstaben öfter auch ohne Strich geschrieben hat. Für das *o* vergleiche man auf dieser Titelseite die Worte *Violino, Viola* und andere, für *B* und *C* die Titelseiten der Kantaten BWV 1, 68 und 94 (s. S. 92, 95f.).

Die Initialen Jesu in den Worten *Hertz* und *Continuo* zeigen an, daß in Jesus die Zuwendung und Macht Gottes offenbar wird:

BWV 92, 7 So spricht der gottgelaßne Geist,
wenn er des Heilands Brudersinn
und Gottes Treue gläubig preist.
3 Seht aber fest und unbeweglich prangen,
was unser Held mit seiner Macht umfangen.

In den Worten *Voci* und *Bach* sind die Striche Sinnbilder, daß Bach und die Gläubigen Jesus als ihr Vorbild im Herzen tragen:

BWV 92, 5 Ich denke dran,
wie Jesus nicht gefürcht' das tausendfache Leiden.

Es ist nicht so leicht, unter den vielen kleinen Bögen diejenigen auszumachen, die als *c* auf Christus hinweisen sollen. Ich möchte mich beschränken auf die Bögen, die einem Buchstaben beigefügt worden sind, ohne ein notwendiger Teil dieses Buchstabens zu sein: am *D* des Wortes *Dominica,* am *S* und *s* im Worte *Septuagesim.*, am *H* des Wortes *Hertz* und am *S* des Vornamens Bachs. Auch den u-Bogen über dem Wort *und* rechne ich hinzu, der auffallend weit herumgezogen ist. Derselbe Schreiber hat auch diese Schriftzeichen öfter anders gestaltet, so auf den Titelseiten der Kantaten BWV 1, 38 und 99.

Für das Christuszeichen gilt das Gleiche wie für die Striche: Es erscheint sowohl in Worten, die sich auf Gott und seinen Sohn beziehen – *Septuagesimae* als 70. Tag vor Ostern weist schon voraus auf die Auferstehung –, als auch im Namen Bachs. Im Glauben an Christus darf Bach auf ein seliges Ende warten, wie es der Schlußchoral sagt:

BWV 92, 9 Du bist mein Hirt,
der alles wird
zu solchem Ende kehren,
daß ich einmal
in deinem Saal
dich ewig möge ehren.

Bei der Berechnung dieser Buchstaben ist zunächst zu beachten, daß die Initialen der Namen keine Abkürzungen sind. Sie können nur als Zeichen verstanden werden, die durch ihre Buchstabenform zu einer Alphabetzahl führen. Diese beträgt für alle diese Zeichen zusammen 83 als Symbol für IMMANUEL, den „Gott mit uns", wie er ja auch im Sinnbild dargestellt ist: die Zeichen für Jesus Christus in den Bezeichnungen der Menschen, das Monogramm Bachs im Namen Gottes. Als Summe für die Titelseite ergibt sich damit 1204 = 2 x 14 x 43, Symbol für den Glauben (43) BACHs (14) an den Gottessohn (2).

BWV 92, 2 Halt ich denn stand
und lasse mich in felsenfestem Glauben finden,
weiß seine Hand,
die er mir schon vom Himmel beut,
zu rechter Zeit
mich wieder zu erhöhen.

Die Untersuchung dieser Titelseite hat gezeigt, daß Bach offenbar nach genau überlegtem Plan auch die Namenszeichen in die Zahlenstruktur der ganzen Seite einbezogen hat. Dennoch möchte ich es bei diesem einen Beispiel belassen. Die Titelseiten von Johann Andreas Kuhnau und anderen Schreibern sind so reichlich mit solchen, oft schwer erkennbaren Zeichen ausgestattet, daß eine sichere Berechnung in vielen Fällen kaum möglich ist. Hinzukommt die Frage, wie die X-Zeichen zu betrachten sind, ob nur der Name Christi nach dem griechischen Alphabet oder auch das Wort KREUTZ einzusetzen ist. Wer Freude daran hat, mag sich selber noch in andere Titelseiten vertiefen!

Namen, Nummern und andere Zusätze

Auf vielen Titelseiten finden sich außer den regulären Angaben noch einige andere Vermerke. Soweit es sich dabei um Eintragungen der Bibliotheken, Archive oder anderen Besitzer handelt, bleiben sie hier unberücksichtigt und sind auf den Facsimilewiedergaben fortgelassen.

Einige zusätzliche Angaben wurden bereits behandelt, besonders solche, die von Bach selber oder seinem Sohn Carl Philipp Emanuel stammen. Darüberhinaus gibt es eine Reihe von Zusätzen, deren Schreiber fast immer unbekannt sind und deren Sinn oft nicht zu erkennen ist. Sollten sie vielleicht in erster Linie aus symbolischen Gründen eingetragen worden sein? An drei Beispielen soll gezeigt werden, daß sich solche Angaben in manchen Fällen durchaus sinnvoll in die Zahlenstruktur der betreffenden Kantate einfügen lassen.

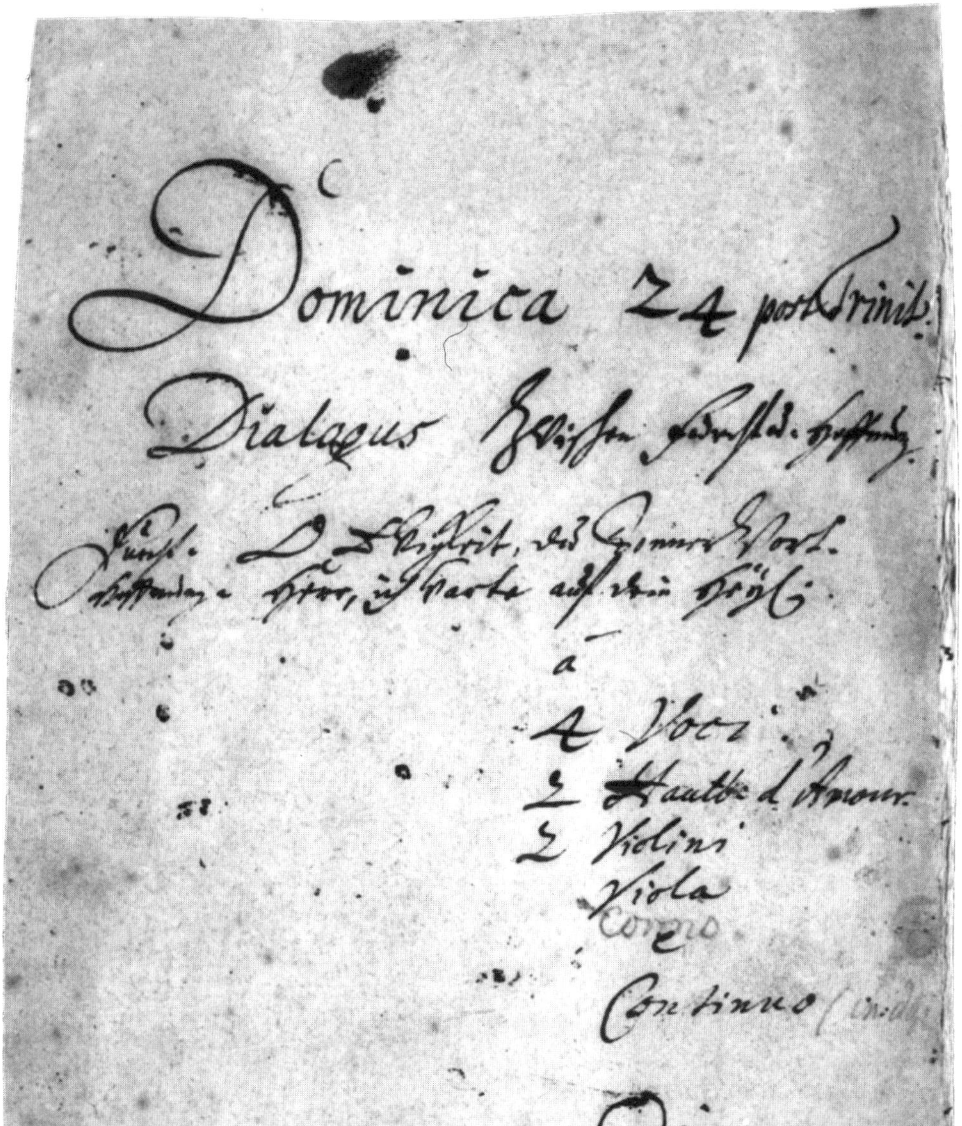

Titelseite des Stimmumschlags der Kantate BWV 60

BWV 60 und 20 O Ewigkeit, du Donnerwort

Während die spätere Kantate BWV 20 zwei Titelseiten besitzt, die von Bachs Schreibern angefertigt sind, ist die Kantate BWV 60 nur in Stimmen überliefert, deren Umschlagtitel aber von Bach selber geschrieben wurde.

Zunächst erkennt man eine Zahlenstruktur, die sich wie üblich aus Buchstaben, Zahlen und Zahlzeichen ergibt. Die Summe der Zahlen und Buchstaben, wie sie auf dem Titelblatt niedergeschrieben sind, beträgt 1805 = 5 x 19 x 19, ein Symbol für den Richterstuhl des gewaltigen Gottes (19 als Potenz), vor dem der Satan (5) die Seele verklagt:

BWV 60, 1 O Ewigkeit, du Donnerwort,
o Schwert, das durch die Seele bohrt.
4 Vielleicht wird ihr der Höllenrachen
den Tod erschrecklich machen.

Mit den Ergänzungen aller abgekürzten Worte wird aus der Zahl des Schreckens ein Symbol des Heils: 1972 = 2 x 2 x 17 x 29. Das sind Zahlen für den Sohn Gottes (2 als Potenz), der zur Erlösung (17) führt, die für Bach (29 = JSB) die Teilnahme am ewigen Lobgesang (29 = SDG) bedeutet. Diese Gewißheit bringen die letzten Sätze zum Ausdruck:

BWV 60, 4 Wohlan!
Soll ich von nun an selig sein,
so stelle dich, o Hoffnung, wieder ein!
Mein Leib mag ohne Furcht im Schlafe ruhn,
der Geist kann einen Blick in jene Freude tun.
5 Mein Jesus kömmt,
Nun gute Nacht, o Welt!
Ich fahr ins Himmelshaus.

Das Titelblatt enthält aber noch einige recht versteckte Zeichen. Mit Sicherheit sind die beiden Zahlen im Wort *Donnerwort* als Zeichen anzusprechen, die umgekehrte *3* im großen Buchstaben *D* – wir kennen diese Form bereits aus den Titelseiten BWV 15 und 17 (s. S. 130f.) – und die reguläre *3* im Buchstaben *w*. Kein anderes *w* auf Bachs Titelseiten zeigt diese klare Gestalt der *3*. Beide Zahlen symbolisieren zutreffend die Bedeutung des Wortes: Gott (3) redet zu uns in seinem *Wort,* im *Donner* spüren wir seinen Zorn, der zum Tod des Gottessohnes führt, wie ihn die Umkehrung der *3* sinnbildhaft darstellt. Da der Bogen des *D* die umgekehrte *3* schneidet, entsteht hier das Zeichen des Kreuzes.

Außerdem hat Bach offenbar die beiden u-Bögen über *Furcht* in der dritten Zeile und *auf* in der vierten zu je einer *2* gestaltet und im *g* des Wortes *Dialogus* eine *8*, die Zahl der Unendlichkeit, angebracht. Auch diese Zahlen knüpfen an die Bedeutung der Worte an: Der Gottessohn (2) nimmt unsere Furcht auf sich, und darauf gründet sich die Hoffnung *auf* das Heil. Der *Dialogus,* das Gespräch zwischen Furcht und Hoffnung, entzündet sich angesichts der drohenden Ewigkeit.

Wenn man diese Zahlen einbezieht und dabei die umgekehrte *3* negativ berechnet, ergibt sich eine Zahl, die auf den Tod des Heilands hinweist: 1984 = 2 x 31 x 32. Sie enthält die Symbolzahlen für den Gottessohn (2) als guten Hirten, der sich hingibt (32 als Umkehrung) in Leiden und Tod (nach dem prophetischen Psalm 31). Mit der positiven Berechnung der umgekehrten *3* und der lateinischen Bezeichnung *Vocibus* wird daraus die Summe 2030 = 29 x 70: JESUS (70) führt Bach (29 = JSB) zum Lobgesang (29 = SDG) in der ewigen Seligkeit.

BWV 60, 4 Selig sind die Toten, die in dem Herrn sterben von nun an.
5 Mein Jesus kömmt,
ich fahr ins Himmelshaus,
ich fahre sicher hin im Frieden.

Von anderer Hand ist mit Bleistift nachgetragen die Angabe *Corno.* Da sich auch auf dem Titelblatt der gleichnamigen Kantate BWV 20 Bleistifteintragungen finden, die mit großer Wahrscheinlichkeit symbolische Bedeutung haben, dürfte auch dieser Zusatz von Bach veranlaßt worden sein. Das Horn ist hier Symbol, daß aus dem Richterstuhl der Gnadenthron Gottes geworden ist. Nur zögernd wagt die ängstliche Seele, auf Gottes Gnade zu hoffen:

BWV 60, 4 Wenn ich im Herrn sterbe,
ist denn die Seligkeit mein Teil und Erbe?
Da ich ein Kind des Todes heiße,
so schein ich ja im Grabe zu verderben.

Das Zeichen der Gnade ist nur schwach zu erkennen; denn noch ist die Hoffnung schwankend und vom Zweifel bedroht. Auch die Gesamtzahl, die sich mit dem Bleistiftzusatz ergibt, ist Symbol dafür: 2091 = 3 x 17 x 41. Neben den Zahlen für die Erlösung (17) durch Gott (3) erscheint die Umkehrung der Namenszahl für BACH (14) als Hinweis auf die Todesangst.

Die Titelseiten der Kantate BWV 20 haben folgenden Wortlaut:

1. Partitur

Domin: 1 post Trinit:
O Ewigkeit du Donner Wort
à
4 Voc:
Tromba
3 Hautbois
2 Violini
Viola
è
Continuo
di Sign:
J S Bach

2. Stimmumschlag

Domin: 1 post Trinit:
O Ewigkeit du Donner-Wort
a.
4. Voc:
Tromba
3. Hautbois
2 Violini
Viola
con
Continuo
d. Sign.
Joh. Seb. Bach

Die Gesamtzahlen sollen hier gleich zusammengefaßt für beide Titelseiten vorgestellt werden. Zunächst ergibt sich als Summe 2528 = 2 x 8 x 158 mit den Zahlen für den Gottessohn (2), die Ewigkeit (8) und JOHANN SEBASTIAN BACH (158). Das entspricht der letzten Bitte des Schlußchorals:

BWV 20, 11 Nimm du mich, wenn es dir gefällt,
Herr Jesu, in dein Freudenzelt!

Die Titelseite des Stimmumschlags zur Kantate BWV 60 und die der Partitur der Kantate BWV 20 enthalten nun noch einige Bleistifteintragungen. Außer der Angabe *Corno* besitzt die erstere noch den Vermerk *in Dd* neben dem Wort *Continuo* als Hinweis daß die Continuostimme nicht transponiert ist. Abgesehen davon, daß diese Angabe nicht zutrifft – im Umschlag befinden sich sowohl eine transponierte als auch eine untransponierte Stimme –, erweckt sie den Eindruck eines symbolischen Zeichens. Sie hebt hervor, daß die Continuostimme als Symbol des Allmächtigen nicht mehr tiefer transponiert ist, was ein Sinnbild der Erniedrigung wäre, sondern in der ursprünglichen höheren Tonart D-dur steht. Dazu kommt, daß die Summe dieser Worte in vollständiger Form – *in D dur* – 67 beträgt, eine Symbolzahl für den heiligen TEMPEL Gottes, im Himmelshaus, das der Schlußchoral erwähnt. Dorthin ist Christus zurückgekehrt.

Das Titelblatt der Partitur der anderen Kantate enthält auf der Vorderseite oben rechts die Zahl *24,* nicht ganz deutlich zu lesen, und auf der Rückseite die Angabe *ist völlig durchsehen.* Das Wort *völlig* ist auf ein ursprüngliches Zeichen für das Wort *nicht* (s. S. 14 und 250) daraufgeschrieben. Wir betrachten zunächst die erste Fassung dieser Eintragung. Die schwache Schrift kann auch hier gedeutet werden als Sinnbild der Unsicherheit und Angst vor dem Gericht, das die Akte des Sünders noch *nicht durchsehen* hat, wie es auch in dieser Kantate zum Ausdruck kommt:

BWV 20, 2 Ach! aber ach! Die Pein der Ewigkeit hat nur kein Ziel,
sie treibet fort und fort ihr Marterspiel,
ja. wie selbst Jesus spricht,
aus ihr ist kein Erlösung nicht.

Bach selber hat diese Eintragung dann mit Tinte nachgezogen, dabei aber auf das Zeichen für *nicht* das Wort *völlig* geschrieben. Dies ist zunächst ein Beweis, daß die Angabe auf der Rückseite mehr ist als eine kleine Notiz, um die Durchsicht nicht zu vergessen. Dann hätte nämlich nach erfolgter Durchsicht das Ausradieren oder Durchstreichen genügt. Die sorgfältig nachgezogenen Buchstaben sind vielmehr ein Sinnbild dafür, daß nun das Urteil gefallen ist und alle Schuld vollends getilgt.

Nun ergibt sich mit allen Zeichen des Heils, der positiven Berechnung der umgekehrten *3,* der Zahl *24* als Symbol der Ältesten in der ewigen Seligkeit, der Ergänzung der Bezeichnung für die Singstimmen zum lateinischen *Vocibus* und dem Ehrentitel *Signor* für den Namen Bachs auf den Titelseiten der Kantate BWV 20, für alle drei Titelseiten die Endsumme 5056 = 2 x 2 x 8 x 158. Das ist die Verdopplung der Symbolzahl, die sich zunächst für die beiden Titelseiten der Kantate BWV 20 ergeben hatte, sie bedeutet: JOHANN SEBASTIAN BACH (158) darf in die Ewigkeit (8) zu Christus, dem erhöhten Gottessohn (2 als Potenz) eingehen.

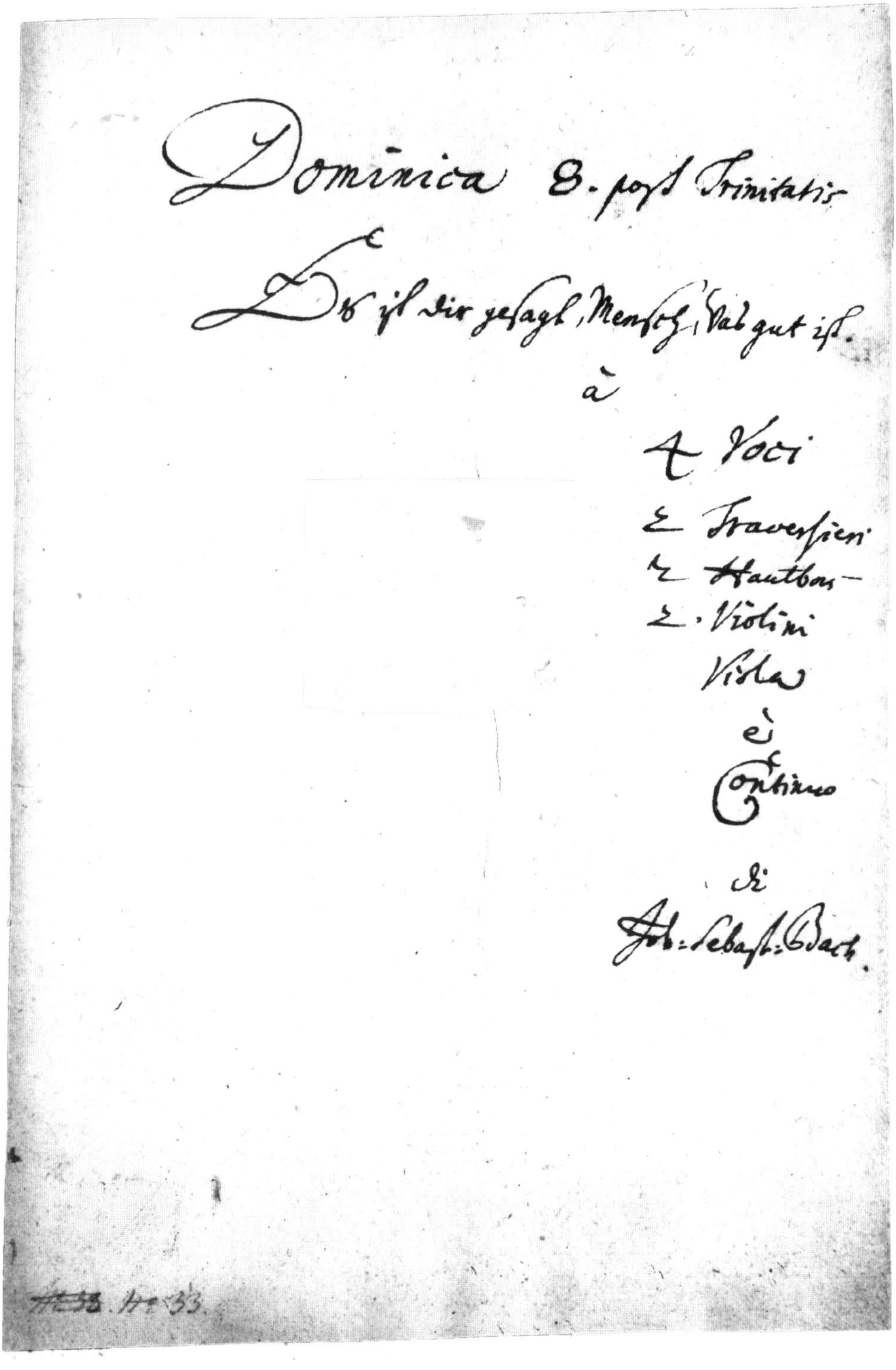

Dominica 8. post Trinitatis
Es ist dir gesagt, Mensch, was gut ist.
à
4 Voci
2 Traversieri
2 Hautbois
2. Violini
Viola
è
Continuo
di
Joh: Sebast: Bach

Nr. 33

Titelseite der Partitur der Kantate BWV 45

BWV 45 Es ist dir gesagt, Mensch, was gut ist

Auf diesem Titelblatt findet sich auf der Rückseite eine ähnliche Bleistiftnotiz, wie wir sie eben kennen lernten: *ist ☉ durchsehen word(en),* hier aber unverändert. Das würde im symbolischen Verständnis bedeuten, daß die Frage der Schuld im Text der Kantate ungelöst bleibt, wie ich das bereits dargestellt habe (s. S. 114). Dem entspricht es, daß auch unter Einbeziehung der Bleistiftnotiz noch keine symbolische Gesamtzahl erreicht wird.

Anscheinend hat sich Bach damit nicht zufrieden gegeben. Auf der Vorderseite des Blattes sind am unteren Rand zwei Zahlen eingetragen, auch diese mit Bleistift: *No. 35*, korrigiert in *33,* dann durchgestrichen und daneben wiederholt: *No. 33*. Diese Zahlen sind von symbolischer Bedeutung: *35* weist hin auf den prophetischen Psalm 35, der vom Leiden Christi spricht. Sie wird durch die Zahl 33 = 3 x 11 ersetzt: Gott (3) nimmt alle Schuld (11) auf sich und geht in den Tod, wie es die Streichung anzeigt.

Für die Berechnung der Endsumme muß die hinzugesetzte Angabe *No. 33* einbezogen und die gestrichene in ihrer ursprünglichen Form *No. 35* positiv berechnet werden. Die Abkürzung *é* wird jetzt zum lateinischen *et* ergänzt. So ergibt sich 1849 = 43 x 43, ein nachdrücklicher Hinweis auf den Glauben (43 als Potenz) – ein eindrucksvolles Symbol gegenüber der ursprünglichen Zahl 1331, der dreifachen Potenz der Sündenzahl 11! Damit setzt Bach dem von Werkgerechtigkeit erfüllten Kantatentext seine Auslegung im Sinne Luthers entgegen: „Was gut ist, und was der Herr von dir fordert“ (BWV 45, 1) ist allein der Glaube!

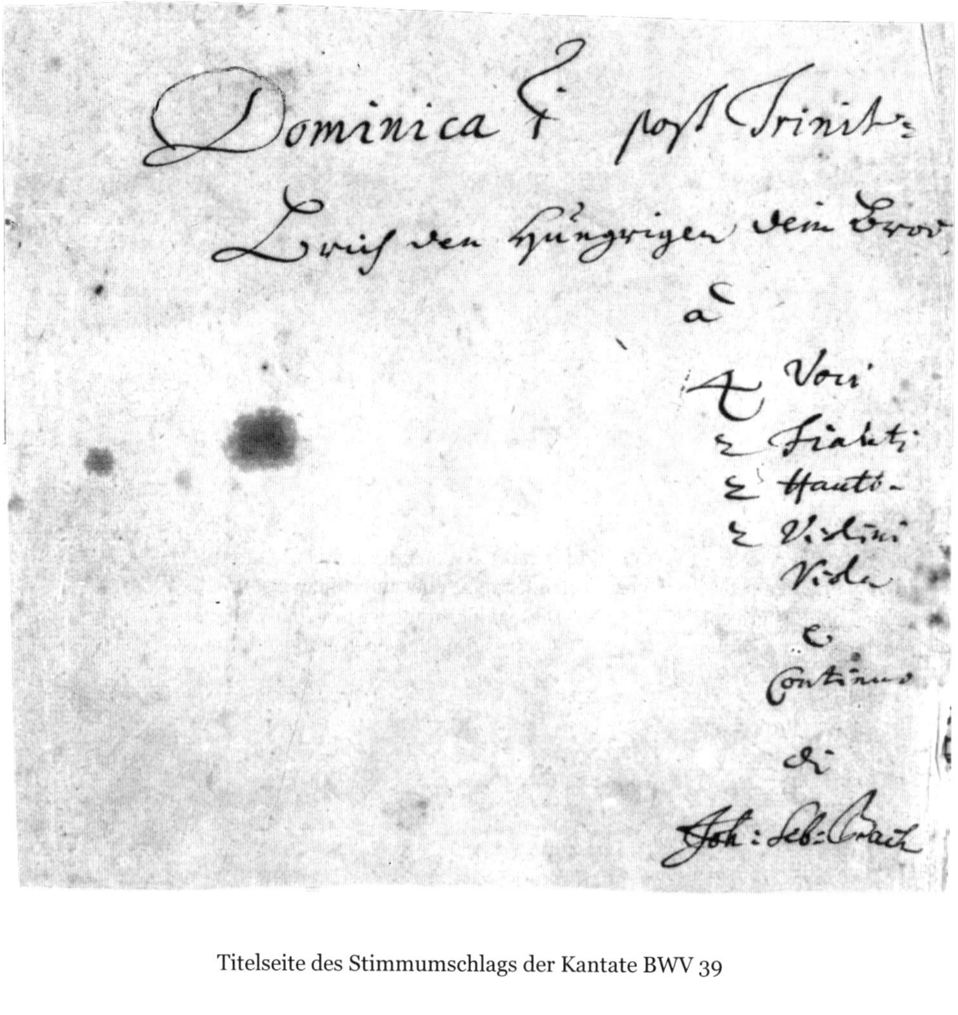

Titelseite des Stimmumschlags der Kantate BWV 39

BWV 39 Brich dem Hungrigen dein Brot

Der autographe Titel des Stimmumschlags wurde bereits vorgestellt (s. S. 116). Auf der äußeren Rückseite des Umschlagbogens (Seite 2v) sind wie bei anderen Kantaten Namen von Bachs Söhnen eingetragen (BWV 76 *Friederich*, BWV 100 *Carl*, BWV 29 und 51 auf der Titelseite der Partitur *Carl*) als Vermerk, wer die Kantate oder den Kantatenjahrgang erben sollte. Daß die Namen der Söhne mit ihrer Symbolzahl aus der Summe ihrer Buchstaben auf Gottes Heilstaten hinweisen und darum Bachs symbolischem Plan entsprechen dürften, habe ich am Beispiel der Kantate BWV 100 gezeigt (s. S. 206). Hier stehen gleich zwei Namen:

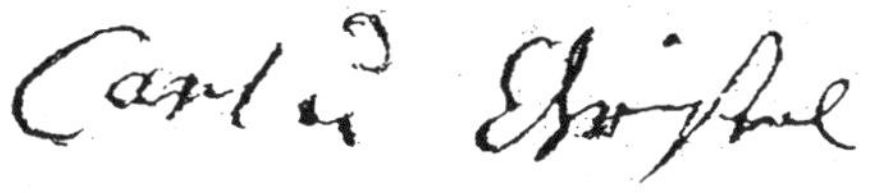

Der Name *Carl* ist von unbekannter Hand, das Übrige von Anna Magdalena Bach geschrieben[83].

Außerdem befindet sich auf der Rückseite des Titelblattes (Seite 1v) ein Vermerk, wie wir ihn bereits kennen lernten: *NB. Ist völlig durchgesehen.* Auch hier ist *völlig* über das Zeichen ⊙ für *nicht* geschrieben, wahrscheinlich von Bach selber. Wie die Kantate BWV 20 mit einer ähnlichen Notiz auf dem Titelblatt gehört auch diese zum 1. Sonntag nach Trinitatis mit dem Evangelium vom reichen Mann und armen Lazarus (Luk. 16, 19-31). Spricht die andere Kantate von der Angst vor der Sündenstrafe, so geht es in dieser um den rechten Weg, die Sünde zu meiden, damit „eure Besserung schnell wachsen" möge. Dazu hilft jedoch nicht die eigene Gerechtigkeit, sondern nur, was Gott an uns getan hat:

BWV 39, 6 Wie soll ich dir, o Herr, denn sattsamlich vergelten,
was du an Leib und Seel mir hast zugutgetan?

Wie in der Kantate BWV 20 soll der Vermerk auf der Rückseite als Symbol auf die Verbindung mit der Titelseite der Partitur hinweisen (s. S. 262). Diese ist von Carl Philipp Emanuel geschrieben, im Wortlaut gleicht sie völlig der des Stimmumschlags und weicht nur in den Abkürzungen davon ab.

Außerdem müssen noch zwei Numerierungen berücksichtigt werden, deren Herkunft und Bedeutung bisher nicht geklärt werden konnte. Auf der Titelseite der Partitur steht mit Bleistift geschrieben *No. 11*, auf der Titelseite des Stimmumschlags *No. 132*, mit Tinte eingetragen. Beide Zahlen beziehen sich auf die Sünde; denn auch 132 = 11 x 12 ist ein Produkt mit dem Faktor 11. Besagt diese Zahl vielleicht, daß Christus (12) die Sünde getragen hat, zumal sie auf dem Stimmumschlag steht? Und könnte dann der blasse Bleistiftvermerk, der die Summe dieser Zahlen auf 143 = 11 x 13 erhöht, nicht als Hinweis auf die Strafe gesehen werden, die der Sünde droht: den Tod (13)?

Auffallend ist die Form des Buchstabens *C* im Namen *Christel.* Sie ist ein Kennzeichen der Handschrift Anna Magdalenas, und es ist zu vermuten, daß Bach aus diesem Grunde seine Frau gebeten hat, einen der beiden Namen zu schreiben, bezeichnenderweise aber nur einen, und zwar *Christel.* Nun kann man dieses *C* zugleich als griechisches ε lesen. Dieser Buchstabe ist mit seiner Alphabetzahl 5 ein Symbol für die Macht des Bösen, unter die sich der Gottessohn, dessen Name gerade hier anklingt, gebeugt hat. Damit wird aus der Zahl für CHRISTEL, 90 = 3 x 3 x 10 als Gotteszahl, 92 = 2 x 2 x 23; und die Summe dieser kleinen Eintragung beträgt 161 = 7 x 23: Gott sendet seinen Sohn (2), den guten Hirten (23) und verleiht ihm seinen heiligen Geist (7).

Beide Titelseiten mit allen Zusätzen ergeben, wenn man in dem *NB*-Vermerk sowohl das Zeichen für *nicht* als auch das nachgetragene Wort *völlig* einbezieht, die Gesamtsumme 3082 = 2 x 23 x 67: Der Gottessohn (2) als der gute Hirte (23) wird uns zu seinem TEMPEL (67) machen. Was die Apostel in ihren Briefen mit dem Bild des Tempels und geistlichen Hauses beschreiben, in das die Gläubigen als lebendige Steine eingefügt werden (Eph, 2, 21; 1. Petr. 2, 5), sagt der Eingangschor mit den Worten:

---

83 Alfred Dürr im Krit. Bericht zu BWV 39 (s. Anm. 66). Vgl. auch Werner Neumann, Auf den Lebenswegen Johann Sebastian Bachs, Berlin 1953, S. 279.

BWV 39, 1 Und eure Besserung wird schnell wachsen, und die Herrlichkeit des Herrn wird euch zu sich nehmen,

Man wird nie mit Sicherheit klären können, ob oder welche Zahlen und Zeichen unbekannter Herkunft und Bestimmung auf Bachs Anweisung zurückgehen. In dieser Kantate könnten sie ein Zeugnis sein für das Ringen Bachs um die Frage der Schuld und ihrer Vergebung. In immer neuen Symbolen sucht er sich der Gnade Gottes zu vergewissern.

Abschluß

Die Ergebnisse meiner Untersuchungen möchte ich in einigen Punkten zusammenfassen.

1. Die Titelseiten der kirchenmusikalischen Werke Bachs, soweit sie von Bach oder seinen Mitarbeitern geschrieben worden sind, weisen eine ganze Reihe von symbolischen Zeichen auf, die in Beziehung stehen zur Aussage der Texte. Dazu kommen bemerkenswerte Abweichungen von der normalen Form der Buchstaben, Zahlen und Zeichen. Daraus ergibt sich, daß die Titelseiten dazu bestimmt waren, sinnbildhaft auf die Aussage der Kantaten-, Motetten- oder Oratorientexte hinzuweisen.

2. Eine ganze Reihe von Titelseiten gibt die Besetzung des Werkes nur ungenau oder summarisch an. Manche Instrumente fehlen, andere sind nicht präzis bezeichnet. Daraus kann geschlossen werden, daß auch die Besetzungsangaben nach symbolischen Überlegungen eingetragen wurden.

3. Spätere Zusätze von Bach selber oder von anderen Schreibern lassen sich ohne Ausnahme als Symbole für bestimmte Gedanken des jeweiligen Textes deuten. Oft sind die Angaben ungenau oder unzutreffend oder enthalten Passagen, die nur symbolisch zu erklären sind. Hinweise auf bestimmte Situationen der Niederschrift oder der Aufführung des Werkes oder gar Ereignisse im Lebens Bachs können wohl nur in seltenen Fällen daraus erschlossen werden.

4. Einige eigenartige Angaben wie die der Flöten auf der zweiten Titelseite der h-Moll-Messe führen zur Vermutung, Bach habe auch die verschiedenen Sprachen in symbolischer Absicht eingesetzt. Um den Beweis für diese These anzutreten, mußten alle kirchenmusikalischen Werke daraufhin untersucht werden. Daraus ergab sich die Bestätigung für meine Annahme, die später durch zahlensymbolische Ergebnisse unterstützt wurde.

5. Auch die Frage nach der Verwendung des Zahlenalphabetes erforderte die Prüfung aller Titelseiten, die von Bach oder seinen Schreibern angelegt worden sind. Über 100 Titelseiten habe ich daraufhin untersucht, darunter alle, die Bach selber geschrieben oder mitgestaltet hat, 83 an der Zahl. Auf 86 Titelseiten ergibt bereits die Addition aller Zahlen und Buchstaben nach dem Zahlenalphabet mit natürlicher Zahlenfolge, wie es auch Friedrich Smend angewendet hat, eine Summe, die als Produkt symbolischer Zahlen auf die theologische Aussage des betreffenden Werkes hinweist. Dieser hohe Prozentsatz ist ein nachhaltiger Beweis, daß Bach eine zahlensymbolische Gestaltung seiner Titelseiten beabsichtigt und dabei eben dieses Zahlenalphabet benutzt hat. Auch dort, wo sich nur ein Zahlenbild oder gar keine Symbolzahl ergibt, ist der Grund dafür in der Aussage des Textes zu erkennen, und schon die Beachtung der Zeichen, oft in Gestalt zusätzlich angebrachter Zahlen, läßt eine sinnvolle Symbolzahl erscheinen.

6. Zahlen und Zeichen stehen zueinander in Beziehung. Ich habe mich bemüht, hier ganz konsequent zu verfahren und bei der Beachtung bestimmter Zeichen, die die Zahlensumme beeinflussen, darauf zu achten, daß die sich ergebenden Zahlen auch der Bedeutung der jeweiligen Zeichen entsprechen. Das ist, wie ich glaube, auch überall gelungen, so daß ich gewiß bin, hierin die zahlensymbolische Absicht Bachs richtig erkannt zu haben. Offen bleibt aber immer die Frage, ob ich Bachs Zeichen wirklich alle und immer richtig beachtet habe.

7. Eine Hilfe und Sicherheit bietet in dieser Frage Bachs geistlich-symbolisches Spiel, das aus kleinen Einheiten immer größere Strukturen werden läßt. Die Einbeziehung bestimmter Zeichen erweitert den Kosmos symbolischer Zahlen um neue, größere, wiederum symbolische Summen, ohne die anderen außer Kraft zu setzen. Darum ist zu erwarten, daß weitere Forschungen auf diesem Gebiet, die vielleicht noch andere symbolische Zeichen ans Licht bringen, die von mir gefundenen Ergebnisse nicht beeinträchtigen, sondern nur ergänzen können.

8. Die Kenntnis der großen, ausgewogenen Formen, die Bach in seiner Musik geschaffen hat, sollte uns veranlassen, auch in der Zahlensymbolik Bachs ähnliche Strukturen zu erwarten. Da der Anteil von Zahlen, die als Symbol ungeeignet sind, immer größer wird, je weiter man in den Bereich der drei-, vier- oder gar fünfstelligen Zahlen vordringt, kann es kein Zufall sein, wenn sich auf jeder Titelseite von der Hand Bachs oder seiner Schreiber solche Endsummen ergeben, die nicht nur Produkte beliebiger symbolischer Zahlen darstellen, sondern die in ihren Faktoren nur Symbolzahlen aufweisen, die sich auf die theologische Aussage des jeweiligen Werkes beziehen.

Umgekehrt gilt: Erst wenn wir in Bachs Werken wie auf den Titelseiten solche Strukturen erkennen, die sich aus kleinen symbolisch geordneten und auf den Text ausgerichteten Einheiten aufbauen zum großen Zahlenkosmos, können wir mit großer Wahrscheinlichkeit annehmen, daß sie von Bach beabsichtigt sind.

9. Bach hat sich offenbar – über die Gestaltung der Titelseiten hinausgehend – ganz ungewöhnlicher Mittel bedient, um sein Schaffen als Erfüllung des Auftrages zu begreifen, den Gott ihm gegeben hatte, und diese Haltung gleichnishaft darzustellen. Das gilt vom Umschlagen von Partiturseiten (BWV 29), vom falschen Zusammenheften der Seiten (BWV 27), vom Vertauschen von Titelseiten (BWV 81 u. a.) oder von der Verwendung einer gedruckten Relegation (BWV 100). Das reicht von der Einfügung einer fremden Komposition (BWV 27) bis zu Werken, die absichtlich als Fragment oder unvollständig belassen wurden, oder gar bis zum wochenlangen Verzicht, eigene Kantaten zu schaffen oder aufzuführen.

Zusammenfassend ist festzustellen, daß Bach in seinen kirchenmusikalischen Werken die Gedanken des Textes in sechs verschiedenen Weisen musikalisch und symbolisch wiedergegeben hat:

1. durch musikalisch-rhetorische Figuren, zu denen auch die Formen der Sätze und Werke gehören,
2. durch die Symbolik der Instrumente,
3. durch die Symbolik der Sprachen,
4. durch symbolische Zeichen,
5. durch Hinweise auf Psalmverse,
6. durch symbolische Zahlen einschließlich der Summen nach dem Zahlenalphabet mit natürlicher Zahlenfolge.

Hinzukommen gelegentlich außergewöhnliche symbolische Maßnahmen.

Nur wenn man die Symbolik in den Werken Bachs sowohl im Noten- und Schriftbild als auch im äußeren Zustand der Handschriften wahrnimmt, und zwar in ihrem vollen Umfang, nur dann erscheint sie als ein dem musikalischen Werk Bachs angemessener kunstvoller Kosmos. Allein von daher lassen sich gesicherte Aussagen gewinnen über die Absichten Bachs bei der Komposition und Niederschrift der Werke.

Zum Schluß stehen wir vor der Frage, wie Bach bei der Fülle seiner Aufgaben eine so großangelegte zahlensymbolische Arbeit bewältigen konnte. Eine große Zahl von Nachträgen auf seinen Titelseiten zeigt, daß er die endgültige Form dieser Seiten nicht schon bei der Komposition und Niederschrift festgelegt haben muß. Auch ist denkbar, daß die Titelseite nicht immer zur selben Zeit fertiggestellt wurde wie die Partitur. Gewiß hat Bach sich später wieder mit der zahlensymbolischen Gestalt seiner Titelblätter befaßt, und dabei mag das Einfügen von Punkten und anderen kleinen Zeichen genügt haben, um bestimmte Zahlensymbole zu erreichen. Das gilt besonders von seiner letzten Schaffenszeit, in der er sich weniger neuen Kompositionen zuwandte, als vielmehr der Anordnung und Zusammenfassung seiner Werke zu größeren Einheiten als ein getreuer Haushalter, der sich auf das Kommen seines Herrn rüstet.

Anhang

Deutsche und lateinische Zahlenalphabete, die im 18. Jahrhundert gebräuchlich waren

1. Das lateinisch-milesianische Alphabet

A = 1	B = 2	C = 3	D = 4	E = 5	F = 6	G = 7	H = 8
I = 9	K = 10	L = 20	M = 30	N = 40	O = 50	P = 60	Q = 70
R = 80	S = 90	T = 100	V = 200	X = 300	Y = 400	Z = 500	

2. Das lateinisch- oder deutsch-trigonale Alphabet

A = 1	B = 3	C = 6	D = 10	E = 15	F = 21	G = 28	H = 36
I, J = 45	K = 55	L = 66	M = 78	N = 91	O = 105	P = 120	Q = 136
R = 153	S = 171	T = 190	U, V = 210	W = 231	X = 253	Y = 276	Z = 300

3. Das lateinische oder deutsche Zahlenalphabet mit natürlicher Zahlenfolge

A = 1	B = 2	C = 3	D = 4	E = 5	F = 6	G = 7	H = 8
I, J = 9	K = 10	L = 11	M = 12	N = 13	O = 14	P = 15	Q = 16
R = 17	S = 18	T = 19	U, V = 20	W = 21	X = 22	Y = 23	Z = 24

Verzeichnisse

Verzeichnis der Titelseiten und Facsimiles

mit Angabe der Bestimmung der Kantate, des Schreibers der Titelseite, des Standorts und der Signatur der Handschrift.

Schreiber von Zusätzen sind in Klammern gesetzt, Seitenzahlen der Facsimiles sind fett gedruckt.

Auf den Facsimiles wurden Eintragungen der Bibliotheken und Besitzer sowie alle Zusätze, die nicht aus der Zeit Bachs stammen, fortgelassen.

Die Staatsbibliothek zu Berlin, Preußischer Kulturbesitz, Musikabteilung mit Mendelssohnarchiv wird abgekürzt angegeben: Staatsbibliothek Berlin.

Alphabetisches Verzeichnis

der im Text erwähnten Werke Johann Sebastian Bachs (mit BWV-Nummern); Seitenzahlen der Facsimilewiedergaben sind fett gedruckt.